法 学 阶 梯
INSTITUTIONES | 普通高等教育**法学规划教材**

房地产法

Real Estate Law

| 第五版 |

符启林 著

法律出版社
始创于1954年

www.lawpress.com.cn
好书,同好老师和好学生分享

图书在版编目(CIP)数据

房地产法／符启林著. --5版. --北京：法律出版社，2018(2021.7重印)
ISBN 978-7-5197-2720-8

Ⅰ.①房… Ⅱ.①符… Ⅲ.①房地产法-中国-高等学校-教材 Ⅳ.①D922.181

中国版本图书馆CIP数据核字(2018)第217683号

房地产法(第五版)
FANGDICHAN FA
(DI-WU BAN)

符启林 著

责任编辑 徐 蕊
装帧设计 乔智炜

出版发行 法律出版社
编辑统筹 法律教育出版分社
责任校对 吴 昉
责任印制 胡晓雅
经　　销 新华书店

开本 787毫米×1092毫米 1/16
印张 19.75 **字数** 463千
版本 2018年9月第5版
印次 2021年7月第4次印刷
印刷 三河市龙大印装有限公司

地址：北京市丰台区莲花池西里7号(100073)
网址：www.lawpress.com.cn
投稿邮箱：info@lawpress.com.cn
举报盗版邮箱：jbwq@lawpress.com.cn

销售电话：010-83938349
客服电话：010-83938350
咨询电话：010-63939796

书号：ISBN 978-7-5197-2720-8　**定价**：46.00元
凡购买本社图书，如有印装错误，我社负责退换。电话：010-83938349

出版说明

法律出版社在其奋进发展的六十年光辉历程中，秉精诚之心，集全社之力，服务于我国法学教育事业，致力于法学教材出版。尤其在改革开放三十余年间，本社以“传播法律信息，推进法制进程，积累法律文化，弘扬法治精神”为宗旨，协同司法部法学教材编辑部，规划并组织出版了国家“八五”、“九五”期间的法学规划教材，为我国改革开放之初的法学教育和法治建设做出了开创性贡献；进入21世纪之后，法律出版社又根据教育部的部署和指导，相继规划并组织出版了“十五”、“十一五”和“十二五”法学规划教材，为我国法学教育事业的发展与改革付出了艰辛努力。

承蒙法学教育领域专家作者的信任，以及广大法律院校师生的支持，法律出版社经过三十年的发展与积累，相继出版各类法学教材达四百余种。在学科范围方面，完成以法学核心课程为重心，涉及法学诸学科的“全品种”横向结构；在培养层次方面，健全以本科教育为根本，兼顾职业教育和研究生教育的“多层次”纵向结构，进而打造“法律版”法学教科书体系，以期更好地为法学教育服务，为法治建设贡献绵薄之力。

近年来，法律出版社应因法学教育的发展变化，在教材编写体例及系列安排方面做出相应调整。在教材编写体例方面，结合当前教学实际与培养方案，将系统、全面的理论知识讲授与灵活、丰富的法律实践和能力训练相结合，倡导教材内容差异化，增加教材可读性，以期更好地培养法科学生的思维能力和法学素养。在教材系列安排方面，全力推进新品教材编写与注重既有教材修订相结合，根据教材风格与特色进行适当的套系整合，集中现有的国家级规划教材和在编的规划教材，形成以“普通高等教育法学规划教材”为名的全新教材系列。

本系列教材多为出版多年并广受好评的经典教科书。此次全新推出，既是向长期以来关心支持法学教育出版事业的专家作者的崇高致敬，也是法律出版社为中国当代法学教育事业发展拳拳努力之情的真诚表达。法律出版社将以高度的精品意识和质量标准，不断丰富、完善本系列教材的结构和内容；除教材文本之外，还将配有多层次、多形式的教辅材料，更好地为广大师生服务。

“好书，同好老师和好学生分享”，法律出版社愿与法律共同体诸同仁，分享好书，分享智识，分享法治进程中的点点滴滴！

法律出版社　谨识

2014年10月

第五版序

遵出版社之嘱，对《房地产法》进行修订。修订工作陆续进行了好长时间，但真正有实质性进展是从一年前开始。心血耗费不少，终修订成今天这个样子。

编写一本好的教材，殊属不易。一是教材要求知识的全面性、普及性；二是要求具有前沿性，要将学生引领到学科前沿，且要让学生了解学术的争议点；三是要与国际接轨，与国际经验对接；四是要涵盖一些基本案例，要求学生熟悉一些基本法规。本着这四个方面，作者做了努力，但尚有欠缺，如第四个方面，教材基本属于空白状态。

本次修订，作者逐字逐句进行了修改。第五次修订最大的特色是增加了房地产征收、城乡规划法、不动产登记和房地产金融四章。其他各章，将过时的内容予以删除，增加了新的内容。尽管作者做了努力，挂一漏万仍在所难免。

房地产法领域确实博大精深，既涉及博大广深的民商法领域，也涉及行政法领域，还有自己独特的法域。每次修订，总觉得无法囊尽，仍有力所不逮之感。加上该领域与时俱进，变化太快，怎么修订，总感觉跟不上时代步伐。全书修订刚掩卷，又觉得有必要再从头修补了。留下的遗憾，只能下次再努力。

作者于 2017 年岁末

目　录

第一章　房地产法概述 …………………………………… （1）
第一节　房地产及房地产业 …………………………………… （1）
第二节　房地产法概述 …………………………………… （4）
第三节　我国房地产法的立法概况与法律规范 …………………………………… （10）
第四节　房地产法律关系 …………………………………… （15）
第五节　我国《城市房地产管理法》的特点、问题与展望 …………………………………… （22）

第二章　房地产权属法律制度 …………………………………… （27）
第一节　房地产权利与权属 …………………………………… （27）
第二节　土地权属法律制度 …………………………………… （34）
第三节　房屋权属法律制度 …………………………………… （51）
第四节　房地产相邻关系 …………………………………… （59）

第三章　房地产开发用地 …………………………………… （62）
第一节　我国国有土地使用制度改革状况 …………………………………… （62）
第二节　建设用地使用权出让法律制度 …………………………………… （65）
第三节　建设用地使用权划拨法律制度 …………………………………… （80）
第四节　建设用地使用权转让法律制度 …………………………………… （89）
第五节　国有土地租赁法律制度 …………………………………… （94）
第六节　外商投资企业用地的法律规定 …………………………………… （98）

第四章　房地产征收法律制度 …………………………………… （105）
第一节　房地产征收法律制度概述 …………………………………… （105）
第二节　城市房屋征收法律制度 …………………………………… （107）
第三节　集体土地征收法律制度 …………………………………… （115）

第五章　城乡规划法律制度 …………………………………… （122）
第一节　城乡规划法概述 …………………………………… （122）
第二节　城乡规划的制定与审批 …………………………………… （125）
第三节　房地产开发与城市规划管理 …………………………………… （131）

第六章 房地产开发与工程建设法律制度 ……………… (137)
第一节 房地产开发概述 ……………… (137)
第二节 房地产开发企业法律制度 ……………… (142)
第三节 建设工程项目招投标法律制度 ……………… (150)
第四节 建筑工程的施工管理与监理法律制度 ……………… (154)

第七章 房地产金融法律制度 ……………… (164)
第一节 房地产开发企业的商业贷款 ……………… (164)
第二节 住房贷款保险法律制度 ……………… (166)
第三节 房地产信托法律制度 ……………… (169)
第四节 住房抵押贷款资产证券化 ……………… (172)

第八章 房地产交易法律制度 ……………… (176)
第一节 房地产交易概述 ……………… (176)
第二节 房地产转让法律制度 ……………… (182)
第三节 商品房预售法律制度 ……………… (188)
第四节 房地产抵押和按揭法律制度 ……………… (196)
第五节 房屋租赁法律制度 ……………… (207)
第六节 房地产中介服务机构法律制度 ……………… (214)

第九章 不动产登记法律制度 ……………… (221)
第一节 不动产登记制度 ……………… (221)
第二节 不动产登记程序 ……………… (225)
第三节 不动产权利登记 ……………… (228)
第四节 不动产登记资料的查询、保护和利用 ……………… (236)

第十章 房地产税费法律制度 ……………… (238)
第一节 房地产税费概述 ……………… (238)
第二节 房地产费用法律制度 ……………… (239)
第三节 房地产税收法律制度 ……………… (241)

第十一章 住房保障法律制度 ……………… (253)
第一节 住房保障概论 ……………… (253)
第二节 经济适用房 ……………… (255)
第三节 廉租住房法律制度 ……………… (259)
第四节 住房公积金法律制度 ……………… (265)

第十二章　物业管理法律制度……（270）
第一节　物业管理概述……（270）
第二节　物业管理法律关系……（275）
第三节　物业管理业务……（281）
第四节　物业管理合同规约……（287）
第五节　物业的使用与维护及物业管理服务收费……（295）
第六节　法律责任……（300）

第一章　房地产法概述

第一节　房地产及房地产业

一、房地产及房地产业的概念

房地产是房产和地产的统称,是房产和地产的结合体。房产是房屋财产的简称,地产是土地财产的简称。在物质形态上,房地产主要由土地和房屋两部分构成,房依地建,地为房载,地可单独存在,房却不能离地而存。在法律术语上,房地产属于不动产,因为土地和房屋属于不可移动或一经移动就要丧失其极大价值的物体。不动产有狭义和广义之分。狭义的不动产是指土地和地上建筑物(含地下建筑物);广义的不动产除土地和地上建筑物(含地下建筑物)外,还包括诸如水坝、港口、码头、地下工程、矿藏和森林等自然资源。本书所要研究的房地产是狭义的不动产,即土地和地上建筑物(含地下建筑物),而且主要研究城市的房地产。因为依据现行法律规定,农村的房地产由于受到耕地保护、人口流动等特殊政策限制,其开发及经营均受到严格控制,我国的房地产开发与经营主要集中在城市,因此国家根据区域制定了《城市房地产管理法》,调整城市房地产的开发经营,所以农村的房地产尚不列入《城市房地产管理法》的调整范围。本书所称地产主要是指土地及其上下一定的空间,包括地上、地表与地下;房产是指建筑在地上、地表与地下的各种房屋及其附属设施,包括住宅、厂房、仓库和商业、服务、文化、教育、卫生、体育及办公用房等。

房地产业是从事房地产开发、经营、管理和服务的行业。随着社会的发展,房地产业已经成为国民经济的一个重要部门,属于第三产业。联合国在1986年修订的《全部经济活动产业分类》的国际标准中,把经济活动分为十大类,房地产业属于第八类;我国现行的行业分类中,将房地产业列为第七类。这说明,无论在国际上还是在国内,房地产业都作为一个重要的独立的产业部门而存在。房地产业虽然与建筑业有千丝万缕的联系,但房地产业绝不等同于建筑业。建筑业是直接从事房屋生产和其他建筑物的建造、改造、装修、安装等的一个物质生产部门,属于第二产业,而房地产业则是从事房地产的投资开发、经营、管理和服务,主要在流通领域活动的产业部门,属于第三产业。在现代社会,房地产业和建筑业具有兼容性,即不排除许多建筑商兼营房地产业,而房地产商又兼营建筑业,但两者还是有本质的区别。

房地产运行的全过程包括三个环节:(1)生产环节。主要指通过对所获得的土地投入人类劳动,进行房屋和城市基础设施建设,获得房地产产品的过程。(2)流通环节。主要是指房地产产品在市场上流通,其价值得到实现的过程。流通的方式包括买卖、租赁、交换、抵押等。(3)消费环节。房地产产品通过市场交易实现其价值后,即转移到消费者手中,消费者在使用房地产时,要接受政府的各种管理行为和接受物业管理等。

与此相适应,房地产业活动的领域主要包括:(1)土地的开发和再开发;(2)房屋及其附属物或其他基础设施的开发;(3)房地产经营,包括土地使用权的有偿出让、转让,房地产的买卖、租赁、交换、抵押等;(4)房地产的融资租赁,包括金融信贷、保险、基金投资等;(5)房地产中介服务;(6)物业管理;(7)住房保障;(8)房地产行业管理等。

二、房地产的特性

房地产是特殊商品,其与其他商品比较起来,有如下特性:

1. 区位固定性,或叫不可移动性。这是房地产与其他商品的最大区别之处。由于土地是不能移动的,因此,建筑在土地之上或之下的房屋及其附属设施也不能移动。房地产所有人无法改变土地的区位及建筑物的坐落位置。在房地产交易中,流转的不是房屋和土地,而是房地产的有关权利及有关权利"证书",因此,房地产市场一般不存在全国性的市场,而主要是地方性市场。房地产区位的固定性决定了房地产所在场所的不可复制性和排他的垄断性,同时,也决定了房地产商在投资房地产时,空间位置的选择十分重要。

2. 异质性。由于土地是不可移动的,所以房地产所在场所是不能复制的,加上建筑材料、建筑类型、房屋新旧程度、邻里环境等因素的不同,每宗房地产都具有各自不同的特点,因此,从这个意义上说,世界上就没有两宗相同的房地产。房地产的这种非标准化特性,是导致房地产市场不完全性的一个重要方面。此外,异质性意味着买方和卖方容易在市场上脱节,彼此互相缺乏信息,这个市场亟须经纪人和估价人来提供市场信息。

3. 稀缺性。由于土地是不可再生资源,即使是土地资源极其丰富的国家,在一定时间和一定地点有特定用途的土地仍然是稀少的。房地产的稀缺性导致房地产价格的昂贵性,特别是在人口密集的城市或有特殊区域位置的城市,房地产价格更是居高不下。

4. 耐久性。土地作为物质性资产和合法权益的标的,是永远不会消灭的,在资本的参与下,其权益将可以被无限地交易下去。另外,建筑于土地之上的建筑物一般也不轻易损坏,相比于其他商品,其寿命要长得多,人们通常在建筑物自然灭失后重建的情况很少,而是在有新的用途和有可能提供更高价值的情况下,进行拆迁改造。正因为房地产的这个特性,法律才规定房地产的所有权和使用权可以分离,在一项房地产上设定不同的权利。

5. 保值性或增值性。房地产投资项目资金大、成本高、期限长、风险多,但从长远的角度讲,房地产一般均具有保值、增值的作用,因为随着社会生产力的发展,人口的不断增加,生活水平的不断提高,产业的兴旺,人们对房地产的需求总是与日俱增,而由于土地的不可再生性,其面积基本恒定,特别是位于良好位置上的土地资源永远是稀缺的。因此,房地产的价格总会不断上升。房地产的保值、增值性,引发了房地产的投资性或投机性,大至发展商,小至公民个人,都乐于投资房地产,在经济发展的初期尤甚。

三、房地产业在国民经济中的地位和作用

房地产业是国民经济的重要产业部门,其发展和进步,对推动我国的工业化、市场化、城市化、生态环境优化等方面,都有十分重要的地位和作用。

1. 房地产业是国民经济发展的基础产业。说其基础,是因为各行各业都离不开它。人类一要穿衣,二要吃饭,三要居住。房地产是人们进行社会生产和其他经济活动,以及科学、文

化、教育、卫生等活动的基础载体和空间条件。土地不仅是农业生产的场地和基地，是农业劳动的对象和最重要的生产资料，而且在非农产业中仍然是不可缺少的生产要素和物质基础。一切非农产业部门都需要使用房屋，而房屋总是建立在一定区位的土地上面，除使用房屋及其区域外，还要使用与其活动相关的场地或交通用地。开工厂，得有厂房和仓库；开商店，得有店铺或货栈；办学校，得有校园和宿舍；办公经营，得有公寓或其他房产。因此，没有房屋，没有土地，没有一定的空间条件，生产无法进行，商业无法开张，第三产业也无从谈起。另外，住房是人类社会最重要、最基本的生活资料，也是劳动力生产和再生产的最基本条件之一，吃穿用等消费活动都离不开房地产，劳动力再生产所需要的教育、文化、福利等用房也需要房地产业提供。可见，房地产既是社会生产的基本要素，又是社会生活的基本要素。从这个意义上讲，房地产业是国民经济的基础性产业。

2. 房地产业是国民经济的先导产业。房地产的开发和经营过程，需要大量的资金和物资，相关联的产业十分广泛，因此，它的发展，能够带动和促进相关产业的发展，起着导向作用。据一些工业发达国家统计，房地产业的产值每增加"1"，就能促进相关产业的产值增加"1.5～2"。房地产业的先导作用主要体现在如下几方面：第一，能促进建筑业的繁荣。房地产业与建筑业是联系最密切的产业。这两个产业之间的关系，已达到了一存俱存、一荣俱荣的地步。房地产业的发展，必然带动建筑业的繁荣。第二，房地产业能带动建材工业、建筑设备工业、建筑机械工业及冶金、化工、木材、仪表等行业的发展。据统计，房地产开发建设中所需要的建筑材料共计23大类、1500多个品种，涉及建材、冶金等50多个生产部门的产品。我国房屋建筑成本的70%为材料消耗，每年耗用钢材总耗量的25%，木材的40%，水泥的70%，玻璃的70%，预制品的25%，运输量的8%。第三，房地产业能促进金融业的发展。房地产业是资金需求量最大的产业，是银行的最大客户。同时，房地产的保值、增值性，决定了房地产投资领域的回报率高，是个有吸引力的投资行业，各行各业的资金都投向房地产业。与房地产业的发展相适应，不动产抵押、不动产信托、不动产按揭、不动产保险等业务也与日俱增。可以说，没有金融业的支持，也就没有现代的房地产业。第四，房地产业的发展，能带动第三产业的繁荣和发展。房地产业的发展，能促进家用电器、家具等民用工业的发展；房地产业的发展，能促进旅游、园林、广告、电信、自来水、运输业、商业和其他服务业的发展；房地产业的发展，能带动会计、律师、经纪人等行业的发展。

3. 房地产业是国民经济的支柱产业。房地产业是国民财富的重要组成部分，是一国财富的基础。据联合国统计，从1976年以来，用于建造房屋的投资占国民生产总值的比重一般为6%～12%（新加坡高达12%～26%），所形成的固定资产占同期形成的固定资产总值的50%以上，其中用于住宅建设的投资一般占国民生产总值的3%～8%，占固定资产形成总值的20%～30%。从积累财富方面看，英国的房地产价值占该国总财富的73.2%；美国房地产的价值约占其整个国家财产总值的75%。在我国，房地产在整个国民财富中的比例尚未确定，但有资料表明，房地产业的发展，确实给国家创造了大量的财富。据统计，我国目前城市土地面积为25,000平方千米，若以每平方米150元的价值计算，全国城市土地总价值高达37,500亿元。这个数字，尚未包括房产价值的数字，以及以后要征收房产税的数字。因此，这是一笔十分可观的财产。近几年，我国的房地产业发展十分迅速，也说明房地产业正在成为国民经济的支柱产业。

4. 房地产业的发展将有利于促进人民生活质量和消费水平的提高。“民以食为天,家以居为先。”中国人常说的“安居乐业”,还把“居”放在第一位呢！住房是人类最基本的生活需要,而房地产业的发展,正可以满足这一需求。我国这方面一向欠账较多,导致城市居民居住拥挤,交通不便,社会分配不公,老百姓抱怨较大,消费结构日益不合理。我国居民的住宅消费水平,中华人民共和国成立前占到全部消费比重的4%~10%,中华人民共和国成立初期仍为3%~5%,以后逐渐降至只占家庭收入的1.5%~3%,少得可怜,而发达国家如美国、法国、意大利、澳大利亚等国,住房支出占家庭收入高达25%~30%(包括租金、水电、煤气、清洁和管理费用)。我国要达到这个居住水平,或者达到我国确定的到21世纪末使职工住房支出占工资收入的15%左右,尚需做出不懈的努力。

5. 房地产业的发展将有利于改善投资环境,扩大对外开放。“对内搞活、对外开放”是我国的一项基本国策。约40年的对外开放成绩是有目共睹的。房地产业的发展,要求对外开放要提高到一个新的层次。发展房地产业,可以改善外商投资环境,吸引更多的外商到我国来投资,促进我国与世界经济的协调与循环。改善我国的投资环境,包括改善软环境和硬环境两个方面。房地产业的发展,主要是在改善硬环境方面下工夫,比如完善我国的基础设施建设,迅速发展邮电、通信、交通、运输行业等。

6. 房地产业在一定意义上说也是保护和优化生态环境的重要环保产业。房地产业的发展,改变着生态环境。城市是一个生态环境系统,房地产业的发展,应与城市生态环境系统的发展相协调、相适应。城市土地利用的目标之一就是要保护和优化城市的生态环境,提高生态效率。房地产商品又是一种常效商品,一旦建成,可以使用几十年、上百年,不能轻易改变。因此,房地产业在发展过程中,应从其规模、布局、结构和水平上考虑其与城市生态环境发展相协调的程度,从而提高人们的环保意识,提高生活质量。

第二节　房地产法概述

一、房地产法的概念

房地产法是调整房地产经济关系的法律规范的总称。经济关系包括经济管理关系和经济协作关系,这两者之间是互相联结为一体的。在这个关系里面,既有财产关系,也有非财产关系。具体而言,房地产法是调整人们在房地产权属、房地产开发、房地产经营交易、房地产管理服务、房地产金融、住房保障等方面所发生的权利与义务关系的法律规范的总称。在这些法律关系里面,包括众多的法律主体,既包括国家管理机关,也包括企事业单位、公民个人、外国房地产所有者或外商投资企业等,法律关系的客体是房地产,法律关系的内容更丰富、更复杂。

房地产法有广义与狭义之分。广义的房地产法,包括了对房地产经济关系进行调整的所有法律规范,如包括宪法规范、民法规范、经济法规范、行政法规范、刑法规范等,甚至还包括国务院及中央各部委所颁发的条例、规章、规定等。狭义的房地产法,人们一般理解为房地产法典或房地产单行法律法规,在我国,一般均指《土地管理法》和《城市房地产管理法》等。

二、房地产法的调整对象

房地产法的调整对象包括房地产经济管理关系和房地产经济协作关系，这其中既包括当事人之间的平等协作关系，也包括当事人之间的管理与被管理的不平等的关系；既包括财产关系，也包括非财产关系。房地产法调整房地产运行的全过程，即包括房地产开发、交易、消费、管理、服务的全过程。具体而言，房地产法调整以下几类重要的经济关系：

1. 土地利用管理关系。目前主要是指城市土地利用的管理关系。哪些城市土地可以用于房地产开发，哪些土地不能开发；土地使用者通过何种方式取得土地的使用权；土地的价格、用途和使用期限；土地的征收和旧城改造等，都要接受政府的严格管理，接受政府的审查和批准。

2. 土地财产关系。土地是有价值的。国家为了实现土地有偿使用，增加财政收入，必须考虑土地的价值，因此就发生了土地的财产关系。这类财产关系主要包括两类关系：一是土地所有关系，指国家所有权与集体所有权在经济利益上产生的关系；二是土地使用关系，指土地使用者使用土地并向土地所有权人或原土地使用人支付对价所形成的关系。

3. 土地利用规划关系。任何单位或个人在城市开发房地产，都必须接受政府的土地规划管理。《城乡规划法》(2007 年 10 月 28 日通过)的施行，标志着我国的城乡规划管理已开始走上法制的轨道。任何单位和个人，未领取规划许可证，擅自违法建筑，都将受到法律的严厉制裁。

4. 城市房屋管理关系。这类关系包括：房地产产权、产籍管理关系；房屋征收和拆迁管理关系；房地产交易管理包括商品房预售管理关系；房地产评估及鉴定等管理关系；物业服务管理关系等。在这些众多的管理关系里面，都要体现国家的意志，都要发生国家有关机关与产权人或使用人之间的管理与被管理的关系。

5. 房屋财产关系。这里主要是指横向的平等主体之间的经济利益关系。调整这种关系应当适用民法上的“平等自愿、协商一致、等价有偿”的原则。这类经济关系也十分复杂、宽泛，包括房屋买卖关系、房屋交换关系、房屋租赁关系、房屋继承关系、房屋抵押关系、房屋典当关系、房屋相邻关系、房屋共有关系等。

6. 涉外房地产管理关系和协作关系。这类关系也明显包括两类关系：一是外商在中国开发房地产的经济关系；二是外国人在中国拥有房地产的管理关系或财产关系。

三、房地产法的特征

房地产法的特征是房地产法区别于其他法律部门的明显标志。与别的法律部门比较起来，房地产法有如下特征：

1. 房地产法调整不动产领域，其所调整的社会关系比较长久稳固。不动产是指土地和地上附着物，是不能移动或移动后会丧失其经济价值或经济用途的物，它是人们在生产和生活中一刻也不能离开的物质资料。不动产使用期限比较长，一般也不轻易改变用途。比如，我国有关房地产法律规定，商品房用地期限可长达 70 年，期满后还可以再续期。不动产的这个特性，可以长期地满足人们的需要。任何一个统治阶级，都会从其目的出发，运用法律的手段来维护其占有和使用不动产的权利，我国也不例外。另外，不动产的转移并非实际物体发生位移，而是权利主体发生变动。房地产交易实际上是权利的交易。因此，房地产法是一个以权属为基础的法，只要权属还存在，就可以不断交易下去。

2. 房地产法所调整的社会关系严密置于国家的控制之下。房地产社会关系可以分为两大类:一类是当事人之间平等的社会关系;另一类是管理和被管理的社会关系。房地产对国家、企事业单位和公民来说,都是一笔很重要的财富,它关系到经济的发展和社会的稳定,因此,国家对这一领域的行政干预十分显著。在资本主义国家,自由意志已明显地受到国家的干预,私有财产神圣不可侵犯的原则得到不同程度的修正。在我国,从土地的无偿划拨到有偿出让、转让,从土地的利用规划到工程施工管理,从商品房的开发到售后服务,从房地产产权产籍登记过户的管理到土地联营登记、房地产抵押登记、商品房预告登记、房地产税收等,几乎无处不体现国家有关职能部门行使监督和管理的权利。

3. 房地产法律关系的确定几乎都要采用书面形式。房地产法律关系的相对稳定性与长期性,客观上就要求它必须采用书面形式,即要求房地产法律关系的参加者,将其相互间的权利义务关系用文字记录下来,并由有关机关签证、批准、备案,有的甚至还要经过公证部门公证,以确保这种法律关系的稳定性和严肃性。仅以合同为例,房地产方面的合同内容比较完整,条文比较复杂,有些合同还是标准格式合同,许多合同还必须报送有关部门批准、备案或者公证。除此之外,土地所有权证、房屋所有权证、土地使用权证、房屋他项权利证、房屋租赁许可证等,都通过书面形式表现出来。

4. 房地产产权的设立、变更、转让和消灭以登记作为要件。动产产权的设立和转让以标的物的转移占有为原则,而不动产产权的设立、变更、转让和消灭,则以当事人在政府有关管理部门办理登记为原则,未经政府管理机关办理登记,不发生法律效力。我国《城市房地产管理法》第60条规定:“国家实行土地使用权和房屋所有权登记发证制度。”第61条中规定:“以出让或者划拨方式取得土地使用权,应当向县级以上地方人民政府土地管理部门申请登记,经县级以上地方人民政府土地管理部门核实,由同级人民政府颁发土地使用权证书。在依法取得的房地产开发用地上建成房屋的,应当凭土地使用权证书向县级以上地方人民政府房产管理部门申请登记,由县级以上地方人民政府房产管理部门核实并颁发房屋所有权证书。”《物权法》第6条中规定:“不动产物权的设立、变更、转让和消灭,应当依照法律规定登记。”第9条规定:“不动产物权的设立、变更、转让和消灭,经依法登记,发生效力;未经登记,不发生效力,但法律另有规定的除外。依法属于国家所有的自然资源,所有权可以不登记。”

四、房地产法的原则

房地产法的原则,是社会主义市场经济体制下房地产法本质的集中体现,是房地产经济规律在法律上的反映。它是房地产立法、执法、司法、守法全过程的指导思想和行动准则。

(一)坚持社会主义土地公有制的原则

社会主义土地公有制是我国土地制度的核心。中华人民共和国成立后不久,通过土地改革,我国实现了土地公有制。我国目前的土地所有形态表现为两种,即国家所有和集体所有,表现在土地所有权上就是国家土地所有权和集体土地所有权。我国《宪法》第10条中规定:“城市的土地属于国家所有。农村和城市郊区的土地,除法律规定属于国家所有的以外,属于集体所有;宅基地和自留地、自留山,也属于集体所有。国家为了公共利益的需要,可以依照法律规定对土地实行征收或者征用并给予补偿。”宪法规定了全民所有制的财产和集体所有制的财产神圣不可侵犯的原则,即任何组织或个人不得侵占、买卖或者以其他形式非法转让土地。

在房地产开发领域坚持社会主义土地公有制，主要就是要坚持城市土地国有制，维护城市土地的国家所有权不受侵犯。依据法律规定，房地产开发用地，主要指城市国有土地，不包括集体所有土地，集体所有土地要依法征收为国有土地后，才允许进入房地产市场。坚持城市土地的国有制，主要是为了保证国家土地所有权经济利益上的实现，直接通过土地所有权获得收入。另外，坚持城市土地的国有制，还要坚持国家垄断土地一级市场，由国家来出让土地，让国家的职能起到开源节流、合理配置土地资源的作用，因为一级土地市场从来就不是充分竞争的市场，而是国家垄断的市场。

（二）坚持土地有偿使用的原则

土地资源就其自然形态本身来说，并不具有价值，但在商品经济条件下，土地经过开发利用，凝结了人类的活劳动和物化活动，土地不仅具有价值，而且受商品价值规律的支配，使土地变成一种有价值的自然资源。在计划经济的年代，我们用行政手段无偿、无限期划拨、调剂土地，排除了市场机制的作用，土地使用价值的商品化未能得到发挥，这使政府捧着土地这个“金饭碗”讨饭，另外，巨额土地的级差收益又沉淀于开发企业，同时使土地利用率低，使用效益差，土地浪费严重；且非法占地和违法建设、买卖土地、非法出租或变相买卖土地等现象层出不穷。宪法规定的城市土地属于国家所有，这种所有权只有在经济上得到体现时，才能予以确保，国家放弃了国有土地上应得的经济收益，就等于放弃了对土地拥有的所有权。用经济手段管理土地，就是要变土地无偿使用为有偿使用，变土地无限期使用为有限期使用。国有土地实行有偿使用制度，实质上是符合马克思主义的地租理论的。马克思曾经指出：不论地租有什么独特的形式，它的一切经济类型，有一个共同特点，即地租的占有是土地所有权借以实现的经济形式。恩格斯在《论住宅》一书中也明确指出：“消灭土地私有制并不要求取消地租，而是要求把地租——虽然是改变过的形式——转交给社会。所以，由劳动人民实际上占有一切劳动工具，无论如何都不排除承租和出租的保存。”这里，他们所讲的地租，实质上是讲土地使用权的有偿使用问题。

土地有偿使用的形式，在我国有多种，可以结合不同时期、不同地区的情况加以采用。一种形式是土地使用者按规定的标准向政府逐年缴纳土地使用税（或土地使用费）。如 1988 年 9 月颁发的《城镇土地使用税暂行条例》（2006 年、2011 年、2013 年修订）中明确规定：“在城市、县城、建制镇、工矿区范围内使用土地的单位和个人，为城镇土地使用税（以下简称土地使用税）的纳税义务人，应当依照本条例的规定缴纳土地使用税。”1980 年 7 月国务院发布的《关于中外合营企业建设用地的暂行规定》中，也明确指出：“中外合营企业用地，不论新征用土地，还是利用原有企业的场地，都应计收场地使用费。”另一种形式是借鉴国际经验，采用土地使用权有偿出让的办法，即在坚持土地所有权属于国家的前提下，国家将土地使用权有偿出让给使用者，使用者向国家支付地价，然后按合同规定的用途去开发经营土地，而国家通过土地使用权的出让获得收入，用这部分收入去发展经济，进行城市基础设施建设，改善和提高劳动人民生活水平。我国的城市房地产开发用地取得方式，目前基本采取后一种做法。

（三）符合城市规划的原则

城乡规划是城市和乡村空间布局和发展的纲领，也是房地产开发和城市各项建设的依据。城乡规划的目的是：协调城乡空间布局，改善人居环境，促进城乡经济社会全面协调可持续发展。城乡规划的总体要求是:遵循城乡统筹、合理布局、节约土地、集约发展和先规划后建设的原则,改善生态环境,促进资源、能源节约和综合利用,保护耕地等自然资源和历史文化遗产,保持地方特色、民族特色和传统风貌,防止污染和其他公害,并符合区域人口发展、国防建设、防灾减灾和公共卫生、公共安全的需要。

(四)合理节约用地的原则

我国《宪法》第10条第5款明确规定:“一切使用土地的组织和个人必须合理地利用土地。”《土地管理法》第36条明确规定:“非农业建设必须节约使用土地,可以利用荒地的,不得占用耕地;可以利用劣地的,不得占用好地。”这说明,节约用地本身并不是一件可有可无的事情,相反它是法律赋予管理机关加强用地管理的一项职责,同时也是所有用地的单位和个人在用地的过程中应尽的一项义务。针对我国土地资源极度浪费的情况,党中央、国务院于1997年5月18日发布了《关于进一步加强土地管理切实保护耕地的通知》,该通知指出:土地是十分宝贵的资源和资产。我国耕地人均数量少,总体质量水平低,后备资源也不富裕。保护耕地就是保护我们的生命线。必须认真贯彻“十分珍惜和合理利用每寸土地,切实保护耕地”的基本国策,必须采取治本之策,扭转在人口继续增加情况下耕地大量减少的失衡趋势。2008年1月,国务院下发了《关于促进节约集约用地的通知》,指出切实保护耕地,大力促进节约集约用地,走出一条建设占地少、利用效率高的符合我国国情的土地利用新路子,是关系民族生存根基和国家长远利益的大计。

(五)坚持经济效益、社会效益和环境效益相统一的原则

这是房地产开发必须坚持的原则,也是这项事业能保持强大生命力的根本保证。

经济效益就是在房地产投资领域讲求经济核算,强调投入产出的比例,为投资者带来可观的经济效果。房地产投资的特点就是按照商品经济的要求运作,采取灵活的经营手段和方式,积极融通建设资金,生产出最好的产品,以期获得最优的经济效果。因此,经济效益是房地产开发赖以存在和发展的必要条件。

社会效益是指房地产开发对全社会所产生的良好效果和影响。房地产投资项目,并不仅仅限定于项目本身,而是与整个社会或社区有千丝万缕的联系。一个项目如只重于自身,根本不考虑社会乃至公众的利益,其项目不可能成功。因此,提高社会效益,同样是房地产开发得以生存和发展的重要条件,只有取得明显的社会效益,才能得到社会各界的广泛支持和承认。

环境效益是指房地产开发过程中,必须注重环境的优化,使房地产项目与周围环境融为一体,达到房地产项目与周围环境协调的最佳状态。环境效益不单单包括自然环境,而且还包括社会环境。环境效益的最大目标是造福群众、造福社会、造福后代,改善城市形象。

经济效益、社会效益、环境效益三者是一个有机的整体。三者是矛盾的,但从最后的结果来看,三者又是统一的,管理者的最大任务就是寻求三者结合的最佳点。实践中,常常会出现开发商只重视经济效益而忽视社会效益和环境效益的情况,而在此时,政府就应该对这种行为进行合理的引导,以求得房地产开发商的经济效益不损害社会效益和环境效益。

(六)维护当事人合法权益的原则

维护房地产权利人的合法权益不受侵犯,是房地产法的基本任务,也是房地产立法、执法的出发点和最终归属。房地产权利人的合法权益是其进行房地产交易和正常生产、生活的前提和基础,同时,保护房地产权利人的合法权益也是维护正常的房地产市场秩序,促进社会主

义市场经济发展的必要条件。

《宪法》第12条规定："社会主义的公共财产神圣不可侵犯。国家保护社会主义的公共财产。禁止任何组织或者个人用任何手段侵占或者破坏国家的和集体的财产。"第13条第1款规定："公民的合法的私有财产不受侵犯。"第18条规定：中华人民共和国允许外国的企业和其他经济组织或个人依照中华人民共和国法律的规定在中国投资。它们的合法权利和利益受中华人民共和国法律的保护。1988年七届人大一次会议通过的《宪法修正案》中规定，"国家保护私营经济的合法权利和利益"。现行的《城市房地产管理法》，对房地产主体的权益进行更充分、具体的保护：一是规定房地产权利人的合法权益受法律保护，任何单位和个人不得侵犯。二是国家对土地使用者依法取得的土地使用权，在出让合同约定的使用年限届满前不收回；如遇特殊情况需要提前收回，应给予相应的补偿；土地使用权出让合同约定的使用期限届满，可以申请续期。三是依法取得的土地使用权，可以作价入股，合资、合作开发经营房地产；依法取得的房屋所有权连同该房屋占用范围内的土地使用权均可设定抵押权。四是为了更好地保障商品房预购人的合法权益，规定了商品房预售应当具备的条件。五是规定国家实行土地使用权和房屋所有权登记发证制度等。这些规定与《民法总则》和其他有关法律的规定相配合，使我国法律对房地产权利人合法权益的保障进一步得到完善和落实。

（七）实现"耕者有其田""居者有其屋"原则

从我国土地制度的发展历史来看，土地垄断造成农民无地可耕时，社会就会发生动荡，王朝就要发生更迭。从新民主主义革命的历史来看，我们正是喊出"打土豪、分田地"的口号才能调动亿万农民的积极性，投入解放战争中，取得了建设新中国的胜利。因此，我们应注意保护耕地，维护农民的利益，实现"耕者有其田"。

在住房方面，由于我国推进住房的商品化、社会化以后，房地产市场也出现"市场失灵"的问题，主要表现为出现"房奴"，低收入者没有合适的住房或居住条件恶劣等。对此，需要政府用"看得见的手"来纠正过度的市场化，建立住房保障制度。这就是实现"居者有其屋"或"住有所居"的目标。

居住权不仅是宪法所保障的一项基本人权，也是国际条约所规定的一项政府的责任。1948年12月10日联合国大会通过的《世界人权宣言》第25条第1项明确规定："人人有权享受为维持他本人和家属的健康和福利所需的生活水准，包括食物、衣着、住房、医疗和必要的社会服务；在遭到失业、疾病、残废、守寡、衰老或在其他不能控制的情况下丧失谋生能力时，有权享受保障。"

五、房地产法的作用

房地产业是经济发展的基础性、先导性产业，是国民经济的支柱产业之一。房地产业的发展，客观上要求用房地产法来加以规范、引导、推动和保障，正如党的十四届三中全会通过的《中共中央关于建立社会主义市场经济体制若干问题的决定》所指出的：建立社会主义的市场经济，必须"规范和发展房地产市场"。

1. 加强房地产法制建设，是房地产管理的需要。党的十一届三中全会以来，我们突破了原来的旧框框，房地产业取得了突飞猛进的发展，但是，房地产业在发展过程中，也遗留了许多问题，亟待解决。依法治理房地产业，就是要加强房地产法制建设，完善房地产法制的措施和手段,促使房地产业更加健康地向前发展。加强和完善房地产法制建设的首要目的,就是要加强对城市房地产的管理,一方面要保障国家的土地收益不流失,另一方面也要把房地产生产要素纳入社会主义市场经济的轨道,建立起符合社会主义市场经济体制的房地产产权制度、房地产市场运行制度和房地产管理制度,充分发挥城市房地产业作为支柱产业的巨大作用。

2. 加强房地产法制建设,是维护房地产市场秩序的需要。近几年来,我国的房地产市场成交量大,交易日趋活跃,空前繁荣。以2016年为例,全国完成房地产开发投资额102,581亿元左右,商品房交易额达到11万亿元。尽管如此,我国的房地产市场还是处在起步阶段,市场功能还十分脆弱,市场机制还不充分,交易行为还极不规范,市场管理还很薄弱,问题很多。《城市房地产管理法》的出台,虽然对房地产开发、交易、消费、服务等全过程的一系列制度作出了规定,但《城市房地产管理法》并没有穷尽房地产业亟待规范的一系列问题,有些问题还有待细化和提高,因此,为了维护房地产市场秩序,促进社会主义市场经济的繁荣和发展,加强房地产法制建设仍然是任重而道远的事情。

3. 加强房地产法制建设,是保障房地产权利人合法权益的需要。我国的房地产权益是一个统一的、多层次的整体。从现有的房地产权益来看,主要包括如下一些权益:房地产物权(建设用地使用权、房屋所有权)、房地产他项物权(房地产抵押权)和房地产债权(房地产租赁权)等。房地产权利人包括国家(作为特殊民事主体)、企事业单位、公民个人和外商投资者等。房地产在现阶段既是重要的生产资料,又是必需的生活资料,因此,成为人们最重视、最珍惜的一种财产形式,也是人们乐于选择的投资对象。国家为了维护房地产所有人或者使用人的利益,也为了维护社会稳定,因此设计了多种维护房地产权益的制度。

4. 加强房地产法制建设,是促进房地产业健康发展的需要。在当今世界上,房地产业是一项高投资、高回报率的产业,因此,许多比较发达的国家和地区,都把它当作重要的产业,由政府出面,大力扶持,优先发展。在我国,房地产业还属于新兴产业,正处于改革和发展的起步阶段,客观上要求用房地产法加以规范、引导、推动和保障。没有房地产法的规范、引导、推动和保障,房地产业的发展将不充分。十八届四中全会决定指出,社会主义市场经济本质上是法治经济,加强市场法律制度建设,编纂民法典,制定和完善发展规划、投资管理、土地管理、能源和矿产资源、农业、财政税收、金融等方面法律法规,促进商品和要素自由流动、公平交易、平等使用。依法加强和改善宏观调控、市场监管,反对垄断,促进合理竞争,维护公平竞争的市场秩序。

第三节　我国房地产法的立法概况与法律规范

一、我国房地产法的立法概况

中华人民共和国的房地产立法,是在废除国民党旧法制的基础上,在一片废墟上建立起来的。中华人民共和国的房地产立法,从无到有,从粗到细,从偏到全,尤其是20世纪80年代之后,逐步完善起来。中华人民共和国的房地产立法,虽然走过了一条艰难的道路,但大道已经铺就,无法可依、有法不依的时代已经结束。纵观中华人民共和国房地法产生与发展的全过程,我们可将这一过程粗分为三个阶段。

(一)中华人民共和国成立之初至1966年

这一阶段的主要目标和任务是没收敌伪财产、代管无主房屋、确认房地产产权归属、接收旧政府房地产档案资料、建立中华人民共和国的房地产管理机构等。围绕这些问题,我国颁布了《土地改革法》《公房公产统一管理的决定》《关于填发土地房产所有证的指示》等。通过颁布这些规定,建立了一套房地产管理制度。随后,颁布了《关于私有出租房屋社会主义改造问题的报告》等政策,主要目的是对出租的私有房屋进行社会主义改造,通过付给房屋租金、赎金等形式,将城市房产逐步收归国有,实现城市土地的公有化。这一时期的特点是:法律和政策不太容易区分;前期比较重视法律,后期比较重视政策,"左"倾观念逐步扩大化。

(二)"十年动乱"时期

即"文化大革命"时期。这一时期由于受极"左"思潮的影响,法律破坏殆尽。尽管这一时期也颁布了一些零星的调整私人房产关系的规定、政策,但基本没起任何作用。房地产管理机构基本瘫痪,有些机构(如土地管理机构)根本没有建立,根本谈不上房地产的管理。除了公有制以外,公民个人基本上谈不上什么"财产权利"。这一时期,政策成了"党的生命线",党可以超然于法律而活动,法律没有任何位置。

(三)党的十一届三中全会至今

粉碎"四人帮"后,特别是党的十一届三中全会以后,我国法制建设的春天才真正来临。这一时期的前半段是起步阶段,后半段是蓬勃发展阶段。

1. 1978年至1988年

粉碎"四人帮"后,百废待兴。我们国家不能再继续走靠政策来管理国家的老路,而应该过渡到以法治国,法制建设被摆到了前所未有的高度。这一时期,围绕房地产领域,颁布了大量的法规,比较重要的有《国家建设征用土地条例》《村镇建房用地管理条例》《城市规划条例》《城市私有房屋管理条例》《土地管理法》等。这一时期的特点是:立法层次较低,条文规定不十分规范,有些方面政策和法律相混淆等。但无论如何,这一时期的房地产立法,为日后完善房地产法制奠定了基础。

2. 1988年至1998年

这一阶段以修改《宪法》为标志。修改后的《宪法》指出:土地使用权可以依照法律的规定进行转让。随后国家修改了《土地管理法》,颁布了《城市规划法》《建筑法》,国务院相继颁布了《城镇国有土地使用权出让和转让暂行条例》《外商投资开发经营成片土地暂行管理办法》等一系列与房地产相关的条例、规定,加强对房地产业的法律调整,促使房地产业如火如荼地发展起来。1994年7月5日第八届全国人大常委会第八次会议通过并颁布的《城市房地产管理法》是我国层次较高的立法,是调整房地产经济关系的最基本的法律。《城市房地产管理法》的出台,标志着我国的房地产法制建设基本成熟。

房地产业有行政干预性强的特点,因此这阶段的房地产立法主要体现为大量的行政法规、地方性法规和规章。这些法律文件从房地产开发、交易、管理、税收等多方面调整房地产业,使之具有较强的可操作性。这些法律文件中,涉及房地产开发方面的主要有:1991年《城市房屋拆迁管理条例》、1998年《城市房地产开发经营管理条例》。在房地产交易方面的有:1990年国务院颁布的《城镇国有土地使用权出让和转让暂行条例》和《外商投资开发经营成片土地暂行管理办法》。1995 年建设部颁布的《城市商品房预售管理办法》《城市房地产转让管理规定》《城市房屋租赁管理办法》,1994 年国家计委颁布的《城市房地产交易价格管理暂行办法》,1997 年建设部颁布的《城市房地产抵押管理办法》等。在房地产管理方面有:1989 年建设部颁布的《城市异产毗连房屋管理规定》和《城市危险房屋管理规定》,1994 年建设部颁布的《城市公有房屋管理办法》,1997 年建设部颁布的《城市房屋权属登记管理办法》。涉及房地产税收和金融方面的有:1988 年《城镇土地使用税暂行条例》,1993 年国务院颁布的《土地增值税暂行条例》,1997 年《契税暂行条例》,1998 年中国人民银行颁布的《个人住房贷款管理办法》等。

这一时期立法有一个显著的特点:总体上数量多,质量高,体系较为完整,适用范围广泛。但关于房地产的规范性文件,总体而言强调行政管理的规范多;政策文件多,法律规范少;短期性规定多,稳定性法律少;计划经济体制印痕多,市场前瞻性规定少;新法出台后旧法仍未废除的情况较为普遍。

3. 1998 年至今

1993 年我国提出建立社会主义市场经济体制以后,住房制度改革成为房地产走向市场化的一个重要途径。据统计,20 世纪 90 年代初,全国城镇共有无房户和住房困难户 800 万户,其中人均居住面积在 2 平方米以下的特困户为 50 万户,还有 5000 万平方米的危房、6 亿平方米的简易房需要改造,每年还有 200 万对新婚青年需要住房。要解决好人民的住房问题,主要是加快住房建设,多建住房,实际上就是要终止中华人民共和国成立以来我国一直实行的福利建房、分房的办法。1994 年国务院颁布了《关于深化城镇住房制度改革的决定》,1995 年国务院又颁布了《国家安居工程实施方案》,1998 年国务院综合并修订了上述两个文件又颁布了《关于进一步深化城镇住房制度改革加快住房建设的通知》(以下简称房改通知),国务院的房改通知提出稳步推进住房商品化、社会化,逐步建立适应社会主义市场经济体制和我国国情的城镇住房新制度;加快住房建设,促使住宅业成为新的经济增长点。对不同收入的家庭实行不同的住房供应政策。最低收入家庭租赁由政府或单位提供的廉租住房;中低收入家庭购买经济适用住房;其他收入高的家庭购买、租赁市场价商品住房。

这一阶段主要的立法有:1999 年全国人大常委会通过了《招标投标法》;2004 年对《土地管理法》进行了修正;2007 年全国人大常委会通过了《城乡规划法》。2007 年 8 月 30 日第十届全国人大常委会第二十九次会议通过《关于修改〈中华人民共和国城市房地产管理法〉的决定》,在该法第一章"总则"中增加一条,作为第 6 条,对房屋征收补偿制度作了明确规定。

除了以上主要法律,颁布和修改的行政法规主要包括 2000 年国务院颁布的《建设工程质量管理条例》、2002 年修订的《住房公积金管理条例》、2003 年《建设工程安全生产管理条例》和《物业管理条例》、2004 年《安全生产许可证条例》、2007 年《关于解决城市低收入家庭住房困难的若干意见》、2008 年《对外承包工程管理条例》、2011 年《国有土地上房屋征收与补偿条例》、2011 年修订的《土地管理法实施条例》和《城市房地产开发经营管理条例》、2014 年《不动产登记暂行条例》。

在部门规章方面主要有:建设部 1999 年发布的《城镇廉租住房管理办法》(为 2007 年 11 月 8 日建设部等 9 部委联合发布的《廉租住房保障办法》所取代);国家发改委和建设部于 2002 年联名发布的《经济适用住房价格管理办法》;2005 年建设部、民政部联合发布的《城镇最低收入家庭廉租住房申请、审核及退出管理办法》;建设部于 2006 年发布的《城镇廉租住房档案管理办法》;民政部、国家发改委等 11 部委于 2008 年联合发布的《城市低收入家庭认定办法》;财政部 2007 年的《廉租住房保障资金管理办法》;国家发改委、建设部、国土资源部和中国人民银行等 7 部委于 2007 年联合发布的《经济适用住房管理办法》;住建部等 3 部委于 2011 年发布的《房地产经纪管理办法》和住建部 2012 年发布的《公共租赁住房管理办法》等。

这一时期的立法特点是:立法质量不断提高,房地产法律体系臻于完善,在推动房地产市场化的同时,建立起我国的住房保障法律规定。存在的问题是:不能有效区分房地产监管法律规范和房地产宏观调控法律规范;房地产宏观调控缺少明确法律依据,也没有达到预期目的;住房保障立法滞后,立法层次较低等。

二、房地产法律规范

房地产法律规范,即房地产法律渊源。房地产法律规范既散见于宪法、民法、经济法、行政法等有关法律、法规之中,也集中见之于房地产成文法典。它们之间共同组成了一个完整的体系,调整房地产的纵向经济关系和横向经济关系。房地产的法律渊源包括如下几大类。

(一)宪法规范

宪法规范是最高的法律规范。宪法是国家的根本大法,是国家的总章程,具有最高法律效力。《宪法》有许多涉及房地产的条款。比如第 10 条规定:“城市的土地属于国家所有。农村和城市郊区的土地,除由法律规定属于国家所有的以外,属于集体所有;宅基地和自留地、自留山,也属于集体所有。国家为了公共利益的需要,可以依照法律规定对土地实行征收或者征用并给予补偿。……一切使用土地的组织和个人必须合理地利用土地。”1988 年《宪法修正案》第 2 条中规定:“任何组织或者个人不得侵占、买卖或者以其他形式非法转让土地。土地的使用权可以依照法律的规定转让。”宪法的这些规范,对房地产的立法、司法均有最高指导作用。

(二)房地产法律规范

房地产法律规范可以分为一般法律规范和特别法律规范,前者如《民法总则》《物权法》中有关不动产物权等方面的一般规定,后者如房地产法典、土地法典中有关房地产物权等方面的特别规定。房地产法律规范是调整房地产经济关系的基本的、核心的规范。调整政府干预房地产市场的最主要法律有:《城市房地产管理法》《城乡规划法》《土地管理法》《建筑法》等。除此之外,其他规范还散见于《招标投标法》《公司法》《合同法》《担保法》《税收征收管理法》等。

(三)房地产行政法律规范

这部分法律规范主要是指国务院制定及颁布的有关调整房地产领域的条例和规定。这部分法律规范效力低于宪法和法律,属于第三层级的法律规范,主要有:《城市房地产开发经营管理条例》《土地管理法实施条例》《城镇国有土地使用权出让和转让暂行条例》《建设工程质量管理条例》《建设工程安全生产管理条例》《安全生产许可证条例》《对外承包工程管理条例》《住房公积金管理条例》《物业管理条例》《国有土地上房屋征收与补偿条例》《土地增值税暂行条例》《房产税暂行条例》《契税暂行条例》《城镇土地使用税暂行条例》《不动产登记暂行条例》等。

(四)地方性房地产法律规范

地方性房地产法律规范是指在不与宪法、房地产法律、房地产行政法规相抵触的前提下,由省、自治区、直辖市人大及其常委会制定及发布的调整房地产领域的法规。我国幅员辽阔,各地情况不一样,法律允许各省、自治区、直辖市有关立法机构从本地的实际情况出发,制定效力及于本地的地方性法规。这方面的例子主要有:《海南经济特区土地管理条例》《海南经济特区城市规划条例》《深圳经济特区土地管理条例》《深圳经济特区土地使用权出让条例》《天津市房地产交易管理条例》《上海市房地产登记条例》《江苏省城市房地产交易管理条例》《浙江省房地产开发管理条例》《山东省城市房地产开发经营管理条例》《山东省城市房地产交易管理条例》《福建省房屋消费者权益保护条例》等。

(五)房地产行政规章

房地产行政规章主要指房地产主管部门,根据国务院规定的职责范围,依法制定并颁布的关于房地产业务方面的各项规章,或由房地产主管部门与国务院其他有关部门联合制定并发布的规章。房地产的行政规章主要有:《房地产开发企业资质管理规定》《商品房屋销售管理办法》《城市房地产转让管理规定》《城市商品房预售管理办法》《商品住宅价格管理暂行办法》《商品房屋租赁管理办法》《城市房屋拆迁工作规程》《廉租住房保障办法》《经济适用住房价格管理办法》《城镇最低收入家庭廉租住房申请、审核及退出管理办法》《城镇廉租住房档案管理办法》《城市低收入家庭认定办法》《廉租住房保障资金管理办法》《经济适用住房管理办法》《房地产经纪管理办法》《公共租赁住房管理办法》《建筑工程施工转包违法分包等违法行为认定查处管理办法(试行)》等。

(六)最高人民法院关于房地产方面的司法解释

最高人民法院的司法解释等指导性文件,对于正确运用房地产法规、弥补房地产立法不足、指导房地产案件的审判工作,也同样具有重要作用。这方面的司法解释主要有:《关于审理涉及国有土地使用权合同纠纷案件适用法律问题的解释》《关于审理建设工程施工合同纠纷案件适用法律问题的解释》《关于审理商品房买卖合同纠纷案件适用法律若干问题的解释》《关于审理城镇房屋租赁合同纠纷案件具体应用法律若干问题的解释》《关于审理建筑物区分所有权纠纷案件具体应用法律若干问题的解释》《关于审理物业服务纠纷案件具体应用法律若干问题的解释》等。

(七)国际条约

我国加入的国际条约也是我国的法律渊源之一。这方面主要体现在居住权的保障、房地产领域对外资的开放及税收优惠协定等。例如,《世界人权宣言》第 25 条第 1 项明确规定:“人人有权享受为维持他本人和家属的健康和福利所需的生活水准,包括食物、衣着、住房、医疗和必要的社会服务;在遭到失业、疾病、残废、守寡、衰老或在其他不能控制的情况下丧失谋生能力时,有权享受保障。”《经济、社会及文化权利国际公约》也提出:“本公约缔约各国承认人人有权为他自己和家庭获得相当的生活水准,包括足够的食物、衣着和住房,并能不断改进生活条件。各缔约国将采取适当的步骤保证实现这一权利,并承认为此而实行基于自愿同意的国际合作的重要性。”

第四节　房地产法律关系

一、房地产法律关系的概念和特征

（一）房地产法律关系的概念

房地产法律关系是指房地产法律规范在调整房地产经济关系过程中发生在房地产主体之间的权利义务或职责职权关系。房地产法律关系在房地产社会关系中的地位是一个社会房地产经济发展程度的重要标志，同时也对一个社会房地产经济的发展方向和利益格局起着重要的决定作用。例如，在计划经济体制下，房地产被作为社会的或企事业的福利而主要通过行政分配，且所有权主要为国家或集体所有，相应地，这种房地产社会关系主要通过行政命令和政策以及内部规章调整；只有在市场经济的条件下，对房地产的法律调整才提出了新的要求。房地产业是以现代城市经济为重要标志的市场经济发展到较高程度的产物，房地产社会关系上升为法律关系是市场经济发展的客观要求；并且，房地产法律关系的正确调整也是房地产业健康发展的基本保障。

（二）房地产法律关系的特征

1. 房地产法律关系是一种新型的法律关系。房地产法律关系体现了现代社会新型法律关系的各种原则和价值。在产权制度方面，房地产法体现了现代物权法和财产法重土地利用权的原则；在价值趋向方面，房地产法强调房地产的社会价值和公民的居住基本生存权利的价值；在调整方法上，房地产法提倡法律对各种不同利益的协调、兼顾和综合调整；在法理学方面，房地产法贯穿了现代法理学的许多新理念，突破了大陆法和普通法的界限、公法和私法的界限。上述新型法律关系的原则在一些具有调整房地产法律关系功能的相关法律中个别地体现，而在房地产法对房地产法律关系的综合调整体系中得以全面的体现。

2. 房地产法律关系具有相对稳定性。房地产恒基于某地不动或移动后通常会丧失其经济价值的属性，以及房地产投资大、回收期长的特征，均充分显示了房地产法律关系的稳定性。地产不能像一般商品那样可以批量生产、不断复制，这突出表现了房地产资源的有限性。房地产作为人们生活生产必不可少的基本物质资料，在国民经济发展中有特殊的地位和作用。鉴于房地产资源的有限性和房地产法律关系的相对稳定性的特点，任何国家都通过房地产立法直接或间接地对不动产资源进行严格管理限制，这使房地产法律关系比其他民事、经济法律关系更多、更直接地体现国家意志和国家利益。诸如，国家对房地产开发贯彻"全面规划、合理布局、综合开发、配套建设"的方针，从土地的选址布局、房地产的规划设计、征地拆迁、工程发包、房屋建造、竣工验收直至交付使用，均受国家房地产法律规范的调整；房地产法律关系的产生、变更和消灭，大多采用书面形式，并办理法定登记手续。

二、房地产法律关系的构成要素

房地产法律关系包括三个要素：主体、内容和客体。三者对房地产法律关系的构成缺一不可，任何一个要素的变更或消灭都会导致房地产法律关系的变更或消灭。

(一)房地产法律关系的主体

房地产法律关系的主体是指房地产法律关系的参加者,是房地产法律关系中经济权利的享有者和经济义务的履行者,或是经济职权的行使者和经济职责的承担者。按照各类主体在房地产法律活动中的不同作用可分为:

1. 房地产管理主体。包括土地管理部门、房屋管理部门、规划管理部门、建设管理部门、发展和改革委员会,以及房地产产业协会等。

2. 房地产开发主体。主要是指房地产开发商和建筑商。房地产开发商,又称房地产发展商,是指房地产开发的企业。建筑商,又称工程承包商,是指承接开发商提供的房地产开发项目,进行建筑施工的企业。

3. 房地产交易主体。是指从事房地产交易的公民、法人及其他社会组织等。包括房地产买方、房地产卖方、房地产抵押权人及其相对人、房地产出租人和承租人等。

4. 房地产服务主体。是指从事原直接进行房地产开发和交易以外的房地产服务性经营的主体,包括:(1)房地产经纪人;(2)房地产交易行;(3)房地产金融和保险机构;(4)房地产估价机构;(5)房地产咨询顾问人;(6)物业管理公司;(7)房地产律师等。

在房地产法律关系的种种主体当中,房地产管理主体处于最强有力的地位,而其权力又是与其利益密切相关。其次是房地产开发主体,他们拥有较强的实力。处于最弱势地位的是作为房地产买方的公民个人,他们势单力薄,根本无法同其他主体抗衡。为了解决商业利益同公民消费者利益之间的对立冲突问题,平衡国家、地方、部门、企业、个人之间的利益,我国房地产法律调整的总方针应当是:严格规范批地制度,保证国家地产资源利益不流失,限制商业利益的过度扩张,杜绝炒地皮、倒项目的恶性投机,拓展房地产消费市场,保护公民的住宅消费利益。

(二)房地产法律关系的内容

房地产法律关系的内容,是指房地产法律关系主体所享有的权利和承担的义务,或所拥有的职权和履行的职责。

1. 房地产权利和房地产义务。房地产权利即房地产法律关系主体为实现某种利益,有权依法做出或不做出一定行为或要求义务主体做出或不做出一定行为的资格,如房屋租赁权、赠与权、转让权、抵押权等。房地产义务即房地产法律关系主体依法做出一定行为或不做出一定行为的责任,如房地产交易价格申报义务,全面履行房地产合同的义务,依法缴纳税收的义务等。

2. 房地产职权和房地产职责。房地产职权,是房地产法律关系主体为履行职务在依法行使领导或组织监管的职能时所拥有的权力,如审查批准权、监督管理权、调查处理权、指导协调权等。行使职权的主体通常为城市规划部门、房地产主管部门、物价与税务管理部门等。房地产职责,是房地产法律关系主体为符合法律、法规、规章制度的某些要求在从事行政管理职权时,必须做出或不做出一定行为的制约。房地产职权和职责是不可转让和放弃的,有关的房地产法律关系主体必须依法行使。

(三)房地产法律关系的客体

房地产法律关系的客体是指房地产法律关系主体享有的权利、行使的职权和履行的义务、承担的职责所共同指向的对象。能够成为房地产法律关系客体的有物、行为和无形资产。

1. 物。这一客体形式在房地产法律关系当中具体表现为土地与房屋及其附属物。土地依其使用权属的不同,可以分为:(1)国有土地,包括城市市区的土地,国家依法征收的土地,国家依法划拨和出让的土地,其他合格主体由转让或承租或继承等途径取得国有土地使用权的土地;(2)集体所有土地,包括城市郊区的土地,依法由乡村农民集体所有的自留山、自留地和宅基地等。

房屋根据地理位置的不同分为农村房屋和城市房屋。在我国,农村房屋和城市房屋除了地理位置的不同外,还因房屋占有土地使用权属的不同,因城乡户籍不同等,而在法律上呈现出差异。最重要的是两种房屋适用的规则不同,农村房屋还不能完全商品化。按照房屋用途又可将房屋分为住宅用房和商业用房。城市住宅用房又可分为私房、公房和商品房。这几个概念可以说是历史上和习惯上对不同房屋的称谓。城市私房专指历史上遗留下来个人拥有私人所有权的房产,但现在房产的概念已大大拓宽了,个人合法建造房屋、购买的商品房均属于私房范畴。城市公房也分为两种:一种是历史上形成的由房屋管理部门享有所有权或管理的公房;另一种是由国有企事业单位投资兴建的,分配给个人居住,居住者享有使用权的房屋。公房和私房的划分不是绝对的,随着城市住房商品化的推行,公房将逐渐转化为私房。另外,我国还存在商品房概念,专指房地产开发商开发的租售给个人的房屋,而一旦出售给个人也就成为私有房屋。今后,我国城市房屋将朝着商品化、私有化、可自由转让的方向发展。当然,保障性住房属于例外。

2. 行为。指房地产法律关系主体为享受权利、行使职权或承担义务、履行职责所进行的活动,如房地产开发活动、房地产交易活动、物业管理等。

3. 无形资产。指可为从事房地产经济活动的房地产法律关系主体带来的非物质财富。无形资产可以成为某些房地产法律关系的客体,如用于房地产综合开发的各类规划设计方案、设计图纸等,作为设计者的个人或单位对该设计方案、设计图纸依法享有著作权,但目前国内对此尚未给予足够的重视。再如用于房地产投资决策或销售的各种具有竞争优势的信息、数据、营销策略,诸如商业秘密等,则受到反不正当竞争法的保护。

三、房地产法律关系的产生、变更和消灭

(一)房地产法律关系的产生、变更和消灭的条件

房地产法律关系的产生、变更和消灭,需要具备一定的条件,其中最重要的条件有二:一是房地产法律规范;二是房地产法律事实。房地产法律规范是房地产法律关系形成、变更和消灭的法律依据。房地产法律事实是法律所规定的能够引起房地产法律关系产生、变更和消灭的客观情况或现象。

(二)房地产法律事实的种类

以是否依人们的意志为转移作标准,可将房地产法律事实大体上分为两类,即房地产法律行为和房地产法律事件。

1. 行为

(1)房地产法律行为。房地产法律行为是指房地产法律关系主体为了产生、变更和消灭一定的房地产法律关系而实施的合法行为,如房地产开发的申请行为、房地产合同行为等。

(2)房地产违法行为。房地产违法行为是指房地产法律关系主体不履行法定义务或侵犯其他房地产主体权利、扰乱房地产市场秩序的行为,如不按土地使用出让合同约定进行房地产开发行为、不进行交易价格申报行为等。房地产违法行为往往会导致房地产法律关系无效,或

引起损害赔偿及行为处罚关系的产生。

2. 事件

房地产法律事件是指房地产法律规定的不以当事人的意志为转移的能够引起房地产法律关系产生、变更和消灭的客观情况,主要是指国家房地产法律、法规的颁布实施或修改废止、不可抗力事件等。

四、以法律性质为标准对房地产法律关系进行划分

(一)房地产物权法律关系

物权法是规范财产关系的民事基本法律,调整因物的归属和利用而产生的民事关系,包括明确国家、集体、私人和其他权利人的物权,以及对物权的保护。物权法是民法的重要组成部分,是在中国特色社会主义法律体系中起支架作用、不可或缺的重要法律。从调整内容上看,《城市房地产管理法》第2条规定:“在中华人民共和国城市规划区国有土地(以下简称国有土地)范围内取得房地产开发用地的土地使用权,从事房地产开发、房地产交易,实施房地产管理,应当遵守本法。本法所称房屋,是指土地上的房屋等建筑物及构筑物。本法所称房地产开发,是指在依据本法取得国有土地使用权的土地上进行基础设施、房屋建设的行为。本法所称房地产交易,包括房地产转让、房地产抵押和房屋租赁。”《物权法》第2条规定:“因物的归属和利用而产生的民事关系,适用本法。本法所称物,包括不动产和动产。法律规定权利作为物权客体的,依照其规定。本法所称物权,是指权利人依法对特定的物享有直接支配和排他的权利,包括所有权、用益物权和担保物权。”因此,房地产法与物权法都调整土地与房屋关系,这使房地产法与物权法之间具有一定的联系,但房地产法与物权法对土地与房屋关系调整的侧重不同,前者侧重国家对土地与房屋的管理关系,后者侧重权利主体对土地与房屋的协作关系。

1. 房地产法与物权法的区别

(1)调整对象不同。物权法调整的是平等主体之间的财产关系,是平等主体间的一种横向关系;而房地产法不仅仅调整平等主体之间的房地产交易关系,而且也要调整国家房地产管理部门、土地管理部门与房地产当事人之间的管理关系,既包括了纵向关系也包括了横向关系,且突出地体现了国家对房地产领域的较强干预。物权法主要调整商品流通领域中的平等主体之间的关系,而房地产法不仅调整流通、消费领域的关系,而且还调整生产领域中发生的关系。物权法调整的财产关系既包括动产财产,也包括不动产财产;而房地产法调整的财产关系特指不动产财产关系。

(2)调整方法不同。物权法作为民法的一部分,其调整方法最大的特征是平等、等价、自愿、有偿;而房地产法所采用的是纵向与横向相结合的调整方法,在坚持等价、有偿原则的同时,也在某些情况下实行不等价、无偿原则,如城镇国有土地使用权划拨基本上是无偿的,它既体现了国家对房地产的干预,又体现了房地产作为一种不动产所要求的主体间的平等性。物权法多为任意性规范,而房地产法则较之物权法有更多的强制性规范,如在房地产交易过程中,房地产当事人在贯彻平等、自愿原则的同时,首先要遵守国家规定的房地产交易规则,如房地产转让的条件、成交价格申报及转让时改变用途或原规划设计的,应报经出让和城市规划行政主管部门批准等。物权法的调整通过民事诉讼、民事制裁方式实现,而房地产法的调整虽然有时也通过这一途径,但并不限于此,还可以通过行政调解、行政诉讼、行政复议、行政制裁的

方式实现。

(3)主体地位不同。物权法律关系主体间的法律地位是平等的,而房地产法律关系主体间的地位,在涉及房地产经济协作关系时是平等的,而在涉及房地产经济管理关系时是不平等的。

(4)争议解决制度不同。《物权法》第 38 条第 2 款规定:“侵害物权,除承担民事责任外,违反行政管理规定的,依法承担行政责任;构成犯罪的,依法追究刑事责任。”因此,违反物权法侵害物权产生的是民事争议纠纷;而民事争议纠纷的解决方式,根据《物权法》第 32 条规定,“物权受到侵害的,权利人可以通过和解、调解、仲裁、诉讼等途径解决”。和解是当事人之间私了;调解是通过第三人调停解决纠纷;仲裁是当事人协议选择仲裁机构,由仲裁庭裁决解决争端;诉讼包括民事、行政、刑事三大诉讼,物权保护的诉讼主要指提起民事诉讼。而违反《城市房地产管理法》产生的纠纷既包括平等主体之间的民事争议纠纷,又包括不平等主体之间的行政争议纠纷,民事争议纠纷的处理,当事人可以通过和解、调解、仲裁、民事诉讼途径解决;而行政争议纠纷则适用行政复议、行政诉讼途径解决。

2. 房地产法与物权法的联系

(1)特别法与一般法的关系。按照法律的调整范围,法律可分为一般法与特别法,特别法没有规定的,适用一般法,特别法与一般法规定不同的,优先适用特别法。一般法是指在一国的范围内,对一般的人和事都有效力的法;特别法是指在特定地区、特定时间或对特定的人、特定的事具有效力的法。一般法与特别法的区别在于,就地域而言,一般法适用于一国的全部地域,而特别法适用于局部地域;就时间而言,一般法适用于平时,而特别法适用于特别时期;就人而言,一般法适用于所有的人,而特别法适用特定的人;就事而言,一般法适用于一般的事,而特别法适用于特定的事。由于特别法是针对特定地区、特定时间或特定的人、特定的事的特别规定,因此,在法律适用上应当优先适用特别法。

《物权法》第 2 条规定:“因物的归属和利用而产生的民事关系,适用本法。本法所称物,包括不动产和动产。法律规定权利作为物权客体的,依照其规定。本法所称物权,是指权利人依法对特定的物享有直接支配和排他的权利,包括所有权、用益物权和担保物权。”因此,物权法是规范物的一般法,相对于物权法而言,房地产法是规范土地和房屋等不动产的特别部门法。根据《物权法》第 8 条的规定:“其他相关法律对物权另有特别规定的,依照其规定。”因此,就房地产法和物权法都调整土地和房屋等不动产而言,房地产法如有特别规定的,其特别规定应当优先于物权法的规定而适用,否则,其作为特别法的意义就不复存在了。

(2)旧法与新法的关系。对房地产法与物权法的关系不应局限在特别法与一般法的关系中去理解与适用,就一般法与特别法的制定顺序上,应当是一般法制定在前,而后由于立法情势发生变化,需对一般法所调整的某些地域、某些人或事进行特别调整而修改一般法或制定特别法,由此,一般法往往属于旧法,而修订规定或特别法往往属于新法,在法律适用上则是新法优先于旧法。

在我国,《城市房地产管理法》通过于 1994 年 7 月 5 日,施行于 1995 年 1 月 1 日;《物权法》通过于 2007 年 3 月 16 日,施行于 2007 年 10 月 1 日。就制定时间而言,《城市房地产管理法》制定在前,属于旧法,而《物权法》制定在后,属于新法。就制定时期而言,《城市房地产管理法》制定于我国社会主义市场经济刚刚起步阶段,同时是针对该时期出现的房地产热,许多方面均未考虑成熟,如房地产管理体制中的房地分管还是统管问题,土地使用期满地上物是否无偿收回问题,房地产登记发证是房地分开发证还是房地统一发证问题等,而《物权法》起草工作始于1993 年,2002 年提交全国人大常委会审议,其间草案经过六次审议,拟订时间之长、审议次数之多,在我国立法史上均是空前的,因此,《物权法》制定于我国社会主义市场经济已经发展了一段时期、各方面考虑均相对成熟的阶段。就制定机关而言,《城市房地产管理法》由全国人大常委会制定,而《物权法》由全国人大制定,在层级效力上,《物权法》的效力应当高于《城市房地产管理法》的效力。基于以上理由,本书认为《物权法》是基本性的法律、方向性的法律,房地产法规定与物权法规定不一致的,应当根据物权法做出相应调整或修改。本书认为应调整或修改的主要内容应包括如下三个方面(其他应作调整或修改的方面在本书的相关章节会提及):

第一,房地产登记管理体制。《物权法》第 10 条规定:“不动产登记,由不动产所在地的登记机构办理。国家对不动产实行统一登记制度。统一登记的范围、登记机构和登记办法,由法律、行政法规规定。”《物权法》确立的是统一登记制度。

《城市房地产管理法》第 61 条规定:“以出让或者划拨方式取得土地使用权,应当向县级以上地方人民政府土地管理部门申请登记,经县级以上地方人民政府土地管理部门核实,由同级人民政府颁发土地使用权证书。在依法取得的房地产开发用地上建成房屋的,应当凭土地使用权证书向县级以上地方人民政府房产管理部门申请登记,由县级以上地方人民政府房产管理部门核实并颁发房屋所有权证书。房地产转让或者变更时,应当向县级以上地方人民政府房产管理部门申请房产变更登记,并凭变更后的房屋所有权证书向同级人民政府土地管理部门申请土地使用权变更登记,经同级人民政府土地管理部门核实,由同级人民政府更换或者更改土地使用权证书。法律另有规定的,依照有关法律的规定办理。”第 63 条规定:“经省、自治区、直辖市人民政府确定,县级以上地方人民政府由一个部门统一负责房产管理和土地管理工作的,可以制作、颁发统一的房地产权证书,依照本法第六十一条的规定,将房屋的所有权和该房屋占用范围内的土地使用权的确认和变更,分别载入房地产权证书。”房地产法确立的房地产登记管理体制是房地分管与房地统管两种模式。

《物权法》和《不动产登记暂行条例》颁布后,我国确立了统一的登记制度。

第二,房地产开发用地的土地使用权的称谓。《物权法》第 135 条规定:“建设用地使用权人依法对国家所有的土地享有占有、使用和收益的权利,有权利用该土地建造建筑物、构筑物及其附属设施。”物权法将房地产开发用地的土地使用权称为建设用地使用权。

《城市房地产管理法》第 2 条第 3 款规定:“本法所称房地产开发,是指在依据本法取得国有土地使用权的土地上进行基础设施、房屋建设的行为。”房地产法将房地产开发用地的土地使用权称为国有土地使用权。《物权法》颁布后,建设用地使用权的概念将取代国有土地使用权的概念。

第三,征收与征用的关系。《物权法》第 42 条规定:“为了公共利益的需要,依照法律规定的权限和程序可以征收集体所有的土地和单位、个人的房屋及其他不动产。征收集体所有的土地,应当依法足额支付土地补偿费、安置补助费、地上附着物和青苗的补偿费等费用,安排被征地农民的社会保障费用,保障被征地农民的生活,维护被征地农民的合法权益。征收单位、个人的房屋及其他不动产,应当依法给予拆迁补偿,维护被征收人的合法权益;征收个人住宅的,还应当保障被征收人的居住条件。任何单位和个人不得贪污、挪用、私分、截留、拖欠征收补偿费等费用。”第 44 条规定:“因抢险、救灾等紧急需要,依照法律规定的权限和程序可以征用单位、个人的不动产或者动产。被征用的不动产或者动产使用后,应当返还被征用人。单位、个人的不动产或者动产被征用或者征用后毁损、灭失的,应当给予补偿。”《物权法》规定征收与征用不同,征收是剥夺所有权,而征用是在紧急情况下强制使用他人财产,紧急情况结束后被征用的财产须返还给被征用人。

《城市房地产管理法》原第 8 条(现第 9 条)规定:“城市规划区内的集体所有的土地,经依法征用转为国有土地后,该幅国有土地的使用权方可有偿出让。”《城市房屋拆迁管理条例》《城市房地产管理法》规定的征用与拆迁制度,实际上就是物权法所称的征收制度。为与物权法的规定相适应,在 2007 年 8 月第十届全国人大常委会第二十九次会议上通过了全国人民代表大会常务委员会《关于修改〈中华人民共和国城市房地产管理法〉的决定》,在《城市房地产管理法》的总则中增加一条,作为第 6 条:“为了公共利益的需要,国家可以征收国有土地上单位和个人的房屋,并依法给予拆迁补偿,维护被征收人的合法权益;征收个人住宅的,还应当保障被征收人的居住条件。具体办法由国务院规定。”

(二)房地产经济法律关系

我国经济法是调整经济管理关系、维护公平竞争关系、组织管理性的流转和协作关系的法。房地产法与经济法的联系最为紧密。首先,经济法律规范是房地产法的最大量、最主要的渊源,在全部房地产法的规范中,绝大部分都可归入经济法的范畴。其次,房地产法律规范的综合性特征、公法与私法的结合且以公法规范为主的特征,都与经济法的纵横统一特征完全一致,特别是房地产法的专门性规范在性质上也基本属于经济法律规范。最后,房地产的法律调整不可能由其他任何一个部门法(如民法或行政法)单独完成,而必须以经济法的综合法律调整为主,结合其他部门法的相关规范。事实上,房地产法律规范的适用也往往是首先适用经济法律规范,然后才适用民法等一般性法律规范。我国现代经济法的价值要求涉及房地产的规范应当充分发挥其维护实质公平、协调各方利益、实现综合调整、保证房地产业健康地可持续发展的特殊功能。从某种意义上可以说,房地产法是经济法的组成部分或者一个分支学科。但房地产法又不同于经济法,其具有明显的特殊性,如国家监管的力度、范围和目的都与经济法有所区别,并不适用完全相同的原则。

(三)房地产行政法律关系

行政法以国家行政关系为其调整对象,是关于行政权力的授予、行使、监督和对违法行政行为予以补救的法律。行政法的核心是对行政权力进行控制,目的在于实现依法行政,确认或建立符合人民利益和意志的行政法律秩序。而房地产行政法律关系主要体现在政府及其职能部门与房地产开发公司等房地产主体之间,因行政管理依法形成的权利义务关系,如土地征收、土地征用、土地规划法律关系,房地产开发项目的审批法律关系及房地产宏观调控法律关系等。

第五节 我国《城市房地产管理法》的特点、问题与展望

一、《城市房地产管理法》的特点

(一)体现了维护国有房地产权的原则

国有房地产是我国经济的物质基础。长期以来,我国的国有房地产所有权和收益权无法实现,许多单位和个人通过各种各样的手段,侵害国家的房地产所有权,致使国有财产大量流失。《城市房地产管理法》在立法过程中,针对这一情况,紧密结合中国的实际,把维护国有房地产权作为其立法的出发点和重要原则。具体体现在以下几个方面:第一,国家垄断土地出让市场,即一级市场,起开源节流作用。具体要求是国有土地使用权必须根据省级以上人民政府下达的控制指标拟订年度出让土地使用权总面积方案,报国务院或者省级人民政府批准后方可出让;对县级以上人民政府出让国有土地使用权必须根据省级以上人民政府下达的控制指标拟订年度出让土地使用权总面积方案,报国务院或者省级人民政府批准后方可出让。第二,国家对国有土地实行有偿、有限期使用制度,对土地使用权出让规定最高年限的限制。第三,国家对国有土地使用范围和用途实行限制,国家出让土地使用权,受让方获得的只是地上的开发权,对于地下的自然资源、矿藏等,土地使用者无权开发或占为己有。同时,土地使用者必须按国家出让合同规定的用途使用土地,如需变更土地用途,须经出让方和城市规划部门同意,并调整土地使用权出让金。第四,国有土地的出让、转让由国家土地管理部门统一管理,不管是土地的出让还是转让,土地使用者都必须到土地管理部门申请登记,领取土地使用权证书。第五,国家拥有对国有土地的最后处分权,国家在特殊情况下,根据社会公共利益之需要,可以在对土地使用者作相应补偿后提前收回土地使用权。

(二)建立了系统的房地产管理制度

我国在对房地产进行长期管理的过程中,形成了一套行之有效的制度。《城市房地产管理法》在总结国内经验的基础上,借鉴国外房地产管理方面的经验,建立了我国对房地产管理的五项重要的基本制度:国家依法实行国有土地有偿、有限期使用制度;国家实行房地产价格评估制度;国家实行房地产成交价格申报制度;国家实行房地产评估人员资格认证制度;国家实行土地使用权和房屋所有权登记发证制度。为配合这些制度的贯彻实施,该法还具体规定了加强房地产管理的其他制度和措施。如为加强房地产登记管理,该法设定了五种登记备案制度:房地产开发企业及房地产中介服务机构的设立登记(房地产开发企业尚需向有关部门备案)制度;商品房预售合同的登记备案制度;房地产转让、抵押或变更时的房地产权属登记制度;房屋租赁合同的登记备案制度;土地使用权、房屋所有权的取得登记制度。为加强房地产权证管理,设立了五种证书:土地使用权证书;房屋所有权证书;房地合一的房地产权证书;房地产评估师资格证书;商品房预售许可证书。这五项房地产管理制度、五种登记备案制度、五种证书的建立,标志着我国房地产管理迈上了新的台阶。

(三)确立了房地产市场调节机制

长期以来,我们忽视市场经济的作用,重视用行政手段管理复杂的房地产经济关系。党的

十四大以来,我们加快了市场经济体制的建立过程,房地产市场也有所发展。为了巩固这些成果,促进房地产业向更深层次发展,《城市房地产管理法》在建立一个正常的房地产市场机制方面采取如下措施:(1)在房地产开发企业的登记设立方面,改审核制为登记制,即建立房地产开发企业,无须像过去那样先资质审查再登记,而直接可以向工商行政管理部门申请设立登记,限期到建设部门备案,从而大大简化了企业设立的程序,提高了办事效率,促进了现代企业制度的发展;(2)在房地产价格管理方面,确立了以市场形成价格为主的价格原则,即政府应将房地产的基准地价、标定地价和各类房屋的重置价格定期确定并公开,从而使这三种对房地产有标志性、基础性、控制性作用的价格能经常显现,有利于房地产开发、交易、中介、评估等事业的进行;(3)在土地使用权取得的方式上,该法虽然保留了出让与划拨双轨制形式,但主要是以出让方式为主,对划拨土地使用权的范围作了严格的控制。对除以划拨形式取得土地使用权的以外,其余一律采用有偿出让的方式。此外,对土地使用权出让虽规定了拍卖、招标和双方协议三种方式,但对那些明显具有经营目的、回报率高、投资回收期较短的商业、旅游娱乐和豪华住宅用地,则规定只要有条件,必须采取拍卖、招标方式,从而引进公平竞争的机制,充分发挥市场机制对土地资源的合理配置作用。

(四)对房地产炒卖投机行为进行了限制

房地产炒卖投机行为是指房地产购买人取得土地使用权或房屋所有权,并不是为了自己消费,而是期望通过转手倒卖获取暴利的行为。房地产炒卖投机行为不符合法律的规定,不利于土地及房地产的合理开发、经营、利用,容易导致价格飙升,导致资源的闲置或浪费,因此,各国对此多有限制。我国的《城市房地产管理法》借鉴国外及我国港澳台地区限制房地产炒卖投机行为的经验,结合我国的具体情况,制定了六项抑制房地产炒卖投机行为的具体措施:(1)对土地使用权的出让行为加强管理,即法律规定土地使用权出让必须由市、县人民政府有计划、有步骤地进行,必须符合土地利用的总体规划、城市规划和年度建设用地规划。(2)对土地使用权出让价格进行管理。为避免低价出让、造成国有资产的流失,规定了房地产价格评估制度,确定基准地价,即不论通过拍卖、招标或协议出让土地使用权,均不得低于国家确定的基准地价。(3)加强对以划拨方式取得土地使用权交易行为的管理。以划拨方式取得的土地使用权,一般不得自发进入房地产交易市场。这类土地使用权要进行交易,一是经批准后办理土地使用权出让手续,缴纳土地使用权出让金;二是经批准后也可以不办理土地使用权出让手续,但转让房地产所获收益中的土地收益上缴国家或作其他处理。这种规定,有效地制止了土地市场的隐形交易行为。(4)对已受让的土地必须按合同期限抓紧开发利用。该法规定,以出让方式取得土地使用权进行房地产开发的,必须按照土地使用权开发合同规定的土地用途动工开发,期满1年未动工开发的,可以征收相当于土地使用权出让金20%以下的土地闲置费;满2年未动工开发的,可以无偿收回土地使用权。(5)规定对房地产的转让必须达到一定的投资额或符合一定的条件,否则其转让行为无效。该法规定,以出让方式取得土地使用权的,转让房地产除按约已支付全部土地使用权出让金并取得土地使用权证书外,还需按出让合同约定进行投资,属于房屋建设工程的,完成开发投资总额的25%以上;属于成片开发土地的,须形成工业用地或其他建设用地条件。该法对商品房预售的条件也作了严格规定:第一,已交付全部土地使用权出让金,取得土地使用权证书;第二,持有建设工程规划许可证;第三,按提供预售的商品房计算,投入开发建设的资金达到工程建设总投资的25%以上,并已经确定施工进度和竣工交付日期;第四,向房管部门办理预售登记,取得商品房预售许可证明。

(五)保护房地产企业的公平竞争

市场经济的运作,要求房地产开发企业站在同一起跑线上公平竞争。《城市房地产管理法》借鉴国际惯例,对此进行了规定:第一,对国内房地产企业不再以所有制形式进行划分,而是一视同仁,公平对待;第二,对外商投资房地产开发企业,规定了与中国内地房地产开发企业具有同等的法律地位,享有同样的权利和义务。这些规定,对促进房地产市场的形成,促进国家的对外开放,都起到了不可忽视的作用。

二、房地产立法过程中若干有争议的问题

《城市房地产管理法》虽经全国人大常委会颁布施行,但该法在立法过程中,以及在今后的施行过程中,仍有许多有争议的问题存在,有些问题可能还要通过修改法律才能加以解决。

(一)关于房地产的管理体制问题

现行体制实行房、地分管,即房产由建设部门管理,土地由国土部门管理。这一体制弊病较多,问题丛生。在立法过程中,如何确定房地产管理体制,是争议最大、争议时间最长的问题。房地产统管,已成为大家的共识,但对如何统管的认识不一致:有的认为应由建设部门统管,有的认为应由国土部门统管,还有的采取了折中的方法,建议成立一个部门,由这个部门统管。法律最后确定:国务院的机构改革方案于 1993 年由八届全国人大第一次会议原则批准,并由国务院确定,现行立法不可能对此进行改变,因此,维持原来的管理体制不变,但是,考虑到改革先行一步的少数城市的经验,也规定了这些城市可以由一个房地产管理部门进行统管。房地产多个部门管理,确实带来了诸多弊端。

(二)关于集体所有的土地能否出让的问题

《城市房地产管理法》第 9 条规定:“城市规划区内的集体所有的土地,经依法征用转为国有土地后,该幅国有土地的使用权方可有偿出让。”法律对集体所有的土地如何进入房地产市场,虽然作了明确规定,但是,在立法的过程中,这个问题的争议是很激烈的。一种意见认为,集体所有的土地,应当允许由所有权人出让,理由是:1988 年 4 月七届全国人大第一次会议通过的《宪法修正案》规定,土地的使用权可以依照法律规定转让;1988 年 12 月七届全国人大常委会第五次会议通过的关于修改《土地管理法》的规定,明确规定集体所有的土地的使用权可以依法转让。集体所有土地的所有权,包含对土地的使用权、收益权、处分权,理应可以由所有权人出让。如果所有权人无权出让,只有征用后才能出让进入房地产市场,这是不合理的,也是与《宪法》和《土地管理法》的规定不一致的。另一种意见则认为,本法应当明确规定集体所有的土地不能用于房地产开发,在这个问题上,必须认真贯彻党的十四届三中全会的关于“我国地少人多,必须十分珍惜和合理使用土地资源”的精神,否则,将不利于保护耕地,保护农业生产。法律虽然采纳了后一种意见,但这个问题的争论近期不可能解决。可喜的是各地已对农村土地进行分类,给农村留出合理的建设用地,鼓励建设土地有条件进入市场,全国各地的试点均取得了一些经验,体现了习近平总书记提出的鼓励农村集体建设用地进入市场的要求。

(三)关于土地使用权出让方式问题

土地使用权的出让方式,实践中有三种:拍卖、招标和协议。在立法过程中,如何确定土地

使用权的出让方式，有不同意见：一种意见认为，土地使用权的出让，应全部采取招标、拍卖方式，取消协议方式。理由是：协议方式的随意性太大，容易产生不正之风，导致腐败。另一种意见则认为，取消协议方式不符合中国目前的实际情况，不论在国内还是在国外，协议方式目前都是出让的主要方式，因此，土地使用权的出让，还应继续采取拍卖、招标和协议三种方式。立法最后采纳了后一种意见，即在《城市房地产管理法》第13条中规定："土地使用权出让，可以采取拍卖、招标或者双方协议的方式。商业、旅游、娱乐和豪华住宅用地，有条件的，必须采取拍卖、招标方式；没有条件的，不能采取拍卖、招标方式的，可以采取双方协议的方式。采取双方协议方式出让土地使用权的出让金不得低于按国家规定所确定的最低价。"

（四）关于以出让方式取得的土地使用权期满后地上物如何处理的问题

即建设用地使用权期满后房屋如何处理。近期比较引起关注的是温州的案例。2016年温州部分市民因土地使用年限到期或即将到期，交易价不超过100万元的房子，或许面临要花费数十万元（房产交易价的1/3或1/2）的高额土地出让金"买地"，才能重新办理土地证，这引起社会各界热议和关注。在讨论这一问题时，有各种不同意见：第一种意见认为，土地使用权期限届满后，国家如果不需要收回土地，则房屋产权人需要重新办理土地使用权出让手续，签订土地使用权出让合同，并向国家缴纳一定期限的土地出让金；第二种意见认为，国家可收回土地和地上建筑物，并按照《国有土地上房屋征收与补偿条例》的规定启动征收程序，通过一次性补偿，使产权人在其他地方重新购买房屋居住；第三种意见认为，根据《物权法》第149条的规定：住宅建设用地使用权期间届满的，自动续期。从这个角度讲，法律上存在模糊空间，物权法规定可以自动续期，但该如何续期、需不需要交纳土地出让金及交纳标准是多少都没有明确。可见土地使用期到期以后怎么衔接，还有待国家出台新的规定进一步完善。不但住宅建设用地存在这个问题，其他如商业用地、工业用地、教科文卫用地均存在这个问题。

（五）关于预购商品房能否再转让的问题

商品房预售，容易形成一致的意见，但商品房预售后，预购人是否可以将预购的商品房再行转让，即俗称炒"楼花"或炒图纸，有三种不同意见：第一种意见认为，当前房地产市场正处于不健全状态，允许炒"楼花"，可能使一些人从中牟取暴利，导致房价上涨，影响房屋使用人的利益，因此，应当规定禁止炒"楼花"；第二种意见认为，房地产既然是商品，就应当允许流通，炒"楼花"可以活跃房地产市场，是房地产中的正常现象，符合市场经济的要求，因此，应当规定允许炒"楼花"；第三种意见认为，炒"楼花"有利也有弊，不能因噎废食，是否禁止，不可一概而论，应视情况规定条件，宽严有别，对高档住宅条件从宽，对普通住宅条件从严，以保障城镇普通居民的利益，并加强管理，保证出售的"楼花"能按时竣工交付使用。其实，现实生活中已普遍存在预购商品房再转让的问题，如预购商品房的抵押、赠与、继承等，均已走到了法律的前面。因此，《城市房地产管理法》第46条规定："商品房预售的，商品房预购人将购买的未竣工的预售商品房再行转让的问题，由国务院规定。"但至今国务院的规定都没有出台。

（六）关于房屋租赁是否登记备案的问题

这个问题争论得也很激烈，是个理论性和实践性都很强的问题。有的认为，房屋租赁应接受政府的管理，应登记备案，理由是避免国家税收流失，有利于治安管理等。有的则认为，房屋租赁不应登记备案，理由是：（1）世界各国都没有租赁登记备案的规定；（2）市场经济应尊重当事人各方面的意愿，行政不应干预私权。立法过程中，最后采纳了前一种意见，即在《城市房地产管理法》第54条规定了房屋租赁登记制度。但是,在司法实践中,从合同法的角度又否定了登记备案的合同效力。

(七)关于房地产法的名称问题

现行的房地产法,叫《城市房地产管理法》,但在立法过程中,名称问题就有争论,有的认为应叫“房地产法”,有的认为应叫“房地产管理法”,有的认为应叫“房地产交易法”,还有的则认为应叫“房地产开发经营法”。最后采纳了第二种意见。现有名称是否科学合理,将来叫什么名称,看来还值得争论、研究。

第二章　房地产权属法律制度

第一节　房地产权利与权属

一、房地产权利概述

房地产权利,是指以房地产为标的的民事财产权利,是权利人依法对其所有的房地产享有的占有、使用、收益和处分的权利。房地产权属,指房地产权利主体上的归属,是将房地产权利与一定的权利主体相联系,落脚点是财产的归属。房地产权利的存在是房地产权属的前提和基础。房地产活动的开展涉及各方的权利义务关系,因此,明晰房地产权利体系的设定及其归属是一个关键问题。世界各国由于历史传统、社会制度不同,房地产权利的设置规定亦有很大不同。

(一)大陆法系

在大陆法系国家,“房地产”一词常用于经济实务,而在法律上习惯常称为“不动产”。因此房地产权利又称不动产权利,纳入物权体系。

大陆法以罗马法为源头。物权是罗马法的核心内容之一,而其物权法中又以不动产——土地的权利制度为核心。罗马法中设立了六种土地权利,即所有权、地上权、役权、永佃权、质权、抵押权,如图1所示。

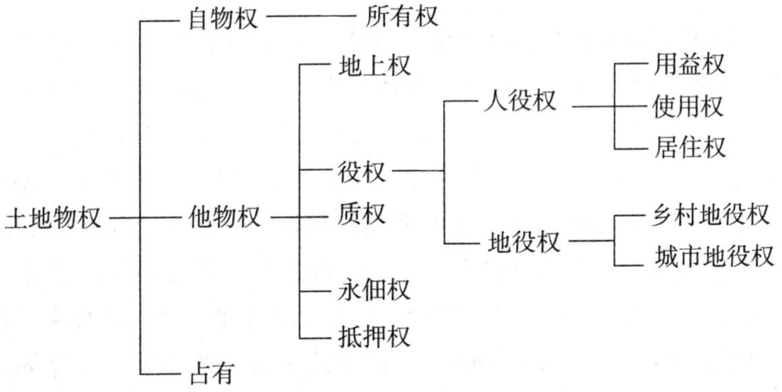

图1

其中,所有权是最显要和最广泛的权利,而且它同物本身融合在一起,因为物品以最绝对的方式归某人所有,其他物权,尤其是役权是从属的权利,它们只能对已属于某人所有的物而产生。罗马法的所有权有如下特点:(1)所有权具有绝对性。所有权是所有人享有的对物的绝对无限制的占有、使用的权利。所有人不负任何义务。(2)所有权是全面、完整、统一的权利。所有权权能的分离是暂时的,分离出去的权能最终都要回复到所有权中来,使所有权恢复其圆满状态。这种回复力称为所有权的弹力性归力。因此,所有权原则上是永恒的。(3)所有权是一种抽象的支配的权利,而不是利用物的权利,利用物只是支配物权的作用。所有人享有支配权,在所有权之上形成的他物权也只是所有权全面支配权作用的结果,是支配权的表现,所以,一物之上只有一个所有权,这就是"一物一权"主义。(4)所有权是法律上的支配权,而占有只是事实上的支配,形不成权利。(5)在多个所有人共有一物时,各共有人对共有物的权利及其对共有物的量的分割部分享有一个所有权。

与房产用地密切联系的土地诸权除了土地所有权之外就是地上权。在罗马法中,地上权(superficies)是以支付租金为代价,使用他人土地建筑房屋的权利。地上权制度始于罗马共和国时期,当时国家将国有土地出租给市民建造房屋,后来私人也沿袭这种做法。共和国末期,最高裁判官对此作出规定:如果承租人征得出租人的同意而建筑,使用期限又很长,则承租人对于其建筑物享有物权。这是依据罗马法的添附原则所确立的土地所有权及其建筑物,以土地为主,建筑物为从,主随从。地上权以建筑物及其他必须者为限,该权利可以转让、继承和设定役权。地上权人的义务是缴纳租金,对土地的使用要尽善良管理人的注意义务。此外,土地所有人于地上权转让时有优先权。

罗马法尽管是奴隶制的法律,但它是"以私有制为基础的法律的最完备形式",〔1〕也是"商品生产者社会的第一个世界性法律"。〔2〕 物权法作为罗马法核心之一,对大陆法系产生了深远影响。《德国民法典》和《法国民法典》物权部分均以罗马法为基础制定。

但是大陆法系诸国不仅继承而且创新了罗马法,又因经济发展,制度变迁,整个物权体系进一步演变,以物权客体分类基本是:(1)不动产物权,包括不动产所有权、地上权、地役权、不动产抵押权等;(2)动产物权,包括动产所有权、动产质权、动产抵押权及留置权;(3)以权利为客体的权利物权,包括权利质权和权利抵押权;(4)特殊物权,如采矿权、取水权和捕捞权等。

(二)英美法系

"房地产"在英文中较近似的对应词是"real property",其有关权利以财产权(property)称之,在英美法系中属财产法范畴。

1. 所有权

财产法中的不动产所有权称"ownership",但其内涵及法律规范中的运用与大陆法系大相径庭。(1)大陆法中所有权是物权及民事权利体系中的核心权利。"罗马法中,最引人注目的制度:一就是所有权。"〔3〕但英美法系财产法,认为所有权作为拥有绝对处置权利的抽象概念极少独立在现实当中。"英美财产法注重对物的实际利用",〔4〕"至于物的利用,则很少会发生所有权问题。基于物的所有权而派生出来的使用权和收益权是由诸多的人分享的,因而,将所有权归诸于其中的任何人都是不合适的"。〔5〕 如此的结果是,"在英国法的专业文献,即诸如法规和判例报告之类的官方文件中,'所有权'一词是不常用的"。〔6〕 同样在美国,土地转让人不必证明自己是土地的绝对所有人(owner),只以土地占有长期无争议作为条件。(2)英美财

〔1〕《马克思恩格斯选集》(第4卷),人民出版社1972年版,第248页。

〔2〕王泽鉴:《民法物权》,中国政法大学出版社2001年版,第42页。

〔3〕[英]F. H. 劳森、[英]B. 拉登:《财产法》,施天涛等译,中国大百科全书出版社1998年版,第113页。

〔4〕刘心稳:《中国民法学研究述评》,中国政法大学出版社1996年版,第357页。

〔5〕刘心稳:《中国民法学研究述评》,中国政法大学出版社1996年版,第114页。

〔6〕刘心稳:《中国民法学研究述评》,中国政法大学出版社1996年版,第113页。

产法注重所有权的分离。大陆法认为所有权不是“物之使用、收益、处分权能之总和”,[7]而认为“所有权之中心为单一的支配力”。[8] 但英美财产法正好相反,所有权,被认为是权利的集束,即物的占有、使用、收益、处置等权利的集合。“将实现所有这些内容的权利或权力集中于一人,会有许多优点。一方面看购买者通常都愿意获取全部内容,如果出卖者不能给予其全部内容的话,将会带来许多不便。但从另一方面看,从他人手中分离出一些所有权的内容将其分配给不同的人,也总是需要的。就土地而言,尤为必要。财产法的主要目的之一,就是在这种需要和便利之间谋求调和。”[9]这样相对大陆法的“一物一权”原则,英美财产法则呈现“一物多权”的特征。

2. 地产权

英美财产法对所有权的分离主要通过地产(estate)制度创设。这一制度源自英国,后为美国沿袭。地产是封建占有权的产物,原意是身份,把身份与土地占有联系起来,说明的是封建地主的土地占有权,也就是说,封建贵族在接受国王授予的土地后,又将土地授予更小的贵族,这样层层受封,形成了阶梯状的土地占有关系。这些占有土地的贵族,并不享有土地所有权,但他们对土地都享有权利,这项权利就被称为地产权。如此,“所有权并不附着于土地本身,而是附着于一个概念性的客体,但法律把它当作似乎真实的东西‘地产权’”。[10]

英国地产权分类如下:(1)按占有时期分为现有地产权(estate in possession)和期待地产权(estate in expectancy)。前者给予权利人以立即占有土地的权利,后者则必须等待占有权发生效力后才能占有土地。(2)现有地产权又分为自由保有地产权(free hold estate)和租赁地产权(leasehold estate)。前者是永久无期限,允许继承的地产权;1926年的主要形式是不限定继承人身份地产权(estate in fee simple absointe),即根据英国法律可无条件永久世代享有的房地产权益,英皇或政府若征收或收回这种权益,需付合理赔偿,[11]不限定继承人身份地产权是最与绝对所有权相近的权利。后者是有期限的地产权,1926年以后的主要形式是有期限继承地产权(estate in a term of years absowte),即权利不超过租出期限,但可协议延续。如地产权租赁期限超过权利人的寿命,其权益可按一般继承法依法继承。[12]

3. 衡平法的地产权

英美法系存在独特的信托制度,信托人亦即财产或法定权利的拥有人将财产或权利交与受托人,由受托人为受益人利益管理财产或行使权力。信托制度起源于中世纪英国的“他益使用”(use),即为他人利益拥有和使用财产的制度,其发展与地产密切相关,实际上就是一种地产制度,其功能和原理都与大陆法的用益物权制度相似,即赋予土地的使用者一定程度的可以对抗所有者的权利,以保证土地资源的有效利用。[13]

在土地信托中,受托人对土地的权利一开始便受到普通法院保护,因此被称为法定地产权

---

[7] 史尚宽:《物权法论》,中国政法大学出版社2000年版,第56页。

[8] [日]石田文次郎:《物权法论》,有斐阁1937年版,第377页。

[9] [英]F. H. 劳森、[英]B. 拉登:《财产法》,施天涛等译,中国大百科全书出版社1998年版,第8页。

[10] 《民法》,知识出版社出版(摘译自《不列颠百科全书》第15版第15卷),第70页。

[11] 李宗锷、潘慧仪主编:《英汉法律大辞典》,法律出版社1999年版,第104页。

[12] 李宗锷、潘慧仪主编:《英汉法律大辞典》,法律出版社1999年版,第103页。

[13] 李延荣、周珂:《房地产法》,中国人民大学出版社2000年版,第68页。

(legal estate);而受益人对土地的权利则经由衡平法保护,以对抗受托人权利,并成为与普通法上权利相并列的一种独立的衡平法上的地产权(equitable estate)。

4. 地役权与用益权

英美法系亦存在与大陆法地上权、地役权相近的土地财产权。其一,地役权(ease ment)。地役权包括两类权利:第一类是需役地人有权在供役地上只做积极的事而不要求供役地人积极地作为,如道路通行权、管道铺设权等,对需役地所有人而言这是积极地役权;第二类是阻止供役地上特定作为的权利,如对不合理的阻碍光线、截止水流、妨碍照明等,对需役地所有人而言这是消极地役权。其二,用益权(profits)。用益权指从供役地上获取产品的权利。例如,从河中捕鱼,在草地上畜牧,从地下采矿等。用益权由供役地人授权拥有或依法律规定取得。用益权与地役权之区别在于:用益权从供役地取得实质利益;而地役权并无取走供役地任何东西,只是为需役地方便对其为有限度的利用。

5. 抵押权

英美法中,不动产上并没创设抵押权,但抵押制度日益脱离财产法范畴而纳入债务法之中,美国的土地抵押制度一般放在不动产交易法和债务法中,在英国仍保留在土地法体系中。[14]

(三)土地权利与建筑物权利

房地产一般认为由土地及定着于土地之上的房屋和其他建筑物构成。“在当代,土地上是否有建筑物、有什么样的建筑物,以及土地与建筑物的关系如何,不但决定着不动产的整体价值而且决定着设立、转移、变更和废止不动产物权的各项法律制度的设计。”[15]

因此,土地权利与建筑物权利之间关系问题,亦即地上建筑物,尤其是房屋的地位问题是房地产权体系中的关键问题。在传统民法上,土地权利与建筑物关系有两种情形:(1)房屋等建筑物附属于土地,建筑物不是独立的不动产,建筑物权利与土地权利(所有权或地上权)不可分离。这种状况可追溯至罗马法“土地上之物属于土地”(superficies solo cedit)的思想。英美法在此问题深受罗马法影响,认为土地所有权“上达天空,下达地心”(from heaven to hell),建筑物成为土地的组成部分,统称为不动产(real property),大陆法的德国传统上亦循此例,《德国民法典》第94条规定:“土地的必要组成部分为定着于土地的物,特别是建筑物以及土地尚未分离的出产物。”认为建筑物是土地附属物即土地所有权的附属物;其后1919年《地上权条例》虽然使建筑物脱离土地所有权,但又成为地上权的附属,建筑物与土地权利尚未彻底分离。(2)房屋等建筑物与土地分别是独立不动产,建筑物权利得与土地权利分离,单独存在。例如,日本民法和不动产登记法将建筑物视为独立于土地之物,土地与建筑物分别处理。《日本民法典》第86条规定:“土地及其定着物为不动产。”法国亦肯定土地之上建筑物的独立地位。《法国民法典》第517条规定:“财产之作为不动产,或按其性质,或其用途,或按其所附着的客体。”

在当代,随着各国城市化进程的加快,房地产业的发展,为缓解住宅之紧张及维护住户权益,房屋等建筑物得以脱离土地,独立存在并享有单独权利正成为一种趋势。以德国为例,

---

〔14〕 李延荣、周珂:《房地产法》,中国人民大学出版社2000年版,第68页。

〔15〕 孙宪忠:《德国当代物权法》,法律出版社1997年版,第11页。

1951 年颁布《住宅所有权及长期居住权法》为满足“居住者通过购买住宅而成为所有权人”[16]的需要，便创设了永久建立在他人土地上的住宅所有权，独立于土地所有权与地上权，彻底打破了《德国民法典》第 94 条土地吸附建筑物的原则，在英美等国，20 世纪五六十年代亦先后立法确认了建筑物区分所有权制度，使区分所有权成为一项重要不动产所有权，实现传统地上物权利与土地权利的分离。

二、房地产权属概述

（一）房地产权属的概念

房地产权属，即房地产权利归属，指房地产产权在主体上的归属状态。房地产权属与房地产权利是两个不同的概念。例如，“土地所有权”是房地产权利，“国家土地所有权”为房地产权属。

房地产权属与房地产权利的主要区别在于：房地产权利作为民事权利之一种，强调当事人得在法律容许的范围内实现自己之利益，同时依据物权法定主义，房地产权利的种类和内容由法律统一规定；房地产权属则关注于法律创设的房地产权利在实践活动中主体上的归属，确认权限“实质性的问题在于是属于国家所有还是属于公社所有，是属于社团所有，还是属于个人所有，其中有何权利和利益”。[17]

其一，房地产权利为各方主体利益而创设。土地是财富之母，是一切生产和一切存在的源泉，但土地资源有限，无法满足每个人愿望需求，于是为定分止争，法律便创设土地所有权，作为一种本源之权。然而，只有土地所有权尚不能定分止争，非土地所有人尚有开发利用土地之渴望和愿望，法律便又顺应社会形势发展之需要创设地上权，使土地所有权与土地使用权相分离，阻却土地所有人有依据添附原则取得土地上之建筑物的所有权，使非土地所有人能够依托土地使用权而取得土地上建筑物的所有权（房屋所有权），并有权将房屋及其所占用范围内的土地进行抵押（从而产生房地产抵押权），以获取信用，同时得为自己利用之便利享有房地产相邻关系利益。

其二，房地产权属为确定各方主体关系而设置。马克思说过：“财富的本质在于财富主体的存在。”同样，权利的意义也体现在权利归属之主体。前述房地产权利如土地所有权、土地使用权、房屋所有权、房地产抵押权均得为一定主体所享有。如此引发诸多问题：首先，各主体行使权利的范围途径等相互之间关系如何确定。其次，各主体享有权利多寡不同，可能导致社会财富占有分配不均。最后，不同权利之间可能有倚强凌弱之压迫发生。所以，法律不得不对房地产权利的归属进行设置，规定相关房地产权利归属主体应具备的特定资格，并以此为出发点，规定相关权利的取得途径、行使方式，并要求权属变动时进行登记，以使法律上权利体系能彼此协调稳定运行，并为房地产经济活动提供有效率的制度基础。

（二）房地产权属的意义

在法律上明确房地产权利在主体上的归属具有以下重大意义：

1. 房地产权属制度有利于明晰权利主体，是房地产经济活动开展的基本前提。我国古代

---

[16]　孙宪忠：《德国当代物权法》，法律出版社 1997 年版，第 14 页。

[17]　[英]沃克编辑：《牛津法律大辞典》，北京社会与科技发展研究所译，光明日报出版社 1988 年版，第 512 页。

的著名法家人物商鞅说:“一兔走,百人逐之,非以兔可分为百也,由名分之未定也,夫卖兔者满市,而盗不敢取,由名分已定也,故名分未定,尧舜汤且皆如鹜焉而逐之;名分已定,贫盗不取。”[18] 所以规定房地产权属后,可以定名分,防争夺。主体地位的明确亦是现代市场经济开展的前提,否则主体缺位,产权不清,将使经济活动陷入混乱。

2. 房地产权属能够反映现实经济状况及政治结构。房地产作为使用期限极长的不动产,是国民财富的重要组成部分,是一国财富的基础,因此,其权利归属反映了一国的财富分配占有情况,进而体现一国的经济制度、政治结构,其权属的变动历史甚至构成了整个社会的历史。以土地权属为例,“占有土地在许多情况下成为社会的、政治的、经济的权利源泉和尊贵地位的象征”。[19] “只要对罗马共和国的历史稍有了解就会知道,土地所有权的历史构成了罗马共和国的历史。”[20]

3. 房地产权属制度对我国社会主义市场经济建立发展亦有关键作用。在计划经济体制下,我国法律重土地所有权权属静态规定,轻土地使用权权属的动态配置;强调权利归属国家集体的单一性,忽视权利归属的多元性、流动性;忽视权利行使主体地位的明确和保护,因此,土地资源未能有效流通利用实现优化配置,进而阻碍了房地产业乃至国民经济发展。所以,建立崭新的房地产权属制度是市场经济条件下发展房地产业的内在需求。

三、我国的房地产权利与权属

(一)我国的房地产权利

房地产属于不动产,是物的种类之一,因此,房地产权利属于不动产物权,是物权的种类之一。《物权法》第5条规定:“物权的种类和内容,由法律规定。”由此,物权法确立物权法定原则,其内容有二:一是物权的类型必须由法律确认,当事人不得创设法律所不认可的新的物权类型,学者称之为“类型强制”;二是物权的内容必须由法律确认,当事人不得创设与物权法定内容相悖的物权,学者称之为“类型固定”。

在《物权法》出台之前,我国法律所创设的房地产权利散见于各部门法:(1)《民法通则》规定有土地所有权(国家所有与农民集体所有)、房屋所有权、土地使用权、土地承包经营权、抵押权。(2)《土地管理法》规定有土地所有权(国家所有与农民集体所有)、土地使用权(国有与农村集体所有、出让与划拨)、宅基地使用权、土地承包经营权。(3)《城市房地产管理法》规定有房屋所有权、土地使用权(国有与农村集体所有、出让与划拨)、房地产抵押权。(4)《农村土地承包法》规定有土地承包经营权。(5)《担保法》规定有抵押权。上述关于房地产权利的法律规定,最为学者诟病的是关于土地的用益制度。《民法通则》《土地管理法》《城市房地产管理法》《农村土地承包法》规定土地的用益物权包括:土地使用权(国有与农村集体所有、出让与划拨)、宅基地使用权、土地承包经营权,其弊端在于:(1)关于“土地使用权”的确切含义与具体外延不清晰,《民法通则》与《土地管理法》所规定的土地使用权,泛指对土地的使用与收益权利,实则包含了宅基地使用权与土地承包经营权,造成相关概念之

---

〔18〕《商君书》。

〔19〕《资本论》(第1卷),中国社会科学出版社1983年版,第61页。

〔20〕《马克思恩格斯论国家与法》,法律出版社1958年版,第167页。

间的混淆与实务适用上的混乱；(2)土地使用权种类繁多、划分标准不统一，如以土地所有者的身份、土地使用者的身份、土地使用权的取得方式、土地用途、土地使用期限等进行划分，造成标准众多、适用混乱，管理机关与市场主体往往无所适从；(3)土地用益制度不完整，例如，如何处理相邻不动产之间的关系，虽我国有不动产相邻关系的规定，但相邻关系只是对不动产的利用作最低限度的规定，是维护正常生活与生活的最低需要，它不是一项独立的民事权利，更不是独立的物权，属于所有权的内容，而对于充分利用相邻不动产来获得更大效益的地役权制度，相关法律规定阙如。学者批评较多的是在房屋所有权制度设计中欠缺建筑物区分所有权的规定。建筑物区分所有权是指业主对建筑物内的住宅、经营性用房等专有部分享有所有权，对专有部分以外的共有部分享有共用和共同管理的权利。各国为解决严重的住宅危机，为解决广大市民的居住问题而兴建高层建筑，由此产生一栋建筑物存在多个所有权人的情形，为此各国纷纷制定建筑物区分所有权法律制度来调整不同所有权人之间的关系，我国随着住房制度改革与高层建筑物的大量出现，多人共有与共用一栋建筑物的情形越来越多，但相关法律规定的阙如，致使纠纷不断，严重制约了我国住房制度的发展。

针对上述问题，《物权法》重新厘定了不动产物权体系：(1)不动产所有权中规定了土地所有权、房屋所有权(含业主建筑物区分所有权)。(2)不动产用益物权中规定了土地承包经营权(《物权法》第124条规定："农村集体经济组织实行家庭承包经营为基础、统分结合的双层经营体制。农民集体所有和国家所有由农民集体使用的耕地、林地、草地以及其他用于农业的土地，依法实行土地承包经营制度。"第125条规定："土地承包经营权人依法对其承包经营的耕地、林地、草地等享有占有、使用和收益的权利，有权从事种植业、林业、畜牧业等农业生产")、建设用地使用权(《物权法》第135条规定："建设用地使用权人依法对国家所有的土地享有占有、使用和收益的权利，有权利用该土地建造建筑物、构筑物及其附属设施。"第151条规定："集体所有的土地作为建设用地的，应当依照土地管理法等法律规定办理")、宅基地使用权(《物权法》第152条规定："宅基地使用权人依法对集体所有的土地享有占有和使用的权利，有权依法利用该土地建造住宅及其附属设施")与地役权(《物权法》第156条规定："地役权人有权按照合同约定，利用他人的不动产，以提高自己的不动产的效益。前款所称他人的不动产为供役地，自己的不动产为需役地")。(3)不动产担保物权中规定了不动产抵押权。虽然《物权法》第8条规定："其他相关法律对物权另有特别规定的，依照其规定。"但本书认为，《物权法》关于物权体系的规定是基本性的、方向性的，对其他法律具有指导意义。

(二)我国房地产权属框架

房地产权属描述的是房地产权利归属主体的状态，即多人房地产权利与不同主体间的对应关系，其中包含两个关键问题：第一，某项权利能否归属不同主体所有，如土地所有权或使用权能否归属不同主体，并在市场上实现自由交换，此为权利归属"多元化"问题。第二，不同权利能否归属不同主体所有，如土地使用权能否脱离所有人而归属其他主体，以尽资源有效利用，此为权利行使"分离化"问题。

我国实行社会主义制度，土地实行公有制，归全民所有或集体所有，因此，实现土地使用权及其他房地产权利同土地所有权的分离，并使其能在市场自由流通，归属多元主体利用，是我国发展房地产业的重要制度前提，也是社会主义市场经济的前提。由此，本书认为以土地的所有制性质来界定、划分土地使用权与房屋所有权已经与市场经济体制不相符,按照所有者身份的不同进行立法,不仅导致对不同所有者之间的区别对待,而且妨碍市场经济主体之间的平等竞争。在这方面,物权法虽作了一定程度的改进,但仍不能脱离所有制的痕迹,仍有缺陷,但改革是一个渐进的过程,在坚持土地公有制的前提下,我国应逐步建立起与社会主义市场经济体制相符合的房地产权属法律制度。

经过从计划经济到市场经济的改革,我国当前的房地产权属体系框架如图2所示:

- 房地产所有权
  - 1.土地所有权
    - (1)国家土地所有权
    - (2)集体土地所有权
  - 2.土地使用权
    - (1)建设用地使用权(国家、集体土地均可设定)
    - (2)土地承包经营权(国家、集体土地均可设定)
    - (3)宅基地使用权(只限集体土地)
    - (4)地役权(国家、集体土地均可设定)
  - 3.房屋所有权
    - (1)国家房屋所有权
    - (2)集体房屋所有权
    - (3)私人房屋所有权
    - (4)业主建筑物区分所有权
  - 4.房地产抵押权

图2 我国房地产权属体系框架

第二节 土地权属法律制度

一、土地所有权与使用权的基本原理

(一)土地所有权基本原理

土地所有权是土地所有制的法律表现形式,是以土地为其标的物,土地所有人独占性地支配其所有的土地的权利。土地所有人在法律规定的范围内有权对其所有的土地进行占有、使用、收益、处分,并排除他人的干涉。作为一项民事权利,土地所有权是财产所有权的重要组成部分,具有所有权的一般属性,而且,土地所有权在所有权制度的历史发展中始终处于显要的地位,所有权制度中的许多规则直接来自土地所有权。但土地的特性及其在我国经济生活中的特殊作用,决定了它还具有不同于一般财产所有权的如下特征:(1)土地所有权是基于我国现实经济情况而产生的法律制度。(2)土地所有权反映了土地所有权人与非土地所有权人之间产生的法律关系。(3)土地所有权通常通过土地所有权权能的分离,使非土地所有权人对土地享有他物权。

1. 土地所有权的权能

土地所有权的权能包括土地占有权、土地使用权、土地收益权和土地处分权。

土地占有,指对土地的控制。在所有权法律关系上,土地占有表现为权利人对土地的控制及不受他人侵犯的状态。土地占有权是土地所有权一项重要的权能。在大多数情况下,土地占有权与土地所有权是重合的,但是,土地占有权也可以与土地所有权发生分离,而成为非所有人享有的一项独立的权利,这种分离主要有以下几种:一是非所有人依法律规定取得对他人所有的土地的占有权;二是根据合同而转移的占有权,如土地租赁;三是在依合同而形成的他物权中,他物权人受到非法侵犯时,可基于占有权而提起占有之诉,诸如返还占有、排除妨害、恢复原状等,土地占有权人取得的土地占有权甚至可以对抗土地所有人。

土地使用权指对土地的有效利用。在法律关系上,土地使用权表现为权利人依照自己的意志对土地加以利用或不利用的权利。土地使用权本身是由土地的使用价值决定的,获取土地的使用价值以满足土地所有人的需要,是土地所有人的意志和利益的体现。在土地交易中,交易双方看重的是土地的效用和对土地的使用权。土地使用权是直接于土地上行使的权利,因而其行使首先以占有土地为前提。土地所有权人可根据合同或法律的规定,将土地使用权让与他人行使。

土地收益权是在土地上获取经济利益的权利。在法律关系上,土地收益权表现为权利人能够对土地产生的经济利益主张权利归属的地位。在当代,资本所有权已完全表现为一种收益权,现代所有权的观念就是由绝对权向收益权的转化。其实在西欧封建社会的双重所有权制度下(领主享有土地上级所有权,耕作人享有土地下级所有权),一般都把所有权看作一种收益权。因此,土地所有权人可以把土地占有权和使用权让渡于他人而保留一定的收益权。

土地处分权是指土地所有人对土地依法进行处置的权利,表现为对土地权利的转让。土地处分权有狭义和广义之分。狭义的土地处分权仅指对土地所有权的转让,它决定了土地的归属;广义的土地处分权是指对土地上各种权利的转让,可以由所有人行使,也可以由其他有权人行使。例如,在我国,以出让形式获得国有土地使用权的人可以把土地使用权再行转让。

2. 土地所有权的社会功能

土地所有权是人类最古老的权利制度,它在漫长的历史进程中始终担负着三个方面的社会职能。

(1)维护社会安定。土地所有权是所有人依法对其所有的土地享有占有、使用、收益、处分的独占性支配权,这种独占性支配权,在法律上体现为土地的最终归属,明确了人们相互之间的利益边界,从而使这一财产关系特定化和稳定化。

(2)促进社会发展。“所有权具有重要经济功能,即创造有效利用资源的刺激。”〔21〕财产越专有,最大限度地利用财产的刺激就越大,财产在交换中具有最高利用价值的倾向,而所有权的独占性支配的性质是实现这些功能的前提。

(3)促进财富的积累。土地所有权确认了土地对人的归属,土地所有权人在对土地进行占有、使用、收益、处分,实现土地的价值和使用价值之后,依据所有权独占地、排他地享有土地上的利益,以促进财富的积累。

(二)土地使用权基本原理

对土地的合法使用在法律上可分为两种情况:一是土地所有人对自己土地的使用;二是非

---

〔21〕［美］波斯纳:《法律的经济分析》,Little Brown 公司 1973 年版。

土地所有权人合法地对他人土地的使用。因后一种土地使用而形成的土地使用权是与土地所有权并立存在的,作为独立财产权利的一种权利,它并不是作为土地所有权权能之一的土地使用权。根据所使用的是土地的使用价值还是交换价值的不同,土地使用权分为用益型土地使用权和担保型土地使用权。在这里主要探讨用益型土地使用权。

1. 土地使用权的概念

在传统民法中,土地使用权具体包括地上权、地役权、土地用益权以及使用权(《法国民法典》)、建筑权(《瑞士民法典》),而没有统一的土地使用权的概念。

在我国,土地使用权是一种与土地所有权相并列的独立的民事权利,它是我国有中国特色的土地使用制度的产物,是一种新型物权。因此,关于我国土地使用权的定义,在传统民法中没有相应的概念。我国的土地使用权,是指公民、法人及其他组织依法控制、支配全民所有或集体所有的土地及其收益,并排斥他人干涉的权利。按照《民法通则》,土地使用权属于"与财产所有权有关的财产权",作为一种独立权利形态的存在,无论在立法上还是在实践中,它都已经得到确认。但在《物权法》中没有采用土地使用权的概念,因为土地使用权是一个广义的概念,泛指对土地的使用与收益权利,实际上包括了原先立法规定的土地使用权、土地承包经营权及宅基地使用权,而这三类权利在权利的设定、利用等方面存在较大差别,当事人的权利义务存在不同之处,所以,《物权法》根据土地的用途,将土地使用权分解为土地承包经营权、建设用地使用权、宅基地使用权与地役权,并分章分别予以规定。因此,本书所用的土地使用权是作为土地承包经营权、建设用地使用权、宅基地使用权与地役权的上位概念而使用,并不意指某种具体的物权类型或是独立的物权形态。

2. 土地使用权的性质

土地使用权作为一项民事权利,具有以下性质:

(1)土地使用权是一种物权。所谓物权,是指权利主体支配物的绝对权。土地使用权虽然是土地所有权权能分离的结果,是在他人所有的土地上设定的权利,但它与在租赁、使用借贷、寄托等情况下因债而发生的占有权的转移是不同的,主要表现在:首先,土地使用权包含了占有、使用、收益的全部权能,而且可以依法处分;其次,土地使用权具有相当长的存续期间,而且这种存续可以不受债权制约;最后,土地使用期尚未届满,土地所有人不得收回土地,有法定事由者除外。

(2)土地使用权是一种他物权。所谓他物权是指在他人所有之物上设定的权利。在我国,土地使用权是在国有土地与集体所有土地上设定的,但集体土地要作房地产开发之用的,要先征收为国有土地。

(3)土地使用权是一种用益物权。所谓用益物权,是指以物之使用、收益为目的的他物权。土地使用权不论以何种方式获得,目的不外乎两种,或是非营利性使用,或是营利性使用。

(三)土地所有权与土地使用权的相互关系

土地所有权与土地使用权既相区别,又相互联系、相互制约,分别实现着权利人的不同意志,共同促进土地效益的充分发挥。

1. 土地所有权与土地使用权的区别

土地所有权是自物权,土地使用权是他物权。所谓自物权,是建立在自己之物上的权利。他物权,是建立在他人所有之物上的权利。

土地所有权为完全物权,土地使用权为限制物权。土地所有权的内容有对土地的占有、使用、收益、处分和排除他人干涉的权利,是一种完全的充分的财产权,故称为完全物权。土地使用权一般不包括决定财产命运的处分权能,所以称为限制物权。在我国,土地使用权中包含了一定范围的依法处分的权利。

在我国,土地所有权具有不可交易性,而土地使用权却可交易。我国的土地所有权不能通过市场发生转移,而且国家土地所有权绝对不能转移,但土地使用权却可以在地产市场上流转。

2. 土地所有权与土地使用权的相互联系

土地所有权决定着土地使用权。土地所有权是对土地的绝对的支配权,土地权能的分离进而形成的土地使用权是由土地所有权人的意志决定的,土地使用的方式、用途、期限、处分等都得服从土地所有权。

土地使用权促进土地所有权发挥其功能,上文提到了土地所有权的社会功能,这些功能的发挥无一不是通过对土地的有效利用而实现的,土地的使用价值是刺激土地所有权从排他的所有到对土地实行高效利用的最大动力。

二、现代各国(地区)土地所有及使用形态

从全世界综合来看,土地所有及使用形式是多种多样的,但仅从某一国家或地区来看,则未必如此。有些国家或地区土地所有及使用极为单一,只存在一两种形式;有的国家或地区的土地所有及使用制度却极为复杂,存在多种形式。在世界范围内,土地所有及使用制度的类型主要可分为以下几种。

(一)全民所有,无偿使用

在这种土地所有制形式下,一国主权范围内的绝大部分土地都归属于全体人民,由国家代表全体人民对土地享有并行使所有权。全民或国家土地所有权是现实的而非名义上的,包括对土地的占有、使用、收益和处分这四种作为所有权的基本权能,因此是一种完全的土地所有权。国有土地所有权可以由国家或全民组织直接行使,也可以在保留土地处分权的前提下,把占有、使用及收益的权利授予集体组织、公民、法人或其他经济组织享有。所使用的土地都是通过无偿划拨形式取得的。曾经实行过社会主义和正在实行社会主义的国家,如苏联、原东欧诸国、蒙古、朝鲜、越南和中国等,都普遍存在这种土地所有制形式。当然,这种土地所有制并不排斥在一定范围内仍存在土地集体所有甚至极少量的土地私有。

以苏联为例,十月革命前夜,沙俄的土地制度是由封建农奴制土地关系和资本主义土地关系错综复杂地交织在一起的,十月革命消灭了半农奴土地制度,全俄苏维埃第二次代表大会通过的《土地法令》永远废除了土地私有制,一切土地成了全民的财产并无偿交给劳动者使用。从《土地法令》生效时起,一切土地便成为国家的财产,尽管部分土地在一定时期或者仍由原私有者占有。《土地法令》之后,苏联又相继制定了一系列与土地管理有关的法规和政策,它们也以强调土地国有化和维护国家土地所有制为核心。

我国在土地使用制度改革之前也采取这种形式,即使现在,无偿使用的土地也占绝大比例。我国在社会主义革命胜利后,也以革命的手段实现了大范围的土地国有制。《宪法》第6条第1款规定:“中华人民共和国社会主义经济制度的基础是生产资料的社会主义公有制,即

全民所有制和劳动群众集体所有制……”第 10 条规定:“城市的土地属于国家所有。农村和城市郊区的土地,除由法律规定属于国家所有的以外,属于集体所有……”在我国,国家是全体人民的代表,中华人民共和国领域内的除集体所有以外的土地尽归属于全体人民,由国家代为享有并行使土地所有权。

(二)土地上、下级所有权并存,土地使用受两个所有权制约

这种土地所有制形式是基于将土地所有权分为上级所有权和下级所有权(或高级所有权和低级所有权)的观念而产生的。我国台湾地区即存在这样的土地观念。[22]

我国台湾地区的现行土地所有制是建立在孙中山先生倡导的“平均地权”的理念上的。“平均地权”的理念主张通过“申报地价”“照价抽税”“照价收买”“涨价归公”四个重要措施,发挥“制止土地投机”和“杜绝土地垄断”的功能,其终极目标在于求“地尽其利”,达成“地利公享”。我国台湾地区“土地法”第 11 条第 1 项规定,台湾地区的土地属于民众全体,其经民众(实指公民个人)依法取得土地所有权者,为私有土地。这一规定一方面表明台湾地区的土地归属于全体台湾地区民众,另一方面允许民众(个人)依法取得土地的所有权,承认相对性土地私有制之存在,而将土地所有权之归属加以割裂,由所谓的“国家”或民众全体与私人共同享有,建立一个公有、私有并存之物权制土地所有制度。在这种土地所有制形式中,土地所有权分为上级所有权和下级所有权,前者由全体民众或所谓的“国家”享有,又称为高级支配权或“国有权”(super or paramount land ownership);后者由私人经法定程序而获得,在法定的范围内享有下级所有权,又称为低级支配权或私有权。

我国台湾地区的这种土地所有制度其立法旨意在于:(1)土地属于民众全体,那么其占有、使用、收益与处分等行为自然应该以所谓的“国家社会的利益”、全体民众的福祉为终极关怀,由土地自然所生的地租(经济地租)及因社会投资土地自然增长的地价(社会收益),应该一律收归公有,由全体民众共同分享。(2)土地属于全体民众可避免任何私人的垄断,且因社会公益、公共事业的需要,“国家”有权收买或征收私人土地。(3)土地既然归属于全体民众,那么代表全体民众的“国家”对于私人土地应有公力管制权(public control)或警察权(police power),以限制私人的不法行为,达到所有权社会化的目标。

基于这一立法主旨,我国台湾地区的土地制度既非单一的公有制,亦非纯粹的土地私有制,而是二者之综合发展。盖民生主义土地政策之理想,在于地尽其利,民广其生,故何种土地之应为公有或私有,全视其如何方可达成此理想为断,即以公有为宜则公有之,以私有为宜则私有之也。因此,为建立平均地权的土地制度,农地是宜于农有(农民私有)的,市地是宜于市有(市民公有)的,富源地是宜于“国有”(全体民众所有)的。换言之,农地农有,市地市有,富源地“国有”系构成平均地权的三大要目。[23]

(三)土地由私有与各级政府分别所有,各自使用

在这种土地所有权制度中,土地所有权分属于私人和各级政府,各级政府对于依不同形式取得的土地享有所有权,而且各级政府间都是独立的。这种土地所有制普遍存在于实行联邦制的资本主义国家中。例如美国,其土地大体上可分为私有土地和公有土地,公有土地即各级

---

〔22〕 柴强编著:《各国(地区)土地制度与政策》,北京经济学院出版社 1993 年版,第 4 页。

〔23〕 林元兴:《地政学》,台北,台湾地区“商务印书馆”,第 32 页。这里所谓“国有”,系我国台湾地区所有。——作者注

政府分别所有的土地。“美国公有的土地总共将近 87,000 万英亩,它大约等于美国全部土地面积的 38%,其余 62% 的土地则分布在数百万私人手中。”[24]

美国是由移民建立起来的国家,独立前经历过长时期的殖民地统治,美国所有的土地都是原先的殖民地宗主国和后来的美国政府用战争和购买的途径获自土著居民或其他国家,再通过不同的方式转归私人所有或保留在政府手中。美国在建国过程中,领土是不断扩大的,最初,领土大部分是国有土地,1789 年建国初期,美国政府拥有约 60 万平方公里土地,直到 1867 年,美国政府掌握的公共土地共达 744.9 万平方公里,占全国国土面积的 79.4%。自 1789 年开始出售一块 150 万公顷的土地以来,美国陆续不断地出售国有土地,实现土地私有化,而且出售的大部分是耕地,因此,政府现在所拥有的土地主要是不能耕作的森林、草地、沼泽地、山地、水域等土地,同时,国家在出售土地时,亦留出一部分土地给州政府,以保证州政府的用地需要和支持州政府的财政支出。这样,美国的土地大体上可分为私有和公有两种形式,公有土地即各州政府分别所有的土地。

美国各级政府所拥有的土地在性质上都为公有土地。因美国政府结构分为联邦政府、州政府和地方政府(专指州以下的政府,包括市、县政府等),这些土地分别归联邦政府所有、州政府所有和地方政府所有。各级政府对土地的所有权是明晰的、确定的、具体的,各自独立,各级政府之间,无论是上级政府对下级政府,还是下级政府对上级政府,以及同级政府,都不能任意平调土地。如果确实需要,可以采取获得私有土地的方式,各级政府间可以买卖和租赁。不过,在某些情况下,为了相互支持或某种其他原因(如市政府为了得到联邦政府的拨款),在价格、租金或其他方面给予优惠却是常有的事。不同级政府间相互赠送土地也时有发生。

美国不同地区土地所有制状况并不相同。如在阿拉斯加州,目前联邦政府所拥有或控制的土地占该州面积的 96%,大部分禁止使用。在夏威夷州,按照 20 世纪 60 年代末的统计数字,土地 9.8% 归联邦政府,38.7% 归州政府,只有不到 5% 归小土地所有者,剩下的 47% 掌握在 72 个大地主手中。[25] 从城市来看,虽然城市政府所有的土地占全国土地面积的比重很小,据估计不到 1%,但由于城市土地面积占全国土地面积也很小,因此,就城市本身来看,国有土地的比重并不低,甚至很高。如 1922 ~ 1923 年美国 30 个大城市的全部土地中,有近 30% 是公有的;有些城市的公有土地接近 40%,如波士顿为 37.5%,丹维尔为 39.5%。[26]

(四)土地由国王名义所有,土地使用权类似于土地所有权

这种土地所有及使用制度主要存在于英国、加拿大等英联邦国家和地区中,并且是从法律层面而言的。在英国,法律上规定英王(国家)是唯一的绝对的土地所有人,个人、企业和各种机构团体仅拥有土地的使用权(或占有权)。他们享有的各种在土地上的权益称为地产权(estate)。

这样,土地名义上属于英王所有,但完全拥有土地权益的地产权人(estate in fee simple absolute)实际上是该土地所有者,只要不违反土地法、土地规划或侵犯他人利益,就可以随心所

---

〔24〕［美］伊利、［美］莫尔豪斯:《土地经济学原理》,滕维藻译,商务印书馆 1982 年版,第 164 ~ 165 页。

〔25〕［美］尼尔・R. 彼尔斯、［美］杰里・哈格斯特洛姆:《美国志》,中国社会科学院美国研究所编译室、董乐山译,中国科学院出版社 1987 年版,第 1202、1222 页。

〔26〕［美］伊利、［美］莫尔豪斯:《土地经济学原理》,滕维藻译,商务印书馆 1982 年版,第 310 页。

欲利用处分土地,地产权可通过拍卖、招标、协议等方式转让。所以,以地产权为核心,英国形成了在所有权不变前提下土地使用权(地产权)可以自由流通的土地制度模式。

英国的土地制度源自资产阶级革命的保守性、妥协性,保留了英王的国家象征地位和在法律上土地最终归英王所有的名义。加拿大是英联邦成员国之一,至今英国国王仍是加拿大国家元首,加拿大的全部土地同英国本土的全部土地一样,最终所有权属于英王,“在加拿大,土地上的无条件继承不动产只是指人们拥有使用土地的权利而并不对土地本身拥有所有权。土地的所有权属英王或政府。上述各点在 1982 年《加拿大法》中仍未变动”。[27]

在土地名义上归英王所有的情况下,仍存在对土地实际占有的公有与私有问题。在英国,中央统计局 1985 年曾推算全英土地占有结构如下:公共部门所有的土地占 15.4%,其中中央政府所有的为 2.6%,地方政府所有的为 11.0%;民间所有的土地占 84.6%,其中私人所有的为 65.5%,法人所有的为 14.4%。[28] 在加拿大,土地占有分为联邦公有、省公有和私人所有三种形式,私有土地比重不大,不到总面积的 11%,主要分布在南端土地肥沃的地带。全国的城镇土地、上好良田、牧场等经济效益较高的土地,大部分被私人占有。其余 89% 以上是公有土地,其中 41% 是联邦政府所有,48% 属各省政府所有。公有土地主要是林地、未开发土地、水面、公园、自然保护区和印第安人保留地,以及政府及公营企事业建筑用地。

(五)土地合作组织集体所有,集体使用

这种土地所有及使用形式是指一个合作组织内的本成员共同拥有土地,共同使用土地。这种土地制度普遍存在于社会主义国家中,特别是在农村地区。如在中国,《土地管理法》第 8 条第 2 款规定:“农村和城市郊区的土地,除由法律规定属于国家所有的以外,属于农民集体所有;宅基地和自留地、自留山,属于农民集体所有。”第 10 条规定:“农民集体所有的土地依法属于村农民集体所有的,由村集体经济组织或者村民委员会经营、管理;已经分别属于村内两个以上农村集体经济组织的农民集体所有的,由村内各该农村集体经济组织或者村民小组经营、管理;已经属于乡(镇)农民集体所有的,由乡(镇)农村集体经济组织经营、管理。”集体所有的土地主要是耕地及宅基地、自留地、自留山,还包括法律规定属于集体所有的森林、山岭、草原、荒地、滩涂等土地。当今在资本主义国家,特别是在一些发展中国家,也存在土地的合作组织集体所有制,如在叙利亚,合作社集体土地所有制的比重很大,全国约 1/10 的耕地和农户加入了合作社。

三、我国土地所有及使用制度

我国是社会主义国家,实行土地的社会主义公有制。《土地管理法》第 2 条第 1 款明确规定:“中华人民共和国实行土地的社会主义公有制,即全民所有制和劳动群众集体所有制。”可见,我国只存在两种土地所有权制度,对于全民所有的土地,由国家作为代表享有并行使所有权,这样即存在国家土地所有权和集体土地所有权两种所有权形态,我国港澳台地区不在此限。

---

〔27〕 [加]M. 哥德伯戈、[加]P. 钦洛依:《城市土地经济学》,国家土地管理局科技宣教司译,中国人民大学出版社 1990 年版,第 150 页。

〔28〕 中国土地制度专家代表团:《英国土地制度考察报告》,载《调查与探索》1987 年第 7 期。

（一）土地所有制度

1. 国家土地所有制度

我国的国家土地所有权是在中华人民共和国成立初期对全社会的土地所有关系进行的根本性制度变革中形成的，并随后来的社会主义建设事业的进程不断发展完善的。我国《宪法》对国家土地所有权作了如下规定："矿藏、水流、森林、山岭、草原、荒地、滩涂等自然资源，都属于国家所有，即全民所有；由法律规定属于集体所有的森林和山岭、草原、荒地、滩涂除外"（《宪法》第9条第1款）；"城市的土地属于国家所有"（《宪法》第10条第1款）；农村和城市郊区的土地，除由法律规定属于国家所有的以外，属于集体所有；宅基地和自留地、自留山，也属于集体所有（《宪法》第10条第2款）。此外，"国家为了公共利益的需要，可以依照法律规定对土地实行征收或者征用并给予补偿"（《宪法》第10条第3款）。《宪法》的这些规定，确立了我国国家土地所有权的基本法律依据。

《土地管理法实施条例》第2条规定："下列土地属于全民所有即国家所有：（一）城市市区的土地；（二）农村和城市郊区中已经依法没收、征收、征购为国有的土地；（三）国家依法征用的土地；（四）依法不属于集体所有的林地、草地、荒地、滩涂及其他土地；（五）农村集体经济组织全部成员转为城镇居民的，原属于其成员集体所有的土地；（六）因国家组织移民、自然灾害等原因，农民成建制地集体迁移后不再使用的原属于迁移农民集体所有的土地。"本条第4项即所谓土地国家所有权的推定制度，即凡是不能证明为集体所有的土地都是国有土地，这符合国家主权原则。国家土地所有权在性质上虽然是一种民事权利，但国家土地所有权客体范围的划定，在很大程度上都是国家行使主权的结果。"国家可以而且常常把主要财产宣布为国有，从而把许多财富排除出私人所有的范围。大陆法系及普通法系地区，国家一般宣布拥有海岸、大陆架、内河航道及其河床的所有权，这些通常叫作公共财产，国家受人民之托为人民的利益而掌管它们。此外，国家可以宣布许多矿藏的所有权（在有些地区还包括石油和天然气）属于国家，主张无主土地以及诸如水力等天然资源为国有。"[29] 依此，对于人为尚不能直接利用的国土，如沙漠、冰峰，以及江河、湖泊、海洋的水下地表，地下埋藏物、地下或地表的矿产等可利用资源都应作为国有土地的一部分，由国家享有所有权。

《物权法》第41条规定："法律规定专属于国家所有的不动产和动产，任何单位和个人不能取得所有权。"由此确立了国家专有制度。国家专有制度是指只能为国家所有而不能为任何其他人所有的制度。国家专有的财产由于不能为他人所拥有，因此不能通过交换或者赠与等任何流通手段转移所有权。国家专有的财产范围很广，包括但不限于：（1）国有土地；（2）海域；（3）水流；（4）矿产资源；（5）野生动物资源；（6）无线电频谱资源；（7）国防资产。国有土地的所有权只能属于国家所有即全民所有，并由国务院代表国家行使所有权，法律另有规定的，依照法律的规定。《物权法》第47条规定："城市的土地，属于国家所有。法律规定属于国家所有的农村和城市郊区的土地，属于国家所有。"第48条规定："森林、山岭、草原、荒地、滩涂等自然资源，属于国家所有，但法律规定属于集体所有的除外。"同时，《物权法》第42条第1、2款规定："为了公共利益的需要，依照法律规定的权限和程序可以征收集体所有的土地和单位、个人的房屋及其他不动产。征收集体所有的土地，应当依法足额支付土地补偿费、安置补助费、地上

---

〔29〕《不列颠百科全书》（第15版第15卷）（英文版），中国大百科全书出版社1998年版，第55页。

附着物和青苗的补偿费等费用,安排被征地农民的社会保障费用,保障被征地农民的生活,维护被征地农民的合法权益。”因此,根据《物权法》第47条、第48条与第42条的规定,国有土地的范围包括:(1)城市市区的土地;(2)法律规定属于国家所有的农村和城市郊区的土地;(3)依法不属于集体所有的森林、山岭、草原、荒地、滩涂及其他土地;(4)农村和城市市郊已被征收的土地。

我国国家土地所有制度,与我国的政治、经济形态具有密切联系,发展至今具有如下特征:

(1)国家统一所有。国有土地属于全民所有,即国家所有,国家是国有土地的绝对的、唯一的主体。根据我国现行的体制,中央人民政府即国务院是国家所有权的唯一代表,国务院及其所属部门有权决定国有土地的占有、使用、收益,并保留国有土地的最终处分权。

(2)中央及地方各级政府分别行使权力。权力的行使并不等同于权力的归属;权力归属的单一性并不妨碍权力行使方式的多样性、灵活性。委托行使所有权是各国财产法普遍认可的一种方式。再加我国地域辽阔,地区差别大,单靠中央政府的积极性远不能满足有效利用土地的需求,因此,地方各级政府经中央政府授权,可以代表国家行使国有土地所有权中的一项或几项权能,甚至在明确授权的情况下可以行使对国有土地的处分权。

长期以来,我国政府对国有土地一直实行分级管理体制。这种情况使一些人产生了我国国家土地所有权为“分级所有”或“多级所有”的认识,这是一种误解。在我国,国家土地所有权主体的单一性是一项不可动摇的原则。地方人民政府不是国有土地的所有权主体,其对本行政区域内的土地管理权,性质上属于经济行政权而非财产权。地方人民政府依据法律或者国务院的授权,实施有关土地所有权取得和土地使用划拨、出让、投资、收回等所有者行为,应该向中央人民政府负责,并随时接受人民政府的指示和监督。所以说,国家土地所有权的“分级行使”,并不意味着国家土地的“分级所有”,也不意味着国家土地所有权存在多级主体。

(3)国有土地使用收益中央与地方共享。国有土地的收益,原则上应归中央财政,但是,为了调动地方的积极性,可以由财政部作出规定,将一部分国有土地收益留在地方,用于国土管理和国土保护。

(4)在保留所有权的前提下,国有土地所有权的部分权能可适当分离,形成国有土地使用权。在我国,国有土地的占有和使用有两种形式:一种是由国家直接占有和使用,即由所有人直接行使对土地的所有权,这种占有和使用可以由国家机关直接实施,也可由国家指定的国有企业、事业单位实施,其目的是履行国家的政治、经济、文化和其他社会职能。此时的土地由划拨取得。另一种是由非所有人对国有土地占有和使用。这里的非所有人即指国家以外的民事主体,不仅包括非国有的组织和自然人,而且包括国有企业。占有和使用的目的不是履行国家的职能,而是实现本组织或者本人的目的。此时的土地使用权是通过国家土地的出让和转让而有偿取得的。

2. 集体土地所有制度

集体土地所有权是我国土地公有制的另一种法律表现形式,是农村集体所有权的一种。集体土地所有权实质上是一定范围内的集体组织全体成员共同对集体的土地直接享有的所有权。《宪法》第10条第2款规定:“农村和城市郊区的土地,除由法律规定属于国家所有的以外,属于集体所有;宅基地和自留地、自留山,也属于集体所有。”《物权法》第58条规定:“集体所有的不动产和动产包括:(一)法律规定属于集体所有的土地和森林、山岭、草原、荒地、滩涂;

(二)集体所有的建筑物、生产设施、农田水利设施;(三)集体所有的教育、科学、文化、卫生、体育等设施;(四)集体所有的其他不动产和动产。”第60条规定:“对于集体所有的土地和森林、山岭、草原、荒地、滩涂等,依照下列规定行使所有权:(一)属于村农民集体所有的,由村集体经济组织或者村民委员会代表集体行使所有权;(二)分别属于村内两个以上农民集体所有的,由村内各该集体经济组织或者村民小组代表集体行使所有权;(三)属于乡镇农民集体所有的,由乡镇集体经济组织代表集体行使所有权。”因此,集体所有土地的范围包括耕地,也包括宅基地和自留地、自留山,同时,集体所有土地的所有者只是农民集体,城镇集体不享有土地所有权。

我国的集体土地所有权是在农民私人土地所有权的基础上形成的。中华人民共和国成立初期,我国于1950年颁布了《土地改革法》和《城市郊区土地改革条例》,使广大农民取得了土地所有权。1952年,在全国土地改革基本完成后,开始了全国性的互助合作社运动,在初级社阶段,农民以土地入股,集体耕种,收益分红,但土地所有权仍然属于原所有人。1956年中国农村掀起了农业合作化高潮,初级社转为高级社,农民的私有土地转归集体所有,由集体统一经营。在公社化初期,公社是基本核算单位,土地归公社所有。这种大规模的集体所有和集体经营制度,与当时的农业生产力水平不相适应,带来很多问题。1962年中共八届十中全会肯定了农村的土地集体所有制,同时调整人民公社的核算体制,实行“三级所有,队为基础”,把土地所有权下放到生产队。自1978年中共十一届三中全会以后推行农村土地承包经营责任制以来,这种土地所有关系基本没有大的变动,但土地使用权转到了农民手中。

我国的集体土地所有权是长期历史形成的,从所有权的归属到使用权的分配都经历了一些重大变革,时至今日,我国的集体土地所有呈现如下特征:

(1)农村集体土地归一定集体组织内的全体农民所有,由农业集体经济组织或村民委员会代表行使所有权。《土地管理法》第10条对此有规定,并补充规定农民集体所有的土地“已经分别属于村内两个以上农村集体经济组织的农民集体所有的,由村内各该农村集体经济组织或者村民小组经营、管理。”《物权法》在以往立法的基础上,第60条规定:“对于集体所有的土地和森林、山岭、草原、荒地、滩涂等,依照下列规定行使所有权:(一)属于村农民集体所有的,由村集体经济组织或者村民委员会代表集体行使所有权;(二)分别属于村内两个以上农民集体所有的,由村内各该集体经济组织或者村民小组代表集体行使所有权;(三)属于乡镇农民集体所有的,由乡镇集体经济组织代表集体行使所有权。”

有一种观点认为,“集体所有权属于集体组织法人”,这几乎已成为民法理论界的通说。[30]依此类推,农村集体土地所有权应属于集体组织法人。这似乎表明,集体土地所有权是一种由“集体组织”或者“集体组织法人”享有的单独所有权。笔者认为,这一观点值得商榷。集体土地所有权实质上是一种由农民集体全体成员共同享有的所有权,这一所有权的行使必须以集体成员的全体意志为之,并以集体利益为最高体现,在共同所有状态下,“对物之收益权能以分属于各共有人为常,而对物之管理职能,则或多或少总以共同所有人之协力为必要”,“在共同共有,其主体间多少有团体的结合关系之存在,因此结合关系即可对于标的物之管理权加以决

---

〔30〕 佟柔主编:《民法原理》(修订本),法律出版社1983年版,第173页;佟柔主编:《中国民法》,法律出版社1990年版,第254页;郑立、王作堂主编:《民法学》,北京大学出版社1995年版,第206页。

定”。[31] 实际上,集体土地归农民共同所有与公有制也是相通的,而不是排斥的,但这种土地的共同所有是在一定范围内,即一个集体组织范围的全体成员的共同所有,而非全国范围内全体农民的集体所有。在农村推行承包经营责任制以后,过去的集体经营变成了现在的农户个体经营,这一变化导致了广大农村地区原有的集体经济组织的解体,于是,过去的“政社合一”,即兼具行政单位和经济组织双重性质的人民公社,就变成了单纯的行政单位——乡,而过去的生产大队变成了农民的社区自治组织——村,原来的生产队则变成了村的组织成分——村民小组,因此,现在农村集体土地所有权的主体应是以乡、村为单位的集体,而非农民集体组织法人。农民集体组织法人所有权不能从财产的最终归属意义上解决农民集体土地的归属问题。社团法人财产所有权是由其成员出资入股的法律事实引起的,从最终归属意义上讲,法人财产属于股东。我国农民集体组织在当时并不是作为一个社团以民事法律关系建立的,而是通过政权力量以行政手段建立的组织,虽然我们在理论上承认农民是集体土地的所有者,但他们在实际上并没有对集体财产保留一个类似于股权或出资性质的民事权利,因此,如果简单地承认农民集体土地所有权就是农民集体组织法人所有权,集体成员以现有法律就无法成为这个法人的成员,因为他们对这个法人无出资的事实,在财产关系上找不到民事权利的连结点。实际上,农民集体土地所有权与土地农民组织法人所有权是两个层面上的概念。从理论上讲,后者是前者以土地所有权出资的结果,但在我国实行公有制的现实约束下,土地所有权只能由国家或集体享有,所以不可能存在上述出资行为,退言之,只能以土地使用权出资,这样不论从出资后的现实状况而言,还是从法人财产的最终归属而言,农村集体土地的所有权的主体只能是农民集体全体成员,而非农村集体组织法人。这一论点还可以从 1990 年 5 月国务院颁布的《乡村集体所有制企业条例》中得到证实。该法第 18 条规定:“企业财产属于举办该企业的乡或者村范围内的全体农民的集体所有,由乡或者村的农民大会(农民代表会议)或者代表全体农民的集体经济组织行使企业财产的所有权。”

(2)集体土地所有权具有独立性,并且与国家土地所有权地位平等。我国土地所有权只存在两种,即国家土地所有权与集体土地所有权,这是我国土地所有制的鲜明特征。在这两种土地所有权之间,不存在派生或隶属的关系,它们之间也不存在等级差别。集体土地所有权的独立性和两种土地所有权的平等性是我国土地所有权制度的基本原则。这一点,在我国《宪法》《土地管理法》《物权法》等法律中,都得到了明确的体现。

但是,这并不意味着两种土地所有权之间无任何差异,一般来说,两者有如下不同:首先,国家土地所有权具有全民性和唯一性,它代表着范围广泛而且往往是全局性的社会利益,主体只有一个,即国家;集体土地所有权具有团体性和分散性,它代表的是范围较小的局部性社会利益,主体是农民集体。其次,集体土地的使用、处分与国家的农业战略和农业政策密切相关,而国有土地主要用于国家机关办公、公共设施及公共事业的建设以及保护自然资源等。最后,集体土地所有权虽然与国有土地所有权地位平等,但集体土地所有权及其使用权在法律上受到较多的限制,就集体土地所有权的范围而言,集体土地的地表或者地下的矿产资源,一律属国家所有。集体土地的使用也要严格区分不同的用途加以限制,如《土地管理法》第 59 ~ 62 条规定,乡(镇)村建设用地,包括住宅建设、企业建设和公共设施、公益事业建设的用地,除农民

---

〔31〕 郑玉波:《民法物权》,台北,三民书局 1988 年版,第 114 ~ 115 页。

使用原有的宅基地和村内空闲用地建住宅以外，一律要经过县或县以上的人民政府批准。法律出于社会利益而对所有权加以种种限制，是“法律社会化”的一种体现，在现代各国已得到普遍承认。由于集体土地所有权的团体性和分散性，使集体土地所有权相对于个人而言，具有“公”的性质，而相对于社会而言，则具有“私”的性质，因而有必要基于社会整体利益的理由，对集体土地所有权加以适当限制。

(3)国家对集体所有的土地可以通过征收的方式取得所有权。在《物权法》颁布之前，通过国家强制力将集体土地转化为国有土地，《宪法》及相关法律称之为征用，《物权法》将征用与征收区分，《物权法》第42条第1、2款规定：“为了公共利益的需要，依照法律规定的权限和程序可以征收集体所有的土地和单位、个人的房屋及其他不动产。征收集体所有的土地，应当依法足额支付土地补偿费、安置补助费、地上附着物和青苗的补偿费等费用，安排被征地农民的社会保障费用，保障被征地农民的生活，维护被征地农民的合法权益。”征收是法律上取得所有权的一种方式，它是指国家为公共目的而强制地并且通常是有偿地取得领土范围内原属于其他民事主体所有的财产。集体土地所有权自设立时起就附加了一个条件，这就是随时服从公共利益的需要。国家征收，在法理上被称为“最高统治权的行使”，即最高统治者有权不经所有权人的同意，而将其财产收归国有，以用于公共利益的目的。国家对集体土地征收后要给予所有人以适当的补偿，这里的补偿并非支付出售土地所有权的价格(况且在我国土地所有权是不许买卖的)，而是依据多个因素确定的。土地征收不同于购买，因其体现了一定的强制性，土地征收也异于没收，因其具有有偿性。土地征收权是公法意义上的权力，集体组织必须无条件地服从。

(二)土地使用(用益)制度

我国实行土地用途管制制度。国家编制土地利用总体规划，规定土地用途，将土地分为农用地、建设用地和未利用地。严格限制农用地转为建设用地，控制建设用地总量，对耕地实行特殊保护。

1. 土地承包经营权制度

《物权法》第124条规定：“农村集体经济组织实行家庭承包经营为基础、统分结合的双层经营体制。农民集体所有和国家所有由农民集体使用的耕地、林地、草地以及其他用于农业的土地，依法实行土地承包经营制度。”农村集体经济组织实行家庭承包经营为基础、统分结合的双层经营体制，是我国宪法确立的农村集体经济组织的经营体制。双层经营体制包括两个经营层次：一是家庭分散经营层次；二是集体统一经营层次。约40年的农村改革的实践证明，家庭承包经营使农户获得了充分的经营自主权，充分调动了广大农民的生产积极性，极大地解决了农村生产力，实现了我国农业的巨大发展与农村经济的全面繁荣，因此，家庭承包经营是集体经济组织内部的一个经营层次，是双层经营体制的基础；而集体经营层次具有生产服务、组织协调、资产积累与实现规模经营的功能，有利于解决一家一户难以解决的困难，发展与壮大规模经济。

稳定双层经营体制，关键在于稳定与完善土地承包关系，为此，《物权法》对这些问题进行了规定：

(1)明确土地承包经营权是物权。《物权法》第125条规定：“土地承包经营权人依法对其承包经营的耕地、林地、草地等享有占有、使用和收益的权利，有权从事种植业、林业、畜牧业等农业生产。”

(2)明确土地承包经营的期限。耕地的承包期为30年,草地的承包期为30年至50年,林地的承包期为30年至70年,特殊林木的林地承包期,经国务院林业行政主管部门批准可以延长;承包期届满,由土地承包经营权人按照国家有关规定继续承包。

(3)明确土地经营承包权的设立与登记制度。土地承包经营权自土地承包经营权合同生效时设立,由县级以上地方人民政府向土地承包经营权人发放土地承包经营权证、林权证、草原使用权证,并登记造册,确认土地承包经营权。

(4)明确土地承包经营权的流转制度。土地承包经营权人依照《农村土地承包法》的规定,有权将土地承包经营权采取转包、互换、转让等方式流转,但是,流转的期限不得超过承包期的剩余期限,同时,未经依法批准,不得将承包地用于非农建设;土地承包经营权人将土地承包经营权互换、转让,当事人要求登记的,应当向县级以上地方人民政府申请土地承包经营权变更登记;未经登记,不得对抗善意第三人。通过招标、拍卖、公开协商等方式承包荒地等农村土地,依照《农村土地承包法》等法律和国务院的有关规定,其土地承包经营权可以转让、入股、抵押或者以其他方式流转。

(5)明确承包地的调整与收回制度。承包期内发包人不得调整承包地,因自然灾害严重毁损承包地等特殊情形,需要适当调整承包的耕地和草地的,应当依照《农村土地承包法》等法律规定办理。承包期内发包人不得收回承包地,《农村土地承包法》等法律另有规定的,依照其规定。

(6)明确承包地征收补偿制度。承包地被征收的,土地承包经营权人有权依照《物权法》第42条第2款的规定获得相应补偿。

2. 建设用地使用权制度

《物权法》第135条规定:“建设用地使用权人依法对国家所有的土地享有占有、使用和收益的权利,有权利用该土地建造建筑物、构筑物及其附属设施。”同时,《物权法》第151条规定:“集体所有的土地作为建设用地的,应当依照土地管理法等法律规定办理。”《物权法》规定了国有土地的建设用地使用权与集体所有土地的建设用地使用权,国有土地的建设用地使用权依《物权法》的规定,集体所有土地的建设用地使用权依《土地管理法》的规定。

(1)国有土地的建设用地使用权制度

①建设用地使用权的设立范围。建设用地使用权可以在土地的地表、地上或者地下分别设立。新设立的建设用地使用权,不得损害已设立的用益物权。

②建设用地使用权的设立方式。设立建设用地使用权,可以采取出让或者划拨等方式。工业、商业、旅游、娱乐和商品住宅等经营性用地及同一土地有两个以上意向用地者的,应当采取招标、拍卖等公开竞价的方式出让;采取招标、拍卖、协议等出让方式设立建设用地使用权的,当事人应当采取书面形式订立建设用地使用权出让合同;建设用地使用权人应当依照法律规定及合同约定支付出让金等费用。严格限制以划拨方式设立建设用地使用权,采取划拨方式的,应当遵守法律、行政法规关于土地用途的规定。

③建设用地使用权的登记制度。一是设立登记。设立建设用地使用权的,应当向登记机构申请建设用地使用权登记,建设用地使用权自登记时设立。登记机构应当向建设用地使用权人发放建设用地使用权证书。二是变更登记。建设用地使用权转让、互换、出资或者赠与

的，应当向登记机构申请变更登记。三是注销登记。建设用地使用权消灭的，出让人应当及时办理注销登记，登记机构应当收回建设用地使用权证书。

④建设用地使用权的交易制度。建设用地使用权人有权将建设用地使用权转让、互换、出资、赠与或者抵押，但法律另有规定的除外。建设用地使用权转让、互换、出资、赠与或者抵押的，当事人应当采取书面形式订立相应的合同。使用期限由当事人约定，但不得超过建设用地使用权的剩余期限。

⑤建设用地使用权与地上物的关系。建设用地使用权人建造的建筑物、构筑物及其附属设施的所有权属于建设用地使用权人，但有相反证据证明的除外。建设用地使用权转让、互换、出资或者赠与的，附着于该土地上的建筑物、构筑物及其附属设施一并处分。建筑物、构筑物及其附属设施转让、互换、出资或者赠与的，该建筑物、构筑物及其附属设施占用范围内的建设用地使用权一并处分。住宅建设用地使用权期间届满的，自动续期，非住宅建设用地使用权期间届满后的续期，依照法律规定办理；该土地上的房屋及其他不动产的归属，有约定的，按照约定；没有约定或者约定不明确的，依照法律、行政法规的规定办理。

⑥建设用地征收补偿制度。建设用地使用权期间届满前，因公共利益需要提前收回该土地的，应当依照《物权法》第42条的规定对该土地上的房屋及其他不动产给予补偿，并退还相应的出让金。

(2)集体所有土地的建设用地使用权制度

①农民集体所有的土地依法用于非农业建设的，由县级人民政府登记造册，核发证书，确认建设用地使用权。

②农村集体经济组织使用乡(镇)土地利用总体规划确定的建设用地兴办企业或者与其他单位、个人以土地使用权入股、联营等形式共同举办企业的，应当持有关批准文件，向县级以上地方人民政府土地行政主管部门提出申请，按照省、自治区、直辖市规定的批准权限，由县级以上地方人民政府批准；其中建设占用土地，涉及农用地转为建设用地的，应当按照农用地转用审批手续规定办理审批手续。

③乡(镇)村公共设施、公益事业建设，需要使用土地的，经乡(镇)人民政府审核，向县级以上地方人民政府土地行政主管部门提出申请，按照省、自治区、直辖市规定的批准权限，由县级以上地方人民政府批准；其中建设占用土地，涉及农用地转为建设用地的，应当按照农用地转用审批手续规定办理审批手续。

3. 宅基地使用权制度

宅基地使用权是宅基地使用权人依法对集体所有的土地享有占有和使用的权利，即依法利用该土地建造住宅及其附属设施的权利。《物权法》第153条规定："宅基地使用权的取得、行使和转让，适用土地管理法等法律和国家有关规定。"这些规定有：

(1)农村村民一户只能拥有一处宅基地，其宅基地的面积不得超过省、自治区、直辖市规定的标准。

(2)农村村民建住宅，应当符合乡(镇)土地利用总体规划，并尽量使用原有的宅基地和村内空闲地。

(3)农村村民住宅用地，经乡(镇)人民政府审核，由县级人民政府批准；其中，涉及占用农用地的，应按办理农用地转用审批手续规定办理审批手续。

(4)农村村民出卖、出租住房后,再申请宅基地的,不予批准。

(5)宅基地因自然灾害等原因灭失的,宅基地使用权消灭。对失去宅基地的村民,应当重新分配宅基地。

(6)已经登记的宅基地使用权转让或者消灭的,应当及时办理变更登记或者注销登记。

4. 地役权制度

地役权是指因通行、取水、排水、铺设管线等需要,通过设立合同利用他人的不动产,以提高自己不动产效益的权利。《物权法》第156条规定:"地役权人有权按照合同约定,利用他人的不动产,以提高自己的不动产的效益。前款所称他人的不动产为供役地,自己的不动产为需役地。"地役权概念源于罗马法,是最早的他物权制度之一,我国《物权法》设专章规定地役权制度:

(1)地役权的设立。设立地役权,当事人应当采取书面形式订立地役权合同。地役权自地役权合同生效时设立。当事人要求登记的,可以向登记机构申请地役权登记;未经登记,不得对抗善意第三人。

(2)地役权的效力。供役地权利人应当按照合同约定,允许地役权人利用其土地,不得妨害地役权人行使权利。地役权人应当按照合同约定的利用目的和方法利用供役地,尽量减少对供役地权利人物权的限制。地役权的期限由当事人约定,但不得超过土地承包经营权、建设用地使用权等用益物权的剩余期限。

(3)地役权与其他物权的关系。土地所有权人享有地役权或者负担地役权的,设立土地承包经营权、宅基地使用权时,该土地承包经营权人、宅基地使用权人继续享有或者负担已设立的地役权。土地上已设立土地承包经营权、建设用地使用权、宅基地使用权等权利的,未经用益物权人同意,土地所有权人不得设立地役权。地役权不得单独转让,土地承包经营权、建设用地使用权等转让的,地役权一并转让,但合同另有约定的除外。地役权不得单独抵押,土地承包经营权、建设用地使用权等抵押的,在实现抵押权时,地役权一并转让。需役地及需役地上的土地承包经营权、建设用地使用权部分转让时,转让部分涉及地役权的,受让人同时享有地役权。供役地及供役地上的土地承包经营权、建设用地使用权部分转让时,转让部分涉及地役权的,地役权对受让人具有约束力。

(4)地役权的消灭。地役权因地役权合同规定的利用期限届满或地役权合同的解除而消灭。地役权人违反法律规定或者合同约定,滥用地役权的,或有偿利用供役地,约定的付款期间届满后在合理期限内经两次催告未支付费用的,供役地权利人有权解除地役权合同。

(5)地役权的登记。地役权设立时可办理登记,未经登记,不得对抗善意第三人。已经登记的地役权变更、转让或者消灭的,应当及时办理变更登记或者注销登记。

四、土地所有与使用法律制度的发展趋势

法律对财产的保护不外乎两个方面:静态保护和动态保护,前者体现为确认与保护财产的归属,在法律制度上定位于所有权;后者体现为保护财产的使用与收益,在法律制度上定位于用益物权。土地作为人类赖以生存的不动产,从罗马法开始就形成了一套有关土地的所有与利用的法律制度,随着人类社会的演进,以此为基础的土地所有权理念也已经或正在发生一系列变革,在世界范围内形成了一种趋势,我国的土地制度改革也正在自觉或不自觉地与这一趋

势接轨。因此,研究土地所有权的发展新动向对于完善我国的土地物权制度具有重要意义。

(一)土地社会化:所有权由绝对保护向滥用禁止发展

土地所有权绝对的理念根源于罗马法的个人主义思想,认为土地所有权的行使可“上达天空,下及地心”,是一种排他的绝对权利。当时有法谚谓:“行使自己权利者,均不构成违法。”在近代法制史上,承继罗马法土地所有权绝对理念最突出的是《法国民法典》,该法典第544条规定,所有权系以“最绝对之方法”对所有物予以使用收益并处分的权利。此后,德国、日本均继承了这一理念。

近代法上的土地所有权绝对性有三项含义:第一,不可侵性。即土地所有权为绝对不可侵夺的权利,具有排他的性质。第二,自由性。即土地所有人对自己所有的土地可任意使用、收益及处分。第三,优越性或强大性。即土地所有权因透过契约关系(设定用益物权契约或缔结租赁契约)与土地利用权形成对立时,所有权人处于绝对优越之地位。[32]

随着资本主义经济的发展,土地所有权绝对原则指导下的财产制度暴露出种种弊端:土地垄断现象大量发生,为人剥削人提供了温床;所有权人恣意行使土地权利,造成社会财富的极大浪费和土地资源得不到有效利用;个人利益和社会利益频频发生冲突。因此,土地所有权绝对原则既不利于他人的利益,又不利于社会经济的发展。在这种情况下,土地所有权社会化的思想应运而生。

土地所有权社会化的思想根植于社会本位的思想。土地所有权人在行使其所有权时,不仅要注重个人利益的追求,而且必须兼顾国家利益、社会利益和他人利益。1919年《德国魏玛宪法》规定:为公共福利并有法律依据的条件下,可征收土地,所有权伴随义务,其权利行使应对公共福利做出贡献。这为土地所有权的演进作出了重大贡献,特别是宣布所有权伴随义务这一点,开了历史先河。《瑞士民法典》亦规定:“权利的明显滥用不受法律之保护。”

土地所有权社会化直接导致了法律对土地所有权由绝对保护转变为相对保护。主要体现在:

第一,在土地所有权的范围内,已非罗马法所谓的“上达天空,下及地心”,而是逐渐将土地的各个部分所有权分离出来,如同一块土地,可分为以下几个层面:地表(包括上下一定空间)、矿藏、其他埋藏物、上空、下层、水体、地上物(如森林、建筑物),这几个部分可以由同一所有者所有,也可能为不同所有者所有,这包括私人和国家同时对一块土地享有不同层面的所有权。在加拿大,随着现代工业、交通的发展,地面上一定高度的空间已不再被承认是地产的一部分,就是地下矿藏也构成单独产权,不再自动附属于地产。我国台湾地区“土地法”第15条规定:“附着于土地之矿,不因土地所有权之取得而成为私有。”在许多国家和地区,土地所有权与地下资源权都是分开的,后者由政府所有。

在我国,国有土地各个层面上的所有权无疑都归国有,他人可以有偿或无偿地使用。依我国《宪法》第9条及《土地管理法》和《物权法》的规定,集体土地下的矿藏及埋藏物归国家所有。对于地表以外其他部分的所有权,我国有关立法还没有明确规定。作者认为,除法律明确规定属于国家所有的以外,应归集体所有。

第二,在享有所有权的土地的数量方面,世界各国的做法虽不尽相同,但都从最大限度地

[32] [日]奥田昌道等:《物权的重要性》,有斐阁双书局1975年版,第201页。

发挥土地资源的经济效益出发,规定了土地所有人享有土地的一定量的标准,对超过部分,则依法由国家征收,并分配给无地或地少的人耕种,尽可能防止妨碍国计民生平衡发展现象的发生。

第三,为实现公共利益,实行土地公共取得制度。在实行土地私有制的国家中,土地私有制阻碍了城市规划建设的发展,限制着政府出于公益而对私人土地的利用,于是,欧美日等国相继通过土地征收制度和先买权制度,使政府或国家获得大量的公共土地,用于公益事业的建设。

(二)土地价值化:土地权利由以"所有"为中心,向以"利用"为中心发展

在近代社会,物权以所有权的保障为基础,以所有权为"完全的物权",反之,用益物权及担保物权为定限物权,据此构成所有权为中心的法律体系。依此,土地所有权具有强大的优势,对土地所有权的行使亦只表现为对土地的现实支配和自行使用收益。随着经济的发展,土地所有权人为追求土地的最大经济利益,充分发挥其价值,设定各项土地他物权,此时,土地的利用价值通常以利用权的方式,归属于土地的用益权人,所有人收取相应的对价。在理论上,土地权利的这种形态,即为土地价值化。

土地价值化的结果,推动了不动产物权体系的发展,主要体现为:

1. 不动产法律体系由所有权为中心,向利用权为中心发展。首先,现代世界各国的立法均以促进土地的利用、充分发挥土地的经济效益为最高指导原则,所有人如果不能充分、合理地利用土地资源,国家可依法对其进行限制。其次,不动产法律体系从着眼于维护土地的静态所有关系,逐步向注重调整土地的动态利用关系发展,土地的现实利用受到全面的法律保护,土地使用收益受到社会的普遍承认,所有权人凭借观念上的所有权收取租金,并且"供给资本之土地利用权优于土地的所有权"。[33] 最后,权利人可依法设立各项土地他项权利,充分利用其所有的土地资源。

2. 土地价值化的结果直接导致土地利用形态的多样化。在大陆法系国家中,各国在传统民法的基础上,不断扩大土地所有权与他项权利分离,强化地上权、地役权、永佃权、典权等传统用益物权,并且也使土地价值从所有权中分离出来,提高不动产抵押权、租赁权的法律地位。在英美法系国家,没有物权的概念,经常使用的是财产权,"财产"一词不仅常常被用来指具有货币价值的权利客体,而且还常指人们所享有的关于财物的权利。"正确的法律术语总是用财产这个词来指人们所享有的关于物的权利。"[34] 可见,英美法系一直较为重视对物的利用。

(三)土地利用立体化:土地空间权理论已经形成并正受到法律的保护

在农业社会里,人们对土地的利用仅属于地表及地表上下一定的空间,但时至今日,人类所从事的事业不断地向地表上下的空间发展,地下商场、地下铁道、高架铁路、高压电线、空中走廊等已屡见不鲜,人们对土地的利用已经不限于土地表面的利用,土地利用已经朝着立体化方向发展,地上或地下空间的利用已成为决定土地的价值和使用价值的重要因素,并构成土地权利的不可分割的部分,于是形成为对地表上面或下面横切区分空间水平断层的所有和利用

---

〔33〕 刘得宽:《民法诸问题新展望》,台北三民书局1980年版,第57页。

〔34〕 《不列颠百科全书》(第15版第15卷),载《国外法学知识译丛·民法》,知识出版社1981年版,第46页。

的法理，土地空间权理论遂问世。

所谓土地空间权，是指人们对土地地表上下一定范围内的空间支配权。在土地空间权产生之初，“不能被视为所有权，而是一种利用权，亦为地上权之扩大规定，习惯上视为物权性的空间利用权，而承认此为一种地上权或地役权”。[35] 然而，“传统的地上权乃对着及于地表上下土地所有权而生之用益物权，故其权限应及于地表上下（与地表面接触）。今既已承认空间水平性断层之物权的利用权，空间所有权的观念在社会上亦会逐渐形成。”[36] 因此，土地空间权亦有空间所有权与空间利用权。

空间利用权同样可分为物权性的空间利用权与债权性的空间利用权，前者如地上权、地役权，后者如土地的租赁权或使用借贷等。

对照土地所有权的发展趋势而检讨我国当前的土地法律制度，可以看出：

1. 我国的土地法律制度建设的指导思想与世界土地所有权发展潮流相吻合。这表现在：(1)我国的土地公有制已经最彻底、最全面地实现了土地的社会化，在土地公有制基础上可以达到许多国家试图通过土地社会化所要达到的目的，这也充分体现了社会主义公有制在土地利用方面的优越性。(2)我国的国有土地有偿使用制度是土地价值化的具体体现，也是实现土地价值的主要途径。

2. 我国土地立法仍存在空白点。由于我国长期处于土地的计划管理模式之下，在市场经济条件下，如何有效地利用土地，保护土地所有者及利用者的利益，仍是理论上及实践中需不断完善的问题。如土地征收问题、农村集体土地的房地产开发问题等，都是实践中亟待解决的问题。

第三节　房屋权属法律制度

一、房屋所有权

（一）房屋所有权的定义、性质、要素

1. 定义

房屋所有权，是指房屋所有人依照法律规定，对房屋享有的占有、使用、收益、处分的权利。

2. 性质

房屋所有权是房地产权利的重要组成部分。房屋所有权是典型的不动产物权，具有物权的全部特征。房屋所有权是对房屋的支配权，同时具有排他性，同一房屋上不可能存在另一个房屋所有权。它还体现了物权的对世性和绝对性，除房屋所有权人之外的一切主体都是该房屋所有权的义务人。房屋所有权作为一种所有权，与其他物权相比还具有所有权的特征：首先，房屋所有权具有自权性。权利人可以直接地、不经任何中介地和无条件地享有占有、使用、收益和处分其房屋的权利。其次，房屋所有权具有完全性和归一性。将占有、使

〔35〕 刘得宽：《民法诸问题新展望》，台北三民书局1980年版，第64～65页。

〔36〕 刘得宽：《民法诸问题新展望》，台北三民书局1980年版，第64～65页。

用、收益和处分四项权能集于一体,赋予房屋所有权人全面支配其房屋的一切可能性。再次,房屋所有权具有恒久性。只要房屋存在,房屋所有权人的所有权就有可能一直存在,权利人在取得所有权时无须设定权利期限,当然所有权人可以通过出让而消灭自己的权利。最后,房屋所有权的权能部分或全部可以通过设定他物权或者其他形式而同作为整体的所有权相分离,并且分离的权能是暂时和有条件的,所有权并不因此而丧失。房屋所有权因与生存权、自由权相关,还受宪法的专门保护。我国《宪法》第 13 条第 1 款规定,"公民的合法的私有财产不受侵犯"。第 39 条规定:"中华人民共和国公民的住宅不受侵犯。禁止非法搜查或者非法侵入公民的住宅。"

房屋所有权是与土地所有权、使用权等土地权利有相互联系的独立不动产物权。依物权法定主义,房屋所有权被肯定为独立的物权,但由于其附着于土地的特性,该权利与土地权利联系紧密,互相依存。一般情形下,土地所有权人当然享有其上的房屋所有权;在创设建设用地使用权的情形下,则房屋所有权与建设用地使用权主体须为一致,如我国《城市房地产管理法》第 32 条规定当"房地产转让、抵押时,房屋的所有权和该房屋占有范围内的土地使用权同时转让、抵押"。《物权法》第 146 条规定:"建设用地使用权转让、互换、出资或者赠与的,附着于该土地上的建筑物、构筑物及其附属设施一并处分。"第 147 条规定:"建筑物、构筑物及其附属设施转让、互换、出资或者赠与的,该建筑物、构筑物及其附属设施占用范围内的建设用地使用权一并处分。"

此外,房屋所有权具有要式物权的特征。房屋所有权的设立与移转和存续均须严格遵守法定的方式,以特定的形式确定和证明其存在。我国《城市房地产管理法》明确规定,对城市范围内的房屋实行登记发证制度进行管理。新建房屋的所有权的取得,必须依房产管理部门核发的房屋所有权证书确认,其他房屋所有权的取得、移转、抵押等也均以政府有关部门的登记为要件。不办理房屋所有权登记或变更登记手续,不发生确定房屋所有权或移转房屋所有权的效力。除非有法院认定的相反证据,房产管理部门核发的房屋所有权证是房屋所有权的唯一合法证明。

3. 要素

(1)主体。在我国,国家、企业、事业单位、社会团体和个人及外国的组织或个人均可成为房屋所有权的主体。其中,与土地所有权不得为个人所有不同,房屋所有权亦可归个人所有。而且,个人房屋所有权与集体、国家房屋所有权同等受宪法和法律的保护。

(2)客体。我国《城市房地产管理法》第 2 条对房屋作广义的界定,"本法所称房屋,是指土地上的房屋等建筑物及构筑物"。因此,房屋所有权的客体不仅限于狭义理解的居住之所,还包括烟囱、水塔等构筑物。

(3)内容。第一,占有,指对房屋的实际控制和支配,占有可由所有人占有,也可经租赁、借用等而为非所有人合法占有。第二,使用,指按房屋的性能和用途进行利用,房屋所有人得在法律和公德范围内自己自由使用或交他人使用。第三,收益,指房屋所有人有权获取房屋产生的合法利益,如出租房屋收取租金。第四,处分,指房屋所有人在法律范围内依自己意志处置房屋。处分可分为事实处分和法律上处分。前者指将房屋用于生产消费或者拆除;后者指通过法律行为出卖、赠与、抵押等。

(二)房屋所有权的取得、消灭

1. 房屋所有权的取得

房屋所有权的取得,指因法定事实的发生而使不具有某房屋所有权者获得该房屋的所有权。〔37〕 按照民法所有权的理论,所有权的取得有两种方式:原始取得和继受取得。同样,房屋所有权的取得方式也包括原始取得和继受取得。

(1)房屋所有权的原始取得,指房屋所有权人直接依法律规定,不以原所有权人的所有权和意志为依据即可取得房屋所有权。主要包括:①新建取得。这是原始取得的主要方式。但违法修建的房屋不能取得所有权。②国家承继、没收取得。如中华人民共和国成立后,承继旧中国一切国有房屋,并没收了地主、官僚资产阶级的房产归国有。此外,一些违法建筑也得没收归国有。③无主房屋取得。无主房屋可依民法占有取得时效制度为占有人取得。但我国传统上无主房屋收归国家,集体经济组织成员死亡后无继承人的房屋收归集体。④添附取得,即在原有房屋上扩建、加层,添附人取得添附房屋的所有权,但添附必须依法进行才能取得所有权。〔38〕 ⑤善意取得,即受让人以房屋所有权移转为目的,善意、对价受让且办理所有权移转登记,即使出让人无转移房屋所有权的权利,受让人仍取得房屋所有权的制度。《物权法》第106条规定:"无处分权人将不动产或者动产转让给受让人的,所有权人有权追回;除法律另有规定外,符合下列情形的,受让人取得该不动产或者动产的所有权:(一)受让人受让该不动产或者动产时是善意的;(二)以合理的价格转让;(三)转让的不动产或者动产依照法律规定应当登记的已经登记,不需要登记的已经交付给受让人。受让人依照前款规定取得不动产或者动产的所有权的,原所有权人有权向无处分权人请求赔偿损失。当事人善意取得其他物权的,参照前两款规定。"

(2)房屋所有权的继受取得,是指通过一定法律行为,根据原所有人的意思接受原房屋所有人转移的房屋所有权。继受取得的方式包括买卖、互易、赠与、继承。房屋所有权的继受取得与原始取得的主要区别在于:继受取得中后手的权利直接来自前手权利的转让;原始取得则不以他人所有权在先存在为前提。

房屋所有权的取得是不动产物权的取得,必须采用特定的方式,我国在房屋所有权的取得上采取的是生效要件主义,即登记是房屋所有权转移和取得的特别生效要件。

2. 房屋所有权的消灭

房屋所有权的消灭,是指通过一定的法律行为或法律事实而使房屋所有权丧失或与原房屋所有人脱离的一种法律现象。〔39〕 房屋所有权消灭的原因主要有以下几种:

(1)所有权客体的消灭。房屋因拆除、倒塌或其他自然灾害而灭失将使房屋所有权不复存在。这是房屋所有权的绝对消灭。

(2)所有权主体的消灭。公民死亡和法人解散后,以其为主体的房屋所有权消灭,通过继承或其他方式归新的所有权人所有。

(3)所有权的转让。房屋经出卖、交换、赠与等行为转让给他人,原所有权消灭,由受让人

---

〔37〕 温世扬、宁立志主编:《房地产法教程》,武汉大学出版社1996年版,第64页。

〔38〕 符启林、何培华主编:《房产法》,中国政法大学出版社2005年版,第18页。

〔39〕 温世扬、宁立志主编:《房地产法教程》,武汉大学出版社1996年版,第65页。

取得所有权。

(4)所有权的抛弃。依法享有房屋所有权的人不愿意取得这项权利而予以放弃,如不愿接受赠与和继承,这是一种单方面消灭房屋所有权的行为。

(5)所有权因强制手段而被消灭。如中华人民共和国成立之初国家通过立法没收地主、官僚资本家的房屋。另外,国家行政机关和司法机关也可依法强制房屋所有权的转移,如人民法院判决抵押人的房屋偿还债务。

(三)房屋所有权类型

房屋所有权按主体构成不同,可分为单独所有房屋所有权和共同所有房屋所有权。其中,共同所有房屋又包括共同共有和按份共有。共同共有与按份共有的区别在于,各共有人对房屋的利益和负担是否存在份额:存在份额者为按份共有,不存在份额者为共同共有。另外,根据房屋所处的土地性质不同,可分为城镇房屋所有权和农村房屋所有权。城镇房屋是我国房地产业发展与管理的重点。而农村房屋所有权至今未建立登记管理制度。

我国正处于社会主义初级阶段,多种所有制并存,城镇房屋所有权也呈现多种类型。根据1997年建设部《关于制作颁发全国统一房屋权属证书的通知》,城镇房屋所有权有如下形态:(1)国有房产;(2)集体所有房产;(3)私有房产;(4)联营企业房产;(5)股份制企业房产;(6)港澳台投资房产;(7)涉外房产;(8)其他房产。

其中,国有房产所有权由国家单独享有,统一行使。但管理上,国有房产可由各级房地产管理部门直接管理或机关团体企事业单位自行经营管理(简称直管公房与自管公房)。我国计划经济时代实行福利分房制,城镇住房所有权绝大部分名义属国有,但实际上由居民廉价占有使用,因此形成畸形住房消费方式,阻碍房地产市场发展。经过住房商品化,在改革后国有房产所有权的比重已大幅下降。

集体房产所有权,是指集体企事业单位或集体经济组织对归其所有的房产享有的所有权。集体房产与国有房产是社会主义公有房产的重要组成部分。集体房产与自管公房有本质区别,其所有权主体是各个具有法人资格的集体组织,不是成员个人,也不是集体成员共有。

私有房屋所有权,即由个人、家庭所有,或数人共有,或私营企业拥有的住宅或非住宅房产所有权,是最商品化的所有权。随着住房制度改革,私人房产所有权比重将不断上升,并活跃于房地产市场。私人房产所有权依取得方式不同可分为:(1)一般城镇私房所有权,指中华人民共和国成立后国家没收地主、官僚资产阶级房产之外,城市劳动人民及华侨、侨胞等被允许对自有自住房保留享有的所有权。"文革"期间大量私房被接管、强占,1983年《城市私有房屋管理条例》重新肯定了这类私房所有权。(2)商品私房所有权,指向房地产开发商购得的新建商品房所有权。(3)公房出售后转变为私房的所有权,指根据国家住房制度改革向住户出售的"房改房"。(4)自建(购)公助房所有权,指住房制度改革中,国家或单位补助私人建造或购买房屋的所有权,这种房屋登记为建(购)房人与单位或国家共有,或者直接登记为建(购)房人私有,但所有权受到很大限制。

联营企业房产所有权。联营企业指不同所有制性质企业或其他经济组织之间投资组成的新的法人企业。联营企业房产所有权属这一新的法人所有。

股份制企业房产所有权。这类房产所有权属股份制企业,而不属于股东。

涉外房产所有权,包括外国政府、企业团体及外籍人士在我国境内的房产及中外合资企业所有的房产。

此外,还有宗教(寺庙)的房屋所有权,这部分房屋归寺庙或宗教组织所有。

二、业主建筑物区分所有权

(一)概述

建筑物区分所有权是指多个区分所有权人共同拥有一栋区分所有建筑物时,各区分所有权人对建筑物专有部分所享有的专有所有权,与对建筑物共用部分所享有的共用部分持份权,以及因区分所有权人之间的共同关系所生的成员权的总称。[40]《物权法》第70条规定:"业主对建筑物内的住宅、经营性用房等专有部分享有所有权,对专有部分以外的共有部分享有共有和共同管理的权利。"

建筑物区分所有权是各国立法上的新型不动产权利。传统理论认为,所有权的标的物须为独立的物体,至于建筑物的一部分则不得成为所有权的标的物,有的国家立法甚至认为地上建筑物权利附属于土地,如此建筑物区分所有权更无存在的地位。

但19世纪以来,英美法系及大陆法系均开始承认建筑物区分所有权的独立性。原因有二:第一,"住宅危机"的出现是建筑物区分所有权制度发展的深层原因。恩格斯对由此引发的住宅危机作了经典描述,西方工业革命的结果之一,即城市化的加速,一方面,大批农村工人突然被吸引到以发展工业为中心的大城市里来;另一方面,这些旧城市的布局已经不适合新的大工业的条件和与此相应的交通;街道在加宽,新的街道在开辟,铁路铺到市里,正当工人成群涌入城市的时候,突然出现了工人及小商人和手工业者的住宅缺乏现象。[41] 而第二次世界大战的破坏,更导致了世界性的空前的住宅危机,各国于是纷纷以高层多层建筑物作为解决危机的对策,如此使建筑物区分所有权的创设成为必要。第二,建筑物立体化发展是建筑物区分所有权制度发展的直接原因。城市的发展、用地的短缺、住宅的紧张使高层建筑日益取代旧有的庭院式"独立房屋",而传统的不动产权理论与不动产相邻关系、共有关系均是针对"独立房屋"间的平面关系设计,难以适应调整高层区分建筑物引起的立体化关系,所以,建筑物区分所有权作为新的不动产权利应运而生。

这项新的不动产权利与传统房屋等建筑物权利相比有如下特点:(1)复合性。建筑物区分所有权是由专有所有权、共用部分持分权及成员权三要素构成的特别所有权,而一般不动产所有权,其构成则是单一的,仅系权利主体对不动产享有占有、使用、收益及处分的权利。[42] 由此,建筑物区分所有权人具有专有所有权人、共有持分权人、成员权人三种身份;而一般不动产所有权的主体不可能兼具所有权人与共有权人双重身份。(2)一体性。即构成建筑物区分所有权的三要素专有所有权、共同部分持分权及成员权结为一体,不可分离。在转让、抵押、继承

〔40〕 陈华彬:《现代建筑物区分所有权制度研究》,法律出版社1995年版,第81页;刘国臻:《房地产法概论》,中山大学出版社1998年版,第62页;李延荣与周珂所著《房地产法》亦引用刘国臻书之建筑物区分所有权的概念;梁慧星主编:《中国物权法草案建议稿——条文、说明、理由与参考立法例》,社会科学文献出版社2000年版,第275页,该书在概念上虽未包括成员权,但认为在解释建筑物区分所有权的内容包括所谓成员权。

〔41〕 [德]恩格斯:《论住宅问题》,人民出版社1972年版,第459页。

〔42〕 梁慧星主编:《中国物权法研究》,法律出版社2001年版,第386页。

时,应将三者一体转让、抵押或继承。他人在受让区分所有权时,也须同时取得此三项权利。[43]另外,建筑物区分所有权与其所属土地使用权的归属及利用一般亦结合为一体。我国台湾地区"公寓大厦管理条例"第4条规定:"专有部分不得与其所属建筑物共用部分之应用部分及其基地所有权或地上权之应有部分分离而为转移或设定负担。"(3)限制性。区分建筑所有人同住一栋楼,生活息息相关,起居紧密相连,因此各人之区分所有权行使多受限制。除却传统民法相邻关系一般规定适用限制建筑物区分所有权外,区分所有权人更得就法定事项以外情形缔订管理规约,成立区分所有权人会议、管理委员会,选定管理服务人对全体区分所有权人进行约束与管理(物业管理)。当区分所有权人对其专有部分的利用妨碍建筑物正常使用或违反区分所有权人共同利益或者对共有部分擅自不当使用时,其行为得被要求禁止及至被诉请法院强制迁离。由建筑物区分所有权引发的法律问题如图3。[44]

(二)专有所有权、共有所有权、成员权

1. 专有所有权

专有所有权指建筑物区分所有权人对专有部分享有的占有、使用、收益和处分的权利。《物权法》第71条规定:"业主对其建筑物专有部分享有占有、使用、收益和处分的权利。"

专有所有权在区分所有权三要素中具有主导性。其一,区分所有权人取得专有所有权即取得共用部分持分权及成员权。反之,区分所有权人丧失专有所有权即丧失了共用部分持分权和成员权。《物权法》第72条第2款规定:"业主转让建筑物内的住宅、经营性用房,其对共有部分享有的共有和共同管理的权利一并转让。"其二,专有所有权的大小,决定区分所有人共用部分持份权及成员权(如表决权)的大小。[45]

专有所有权的客体即专有部分,是指在建筑中物理构造能够明确区分,且具有排他性且可独立使用的作为区分所有权之标的的建筑物部分。专有部分由一定平面的长度与一定立体的厚度所构成,与其他专有部分以墙壁、天花板、地板相间隔。

区分所有权人对专有所有权得在法律规定范围内自由行使,如自己为居住、经营目的而占有使用,将其出租他人或设定抵押,或将专有部分让与他人。但专有所有权由于其物理上的特性,受到法律及规约的诸多限制。(1)专有所有权与共有持分权、成员权三要素具有一体性,所以区分所有权人不得就专有部分进行与建筑物共有部分的应有部分及其他使用权的应有部分相分离的转移或进行其他设定负担的行为。(2)区分所有权人(包括合法占有人,如承租人)对专有部分的利用,不得有妨碍建筑物正常使用及违反区分所有权人共同利益的行为。《物权法》第71条规定:"业主对其建筑物专有部分享有占有、使用、收益和处分的权利。业主行使权利不得危及建筑物的安全,不得损害其他业主的合法权益。"(3)其他区分所有权人或管理委员会因维护修缮、设置管线等情形须进入专有部分时,区分所有权人无正当理由不得拒绝。(4)在有特殊约定时,区分所有权人应按约定使用专有部分,不得擅自变更。《物权法》第77条规定:"业主不得违反法律、法规以及管理规约,将住宅改变为经营性用房。业主将住宅改变为经营性用房的,除遵守法律、法规以及管理规约外,应当经有利害关系的业主同意。"

---

〔43〕 梁慧星主编:《中国物权法研究》,法律出版社2001年版,第387页。

〔44〕 王泽鉴:《民法物权》,台北三民书局1992年版,第199页。

〔45〕 梁慧星主编:《中国物权法研究》,法律出版社2001年版,第386页。

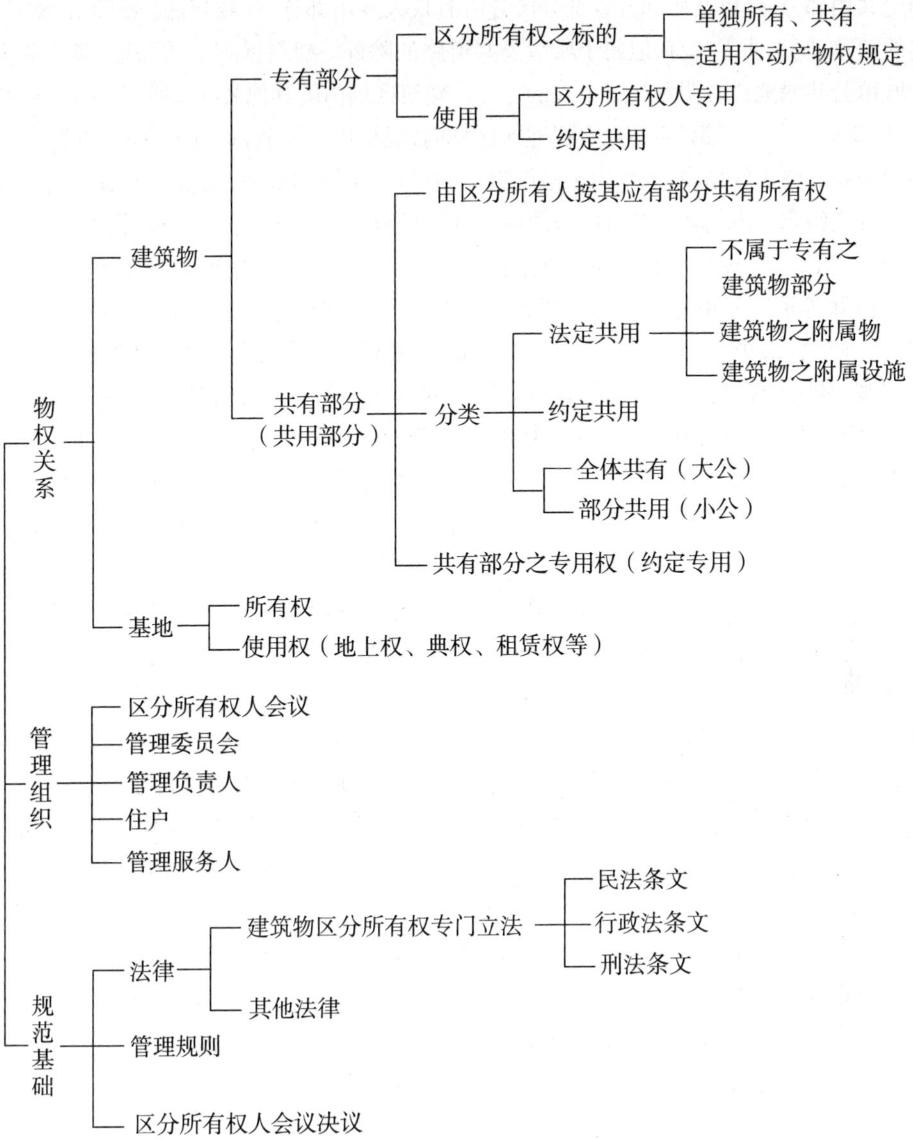

图3　建筑物区分所有权引发的法律问题

2. 共有所有权

共有所有权，又称“共用部分持分权”，指区分所有权人对建筑物共用部分享有的占有、使用、收益的权利。

共有所有权具有如下两个特征。其一，从属性。共用部分视为专有部分的从物，区分所有人取得专有所有权，亦附带取得共有部分持分权。将专有部分出让或抵押时，其效力均涉及共用部分。其二，不可分割性。共用部分持分权作为区分所有权三要素之一，由区分所有权人一并占有、处分，不得与专有所有权、成员权分割。

共有所有权客体，即共用部分的范围，包括建筑物不属专有的部分及其他附属物。前者如电梯、过道、屋顶、地下室，后者如排水设备、照明设备、消防设备等。共用部分又得分为法定共用部分或约定共用部分、全体共用部分或部分区分所有权人共用部分。《物权法》第73条规定:"建筑区划内的道路,属于业主共有,但属于城镇公共道路的除外。建筑区划内的绿地,属于业主共有,但属于城镇公共绿地或者明示属于个人的除外。建筑区划内的其他公共场所、公用设施和物业服务用房,属于业主共有。"第74条规定:"建筑区划内,规划用于停放汽车的车位、车库应当首先满足业主的需要。建筑区划内,规划用于停放汽车的车位、车库的归属,由当事人通过出售、附赠或者出租等方式约定。占用业主共有的道路或者其他场地用于停放汽车的车位,属于业主共有。"

区分所有权人对共有所有权的行使受到更为严格的限制。对共用部分的修缮、管理、维护、改良、拆除等重大使用处分行为一般不得擅自进行,须经由区分所有权人会议决议或管理委员会、管理负责人决定。而且由于共有部分的利用不仅关系到建筑物整体效能,更攸关城市的安全美观,故又受行政法规、规划、建筑许可等的管制。但在合理合法的范围内,各区分所有权人则依共有的应有部分比例,对建筑物的共有部分有使用收益的权利,同时亦负担相应义务。《物权法》第72条第1款规定:"业主对建筑物专有部分以外的共有部分,享有权利,承担义务;不得以放弃权利不履行义务。"第79条规定:"建筑物及其附属设施的维修资金,属于业主共有。经业主共同决定,可以用于电梯、水箱等共有部分的维修。维修资金的筹集、使用情况应当公布。"第80条规定:"建筑物及其附属设施的费用分摊、收益分配等事项,有约定的,按照约定;没有约定或者约定不明确的,按照业主专有部分占建筑物总面积的比例确定。"

3. 成员权

成员权又称社员权,指建筑物区分所有权人基于在一栋建筑物之构造、权利归属及使用上的不可分离的共同关系而产生的,作为建筑物的一个团体组织的成员而享有的权利与承担的义务。[46]

成员权的主要特点有二:其一,成员权是区分所有权中的"人法性"因素。成员权主要是对全体区分所有权人的共同事务所享有的权利和承担的义务,它不仅仅是单纯的财产关系,其中有很大一部分是管理关系,具有人法(管理制度)的要素存在。[47] 其二,成员权具有永续性。只要建筑物存在,就始终存在区分所有权人间的团体关系。基于共同关系而产生的成员权因而同样与共同关系共始终。[48]

区分所有权人作为成员权人的权利如下:(1)参加区分所有权人会议并行使表决权。(2)参加订立管理规约。(3)选举及解聘管理者。(4)请求权,包括会议召开、正当管理、收益、分配、不法行为禁止等事项之请求。其义务则为:(1)遵守管理规约。(2)执行区分所有权人会议决议。(3)接受管理者管理的义务。

《物权法》规定业主可以设立业主大会,选举业主委员会。业主大会决定事项包括:(1)制定和修改业主大会议事规则;(2)制定和修改建筑物及其附属设施的管理规约;(3)选举业主委员会或者更换业主委员会成员;(4)选聘和解聘物业服务企业或者其他管理人;(5)筹集和使用建筑物及其附属设施的维修资金;(6)改建、重建建筑物及其附属设施;(7)有关共有和共同管理权利的其他重大事项。第(5)项和第(6)项规定的事项,应当经专有部分占建筑物总面积

---

〔46〕 陈华彬:《现代建筑物区分所有权制度研究》,法律出版社1995年版,第196页。

〔47〕 参见段启武:《建筑物区分所有权之研究》,载梁慧星主编:《民商法论丛》(第1卷),法律出版社1992年版,第50页。

〔48〕 参见段启武:《建筑物区分所有权之研究》,载梁慧星主编:《民商法论丛》(第1卷),法律出版社1992年版,第49页。

2/3 以上的业主且占总人数 2/3 以上的业主同意；其他事项，应当经专有部分占建筑物总面积过半数的业主且占总人数过半数的业主同意。业主大会或者业主委员会的决定，对业主具有约束力。业主大会或者业主委员会作出的决定侵害业主合法权益的，受侵害的业主可以请求人民法院予以撤销。业主大会和业主委员会，对任意弃置垃圾、排放污染物或者噪声、违反规定饲养动物、违章搭建、侵占通道、拒付物业费等损害他人合法权益的行为，有权依照法律、法规及管理规约，要求行为人停止侵害、消除危险、排除妨害、赔偿损失。业主对侵害自己合法权益的行为，可以依法向人民法院提起诉讼。

第四节　房地产相邻关系

一、房地产相邻关系概述

相邻关系指相邻各方对各自所有的或使用的不动产行使所有权或使用权时，因相互间依法应当给予方便或接受限制而发生的权利义务关系。[49] 从本质上讲，相邻关系是一方房地产所有权人或使用人的财产权利的延伸，同时又是对他方房地产所有权人或使用人房地产权利的限制。

房地产相邻关系中的核心概念是相邻权。相邻权是指相邻不动产所有人或占有人、使用人在行使其所有权或其他物权时要求对方给予方便或接受限制的权利。相邻权是相邻关系的内容体现，相邻关系是相邻权的现实基础。相邻权可为土地所有人、土地使用权人、典权人、承租人、房屋所有人等广泛的相邻人享有。

以相邻权为核心的相邻关系在房地产经济活动中具有重要意义。其一，有助于房地产开发活动的顺利进行，提高经济效率。例如管线设置权，允许为安装电线、水管、煤气管道在必要时进入他人土地房屋，保障了正常经济活动的便捷开展。其二，有助于房地产消费者排除不当妨害，促进生活便利。例如，房地产所有人、使用人据相邻关系有权禁止邻人的污染物侵袭、噪声干扰。其三，有助于各方人员团结互助，维护社会安定。相邻关系制度的功能，在于实现“冲突之际的利害的衡平调整”，[50] 即通过自身行为的限制，给予他人方便，以达到睦邻和好。《物权法》第 84 条规定：“不动产的相邻权利人应当按照有利生产、方便生活、团结互助、公平合理的原则，正确处理相邻关系。”

相邻关系中的相邻权与物权体系中的地役权都是为方便自己而利用邻人不动产的权利，同样适用于土地所有人、土地使用人等不动产权利人，但两者有很大区别：(1)相邻权基于法律直接规定，是不动产所有权等自身效力当然的扩张或限制，因此不是一项独立的物权类型，无须进行登记。《物权法》第 85 条规定：“法律、法规对处理相邻关系有规定的，依照其规定；法律、法规没有规定的，可以按照当地习惯。”地役权出自当事人契约约定，是不动产所有人等另行设定的利益或负担，系用益物权之一种，依公示原则须为登记。《物权法》第 158 条规定：“地

---

〔49〕 彭万林主编：《民法学》，中国政法大学出版社 1994 年版，第 323 页。

〔50〕 [日]泽井裕：《德国相邻法的基础理论》，转引自梁慧星主编：《中国物权法研究》，法律出版社 2001 年版，第 422 页。

役权自地役权合同生效时设立。当事人要求登记的,可以向登记机构申请地役权登记;未经登记,不得对抗善意第三人。”(2)相邻权作为法定权利,仅体现法律对相邻关系最低程度调节,对不动产权利的限制和扩展仅维持在较低的必要水平;而地役权作为当事人双方超越相邻权限度而约定的权利,其可在法定的必要水平上作较为广阔的自由设定。(3)相邻权可由土地及地上房屋等建筑物的权利人享有,除法律有规定,一般为无偿享有;而地役权的设定限于土地权利人之间,只系一种地产相邻权,除当事人另行约定外,一般是有偿享有。相邻关系制度在当代的发展有两个趋势:一是复杂化。相邻关系制度起始于罗马法,但今日现代社会,科技日新月异,许多以往不曾妨碍房地产权利人事项层出不穷,如电磁干扰、城市噪声等。另外,现代城市中高层建筑如雨后春笋,区分建筑物之相邻关系亦远非传统不动产相邻关系可比拟,所以相邻关系制度日趋复杂,在各国立法中地位日渐显著。二是公法化。传统相邻关系一般由民法调整,但为应付日益复杂之关系,房地产管理法、环保法、规划法、建筑法等法律法规亦多有对相邻关系的规定,以期加强对相邻关系的调整。

二、房地产相邻关系的内容

相邻关系的实质是相邻不动产所有权或使用权的扩展或限制。[51] 这就是房地产相邻关系的主要内容。

(一)权利的扩展——相邻权人对邻地的积极利用

1. 必要通行权。相邻人的土地、建筑物与道路隔离无法正常利用时,得通过相邻人的土地或建筑物,但相邻人自己恶意造成隔离的除外。通行权人有必要时,可以经邻地开设道路。《物权法》第 87 条规定:“不动产权利人对相邻权利人因通行等必须利用其土地的,应当提供必要的便利。”

2. 管线设置权。相邻人非通过邻地不能安设电线、电缆、水管、煤气管、下水道等管线时,有权通过邻人土地的上空或地下设置管线。《物权法》第 88 条规定:“不动产权利人因建造、修缮建筑物以及铺设电线、电缆、水管、暖气和燃气管线等必须利用相邻土地、建筑物的,该土地、建筑物的权利人应当提供必要的便利。”

3. 施工临时占用权。正如上述《物权法》第 88 条的规定,土地所有人或使用人建造或维持自己房屋等建筑物时,因施工需要得临时使用相邻方土地。

4. 用水权、引水权、排水权。用水权指当自然水流经相邻各地时,相邻各方均有权利用,不得擅自堵塞,妨碍邻地用水,另外当一方在缺水的特殊情形下,得支付价金使用邻地的余水。引水权、排水权指相邻方必要时得经由他方土地引水排水。《物权法》第 86 条规定:“不动产权利人应当为相邻权利人用水、排水提供必要的便利。对自然流水的利用,应当在不动产的相邻权利人之间合理分配。对自然流水的排放,应当尊重自然流向。”

5. 搜取物品进入权。相邻人自己物品或动物偶然进入邻人土地、房屋时,可进入搜索取回。

上述权利的行使一般须以对邻人损害最小的方式进行,造成损害的,应依法赔偿邻人。《物权法》第 92 条规定:“不动产权利人因用水、排水、通行、铺设管线等利用相邻不动产的,应

〔51〕 彭万林主编:《民法学》,中国政法大学出版社 1994 年版,第 323 页。

当尽量避免对相邻的不动产权利人造成损害；造成损害的，应当给予赔偿。”

（二）权利的限制——相邻权人对邻地的消极限制

1. 通风、采光。相邻人建造房屋或其他建筑物时，应与相邻方的房屋或其他建筑物保持适当距离或限制适当高度，不得妨碍相邻方的房屋或其他建筑物的通风、采光。《物权法》第89条规定：“建造建筑物，不得违反国家有关工程建设标准，妨碍相邻建筑物的通风、采光和日照。”

2. 环境保护。相邻人排放废水、废气、废渣、粉尘、噪声及其他污染物时，不得影响他方正常生活。相邻人亦不得制造电波、强光等其他有碍生活的干扰源。《物权法》第90条规定：“不动产权利人不得违反国家规定弃置固体废物，排放大气污染物、水污染物、噪声、光、电磁波辐射等有害物质。”

3. 危险防范。相邻人施工时不得对邻人造成危险。若其建筑物或其他附属物构成对邻人的危险，须及时预防排除。《物权法》第91条规定：“不动产权利人挖掘土地、建造建筑物、铺设管线以及安装设备等，不得危及相邻不动产的安全。”

4. 其他妨碍的禁止。例如，相邻人不得设置屋檐或其他设备，使雨水或其他液体直注于邻人的不动产。相邻人之建筑物、附属物不得妨害邻人的电信接收。

三、房地产相邻关系的保护

房地产相邻关系的保护实际就是相邻各方的相邻权的保护。随着人们法制观念的提高和对生活环境等各方面条件要求的提高，房屋使用人的房屋相邻权的保护也越来越受到人们的重视。从我国现行法律规定的内容来看，对房屋相邻关系的保护主要是民法的规定，因此就我国目前而言，房屋相邻关系的保护除当事人的自力救济外，主要是民法（物权法）保护。

所谓当事人对房屋相邻关系进行的自力保护，主要是指相邻一方的权利受到相邻他方的侵害时，双方通过协商寻求解决的方式。这种当事人的自力保护相对保护性和救济性不强，需要相邻他方的密切配合和协作，而实践中因相邻关系发生的争执与相邻各方的利益都紧密相连，自行协商解决的可能性并不高。因此，当事人的自力保护仅仅是房屋相邻权保护的辅助性方式，不是主导方式，但由于协商解决可以缓解矛盾和节约成本，故应提倡当事人通过协商解决房屋相邻关系中的问题，从而保护相邻各方的相邻权。

房屋相邻权的民法（物权法）保护与其他民事权利的保护基本一致，都是通过民事责任制度使违反义务的一方承担不利的法律后果，从而实现对相对方的权利的救济。对房屋相邻关系而言，民法保护主要是要求侵害一方房屋相邻权的相邻他方承担停止侵害、排除妨碍、消除影响、恢复原状以及赔偿损失等民事责任。至于具体案件中的保护方式，则首先由受到侵害的相邻方选择协商解决或诉讼解决，然后根据具体情况由侵害方进行赔偿或排除妨碍等，选择诉讼解决的，则由法院决定具体的保护措施。

第三章　房地产开发用地

第一节　我国国有土地使用制度改革状况

一、传统土地使用制度的弊端

（一）传统土地使用制度

从生产资料的社会主义改造完成到1980年开始的国有土地使用制度改革，是传统国有土地使用制度阶段，即"无偿、无期限、无流动"的使用制度。这一阶段，土地的价值没有得到重视，土地没有作为商品进入市场流通，而是主要依靠行政手段调整国有土地的使用，可以说，这种土地使用制度是旧经济体制中最集权、最僵化、最无视经济规律的制度，[1]其特点是：

1. 行政调拨。其基本内容是国家以行政调拨方式将土地交由用地单位使用，具体包括两个方面：(1)行政划拨。如果国家机关、部队、学校、国有企业等需要使用土地，只能按照一定的建设用地申请、审批程序进行。首先申请建设项目，待有关部门批准后，再持有关批准文件，向县级以上地方人民政府土地管理部门提出用地申请，经县级以上人民政府审批后，由土地管理部门无偿划拨用地。(2)行政调用。如果国家因进行经济、文化、国防建设或者兴办社会公共事业而需要使用国家机关、部队、学校、国有企业等正在使用的土地，则应采用行政手段无偿调用，而非通过购买或租赁方式取得。行政划拨是行政调用的原因，行政调用是行政划拨的必然结果。

2. 无偿无限期使用。国家机关、部队、学校、国有企业等从国家得到用地时不支付地价，使用过程中亦不缴纳地租或者土地使用费，而是无偿、无代价使用土地；同时国家在将土地划拨给土地使用者时，也没有规定具体、明确的土地使用期限，除非遇到特殊情况国家需要使用该块土地，否则土地使用者可以无限期使用。

3. 禁止土地的市场转让。土地使用者不得以买卖、出租、抵押、赠与、交换等方式将土地转让给其他单位或个人使用，任何土地使用者取得用地都必须从国家手中通过行政划拨和行政调用方式取得，土地使用者不再需要使用该块土地时，必须将该块土地无偿交还给国家，由国家重新安排使用。

行政调拨的前提是土地使用者必须取得建设项目，而建设项目则是由国家计划统一编制，土地使用者能否取得用地取决于能否取得建设项目，即是否合乎计划，因而传统国有土地使用制度的特点最终可归结为一点：国家统一计划性，国家计划不仅及于宏观方面，而且及于微观方面，计划所及就是国家行政权力所及。

---

〔1〕 李尚杰主编：《土地出让和转让的理论与实务》，科学技术文献出版社1992年版，第3～5页。

（二）传统土地使用制度的弊端

传统国有土地使用制度具有以下弊端：

1. 忽视价值规律，未能有效利用和合理配置土地。国家统一计划建立在两个假定的前提上：一是假定计划的制定者所掌握的信息是全面的；二是假定全社会的利益是单元的。因此它必然排斥价值规律、排斥市场机制而使用行政手段来配置土地资源，同时它必然忽视主体之间（主要是企业之间）的等价有偿关系，忽视它们之间经济利益的相互独立，而使用行政手段强行在它们之间建立一种无偿关系，其结果是土地无偿使用，土地使用者没有负担，缺乏利益监督机制。土地使用者缺乏外在压力与内在动力，必然导致土地利用效率的低下，导致多征少用、征而不用、用而浪费的现象普遍。另外，价格机制不是由市场形成，而是由国家统一规定，土地利用效率在产品价格上得不到体现，自然也就导致了土地利用的低效率或无效率。

2. 影响城市经济的发展和城市建设资金的良性循环。城市经济发展有赖于城市建设资金的良性循环，而城市建设资金的主要来源是城市房地产税费收入。传统国有土地使用体制，主要有以下几大弊端：一是土地资源配置不合理；二是土地利用缺乏效率；三是土地无偿无限期使用。因此不能形成良性的土地市场，造成城市建设资金完全依靠国家财政投资，从而加重了国家的财政负担。国家投资于城市基础设施建设，却不能通过地价或地租收回，其结果是只出不进，使国家土地所有权只具有单纯的法律意义，而在经济上得不到实现，势必不能形成城市建设资金的良性循环，从而不利于城市经济的发展。

3. 影响企业经济核算和经营管理水平的提高。一般来说，企业占有土地的地理位置和数量，对企业的经营成果有重要影响，而企业经营的好坏又决定着企业的经济利益。在传统的国有土地使用制度下，那些在土地占用方面居于优势地位的企业，其商品的个别价值就低于该商品的社会价值，这些企业由此便获得了一种超额利润。因此，传统的土地使用制度不利于企业经济核算和经营管理水平的提高，也不利于企业之间的公平竞争。

4. 滋生官僚主义，影响廉政建设。在传统国有土地使用制度下，土地利用完全依靠行政划拨和行政调用，完全使用行政手段分配土地资源，导致行政权力无限膨胀，“一切有权力的人都容易滥用权力，这是万古不易的一条经验。有权力的人们使用权力一直到遇有界限的地方才休止”。[2] 政府的角色应是充当“守夜人”并制定维护交易安全的规则，应当是监督民事关系并进行必要的宏观调控，如果政府权力过分介入民事关系，就极易出现以权力换取财富的情况，其结果是掌握权力的人滥用权力，以权谋私。权力寻租是国家廉政建设的巨大障碍。

社会主义经济体制改革的目标是建立和发展社会主义市场经济，通过部门和行业之间的竞争及价格的波动，引导资源按照市场需求分配给社会各个部门，通过价格、工资、利率、供求、竞争及风险机制实现资源的优化组合，因此必然要求行政主体退出市场。传统国有土地使用制度与市场经济是背道而驰的，因此对其进行改革势在必行。

二、国有土地使用制度改革的状况

国有土地使用制度改革的重心是城市土地使用制度改革。我国城市土地使用制度改革从1980年召开的“全国城市规划工作会议”开始，到1994年《城市房地产管理法》颁布施行，基本

〔2〕［法］孟德斯鸠：《论法的精神》，许明龙译，商务印书馆2004年版，第154页。

上告一段落。其改革的基本思路是从无偿使用向有偿使用转变、从行政划拨向市场出让转变,大体上是从以下几个方面逐步展开、逐步推行的:

一是收取城市土地使用费。1980 年在北京召开的“全国城市规划工作会议”首先提出了收取土地使用费的设想,会议的待议文件之一——《关于征收城镇土地使用费的意见》规定:城镇土地使用费是城镇建设、维护和改造的专项资金,它属于地方收入,其计算应按照城镇市政公用设施的标准及维护和改造更新所需的费用及土地单位面积计价等。该次会议决定在全国逐步开展收费试点工作,但由于机构调整等原因,该项工作未能开展起来。〔3〕 此后,为了适应对外开放的需要,深圳经济特区在 1982 年开始按年向不同等级的城市土地使用者收取不同标准的土地使用费,其实质是城市地租。收取城市土地使用费不仅考虑到了城市基础改造维护费用的补偿,而且考虑到了城市国有土地所有权在经济上的实现。与此同时,抚顺市城乡规划局于 1983 年制定出《抚顺市征收土地使用费暂行办法》,并于同年 3 月 6 日经该市人大常委会颁布实施,开始对抚顺市城市土地使用者收取土地使用费,计费依据是基础改造、维护所需的费用,是对土地中凝结的活劳动的补偿。深圳市和抚顺市向城市土地使用者收取土地使用费,走出了我国城市土地使用制度改革的第一步,是土地有偿使用制度的有益尝试。随后广州、上海等城市也先后推行收取土地使用费的做法,到 1988 年年初,全国已有多个城市开始征收城市土地使用费,此时,收取土地使用费的目的也由单纯开辟固定的城市建设资金渠道、在经济上实现城市国有土地所有权,逐步转变到理顺国家和土地使用者在城市土地上的权属关系,促进城市土地合理利用。至此,土地有偿使用的含义日渐丰富,意义日渐重要。

二是征收城镇土地使用税。1989 年财政部在国有企业推行第二步利改税的方案时,就已经设计统一开征“土地使用税”,因涉及面广、情况复杂而保留税种暂缓开征。中央财税部门主张征收土地使用税,主要是基于以下考虑:(1)国家应当以税收这种强制性手段调节土地资源的利用与配置;(2)城市土地有偿使用的收入应集中在作为土地所有者的国家手中,由此导致了后来的“税费之争”。1988 年 9 月国务院颁布了《城镇土地使用税暂行条例》,对在城市、县城、建制镇、工矿区范围内使用土地的单位和个人征收土地使用税,由此出现“税费并存”的局面。客观地说,征收城镇土地使用税也是城市土地使用制度改革的一个重要组成部分,之所以出现“税费之争”,除了利益导向的因素外,也反映出人们对城市土地有偿使用理解的不同。土地使用费与土地使用税孰优孰劣,何者更适合土地有偿使用的形式,随着土地使用制度改革进一步深入开展,问题也就不言自明了,由此进入改革的第三个阶段。

三是实行城市土地使用权有偿出让和转让。土地使用费与土地使用税的改革仅限于地租和地税,对旧的城市土地使用制度触动不大,于是,在 1987 年下半年,深圳特区又在全国率先进行土地使用权有偿转让的试点,由国家出租土地并规定年限,一次性收取地价,并且允许承租方转让土地使用权或进行抵押。1988 年以后,福州、海口、广州、厦门、上海等城市也相继进行了这方面的试点。1984 年第七届人大第一次会议修改《宪法》第 10 条第 4 款中关于土地不得出租的规定,规定土地使用权可以依照法律的规定转让。1990 年 5 月 19 日,国务院颁布了《城镇国有土地使用权出让和转让暂行条例》,为土地有偿转让的改革全面铺开扫清了道路,到 1994 年《城市房地产管理法》的颁布实施,第一次明确规定了土地有偿出让是土地使用权取得

〔3〕 胡定核等:《中国房地产经济》,四川大学出版社 1992 年版,第 30 页。

的主要方式,并明确规定土地使用者可以转让土地使用权。土地使用权出让涉及土地使用权在国家和使用者之间的横向关系,土地使用权转让涉及土地使用权在使用者之间的横向关系,土地使用权出让与转让确立了以市场机制分配土地资源的制度,为建立和发展房地产市场奠定了基础,从此,收取土地使用权出让金便成为土地使用制度的主要形式。

由于《土地管理法》第 4 条将土地用途划分为农用地、建设用地和未利用地,因此,"土地使用权"是一个广义概念,在外延上包括农用地使用权、建设用地使用权等,而《城镇国有土地使用权出让和转让暂行条例》与《城市房地产管理法》规定的"土地使用权"仅指建设用地,为准确起见,《物权法》根据土地用途将土地使用权划分为土地承包经营权、建设用地使用权、宅基地使用权与地役权,本书顺应立法最新变化,亦将《城镇国有土地使用权出让和转让暂行条例》与《城市房地产管理法》所规定的"土地使用权"称为建设用地使用权。

三、城市土地储备制度

城市土地储备制度代表了城市土地制度改革的方向,是一种创新。城市土地储备制度是指由城市政府委托的机构通过征收、收购、换地、转制和到期回收等方式,从分散的土地使用者手中把土地集中起来,并由政府或政府委托的机构组织进行土地开发,在完成了房屋的拆迁、土地的平整等一系列前期开发工作后,根据城市土地出让年度计划,有计划地将土地投入市场的制度。

城市土地储备制度改变了原来的土地供应渠道、土地供应方法和土地供应模式,将使城市土地制度改革更加深入,使城市土地管理制度进一步成熟和完善,也更符合社会主义市场经济的要求。土地储备制度对于促进城市土地市场的发育和发展、提高政府对土地市场的调控能力、增加政府的财政收入、解决城市公共设施用地问题等都具有十分重要的意义。城市土地储备制度开始运作以后,因其自身还需在实践过程中不断完善,加上认识上的偏差,在房地产业界引起了许多争论,城市政府职能部门之间的关系也有待协调。

从以上我国国有土地使用制度改革的发展过程可以看出,我国的国有土地有偿使用制度的内涵随着改革的发展不断丰富,并且随着改革的发展对其含义的理解不断深化,就我国国有土地有偿使用制度所包含的总体内容而言,可将其概括为:我国国有土地有偿使用制度是在坚持城市土地国有,实行所有权与使用权相分离,使土地使用权在有限度商品化的前提下,以国家垄断城市土地所有权为基础,充分利用市场机制,实行多层次、多形式的城市土地使用权有期有偿转让。同时,国有土地有偿使用制度也是强化土地管理,加强国家对城市土地的宏观计划调节,优化土地配置,充分发挥国有土地的经济、社会、环境三大效益的一种国有土地使用制度。

第二节　建设用地使用权出让法律制度

一、建设用地使用权出让的概念和特征

(一)建设用地使用权出让的概念

《物权法》第 135 条规定:"建设用地使用权人依法对国家所有的土地享有占有、使用和收益的权利,有权利用该土地建造建筑物、构筑物及其附属设施。"因此,建设用地使用权是指建

设用地使用权人对国家所有的土地享有占有、使用、收益以及利用该土地建造建筑物、构筑物及其附属设施的权利。我国的建设用地市场分为两级:一级市场是建设用地使用权出让市场;二级市场是建设用地使用权交易市场,包括建设用地使用权的转让、出租、抵押等。一级市场即建设用地使用权出让市场,是土地作为商品经营和进入流通的第一步,反映了国家土地所有者与土地使用者之间的商品经济关系。一级市场是二级市场的前提和基础,没有建设用地使用权的出让就没有建设用地使用权的交易。

"建设用地使用权出让"一词是国人的创造,为国外所没有,是参考我国香港特区"批租"制度并结合我国国情创设的。[4] 根据《城镇国有土地使用权出让和转让暂行条例》第 8 条、《城市房地产管理法》第 8 条以及《物权法》第 135 条、第 137 条、第 141 条的规定,建设用地使用权出让是指国家以土地所有者的身份将建设用地使用权在一定年限内出让给土地使用者,并由土地使用者向国家支付建设用地使用权出让金的行为,具体而言,建设用地使用权出让,是由国家按照土地所有权与土地使用权相分离的原则,依法授权市、县人民政府作为本行政区域内国家土地所有者的代表,将城镇中指定地块的建设用地土地使用权以一定年限、用途和其他条件,让与土地使用者占有、使用、经营和管理,并一次性收取一定数额的货币,故亦称有偿出让。

建设用地使用权出让与建设用地使用权转让不同,表现在:(1)建设用地使用权出让属于土地一级市场;建设用地使用权转让是建设用地使用权出让后,受让方按照建设用地使用权出让合同约定的期限和条件对土地进行投资开发后,通过出售、赠与或交换等方式,将自己享有的未满期的建设用地使用权转让给受让人,受让人在转让人建设用地使用权有效年限内受让建设用地使用权的民事法律行为,属于土地二级市场。(2)建设用地使用权出让是建设用地使用权从国家土地所有权分离而成为一项独立的民事权利,而建设用地使用权转让则是建设用地使用权成为独立的民事权利之后使用权人再依法将它转移给其他公民或法人的行为。前者是土地所有者行使土地所有权的结果,后者则是土地使用者对建设用地使用权进行法律上的处分的结果。(3)建设用地使用权出让反映的是土地所有者与土地使用者之间的关系,建设用地使用权转让不仅反映土地所有者与土地使用者之间的关系,而且反映土地使用者与土地使用者之间的关系。

建设用地使用权出让与建设用地使用权出租也不同,表现在:(1)建设用地使用权出让是土地一级市场的行为,而建设用地使用权出租则是土地二级市场的行为。(2)建设用地使用权出让是处分行为,是土地使用权与土地所有权分离而成为独立的财产权利,出让一方永远只能是土地所有权人即国家;建设用地使用权出租则是负担行为,是在保留建设用地使用权的前提下将土地有偿交给承租人使用。(3)建设用地使用权出让的结果是建设用地使用权从土地所有权中分离为一种独立的他物权;建设用地使用权出租的结果是出租人将其权利租给承租人使用一定年限,出租人仍保有建设用地使用权,而承租方享有的只是一种债权,建设用地使用权出让合同中的权利义务并不随建设用地使用权出租而转移给建设用地使用权承租人。

(二)建设用地土地使用权出让的法律特征

根据法律规定,建设用地使用权出让具有以下特征:

1. 建设用地使用权出让是一种民事法律行为。建设用地使用权出让的双方,一方为出让

---

[4] 高富平、黄武双:《房地产法新论》(第 2 版),中国法制出版社 2002 年版,第 92 页。

人，另一方为受让人。出让人为国家，即国有土地的所有权人，是民法上的特殊民事主体，受让人为自然人和法人。双方当事人法律地位平等，国家行使的并非行政权而是所有权，不是以政权代表身份出现而是以所有者代表身份出现，在出让行为中国家并不具有法律上的优越地位，双方均应遵循平等自愿原则。出让行为采取协议、招标、拍卖等方式，而协议、招标、拍卖等方式均是典型的民事法律行为方式，是民法上债的发生形式。出让标的是建设用地使用权，而建设用地使用权是他物权，属于民事权利的一种。出让合同所规定的权利义务具有对等性，一方支付建设用地使用权出让金，另一方需提供出让的土地；如果一方未依合同约定提供出让的土地，另一方有权解除合同并可请求对方承担违约责任而不是行政责任，尽管其中可能会导致行政责任，也不能因此认定出让是行政行为，虽然建设用地使用权出让关系到国家的宏观调控，关系到国家土地利用规划的实施和实现。

2. 建设用地使用权出让是一种设权行为。设权行为是指民事主体设立新的物权的行为。建设用地使用权出让是土地所有者（国家）为建设用地使用者设定他物权即建设用地使用权的行为。土地所有权人为建设用地使用权人设定建设用地使用权，建设用地使用权人因而就取得了建设用地使用权。在法律性质上，建设用地使用权系从土地所有权分离而来，属于对世性他物权。建设用地使用权与土地所有权享受法律同一的保护。通过出让方式创设建设用地使用权，一般必须具备两个条件：建设用地属于国有土地并且经政府批准。建设用地使用权人可依照法律规定占有、使用土地并获得收益，同时可作一定限度的处分，并可排除他人的妨害。建设用地使用权人享有物上请求权，对于无权占有或侵夺其土地的，可以请求返还土地；对于侵害其行使建设用地使用权的，可以请求停止侵害；对于有妨害其行使建设用地使用权可能的，可以请求防止妨害。

3. 建设用地使用权出让是一种有偿行为。建设用地使用权出让是出让财产的民事法律行为，而财产性民事法律行为须贯彻等价有偿原则，所以建设用地使用者以出让方式取得建设用地使用权须以向国家（土地所有者）支付建设用地使用权出让金为代价。出让金的本质是土地所有者凭借土地所有权而取得的土地的经济利益，是建设用地使用者向土地所有者所支付的货币在法律上的表现，即表现为一定年限内的地租，一般以建设用地使用者向土地所有者支付一定数额的货币为表现形式。但在实践中，建设用地使用权出让金的构成，除一定年限的地租外，还包括土地出让前国家对土地的开发成本及有关的征地拆迁补偿安置等费用。

4. 建设用地使用权的出让附随特殊义务。其特殊义务表现在：(1)权利的有期性。建设用地使用权出让皆附有期限，并由出让合同具体约定，但最高出让年限不得违反法律的规定，即《城镇国有土地使用权出让和转让暂行条例》中关于出让最高年限的规定。(2)建设用地使用权属物权，依据物权法定主义原则，建设用地使用权的设定，其权利义务内容皆由法律规定，当事人不得自行约定，建设用地使用者应在法定限度内行使权利内容，并对土地负有管理、保护和合理利用的义务。(3)权利客体的特定性。建设用地使用权出让是设立一定期限的建设用地使用权，而不是土地，建设用地使用权的客体仅及于土地，矿藏、埋藏物不是建设用地使用权的客体，“地表或者地下的矿产资源的国家所有权，不因其所依附的土地的所有权或者使用权的不同而改变”，[5]建设用地使用者不能以建设用地使用权来对抗矿藏的国家所有权及埋藏

〔5〕《矿产资源法》第3条。

物主人的所有权,建设用地使用权人也不得凭借先占取得无主埋藏物的所有权,无主埋藏物的所有权属于国家。

二、建设用地土地使用权出让的范围

《城市房地产管理法》第2条第1款规定:“在中华人民共和国城市规划区的国有土地(以下简称国有土地)范围内取得房地产开发用地的土地使用权,从事房地产开发、房地产交易,实施房地产管理,应当遵守本法。”《城市规划法》第3条规定:“本法所称城市,是指国家按行政建制设立的直辖市、市、镇。本法所称城市规划区,是指城市市区、近郊区以及城市行政区域内因城市建设和发展需要实行规划控制的区域,城市规划区的具体范围,由城市人民政府在编制的城市总体规划中划定。”《城镇国有土地使用权出让和转让暂行条例》第2条规定:“国家按照所有权与使用权分离的原则,实行城镇国有土地使用权出让、转让制度,但地下资源、埋藏物和市政公用设施除外。前款所称城镇国有土地是指市、县城、建制镇、工矿范围内属于全民所有的土地(以下简称土地)。”《物权法》第135条规定:“建设用地使用权人依法对国家所有的土地享有占有、使用和收益的权利,有权利用该土地建造建筑物、构筑物及其附属设施。”第137条规定:“设立建设用地使用权,可以采取出让或者划拨等方式。工业、商业、旅游、娱乐和商品住宅等经营性用地以及同一土地有两个以上意向用地者的,应当采取招标、拍卖等公开竞价的方式出让。严格限制以划拨方式设立建设用地使用权。采取划拨方式的,应当遵守法律、行政法规关于土地用途的规定。”依据以上法律规定,建设用地使用权出让范围包括以下两个层次的内容:

第一,建设用地使用权出让的土地仅限于国有土地,且是城镇国有土地。城市规划区内集体所有的土地,经依法征收转为国有土地后,该幅国有土地的使用权方可有偿出让。换言之,城市规划区范围内的集体土地在未经依法征收转为国有土地之前不得出让。土地未经规划不得开发,这是世界各国遵守的法律原则,规划确定土地用途,任何组织和个人必须按规定的用途使用土地。在对土地进行宏观调控的同时,各国对农地实行特殊保护政策,尽管许多国家人少地多,不存在耕地危机的问题,但仍把农地保护作为土地立法的重点,划定农地保护区,严格限制农地转为建设用地。在我国,农地特别是耕地的保护尤为重要,我国是农业大国,但人均占有耕地的数量却不足世界人均耕地占有量的1/3,而且近年来耕地退化严重,耕地大量减少,保护耕地已经成为关系国计民生的大事,所以集体土地经依法征收转为国有土地之前,不得出让。

第二,建设用地使用权出让的土地一般是具有商业性利益的土地,即具有房地产交易性质的土地。建设用地使用权的取得有两种方式:一是出让,二是划拨。我国对出让土地的用途范围未作规定,但对划拨土地的用途范围却作了规定,《城市房地产管理法》第24条规定:“下列建设用地的土地使用权,确属必需的,可以由县级以上人民政府依法批准划拨:(一)国家机关用地和军事用地;(二)城市基础设施用地和公益事业用地;(三)国家重点扶持的能源、交通、水利等项目用地;(四)法律、行政法规规定的其他用地。”由此条观之,划拨土地的用途范围仅限于具有特殊用途的土地,诸如政府用地、国计民生企业用地等,其他用地则须通过出让方式解决。

三、建设用地使用权出让的批准权限和宏观调控

（一）建设用地使用权出让的批准

《土地管理法》第53条规定："经批准的建设项目需要使用国有建设用地的，建设单位应当持法律、行政法规规定的有关文件，向有批准权的县级以上人民政府土地行政主管部门提出建设用地申请，经土地行政主管部门审查，报本级人民政府批准。"《城市房地产管理法》第12条第1款规定："土地使用权出让，由市、县人民政府有计划、有步骤地进行。出让的每幅地块、用途、年限和其他条件，由市、县人民政府土地管理部门会同城市规划、建设、房产管理部门共同拟订方案，按照国务院规定，报经有批准权的人民政府批准后，由市、县人民政府土地管理部门实施。"根据以上规定可知，国家对建设用地实行年度建设用地控制和总量控制，建设用地使用权出让的批准权属于国务院及各级地方人民政府。

建设用地使用权出让的批准，是一种政府行为、行政行为，是政府对建设用地使用权出让活动进行管理的一种行政措施，其目的在于加强政府对建设用地使用权出让的管理，使建设用地使用权出让有计划、有步骤地进行。但应明确的是，通过行政方式取得的建设用地使用权是民事权利，绝对不能因为建设用地使用权出让是依照行政方式批准而否认其民事权利性质。

1989年7月，国务院发布了《关于出让国有土地使用权批准权限的通知》，该通知指出：政府对有偿出让国有土地使用权的批准权限，应与行政划拨国有土地使用权的批准权限相同，按照《土地管理法》中关于国家建设用地批准权限的规定，出让国有土地使用权的批准权限为：耕地1000亩以上、其他土地2000亩以上的，由国务院批准；耕地3亩以下、其他土地10亩以下的，由县级人民政府批准；省辖市、自治州人民政府的批准权限，由省、自治区人民大表大会常务委员会决定。

需要指出的是，政府对出让建设用地使用权的批准权限，是一种综合的权力，不仅涉及对出让建设用地使用权地块面积的批准，而且涉及对出让建设用地使用权的土地的用途、使用年限和其他条件的批准，整个建设用地使用权出让方案由市、县人民政府土地管理部门会同城市规划部门、城市建设部门和房产管理部门共同拟订，以使建设用地使用权出让符合总体规划和详细规划，从而充分发挥土地的经济效益、社会效益和环境效益。

（二）建设用地使用权出让的宏观调控

社会主义经济体制改革的目标是建立和发展社会主义市场经济，在市场经济条件下，微观经济活动是以市场为导向，以市场自发调节为主的，目的是实现资源有效配置和优化组合，但市场并不是万能的，市场亦会失灵。为克服市场的弊端，客观上需要政府进行宏观管理和行政指导，制定维护交易安全的规则，巩固自由市场的基础。因此，就整个社会主义市场经济中的土地市场而言，土地一级市场即建设用地使用权的出让，要在城市总体规划指导下进行，土地二级市场即建设用地使用权的转让，要在国家宏观调控下实行市场调节。国家对建设用地使用权出让市场管理较为严格，具体表现为以下几方面：

1. 建设用地使用权出让实行集中管理。建设用地使用权的出让，由县级以上人民政府代表国家依法行使出让权，以规划为前提，统一规划，统一征收，统一开发，统一管理，统一出让。城镇国有土地出让和使用，必须符合城镇规划的要求，城镇总体规划应能指导土地的开发，详细规划应能为出让土地提供足够的依据。城镇规划是城镇发展的总体布局，包括总体规划和

详细规划,总体规划包括城市的性质、发展目标和发展规模,城市主要建设标准和定额指标,城市建设用地布局,功能分区和各项建设的总体部署,城市综合交通体系和河湖、绿地系统,各项专业规划,近期建设规划;详细规划包括地段各项建设的具体用地范围,建设密度和高度等控制指标,总平面布置,工程管线综合规划和竖向规划。

2. 建设用地使用权出让实行用地总量控制。县级以上的地方人民政府出让建设用地使用权用于房地产开发的,须根据省级以上人民政府下达的控制指标拟订年度出让建设用地使用权总面积方案,按照国务院规定,报国务院或者省级人民政府批准。总量控制包括两个层次:一是开发用地控制指标,由省级以上人民政府制定、下达;二是年度出让建设用地使用权总面积方案,由县级以上地方人民政府拟订,报国务院或者省级人民政府批准,在通常情况下,由省、自治区、直辖市人民政府批准。

3. 建设用地使用权出让贯彻保护耕地原则。保护耕地是关系国家前途、命运和子孙后代生存发展的重大问题,保护耕地就是保护我们的生命线。[6]

2013 年年底公布的第二次全国土地调查结果,全国耕地面积共 20.3 亿亩,比此前数据多 2 亿亩,但实际耕地面积并没有增加。人均拥有耕地才只有 1.4 亩,还不到世界人均耕地面积的一半。加拿大人均耕地是我们的 18 倍,印度是我们的 20 倍。我国人均土地面积在世界上 190 多个国家中排 110 位以后,耕地面积排在 126 位以后,草地面积排在 76 位以后,森林面积排在 107 位以后。同时,我国耕地总体质量差,水资源分布不均匀,加上生产力水平低,粮食单产与世界发达国家或农业发达国家相差 100 公斤以上;受荒漠化影响,耕地退化严重,我国干旱、半干旱地区 40% 左右的耕地不同程度受水土流失的危害;耕地大量减少而耕地后备资源贫乏。因此,要对耕地实行特殊保护制度,严格控制耕地转为建设用地。

4. 建设用地使用权出让实行价格管理。土地价格是土地的经济价值和实际效用在市场交换中的货币表现,在我国实行土地国家所有权与建设用地使用权分离的情况下,土地价格实际上指建设用地使用权出让价格或建设用地使用权转让价格等。建设用地使用权出让价格因出让方式不同,其价格形式亦不同,大体有协议价格、招标价格、拍卖价格,无论何种价格都应受到国家的严格控制。建设用地使用权出让价格具有明显的计划性,土地是国家的重要资产,在整个社会经济中具有特殊的重要性,因此,国家对建设用地使用权出让价格实行严格控制,市场对建设用地使用权出让价格的自发调节作用被限定在一定程度之内,这也是当今世界经济发展的明显趋向。在出让中应当合理评估土地使用权价格,从实践看,招标价格和拍卖价格比较合理。国家除运用价格手段外,还可以利用税收杠杆和利率杠杆对土地市场进行宏观调控,把经济杠杆调节转化为市场信号,引导市场主体。

四、建设用地使用权出让方式

(一)建设用地使用权出让方式概述

建设用地使用权出让方式是指国家通过何种方式的民事法律行为将建设用地使用权出让给土地使用者,其中最重要的方式是合同。订立合同的具体方式很多,《城市房地产管理法》第 13 条规定:"土地使用权的出让,可以采取拍卖、招标或者双方协议的方式。商业、旅游、娱乐和

[6] 参见《法制日报》1998 年 5 月 14 日,第 5 版。

豪华住宅用地,有条件的,必须采取拍卖、招标方式;没有条件,不能采取拍卖、招标方式的,可以采取双方协议的方式。”国土资源部2002年4月3日颁布的《招标拍卖挂牌出让国有土地使用权规定》(2002年7月1日起施行)不仅规范了招标、拍卖方式的操作流程,而且提出了一种新的公开出让方式——挂牌出让方式。《物权法》第137条规定:“设立建设用地使用权,可以采取出让或者划拨等方式。工业、商业、旅游、娱乐和商品住宅等经营性用地及同一土地有两个以上意向用地者的,应当采取招标、拍卖等公开竞价的方式出让。严格限制以划拨方式设立建设用地使用权。采取划拨方式的,应当遵守法律、行政法规关于土地用途的规定。”因此,《物权法》对工业、商业、旅游、娱乐和商品住宅等经营性用地及同一土地有两个以上意向用地者的,规定必须采用招标、拍卖等公开竞价的方式出让。换言之,不允许采用协议出让方式。

1. 协议出让

协议出让是指出让方和受让方经过协商,就建设用地使用权出让条件及双方的权利义务达成一致而出让建设用地使用权的民事法律行为。具体而言,它是由建设用地使用者向政府提出用地申请,经批准后,再由出让方与受让方协商地价、用地年限、付款方式和时间及用地的其他条件并达成一致而出让建设用地使用权。相对于其他出让形式,协议出让缺乏公开性和竞争性,人为因素影响较大。

就严格意义而言,协议出让建设用地使用权并无特别程序,而只是遵循一般合同的要约承诺、协商一致规则,但一般而言,建设用地使用权协议出让仍应遵循一定的程序,具体如下:

(1)申请阶段。协议出让首先由有意受让人根据生产经营的需要向土地所有者的代表提出使用土地的申请,并提交用地意向书、项目初步布置图等文件。

(2)协商阶段。亦即出让方和受让方就建设用地使用权出让条件及双方权利义务进行协商,讨价还价并达成一致意见的过程。协商过程应贯彻平等、自愿原则,禁止强迫行为。

(3)签约阶段。出让方与受让方就建设用地使用权出让条件及双方权利义务达成一致意见后以书面形式将其一致意见固定下来的阶段,亦即合同成立。

(4)履约阶段。受让方按合同的约定支付建设用地使用权出让金,出让方按合同约定提供出让的建设用地使用权,并办理登记。《物权法》第139条规定:“设立建设用地使用权的,应当向登记机构申请建设用地使用权登记。建设用地使用权自登记时设立。登记机构应当向建设用地使用权人发放建设用地使用权证书。”合同虽已订立但未办理建设用地使用权出让登记的,不发生建设用地使用权设立的效力,因为登记是建设用地使用权设立生效的要件。

理论上,协议出让建设用地使用权的出让方和受让方可以自由协商,具有最大限度的意思自治,但是在实践中,协议出让仍应符合我国法律、行政法规的具体规定。我国对出让土地的最高年限予以具体规定,出让协议不可超出此限,另外,国家土地管理局1995年发布的《协议出让国有土地使用权最低价确定办法》规定,以协议方式出让建设用地使用权的,出让金不得低于协议出让最低价。协议最低价根据商业、住宅、工业等不同土地用途和土地级别的基准地价的一定比例确定,具体比例由省、自治区、直辖市确定。

例:深圳市协议出让建设用地使用权程序,[7]如图1所示。

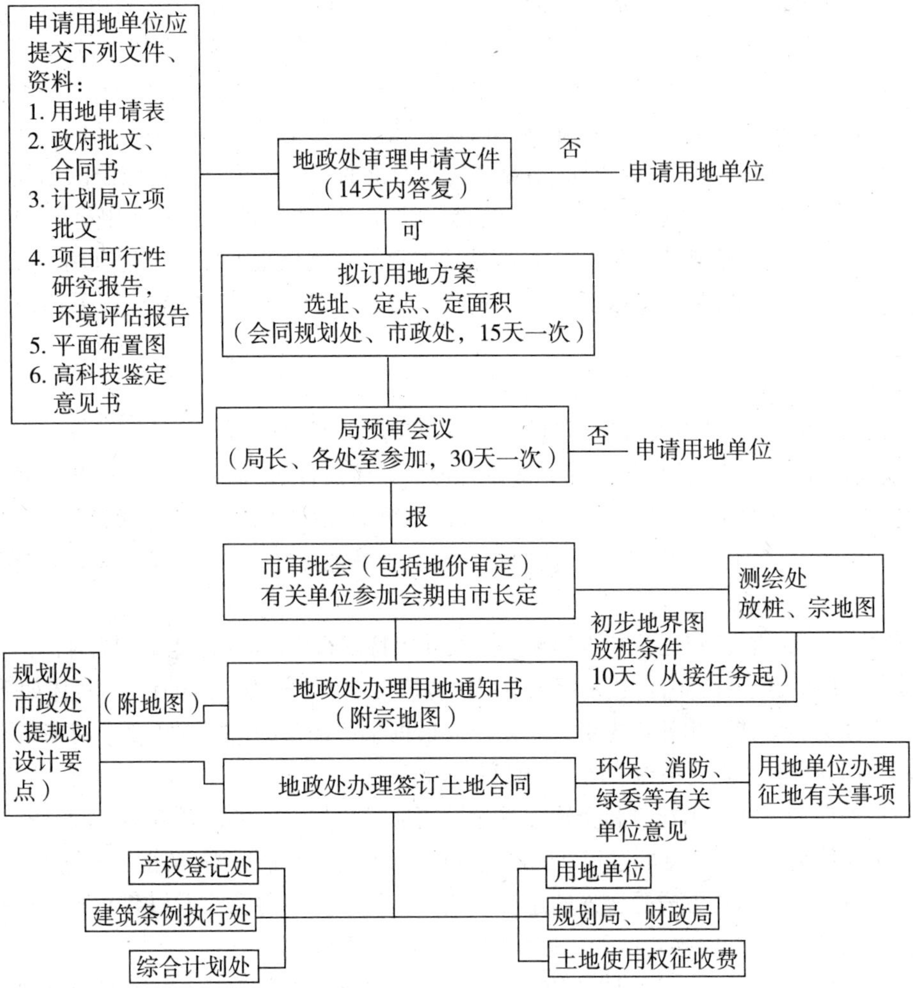

图1 深圳市协议出让建设用地使用权程序

2. 招标出让

招标出让建设用地使用权,是指通过招标、投标和定标的竞争程序出让建设用地使用权的民事法律行为。具体而言,招标出让是指在规定期限内,由符合规定条件的公民、法人、其他组织以书面投标方式,向出让方竞投某块土地的使用权,出让方选择报价符合底价最优者与之签订建设用地使用权出让合同并向其出让建设用地使用权的民事法律行为。招标出让方式引入了竞争机制,主要适用于大型或关键性的投资项目,但获得建设用地使用权的并不一定是出价最高者,而是综合考虑投标规划设计方案和企业资信等各种因素。

(1)招标。招标是建设用地使用权出让方向相对人或不特定的人公布订立合同的意思表示,其中建设用地使用权出让方称为招标人,记载招标人意思表示的文书称为标书,标书通常以招标通告的形式表现。招标的性质是要约引诱而不是要约。

---

〔7〕 梁书文等主编:《最新房地产法实用全书》,人民法院出版社1996年版,第215页。

招标分为公开招标和邀请招标。公开招标又称无限竞争性招标，是指招标人以招标公告的方式邀请不特定的法人或者其他组织投标。邀请招标，又称定向招标，是指招标人以投标邀请书的方式邀请特定的法人或者其他组织投标。招标人采用公开招标方式的，应当发布招标公告。招标人采用邀请招标方式的，应当向 3 个以上具备承担招标项目能力、资信良好的特定的法人或者其他组织发出投标邀请书。

招标人应当编制招标文件。招标文件的内容包括以下主要事项：出让土地的位置、面积、出让期限、用地性质、对投标人资格审查的标准、报名截止日期、评标标准及报名条件等。根据《招标投标法》的规定，招标文件不得含有倾向或者排斥潜在投标人的其他内容，招标人也不得向他人透露已获取招标文件的潜在投标人的名称、数量及可能影响公平竞争的有关招标投标的其他情况，招标人设有标底的，标底必须保密。招标人对已发出的招标文件进行必要的澄清或者修改的，应当至少在招标文件要求提交投标文件截止时间的 15 日前，以书面形式通知所有招标文件收受人，澄清或者修改的内容属于招标文件的组成部分。报名投标人报名后，由招标人对其进行资格审查，资格审查合格者方可参加下一轮的程序投标。

（2）投标。投标是经招标人审查合格的人，接受招标文件提出的实质性要求和条件向招标人发出订立合同的意思表示。该意思表示人称为投标人，记载投标人意思表示的投标文件又称投标书、标单。标单的性质是投标人向招标人发出的订立合同的要约，投标人要受要约的约束。《招标拍卖挂牌出让国有土地使用权规定》第 13 条规定，投标人在投标截止时间前将标书投入标箱，招标公告允许邮寄的，投标人可以邮寄，但出让人在投标截止时间前收到的方为有效；标书投入标箱后不可撤回；投标人应对标书和有关书面承诺承担责任。对于一般的要约，生效时间为其到达受要约人时，要约人于要约生效后其存续期间不得变更或撤回，变更或撤回要约的通知须先于要约或与要约同时到达招标人时才发生变更或撤回效力。而根据《招标投标法》第 29 条的规定，投标人在招标文件要求提交投标文件的截止时间前，可以补充、修改或者撤回已提交的投标文件，并书面通知招标人。补充、修改的内容为投标文件的组成部分。可见，标单这一种要约的生效时间是招标人确定的投标文件的截止时间，而不是标单到达招标人时。要约生效后，招标人则取得承诺的权利。

根据《招标投标法》的规定，投标人不得相互串通投标报价，不得排挤其他投标人的公平竞争，损害招标人或者其他投标人的合法权益，也不得与招标人串通投标，损害国家利益、社会公共利益或者他人的合法权益。

（3）定标。定标是招标人公布所有的投标并公开进行评比，对评定最优投标人允诺与其订立合同的意思表示。定标又称决标，一般经过开标、评标、决标三个阶段。开标由招标人主持，邀请所有投标人参加。开标时，由投标人或者其推选的代表检查投标文件的密封情况，也可以由招标人委托的公证机构检查并公证；经确认无误后，由工作人员当众拆封，宣读投标人名称、投标价格和投标文件的其他主要内容。招标人在招标文件要求提交投标文件的截止时间前收到的所有投标文件，开标时都应当当众予以拆封、宣读。评标由招标人依法组建的评标委员会负责。实践中由招标人会同有关部门聘请专家组成评标委员会，由评标委员会主持开标、评标、决标工作，决定中标人后由招标人向中标人发出中标通知书。评标委员会经评审，认为所有投标都不符合招标文件要求的，可以否决所有投标，即废标。定标的性质应视两种情况而定：一是定标是对投标的完全同意，定标即为承诺，合同即成立，任何一方不得违反，否则承担违约责任；二是定标若不是对投标完全同意，只是选定中标人作为签订合同的对象，则定标不是承诺，尚须经过签约阶段，合同才成立。

(4)签约。签约即招标人与中标人就建设用地使用权出让达成合意并以书面形式签订合同,亦即合同成立。中标人与招标人应当在规定时间签订建设用地使用权出让合同。

(5)履约。中标人依照合同的约定支付建设用地使用权出让金,招标人依照合同的约定提供出让的建设用地使用权;中标人尚需办理登记,领取建设用地使用权证,方可取得建设用地使用权。

另外,《招标拍卖挂牌出让国有土地使用权规定》还特别规定,招标活动结束后,出让人应在10个工作日内将招标拍卖挂牌出让结果在土地有形市场或者指定的场所、媒介公布。

例:深圳市招标出让建设用地使用权程序,[8]如图2所示。

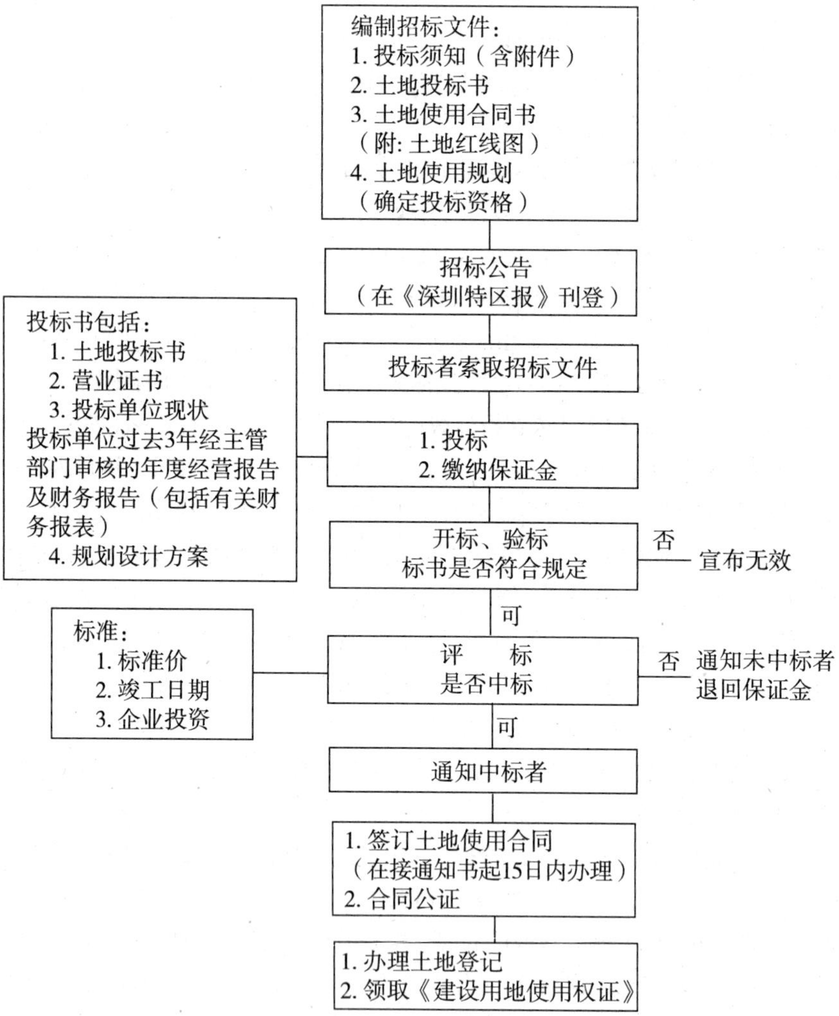

图2 深圳市招标出让建设用地使用权程序

3. 拍卖出让

拍卖出让是出让人在众多的买方中,选定最高报价者作为受让方并与之签订合同、向其出让建设用地使用权的民事法律行为。拍卖出让是按照“价高者得”的原则确定建设用地使用权

[8] 梁书文等主编:《最新房地产法实用全书》,人民法院出版社1996年版,第216页。

受让人，一般适用于商业用地、高档住宅楼用地、高档娱乐设施用地。

一般而言，拍卖应当在公开场合，由第三方或专业拍卖机构主持，由出价最高者获得建设用地使用权，拍卖出让建设用地使用权的一般程序是：

（1）拍卖委托。即由土地出让方委托拍卖人拍卖准备出让的建设用地使用权，并提供出让土地的有关地点、面积、四至等资料。

（2）拍卖公告与察看。拍卖人应当于拍卖日 7 日前通过报纸或者其他新闻媒介发布拍卖公告。拍卖公告应当载明拍卖的时间和地点、拍卖标的的位置、拍卖标的察看时间和地点、参与竞买应当办理的手续以及需要公告的其他事项。拍卖人还应当应竞买人的请求组织察看拍卖的土地。

（3）拍卖的实施。拍卖的实施包括竞买和拍定两阶段。竞买是在拍卖场所内，竞买人以报价方式向拍卖人所作的应买意思表示，竞买人意思表示的性质是要约，在以口头方式报价时，在其他竞买人报出更高价前，维持其拘束力，竞买人不得撤回。《招标拍卖挂牌出让国有土地使用权规定》第 16 条规定，竞买人的最高应价或者报价未达到底价时，主持人应当终止拍卖。拍卖主持人在拍卖中可根据竞买人竞价情况调整拍卖增价幅度。拍定是拍卖人同意与最后最高报价的竞买人成交的意思表示。竞买人的最高应价经拍卖师落槌或者以其他公开表示买定的方式确认后，拍卖成交。拍卖成交后，买受人和拍卖人应当签署成交确认书。

（4）履约。拍卖结束后，买受人应当持拍卖人出具的成交证明和有关材料，向有关行政管理机关办理手续。买受人向出让人支付全部建设用地使用权出让金，出让人向买受人提供出让建设用地使用权及建设用地使用权证。

例：深圳市公开拍卖建设用地使用权程序，[9] 如图 3 所示。

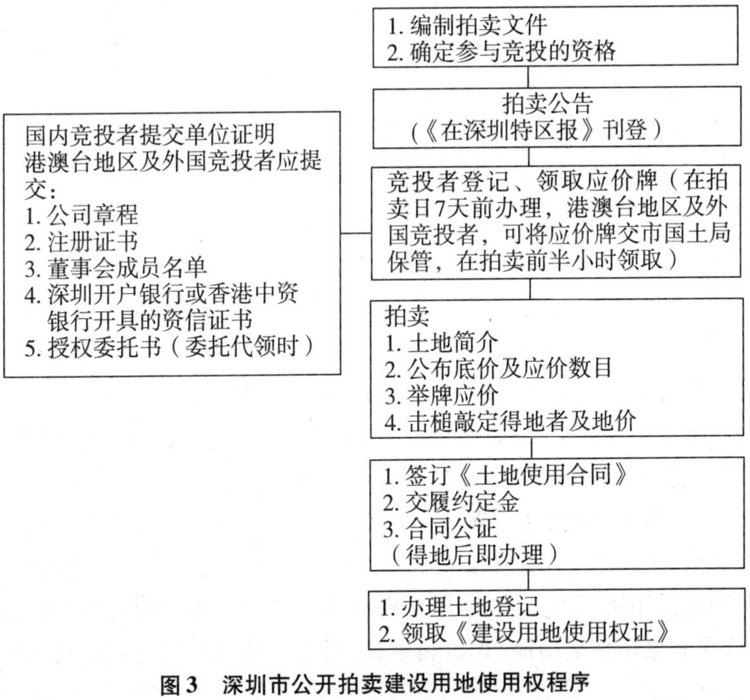

图 3　深圳市公开拍卖建设用地使用权程序

---

〔9〕 梁书文等主编：《最新房地产法实用全书》，人民法院出版社 1996 年版，第 217 页。

4. 挂牌出让

挂牌出让建设用地土地使用权,是指出让人发布挂牌公告,按公告规定的期限将拟出让土地的交易条件在指定的土地交易场所挂牌公布,接受竞买人的报价申请并更新挂牌价格,根据挂牌期限截止时的出价结果确定建设用地使用者的民事法律行为。

相对于建设用地使用权的其他出让方式而言,挂牌出让方式具有其自身特点及优越性:

(1)市场化程度较高,建设用地使用者之间竞争激烈。相对于协议出让的一对一的出价方式,挂牌出让更具有市场化特点;相对于招标的一次出价而言,挂牌出让允许使用者在指定时期内多次出价;相对于拍卖必须在极短时间内现场出价,挂牌出让允许经过一定的时间考虑,慎重地针对性出价,不至于产生竞得后不得不放弃的遗憾,既使企业自身受损,也搅乱了房地产市场。

(2)在挂牌期限截止时如果仍有两个或两个以上的竞买人要求报价,出让人可以对挂牌宗地进行现场竞价,出价高者为竞得人。这意味着如果通过挂牌不能解决,可以通过拍卖方式出让。

(3)有充分的法律依据。挂牌出让时政府被称为出让人,我国法律明确规定,出让是政府代表国家行使的职能之一。挂牌出让建设用地使用权能使土地所有权得到充分实现,政府获得可观的收益。各地基本都建立了土地有形市场。土地有形市场是实行挂牌出让的物质依托,2002 年国土资源部令第 11 号《招标拍卖挂牌出让国有土地使用权规定》提供了法律基础。

(二)建设用地使用权出让三种传统方式的比较分析

协议出让、招标出让、拍卖出让三种传统的建设用地使用权出让方式,各具特色,从实践来看,招标出让与拍卖出让因其特有的竞争性,效果要比协议出让好。经济学的规律之一是稀缺规律,土地同其他商品不一样,其受供求关系影响更为强烈,因为土地是不可再生资源,而且具有自然增值的特点,所以竞争缔约方式能更好地反映它的价值。财产权的创设最初的目的是定分止争,随着社会观念的转变,特别是财产权观念从管领向用益的转变,财产权的主要目的应是使物尽其用,法律制度的创设应使财产权归属于能使财产最大化的人手中。同时,土地使用权出让由国家垄断,国家在出让建设用地使用权时必然会产生交易成本,问题的关键在于法律如何选择一种成本较低的权利配置形式和实施过程。协议出让、招标出让、拍卖出让中国家都须先行搜集信息、出让估价等,由此便产生交易成本,如何使交易成本降价呢?对国家而言,选择招标出让和拍卖出让是更好的形式,竞争出价中价格必定上涨,由此国家便可获得更大的收益。不可避免,在竞争出价中,价格会不断上涨,甚至出现哄抬价格现象,但是如果交易可以获益,理性的当事人将会进行交易,如果交易不能获益,理性的当事人将不会进行交易。[10]

招标出让、拍卖出让虽能使政府收益最大化,但也极大地增加了建设用地使用权受让人的交易成本,“竞争力量有助于使机会成本最大化”,[11]容易造成投资成本增加,使开发商刚开始就有举步维艰之感。所以对于国家重点建设项目用地、国家优先扶持项目用地等就不必采用竞争出价方式,而应采用协议出让方式,给予投资者一定的优惠,鼓励投资者的积极性。而对于商业、旅游、娱乐和豪华住宅用地,其盈利率高,回报率高,应采取拍卖出让、招标出让方式。

---

〔10〕［美］理查德·A. 波斯纳:《法律的经济分析》(上),蒋兆康译,中国大百科全书出版社 1997 年版,第 63 页。

〔11〕［美］理查德·A. 波斯纳:《法律的经济分析》(上),蒋兆康译,中国大百科全书出版社 1997 年版,第 9 页。

总体而言，三种传统出让方式各有侧重、不能偏废。

五、建设用地使用权的出让年限

建设用地使用权出让年限是指国家许可受让人在获得的国有土地上使用土地的期限，具体包括以下三个方面的内容：国家法律规定的建设用地使用权得以出让的最高年限；建设用地使用权出让合同具体约定的受让人得以使用土地的出让年限；建设用地使用权年限届满后的续展。

（一）建设用地使用权出让的最高年限

建设用地使用权出让最高年限，是指国家法律和法规规定的建设用地使用者得以使用土地的最长期限。国有土地不仅要有偿使用，而且要有限期使用，所以国家应规定建设用地使用权得以出让的最高年限，以宏观调控国有土地的有期限使用。《城市房地产管理法》第 14 条规定："土地使用权出让最高年限由国务院规定。"根据国务院 1990 年 5 月 19 日发布的《城镇国有土地使用权出让和转让暂行条例》第 12 条规定，建设用地使用权出让最高年限按用途确定为：(1)居住用地 70 年；(2)工业用地 50 年；(3)教育、科技、文化、卫生、体育用地 50 年；(4)商业、旅游、娱乐用地 40 年；(5)综合或者其他用地 50 年。

建设用地使用权出让的最高年限是指一次出让而言。我国建设用地使用权出让的最高年限因土地用途不同而不同，主要是因为不同用途的土地，其收益具有较大的差别，同时亦涉及国家的产业政策。一般而言，土地收益较高的商业、旅游、娱乐用地，因其投资成本回收快，加上土地具有资产增值的功能，不应使其长期留在某一使用者手中，故规定了较短的最高年限；而对于居住用地，土地收益较低，投资成本回收慢，加上国家对发展住宅的鼓励政策，故规定了较长的最高年限；而工业用地、教育用地、科技用地、文化用地、卫生用地、体育用地、综合用地或其他用地，土地收益则介于以上两者之间，故规定了适中的最高年限。但就总体而言，笔者认为，目前确定的建设用地使用权的最高年限偏短，因而不能充分保障房地产产权人的权益。

（二）合同约定的出让年限

合同约定的出让年限是指出让方与受让方在出让合同中具体约定的受让方得以使用土地的期限。合同约定的建设用地使用权出让年限不得超过法律规定的建设用地使用权出让的最高年限，在法律规定的建设用地使用权出让的最高年限内，出让方和受让方得自由约定建设用地使用权出让的年限。

（三）建设用地使用权出让年限的计算

一般而言，建设用地使用权出让年限，以领取土地使用证之日为期间的起算点；划拨建设用地使用权补办出让合同的出让年限，按出让合同双方当事人约定的时间计算；通过转让方式取得的建设用地使用权，其使用年限为建设用地使用权出让合同约定的使用年限减去原建设用地使用者已使用年限后的剩余年限。比如有些地方合同约定的居住用地年限仅三四十年，比法定年限少了几十年。

（四）建设用地使用权出让年限届满与续展

建设用地使用权出让是一种附终期的民事法律行为，期限届满后可以续展。《物权法》第 149 条规定："住宅建设用地使用权期间届满的，自动续期。非住宅建设用地使用权期间届满后的续期,依照法律规定办理。该土地上的房屋及其他不动产的归属,有约定的,按照约定;没有约定或者约定不明确的,依照法律、行政法规的规定办理。”

1. 对住宅建设用地使用权期间届满自动续期问题的思考。从《物权法》条文可以看出,对于住宅建设用地使用权到期,仅规定自动续期,但对于续期期限、是否需要支付续期费用、如何支付费用等问题均未作出规定。对于这种不确定性,最为典型的例证便是2016年部分温州市民因其20年的住宅建设用地使用权期间届满需要重新办理土地使用权证。但重新办理土地使用权证需要缴纳数十万元的土地出让金,这相当于房产交易价的三分之一或一半,很多市民对此表示难以接受。此后,各大媒体持续报道,法学界不断发声。主流观点认为,住宅建设用地使用权续期问题关涉人民能否安居乐业,需要谨慎对待,以免费续期为宜。对于住宅建设用地“自动续期”的含义,我同意江平教授的意见:第一是“续期”,指的是不能够收回,也不能够按照原有形式再来重新签订一份土地出让合同,续期就是把原有的延续下去;第二是指“自动”,指的是业主不需要主动提出申请,即便没有交费仍然有权继续居住,只是在转让方面受到限制;第三是费用,有偿交费到底多少,按照立法当时情境来看,自动续期交费当然是数量不大。[12] 学界和实务界对于“自动续期”并无太多争议,而争议的焦点主要集中在续期是否“有偿”及“有偿”的额度问题。一种观点认为,建设用地使用权期限届满后,应当自动免费续期。[13] 其理由在于:第一,“自动”续期,就意味着建设用地使用权人根本不需要采取任何行为(包括支付土地使用费行为),建设用地使用权的期限就会自动延续,否则,就不是自动续期了。[14] 第二,消费者并未将建设用地使用年限与房地产价格联系起来。在当前民众对房价和地价均无任何博弈能力的情形下,用终其一生的收入购置房产后,还要在70年后续交昂贵的土地使用费,无法让民众接受。[15] 另一种观点则认为,建设用地使用权期限届满后应当有偿续期。其理由在于:第一,土地是不可再生资源,在我国未开征遗产税的情况下,有偿续期实质上是对一部分个人财富的社会转移,符合限制人们靠祖辈遗产不劳而获坐享其成而鼓励通过自身努力和劳动创造财富的观念,是社会公平理念的体现。第二,土地使用费实质上既有累计若干年收取的地租性质,又有一次性收取的税费性质,具有明显的期限属性,续期为取得新的期限,即应另行缴纳土地使用费。第三,土地收益具有很强的财政属性。建设用地使用权有偿续期,可以提供稳定的地方财源,为社会保障、民生支出和经济建设提供持续的动力,有利于建设惠及全民的公共财政,保证地方政府的正常运转。第四,我国现行的房地产税负“重流转,轻保有”的现状,妨碍了房地产交易的进行,助长了土地的隐形交易和投机,刺激了土地价格上涨。严格对土地使用权有偿续期的管理,从长远来看可以提高房屋保有的成本,促进盘活现有房地产存量,从而在一定程度上达到不动产资源的优化配置。[16] 第五,无偿续期使得土地所有权无法体现,虚化土地所有权,有土地私有化之嫌,同时不利于土地资源的合理配置及城市的规划

---

〔12〕 参见《法学家热议住宅土地使用权续期》,载《经济参考报》2016年4月27日,第6版。

〔13〕 房绍坤:《物权法用益物权》,中国人民大学出版社2007年版,第204页。

〔14〕 参见刘春:《论住宅建设用地使用权人自动续期》,载《中国商界》2009年第11期;崔永亮:《住宅用地使用权自动续期有关问题之探讨》,载《国土资源导刊》2007年第4期。

〔15〕 参见瞿方业:《住宅土地应无偿自动续期》,载《观察与思考》2009年第4期。

〔16〕 王新江:《建设用地使用权应当有偿续期》,载《中国财政》2009年第12期。

发展。[17]

作者认为,“自动续期”并不包含“无偿”续期的含义。理由如下:首先,从文义解释的角度来看,并不能从“自动”一词中解释出无偿的含义。《现代汉语字典》[18]对于“自动”一词的释义有三项:(1)自己主动,如自动帮忙;(2)不凭借人为的力量,如水自动地往下流;(3)属性词,不用人力而用机械装置直接操作的。此三项释义中没有一个具有“无偿”的含义。其次,从立法解释角度看,2008 年发布了新修订的《国有建设用地使用权出让合同》示范文本,其中第 25 条第 1 款规定:“本合同约定的使用年限届满,土地使用者需要继续使用本合同项下宗地的,应当至迟于届满前一年向出让人提交续期申请书,除根据社会公共利益需要收回本合同项下宗地的,出让人应当予以批准。”第 2 款规定:“住宅建设用地使用权期限届满的,自动续期。”第 3 款规定:“出让人同意续期的,土地使用者应当依法办理出让、租赁等有偿用地手续,重新签订出让、租赁等土地有偿使用合同,支付土地出让价款、租金等土地有偿使用费。”由此可以看出,“住宅建设用地使用权期限届满的,自动续期”并不可以理解为无偿无限期的使用土地。

而对于“有偿续费”的计算,本书认为应遵循以下三个原则:[19](1)应尽可能降低续期费用,以保障民生。政府理应竭尽全力降低人民群众的住房成本。而对于住宅建设用地使用权的续期而言,尽可能地降低续期费用不仅能够兼顾现行立法的相关规定和要求,而且能够对基本民生诉求作出最有力和最有效的回应。(2)续期费用的计算应当采用“双重区分”规则。首先,应当区分居民居住面积达标住宅的建设用地使用权续期和居民居住面积超标住宅的建设用地使用权续期。由于居民的经济状况千差万别,有的居民仅有一套住房、住宅面积较小,而有的居民拥有数套住房、住宅面积较大,无论是基于保障民生的考量,还是基于我国人多地少的现实考量,都需要通过立法对一人坐拥多房的现象予以遏制。故而,区分广大居民的不同情况予以不同对待极有必要。(3)在政府财政允许的情况下,对住宅建设用地使用权最高年限以内、居民人均居住面积达标住宅的建设用地使用权续期也仅能收取象征性费用。

2. 非住宅建设用地使用权期间届满后的续期,依照法律规定办理。该土地上的房屋及其他不动产的归属,有约定的,按照约定;没有约定或者约定不明确的,依照法律、行政法规的规定办理。《城市房地产管理法》第 22 条规定:“土地使用权出让合同约定的使用年限届满,土地使用者需要继续使用土地的,应当至迟于届满前一年申请续期,除根据社会公共利益需要收回该幅土地的,应当予以批准。经批准准予续期的,应当重新签订土地使用权出让合同,依照规定支付土地使用权出让金。土地使用权出让合同约定的使用年限届满,土地使用者未申请续期或者虽申请续期但依照前款规定未获批准的,土地使用权由国家无偿收回。”笔者认为,该条规定过于苛刻,因为虽然该条赋予建设用地使用权人到期后申请续期的权利,但仍需政府有关部门批准,而又没有具体的批准标准,在这种主体地位不平等、政府自由裁量权过大的情形下,难免不利于建设用地使用权人利益的充分保护。

六、建设用地使用权出让的收回制度

建设用地使用权的收回,是指国家将建设用地使用权以出让合同的方式确定给建设用地

---

〔17〕 高圣平、杨璇:《建设用地使用权期限届满后的法律后果》,载《法学》2011 年第 10 期。

〔18〕 中国社会科学院语言研究所词典编辑室编:《现代汉语字典》(第 5 版),商务印书馆 2005 年版,第 1805 页。

〔19〕 张力、庞伟伟:《住宅建设用地使用权续期规则相关问题探析》,载《法学》2016 年第 7 期。

使用者开发利用后,由于法定事由的发生,国家收回建设用地使用权致使建设用地使用者不再享有建设用地使用权的行为。国家收回建设用地使用权一般有以下四种情况:

1. 建设用地使用者违反城乡规划或建设用地使用权出让合同的规定而开发利用土地,被国家强制收回。《城市房地产管理法》第26条规定,土地使用者应当按照土地使用权出让合同约定的土地用途、动工开发期限开发土地,超过出让合同约定的动工开发日期满1年未动工开发的,可以征收相当于土地使用权出让金20%以下的土地闲置费;满2年未动工开发的,可以无偿收回土地使用权,但是,因不可抗力或者政府、政府有关部门的行为或者动工开发必需的前期工作造成动工开发迟延的除外。

2. 建设用地使用权出让合同规定的期限届满,国家自动收回。建设用地使用权是他物权,并且附有期限,期限届满,建设用地使用权自动复归土地所有权,土地所有权回复其圆满支配状态。《土地管理法》第58条第1款第3项规定,土地出让等有偿使用合同约定的使用期限届满,土地使用者未申请续期或者申请续期未获批准的,由有关人民政府土地行政主管部门报经原批准用地的人民政府或者有批准权的人民政府批准,可以收回国有土地使用权。《城镇国有土地使用权出让和转让暂行条例》第40条也规定,土地使用权期满,土地使用权及其地上建筑物、其他附着物所有权由国家无偿取得;[20] 土地使用者应当交还土地使用证,并依照规定办理注销登记。但《物权法》规定住宅建设用地使用权期间届满的,自动续期。

3. 在建设用地使用权期限届满前国家因社会公共利益的需要,提前收回建设用地使用权。《土地管理法》第58条和《城市房地产管理法》第20条规定,在特殊情况下,根据社会公共利益的需要,国家可以依照法律程序提前收回土地使用权,但国家应根据土地使用者使用年限和开发、利用土地的实际情况给予相应补偿。《物权法》第148条规定:“建设用地使用权期间届满前,因公共利益需要提前收回该土地的,应当依照本法第四十二条的规定对该土地上的房屋及其他不动产给予补偿,并退还相应的出让金。”

4. 为实施城市规划进行旧城区改建,需要调整使用土地的。《土地管理法》第58条规定,为实施城市规划进行旧城区改建,需要调整使用土地的,政府可以收回土地使用权,但对土地使用权人应当给予适当补偿。

第三节 建设用地使用权划拨法律制度

一、建设用地使用权划拨的概念和特征

建设用地使用权划拨,是指县级以上人民政府依法批准,在建设用地使用者缴纳补偿、安置等费用后将该幅土地交付其使用,或者将建设用地使用权无偿交付给建设用地使用者使用的行为。[21] 建设用地使用人通过划拨方式取得的建设用地使用权,即划拨建设用地使用权。

---

〔20〕《城镇国有土地使用权出让和转让暂行条例》的这一规定民法学界认为不妥。根据传统民法上的地上权制度,土地使用权人在其权利期限届满后,有取回其建筑物及其附着物的权利;如果将其留下对土地所有人有利而不取回时,可请求补偿。参见梁慧星主编:《中国物权法研究》(下),法律出版社1998年版,第688~689页。

〔21〕《城市房地产管理法》第23条第1款。

与出让建设用地使用权相比，划拨建设用地使用权具有以下法律特征：

1. 划拨建设用地使用权的标的限于国有土地。根据我国《土地管理法》第54条和《城市房地产管理法》第23条第1款的规定，建设用地使用权划拨只针对国有土地而言，集体土地不适用划拨方式，集体土地只有在被征收为国有土地之后才可以划拨。[22]

2. 划拨建设用地使用权的取得具有行政性。建设用地使用权的划拨实质是行政划拨，其内容只包括占有、使用和部分收益权。国家在对建设用地使用权进行划拨时，行使的是行政权力，而不是其他权力。划拨建设用地使用权的最重要特点就在于其取得方式上。这种行政划拨行为是单向的，在行政划拨法律关系中，一方当事人是握有行政权力的国家行政主管机关，另一方当事人是用地申请人，双方当事人法律地位不平等，权利义务不对等。国家行政主管机关单方面决定是否批准划拨，不须征求用地人的意见；用地人在用地问题上只能消极地申请，不能和国家机关进行协商或讨价还价，也无须与其他用地人展开竞争，申请结果也不由用地人的意志决定。建设用地使用权出让则是一种民事合同行为，双方当事人的法律地位平等，其权利义务也对等。不过，建设用地使用权划拨虽是一种行政行为，但创设的却是民事权利。并非只有民事法律行为才可以创设民事权利，行政行为同样可以创设民事权利，我们切不可因为划拨是行政行为而否认划拨建设用地使用权的民事权利性质。

3. 划拨建设用地使用权的取得具有无偿性。这是划拨建设用地使用权与出让建设用地使用权最关键的不同之处，建设用地使用权出让都是有偿的。建设用地使用权的划拨存在两种形式：一种是建设用地使用权划拨经县级以上人民政府依法批准，在建设用地使用者缴纳补偿、安置等费用后，将该幅土地交付给建设用地使用者使用的行为；另一种是建设用地使用权的划拨经县级以上人民政府依法批准，建设用地使用者无须缴纳补偿、安置等费用就可取得建设用地使用权的行为。建设用地使用权划拨是一种无偿行为，建设用地使用者取得建设用地使用权无须支付对价，虽然建设用地使用者要缴纳补偿、安置等费用，但不必向国家支付地租性质的费用，补偿、安置等费用不是建设用地使用权的对价，而只是对原先的建设用地使用者的损失和重新安置的补偿。建设用地使用权人缴纳的城镇土地使用税也不是使用国有土地的对价，它不是向作为私法主体的土地所有人支付的使用费，而是对作为公法主体的国家的义务。

4. 划拨建设用地使用权具有无期性。《城市房地产管理法》第23条第2款规定："依照本法规定以划拨方式取得土地使用权的，除法律、行政法规另有规定外，没有使用期限的限制。"也就是说，除法律、行政法规另有规定（如外商投资企业用地）外，划拨建设用地使用权没有使用期限的限制。这一点也与建设用地使用权出让不同，建设用地使用权出让都是有期限的。当然，划拨建设用地使用权没有使用期限的限制并不等于永续存在。我国实行土地公有制，永续存在的建设用地使用权与土地所有制制度不合。故"没有使用期限限制"应解释为不定使用期限，而不应解释为永续存在。土地所有人可以根据需要随时收回建设用地使用权。

5. 划拨土地的用途具有特定性。根据《土地管理法》第54条规定，下列建设用地，经县级

---

〔22〕 不过从《土地管理法》和《城市房地产管理法》的条文来看，虽没有明文规定集体土地的划拨制度，但目前乡镇企业用地、乡（镇）村公共设施和公益事业用地及农村村民宅基地多为无偿取得，并且要经过县级以上地方人民政府批准，集体土地所有权被虚化，其与国有土地使用权的划拨并没有实质的不同。

以上人民政府依法批准,可以划拨方式取得:(1)国家机关用地和军事用地;(2)城市基础设施用地和公益事业用地;(3)国家重点扶持的能源、交通、水利等基础设施用地;(4)法律、行政法规规定的其他用地。从以上的列举可以看出,划拨土地一般只用于有关公共利益和国计民生的项目,对于纯商业性目的的项目用地,一般不允许通过划拨方式无偿取得,因为这与我国土地有偿使用的改革方向相悖。

二、划拨建设用地使用权的性质

根据划拨建设用地使用人的不同,对于划拨建设用地使用权的性质,应当区分两种不同情况:

1. 国家机关、军事机关等公法人享有的划拨建设用地使用权。由于这些机关属于国家机构的组成部分,其本身即是国家的代表,其使用划拨土地的目的是实现国家的公法职能。根据国家法人说,这种划拨建设用地使用权应当认为是土地所有人自己占有、使用,在性质上属于未分离出去的所有权的使用权能。这如同公司法人机关使用公司的建设用地使用权一样,笔者并不认为公司法人机关使用的是他人的建设用地使用权。

2. 公司、企业、事业单位等私法人、自然人或其他组织享有的划拨建设用地使用权。这些划拨建设用地使用权人属于私法上的主体,不属于公法上的主体,不是国家的代表,其对划拨土地的占有、使用是非所有人的占有、使用。因此,这种划拨建设用地使用权是与土地所有权分离的一项独立的他物权,即地上权,是一种不完全物权。

三、划拨建设用地使用权的内容

由于划拨建设用地使用权的性质不同,公法人享有的划拨建设用地使用权,因其仅仅是所有权的一项使用权能,故而使用人对划拨土地只享有占有权和使用权,而无收益权和处分权;而私法人享有的划拨建设用地使用权因其属于一项独立的他物权,故而对划拨土地享有占有权、使用权、收益权和一定的处分权。

(一)占有权

这是划拨建设用地使用权人对国有土地直接控制并支配的权利。划拨建设用地使用权人为实现其使用、收益的目的,必须对划拨土地实行占有。划拨建设用地使用权人对划拨土地享有占有权能,并不意味着在划拨建设用地使用权存续期间,划拨建设用地使用权人必须始终为直接占有。划拨建设用地使用权可以随同地上房屋一起出租(不得单独出租划拨建设用地使用权),由承租人直接占有,划拨建设用地使用权人只对土地实行间接占有,但必须将租金中所含有的土地收益上缴国家。[23] 划拨建设用地使用权人对土地的占有,也不以在土地上有建筑物、构筑物或其他附着物为必要,而是以具有法律上的占有为必要,即划拨建设用地使用权人有合法的国有土地使用证。因此,土地上没有建筑物等附着物,或建筑物等附着物灭失了,并不影响划拨建设用地使用权人对土地的占有。

(二)使用权

这是划拨建设用地使用权人在不损毁土地或改变其性质的情况下,对国有土地按其属性、

---

〔23〕《城市房地产管理法》第55条。

用途进行利用以满足生产生活需要的权利。特别需要强调的是,使用划拨土地不得违反土地管理和城市规划的要求,不得随意变更划拨土地时确定的土地用途。如确需变更原土地用途,应当取得划拨方和市、县人民政府城市规划行政主管部门的同意。

(三)收益权

这是划拨建设用地使用权人通过对土地的利用获取土地收益的权利。划拨建设用地使用权人一般只能在自己使用土地时才能拥有对土地的收益。如果将划拨建设用地使用权转让于他人,则应当办理建设用地使用权出让手续并按照国家有关规定缴纳建设用地使用权出让金,或经批准不办理建设用地使用权出让手续,而将土地收益上缴国家或作其他处理;如果划拨建设用地使用权人将房屋连同该房屋占用范围内的划拨建设用地使用权一同抵押,则依法拍卖该房地产后,应当先从拍卖所得的价款中缴纳相当于应缴纳的建设用地使用权出让金的款额,抵押权人方可优先受偿;如果房屋所有人以营利为目的,将以划拨方式取得建设用地使用权的国有土地上建成的房屋出租于他人使用,则其中的土地收益必须上缴国家。但事实上,上缴的土地收益或出让金与建设用地使用权转让、抵押、出租时的市场价格有一定的差额,这一部分差额往往由划拨建设用地使用权人占有。

(四)处分权

一般来讲,划拨建设用地使用权人取得划拨土地使用权是无偿的,其对划拨建设用地使用权没有转让权。根据《城市房地产管理法》第 40 条的规定,划拨建设用地使用权只有在经过有批准权的人民政府审批,办理建设用地使用权出让手续并按照国家有关规定缴纳建设用地使用权出让金,或经批准不办理建设用地使用权出让手续,而将土地收益上缴国家或作其他处理的情况下,才可以转让。但是根据《城市房地产管理法》第 48 条的规定,划拨建设用地使用权人可以将划拨土地上的房屋连同该房屋占用范围内的划拨建设用地使用权一起设定抵押,而不需要事先经政府批准,只是应将拍卖抵押房地产所得的价款先缴纳建设用地使用权出让金。根据《城市房地产管理法》第 56 条的规定,房屋所有人还可以将以划拨方式取得建设用地使用权的国有土地上建成的房屋出租于他人,这也不需要政府批准。当房屋出租时,由于房屋与土地的不可分性,划拨建设用地使用权自然也一同出租,只是应将租金中所含有的土地收益上缴国家而已。〔24〕 可见,划拨建设用地使用权人对划拨建设用地使用权有抵押、出租的权利。

四、建设用地使用权划拨的范围

建设用地使用权划拨的范围,是指国家对何种建设用地在何种条件下,可以采取建设用地使用权划拨的方式提供建设用地的土地使用权。建设用地使用权划拨因其是政府行为、无偿行为,故需具备一定的条件方可划拨建设用地使用权。《城市房地产管理法》第 24 条规定:下列建设用地的土地使用权,确属必需的,可以由县级以上人民政府依法批准划拨:(1)国家机关用地和军事用地;(2)城市基础设施用地和公益事业用地;(3)国家重点扶持的能源、交通、水利等项目用地;(4)法律、行政法规规定的其他用地。1999 年 1 月 1 日起施行的《土地管理法》也

---

〔24〕 国务院《城镇国有土地使用权出让和转让暂行条例》第 45 条第 1 款第 4 项要求抵押、出租划拨土地使用权必须签订土地使用权出让合同,补交土地使用权出让金或者以抵押、出租收益抵交土地使用权出让金,这显然与《城市房地产管理法》相冲突,应属无效。

作了类似规定,并将上述第(3)项改为"国家重点扶持的能源、交通、水利等基础设施用地",进一步限定了划拨土地的范围。

1. 国家机关用地。指国家职能机关用地,包括:(1)国家权力机关用地,指全国人民代表大会及其常务委员会用地及地方各级人民代表大会及其常务委员会用地;(2)国家行政机关用地,指各级人民政府所属工作部门用地或职能部门用地;(3)国家审判机关用地;(4)国家检察机关用地;(5)国家军事机关用地。

2. 军事用地。指军事机关和军事设施用地,包括军用机场、港口、码头、营区、训练场、试验场、军用仓库、军用公路、铁路专用线等用地。

3. 城市基础设施用地。指城市供水、排水、污水处理、供电、通信、煤气、热力、道路、桥涵、市内公共交通、园林绿化、环境卫生及消防、路标、路灯等设施用地。

4. 城市公益事业用地。指城市内各种学校、医院、体育场馆、图书馆、文化馆、幼儿园、托儿所、敬老院、戏剧院等文体、卫生、教育、福利事业用地。

5. 国家重点扶持的能源、交通、水利等基础设施用地。指中央投资、中央与地方共同投资和中央、地方共同引进外资及其他投资者投资的,国家采取各种优惠政策重点扶持的煤炭、石油、天然气、电力等能源项目用地;铁路、港口码头等交通项目用地;水库、防洪和防潮工程项目用地;农田灌溉工程项目用地,水力发电工程项目用地,江河治理工程项目用地以及城市、工业输水工程等水利项目用地。

《城市房地产管理法》对建设用地使用权划拨的建设用地范围作了具体规定,但对划拨条件只是用"确属必需"笼统地加以规定,留待划拨机关依据具体情况加以适用,因此,划拨机关具有极大的自由裁量权。

五、建设用地使用权划拨的批准权限和程序

建设用地使用权划拨的批准权限,是指法律规定的有权机关得以批准建设用地使用权划拨的权限。建设用地使用权划拨的批准权限与建设用地使用权出让的批准权限相同,此处不再赘述。

根据《土地管理法》及其实施条例的规定,具体建设项目需要占用土地利用总体规划确定的城市建设用地范围内的国有建设用地的,其取得划拨建设用地使用权需经以下程序:

1. 预审。用地申请前,在进行建设项目可行性研究论证时,应由土地行政主管部门对建设项目用地有关事项进行审查,提出建设项目用地预审报告;可行性研究报告报批时,必须附有土地行政主管部门出具的建设项目用地预审报告。

2. 申请。具体建设项目需要使用土地的,由建设单位持建设项目的有关批准文件,向市、县人民政府土地行政主管部门提出建设用地申请。建设单位应当根据建设项目的总体设计一次申请,办理建设用地审批手续;分期建设的项目,可以根据可行性研究报告确定的方案分期申请建设用地,分期办理建设用地有关审批手续。

3. 审查。建设单位的用地申请由市、县人民政府土地行政主管部门审查,拟订供地方案,报市、县人民政府批准;需要上级人民政府批准的,应当报上级人民政府批准。

4. 批准。由县级以上地方人民政府土地管理部门按规定权限报县级以上人民政府批准,供地方案经批准后,由市、县人民政府向建设单位颁发建设用地批准书。

5. 划拨。划拨使用国有土地的，由市、县人民政府土地行政主管部门向建设用地使用者核发建设用地划拨决定书，由用地所在地的县级以上地方人民政府土地管理部门根据批准用地文件所确定的用地面积和范围，到实地划拨建设用地。

6. 登记。用地申请批准后，建设单位应当依法向市、县人民政府土地行政主管部门申请土地登记，并由市、县人民政府颁发《国有土地使用证》。土地登记是划拨建设用地使用权的公示方法，《国有土地使用证》是取得划拨建设用地使用权的唯一证明。

完成以上程序后，建设用地使用者即取得了划拨建设用地使用权。

具体建设项目需要使用土地的，必须依法申请使用土地利用总体规划确定的城市建设用地范围内的国有建设用地。对于能源、交通、水利、矿山、军事设施等建设项目确需使用土地利用总体规划确定的城市建设用地范围外的土地，涉及农用地的，用地申请由市、县人民政府土地行政主管部门审查，拟订农用地转用方案、补充耕地方案、征收土地方案和供地方案（涉及国有农用地的，不拟订征收土地方案），经市、县人民政府审核同意后，逐级上报有批准权的人民政府批准；其中，补充耕地方案由批准农用地转用方案的人民政府在批准农用地转用方案时一并批准；供地方案由批准征收土地的人民政府在批准征收土地方案时一并批准（涉及国有农用地的，供地方案由批准农用地转用的人民政府在批准农用地转用方案时一并批准）。

六、划拨建设用地使用权的终止

划拨建设用地使用权可以被称为一种地产权，但丧失了“可交易性”这一民法上的财产的合理内核，因为划拨建设用地使用权是为公益目的而设，除非该特定目的被取消，否则不存在撤销划拨建设用地使用权的问题。目的的公益性也决定了划拨建设用地使用权的特点，依照法律规定，划拨建设用地使用权没有使用期限的限制，因而划拨建设用地使用权不存在期限限制，不会因为期满而终止。但在下列情况下，划拨建设用地使用权终止：

1. 国家征收。国家为了公共利益而需要使用土地，或者为了实施城市规划进行旧城区改建而需要调整使用土地的，由有关人民政府土地行政主管部门报经原批准用地的人民政府或者有批准权的人民政府批准，可以收回划拨建设用地使用权。[25] 这里的“收回划拨建设用地使用权”实为国家征收。在国有土地法律关系中，国家既是土地的所有者，又是土地的管理者，国家有权为了公共利益而征收建设用地使用权。在这种情况下，为公平起见，法律规定对划拨建设用地使用权人应当给予适当补偿，[26] 以兼顾国家、社会和使用人的利益。当然，何为“适当补偿”，这是一个争议较多的问题。作者认为，国家应当补偿划拨建设用地使用权人的全部直接损失（包括地上建筑物、构筑物等附着物的损失），至于间接损失（应得利益损失），则可以根据当时国家财政实际情况给予适当补偿，以维持国家利益和用地单位利益之间的平衡。

2. 使用人不再需要。因用地单位撤销、迁移等原因，停止使用原划拨的国有土地，或者由有关人民政府土地行政主管部门报经原批准用地的人民政府，或者有批准权的人民政府批准，可以收回划拨建设用地使用权。[27] 这种情况是由于使用人的原因而导致不需要划拨建设用地

---

〔25〕《土地管理法》第 58 条第 1 款第 1、2 项。

〔26〕《土地管理法》第 58 条第 2 款。

〔27〕《土地管理法》第 58 条第 1 款第 4 项。

使用权,因而国家无须给予使用权人补偿。

3. 特定项目终止。为特定项目而设定的划拨建设用地使用权,当该特定项目完成历史使命而“寿终”,或该特定项目因故而无法达成或不再需要时,划拨土地建设用地使用权应予终止。《土地管理法》第58条第1款第5项规定,使用划拨土地的公路、铁路、机场、矿场等经核准报废的,由有关人民政府土地行政主管部门报经原批准用地的人民政府或者有批准权的人民政府批准,可以收回划拨建设用地使用权。

4. 土地灭失。土地灭失,是指土地因自然原因(如地震、洪水、泥石流、山崩等)或人为因素(如爆破、放水等)而在物质形态上灭失。如果土地全部灭失,设定于其上的划拨建设用地使用权当然终止;如果仅仅是土地的部分灭失,则灭失部分的划拨建设用地使用权终止,但是,如果部分灭失致使划拨建设用地使用权设立目的完全落空,则划拨建设用地使用权也消灭。

需要指出的是,划拨建设用地使用权一般不会因使用权人违法或抛弃而消灭。这是因为划拨建设用地使用权都是为特定目的和用途而设,不允许使用权人抛弃;如使用权人不按照设定划拨土地的特定要求使用土地,则应更换使用权人,以继续达成划拨土地的特定目的。

七、划拨建设用地使用权的商品化

建设用地使用权划拨是行政划拨,行政划拨土地是计划经济的产物。这种方式要求:所有土地归国家或集体所有,任何单位和个人需要土地均应经国家土地行政管理部门批准(申请使用集体土地还应经集体同意),由国家土地行政管理部门按计划统一划拨,未经国家批准和集体组织同意,禁止买卖、出租、抵押或以其他方式非法转让其建设用地使用权。可见,划拨建设用地使用权是一种无偿、无限期、无流动的“三无”土地使用权。

土地划拨一直是我国分配和调整国有土地使用的主要方式,其实质是政府分配社会资源,但土地划拨制度存在许多弊端,其表现有以下几点:一是土地利用效率低,造成土地资源严重浪费。二是不利于城市建设资金的良性循环。三是不适应新的经济体制要求。四是不利于土地所有权人——国家的合法权益,也是产生土地隐性市场的根源。[28]

实践证明,划拨土地的大量存在会导致土地资源利用的低效率甚至无效率,[29] 土地隐形市场滋生。[30] 这是因为:第一,政府不可能全面、准确地掌握土地需求信息,在没有足够决策信息的情况下分配土地必然带有盲目性。第二,建设用地使用人获取土地时未支付任何代价,故而缺乏足够的内在压力使其按照最大效益原则使用土地,这必然导致土地资源的浪费。第三,大量的划拨土地不得流动,导致土地供求矛盾突出,土地需求者不能从合法市场上获取土地,必然转向土地隐形市场,导致国有土地收益大量流失。[31] 有的学者认为,解决划拨问题的出路在于按照公益用地适用划拨方式和经营用地使用出让方式标准对现行的划拨土地进行改造,逐

---

〔28〕 许振邦主编:《土地法概论》,立信会计出版社1997年版,第101页。

〔29〕 1992～1993年的房地产热潮中,全国共建了近2000个开发区,其土地都是通过划拨而来的,其中能落实开发资金的仅占划拨面积的2%,其余的土地都长期处在闲置状态。

〔30〕 关于土地隐形市场的问题,具体参见符启林:《城市房地产开发用地法律制度研究》,法律出版社2000年版,第165～176页。

〔31〕 根据中新网北京2001年5月31日消息:由于目前国有土地资产机制不完善,通过市场配置比例不高、划拨土地大量非法入市和随意减免地价挤占国有土地收益等原因,我国每年国有土地收益流失近百亿元。

渐形成新型的建设用地使用权双轨制。[32] 笔者认为,医治这一痼疾的根本方法是引进市场机制。一个存在充分竞争的市场能够形成合理的市场价格,反映市场供求状况,为政府决策提供准确信息。一个存在充分竞争的市场还意味着土地使用人必须为其使用的土地支付市场价格,有了成本就会促使其去寻求使用土地的最佳方式,发挥土地的最高效益,否则就会面临被市场淘汰的危险。因而,只有在其他一切办法都证明确实不能发挥作用的情况下,才有必要采取政府干预这种永远是欠佳的办法。

改革开放以来,特别是确立了社会主义市场经济体制的改革目标以来,我国理论界和实务界都肯定了土地的商品属性,并对我国传统计划经济体制下完全无偿划拨土地的做法提出质疑。市场经济要求土地作为商品进入市场流通,实行等价交换。这就要求建立土地有偿使用制度。由于历史原因,我国目前建设用地中的绝大部分都是以划拨建设用地使用权的形式存在,要完全确立土地有偿使用制度,就必须将现存的划拨土地商品化、有偿化。

《城镇国有土地使用权出让和转让暂行条例》第45条规定:符合下列条件的,经市、县人民政府土地管理部门和房产管理部门批准,其划拨的土地使用权和地上建筑物、其他附着物所有权可以转让、出租、抵押:(1)土地使用者为公司、企业、其他经济组织和个人;(2)领有国有土地使用证;(3)具有地上建筑物、其他附着物合法的产权证明;(4)依照本条例第二章的规定签订土地使用权出让合同,向当地市、县人民政府补交土地使用权出让金或者以转让、出租、抵押所获收益抵交土地使用权出让金。转让、出租、抵押前款划拨土地使用权的,分别依照本条例第三章、第四章和第五章的规定办理。根据《城市房地产管理法》的规定,建设用地使用权可以作价入股、合资、合作开发经营房地产。具体而言,在我国现有的法律框架下,划拨建设用地使用权商品化的途径有以下几种。

(一)出让

所谓建设用地使用权出让,是指由国家按照土地所有权与建设用地使用权相分离的原则,依法授权市、县人民政府作为本行政区域内国家土地所有者的代表,将城镇中指定地块的建设用地使用权以一定年限、用途和其他条件,让与建设用地使用者占有、使用、经营和管理,并一次性收取货币金额的法律行为。建设用地使用权出让,属于有偿出让,依出让方式取得的建设用地使用权为出让建设用地使用权。将划拨土地出让,从而把划拨建设用地使用权改为出让建设用地使用权,这是划拨建设用地使用权商品化的最主要的途径。现实中,划拨土地的出让主要有两种情形:

1. 国家直接将原先的划拨土地出让给原使用人,由原使用人与国家土地主管部门签订建设用地使用权出让合同,并缴纳建设用地使用权出让金,从而取得出让建设用地使用权。出让建设用地使用权依法可以转让、出租、抵押。

2. 原划拨建设用地使用权人将划拨土地"转让"给他人。根据《城市房地产管理法》第40条的规定,这种"转让"必须符合以下条件:(1)应按规定报有批准权的人民政府审批。有批准权的人民政府,主要是指县级以上人民政府,其批准权限按出让土地的批准权限处理。划拨用地没有经过人民政府批准,擅自进入流通市场,应按无效法律行为处理。(2)应由建设用地使用权受让人办理建设用地使用权出让手续,并依照国家有关规定缴纳建设用地使用权出让金。

---

〔32〕 高富平、黄武双:《房地产法新论》,中国法制出版社2000年版,第109~110页。

这里所谓的出让手续,主要指建设用地使用权受让人必须与有批准权的政府部门签订建设用地使用权出让合同,补交建设用地使用权出让金,其目的是确保国家垄断土地的一级市场,保证国家的收益不流失。也就是说,划拨建设用地使用权人转让划拨土地使用权,必须以受让人办理建设用地使用权出让手续并缴纳建设用地使用权出让金为前提条件。(3)经有批准权的人民政府批准,可以不办理出让手续的,应当由转让方按国务院规定缴纳转让房地产收益中的土地收益金。这里所说的人民政府认为可以不办理出让手续的情形包括待拟定发展规划的临时用地,以及其他不宜长期固定使用的土地,或者不宜确定出让年限的地块等。

实务中,划拨建设用地使用权转为出让建设用地使用权主要采用上述第二种方式。

(二)出租

所谓出租,是指国家将无偿划拨改为有偿出租,并以收取租金的形式实现土地所有权的经济价值。建设用地出租是国有土地有偿使用的方式之一,是出让方式的补充。对于因发生土地转让、场地出租、企业改制和改变土地用途后依法应当有偿使用的建设用地,均可以出租。现实中划拨土地的出租主要有两种方式:

1. 国家将划拨建设用地使用权收回,然后又签订国有土地租赁合同,将土地出租给原建设用地使用人,并收取租金。依此种方式,土地承租人取得承租建设用地使用权。承租人在按规定支付土地租金并完成开发建设后,经土地行政主管部门同意或根据租赁合同约定,可将承租建设用地使用权转让、转租或抵押,但必须依法登记。在使用年期内,承租人有优先受让权。[33]

2. 原划拨建设用地使用权人将划拨土地上的房屋等建筑物或附着物出租,出租人应将租金中的土地收益上缴国家,从而实现了划拨土地的有偿化。这种情形实务中较为多见。

目前由于划拨土地主要在国有企业手里,而多数国有企业效益不佳,如果国家直接将划拨土地改为出让土地,数额巨大的土地出让金将使国有企业难以承受。因此,采用租金形式实现部分划拨土地的有偿使用是一个较好的折中方案,这既能照顾到国有企业的现实承受能力,又能实现土地所有者的经济利益。

(三)作价出资或者入股

将土地作价出资或者入股,是指国家将国有土地作为资本,投资于改制后的公司,并以公司股东身份参与分红,从而实现国有土地的有偿使用。建设用地使用权作价入股分为两个步骤,首先由中介机构对该入股的建设用地使用权进行评估作价,然后国家依据中介机构提供的数据确定参考值,作为股东参与分红的依据,完成投资行为。

由于出让方式要求建设用地使用人在签订建设用地使用权出让合同后60天内支付全部建设用地使用权出让金(逾期未支付全部出让金的,出让方有权解除合同,并可请求违约赔偿),[34]这让很多企业难以承受,因而在现阶段国有企业公司化改制过程中,采用将原有的划拨土地作价出资或入股的方式,有利于解决改制中国有企业资金短缺问题,同时维护了土地所有者的权益。

(四)法律直接规定

所谓法律直接规定,是指依据法律的规定而直接将划拨建设用地使用权转化为出让建设

---

〔33〕《国土资源部关于印发〈规范国有土地租赁若干意见〉的通知》(国土资发〔1999〕222号)第6条。

〔34〕《城镇国有土地使用权出让和转让暂行条例》第14条。

用地使用权，即在发生法定事由时，划拨建设用地使用权不依土地所有人或划拨建设用地使用权人的意志而依法律规定直接设定。在国外的用益物权法律制度中，将此种情形称为“法定地上权”。[35]

一般来讲包括以下两种情形：

1. 因抵押权实现而设定出让建设用地使用权。我国实行建设用地使用权和建筑物一并抵押的原则，当划拨建设用地使用权人将土地上的建筑物设定抵押权时，依据《担保法》第36条的规定，该建筑物占用范围内的建设用地使用权同时抵押。当抵押权人为实现抵押权而拍卖该抵押物时，取得该建筑物所有权的人同时取得了该土地的建设用地使用权，只是建设用地使用权出让金应当从拍卖价款中优先支付。

2. 因法院强制执行而设定出让建设用地使用权。当法院为民事强制执行而拍卖当事人所有但未抵押的建筑物时，通过竞买而取得建筑物所有权的人，同时也取得该土地的建设用地使用权，当然建设用地使用权出让金也应当从拍卖价款中优先支付。

划拨建设用地使用权的转让、抵押、租赁、投资等处分是针对过去体制下形成的建设用地使用权而言的，是弥补过去体制下形成的用于经营目的的划拨土地缺陷的变通做法，并非适用于一切划拨土地的普遍原则，否则便违背了划拨土地制度的初衷，因而在现实中必须从严掌握转化的条件。[36]

第四节　建设用地使用权转让法律制度

一、建设用地使用权转让的概念

建设用地使用权转让是指建设用地使用权人在其权利年限有效范围内，将其受让的建设用地使用权依法转移给他人的民事法律行为。具体而言，建设用地使用权转让是建设用地使用权出让后，受让方按照建设用地使用权出让合同约定的期限和条件对土地进行投资开发后，通过出售、赠与或交换等方式，将自己享有的未满期的建设用地使用权转让给受让人，受让人在转让人建设用地使用权有效年限内受让建设用地使用权的民事法律行为。在建设用地使用权转让法律关系中，原先的建设用地使用权人称为转让人，从转让人手中依法取得建设用地使用权的人称为受让人。《城镇国有土地使用权出让和转让暂行条例》第19条规定：“土地使用权转让是指土地使用者将土地使用权再移转的行为，包括出售、交换和赠与。”建设用地使用权转让属于转移物权的行为，原权利人所享有的权利仅仅是依出让合同取得的一定期限的建设用地使用权，因而受让人享有的只能是原权利人剩余期限的权利。

建设用地使用权出让是建设用地使用权转让的前提和基础。建设用地使用权出让属于土地一级市场，建设用地使用权转让属于土地二级市场，没有建设用地使用权的出让就没有建设用地使用权的转让，划拨的建设用地使用权须补办出让手续，补交建设用地使用权出让金或以

---

〔35〕 中国物权法研究课题组：《中国物权法草案建议稿》，社会科学文献出版社2000年版，第468页。

〔36〕 高富平、黄武双：《房地产法新论》（第2版），中国法制出版社2002年版，第123页。

转让房地产所获收益中的土地收益上缴国家或作其他处理后才能转让。建设用地使用权出让与建设用地使用权转让存在明显的不同,建设用地使用权的出让是土地所有权的权能与土地所有权相分离而成为独立的财产权,建设用地使用权产生是土地所有权人行使土地所有权的结果,方式单一,是有偿的;而建设用地使用权的转让则是建设用地使用权在转让人与受让人之间的移转,是在建设用地使用者之间的横向流动,其产生是建设用地使用权人对建设用地使用权进行法律上处分的结果,转让方式多样,可以是有偿的,也可以是无偿的。二者的联系在于,建设用地使用权的转让人是原土地出让关系中的受让人,而且,可以转让的建设用地使用权是由建设用地使用权出让合同设立的。[37]

建设用地使用权转让与建设用地使用权出租也不同。建设用地使用权转让是权利的彻底让与,亦即将建设用地使用权买断,由受让人取代转让人即原先建设用地使用权人的地位而成为新的建设用地使用权人,转让人就此失去建设用地使用权,转让人与国家所签订的建设用地使用权出让合同规定的权利义务随建设用地使用权转让而移转给受让人;建设用地使用权出租则是出租人将其权利租给承租人使用一定年限,出租人仍保有建设用地使用权,只是自己不直接使用土地,出租人作为建设用地使用权人仍须履行建设用地使用权出让合同,租赁合同届满而建设用地使用权合同尚未届满时,出租人有权收回土地并由自己直接使用。建设用地使用权转让是处分行为,而建设用地使用权出租是负担行为,建设用地使用权转让是转让人为受让人设立物权——建设用地使用权的行为,而建设用地使用权出租则是在出租人与承租人之间产生债权债务关系的行为。

建设用地使用权转让是民事法律行为,奉行自愿原则,任何人都不能强迫建设用地使用者转让建设用地使用权,否则将导致建设用地使用权转让无效。只有在实际上奉行自愿转让时,支付意愿才可能被很可信地得以确认,在按照自愿转让移转资源的地方,有理由相信这种移转包含效率的增长,如果双方当事人都无预期交易能使他们境况更好,那么交易就不可能发生,这表明转移了的资源在它们新的使用者或所有者手中将具有更大的价值。[38] 国家应当鼓励建设用地使用权的转让,使土地在流通中能产生更大的效益,真正实现物尽其用、地尽其利。

二、建设用地使用权转让的方式

《城镇国有土地使用权出让和转让暂行条例》第 19 条规定:“土地使用权转让是指土地使用者将土地使用权再转移的行为,包括出售、交换和赠与。”《城市房地产管理法》第 37 条规定:“房地产转让,是指房地产权利人通过买卖、赠与或者其他合法方式将其房地产转移给他人的行为。”《物权法》第 143 条规定:“建设用地使用权人有权将建设用地使用权转让、互换、出资、赠与或者抵押,但法律另有规定的除外。”以上规定的是建设用地使用权协议转让的方式,除此之外,尚有法定转让方式即继承。

(一)出售

建设用地使用权出售是指转让人以获取价金为目的将建设用地使用权转让给受让人,受让人支付价金并获取建设用地使用权的民事法律行为。建设用地使用权的出售实则是建设用

---

〔37〕 高富平、黄武双:《房地产法新论》(第 2 版),中国法制出版社 2002 年版,第 123 页。

〔38〕 参见[美]理查德·A. 波斯纳:《法律的经济分析》(上),蒋兆康译,中国大百科全书出版社 1997 年版,第 17 页。

地使用权的买卖，通过建设用地使用权买卖合同的形式实现。建设用地使用权买卖是建设用地使用权与价金的对等移转，与一般买卖是标的物所有权与价金对等移转略有不同。《城镇国有土地使用权出让和转让暂行条例》第 26 条中规定："土地使用权转让价格明显低于市场价格的，市、县人民政府有优先购买权。"建设用地使用权转让中的优先购买权是法定的于将来一定条件下取得建设用地使用权的排他性权利，其发生的条件是建设用地使用权转让价格明显低于市场价格，其发生的时间是建设用地使用权人与第三人转让建设用地使用权行为成立之时。从法理上讲，此似为土地所有权产生的优先购买权。[39] 从经济学上讲，市、县人民政府的优先购买权是为了保障土地利用的高效益。

(二)交换

建设用地使用权交换是两个建设用地使用权人之间就建设用地使用权进行互易的行为，本质上是一种权利互易。建设用地使用权交换，双方当事人互负对等义务，都负有向对方当事人移转建设用地使用权的义务，并都负有权利瑕疵担保义务。建设用地使用权的交换准用建设用地使用权买卖的规定。

(三)赠与

建设用地使用权赠与是指建设用地使用权人将其权利无偿地移转给他人的行为。赠与行为是一种无偿行为，出赠人负有移转建设用地使用权的义务而受赠人无支付对价的义务；建设用地使用权赠与须待建设用地使用权权属变更登记完成始生权利移转的法律效力。

(四)继承

建设用地使用权继承是指建设用地使用权人死亡后，依法符合继承条件的人，继承权利人建设用地使用权的行为。继承分法定继承和遗嘱继承两种方式。继承人继承建设用地使用权的同时也要承担附随权利的义务。同时，广义的继承还包括企业合并分立的情况，企业合并分立亦发生建设用地使用权的移转。

(五)建设用地使用权出资入股

建设用地使用权入股，即以建设用地使用权作价出资，公司法规定股东可以以建设用地使用权作价出资，并应当依法办理建设用地使用权的移转手续。由此可见，建设用地使用权入股亦是建设用地使用权转让的方式之一，亦即建设用地使用权从股东手中转移至公司手中，建设用地使用权入股后，股东取得股权，公司则取得建设用地使用权。以提供建设用地使用权作为联营条件，其建设用地使用权是否转让，应视联营的不同形式而定：(1)《民法通则》第 51 条规定，企业之间或者企业、事业单位之间的联营，组成新的经济实体，独立承担民事责任，具备法人条件的，经主管机关核准登记，取得法人资格。因此在法人型联营中，建设用地使用权发生转让，即从联营方手中移转至联营体手中。(2)《民法通则》第 52 条规定，企业之间或者企业、事业单位之间联营，共同经营、不具备法人条件的，由联营各方按照出资比例或者协议的约定，以各自所有的或者经营管理的财产承担民事责任，依照法律的规定或者协议的约定负连带责任的，承担连带责任。因此在合伙型联营中，建设用地使用权亦发生移转，即由联营一方单独使用移转至联营各方共同使用。(3)《民法通则》第 53 条规定，企业之间或者企业、事业单位之

---

〔39〕 张俊浩主编：《民法学原理》，中国政法大学出版社 1997 年版，第 437 页。

间联营,按照合同的约定各自独立经营的,它的权利和义务由合同约定,各自承担民事责任。因此在合同型联营中,建设用地使用权并不发生转让。

三、建设用地使用权转让的原则

建设用地使用权转让的原则是指法律规定的建设用地使用权转让所必须遵行的规则和准则,是建设用地使用权转让必须遵循的基本规则,转让行为的当事人不得以协议加以变更。该原则对建设用地使用权转让不仅具有指导作用,而且具有规范效力,具有强制性和不可选择性,其目的在于使之合法转让,依照国家的政策和法律得以顺利实现。依据有关法律规定,建设用地使用权转让应遵循三项原则。

(一)权利义务同时移转原则

权利义务同时移转原则又称"认地不认人"原则,是指建设用地使用权转让时,转让人与原建设用地使用权出让人所签订的出让合同及登记文件中所载明的权利、义务随之移转给受让人,建设用地使用权发生多次移转亦是如此。建设用地使用权转让只能是原土地使用权出让合同和登记文件中所载明的权利的移转,权利不得扩张,建设用地使用权人不能将大于自己所享有的权利转让给他人,只能是原建设用地使用权出让合同规定的使用年限减去建设用地使用者已使用年限后剩余年限的建设用地使用权的移转。建设用地使用权无论移转给谁,国家与土地使用者之间的权利义务关系不变,新的建设用地使用者必须履行原建设用地使用权出让合同和登记文件中所载明的权利义务。《城镇国有土地使用权出让和转让暂行条例》第 21 条规定:"土地使用权转让时,土地使用权出让合同和登记文件中所载明的权利、义务随之转移。"《城市房地产管理法》第 42 条亦规定:"房地产转让时,土地使用权出让合同载明的权利、义务随之转移。"由于权利义务同时移转原则是法定原则,不论转让当事人在从事转让行为时是否意识到此原则,不得以不知法律规定而加以拒绝履行原建设用地使用权出让合同规定的义务;当事人如转让的权利大于其本身所享有的权利,其转让行为无效,其中部分无效不影响其他部分的效力的,其他部分仍然有效。权利义务同时移转原则是国家加强土地监管的一个重要方面,使建设用地使用权出让合同所规定的义务始终附着于建设用地使用权,防止因建设用地使用权转让而出现不合理使用土地的局面。

(二)产权一致原则

产权一致原则是指建设用地使用权与其地上建筑物所有权的权利人一致,建设用地使用权转让时,其地上建筑物、其他附着物所有权亦随之移转;地上建筑物、其他附着物所有权转让时,其使用范围内的建设用地使用权亦随之转移。《城市房地产管理法》第 32 条规定:"房地产转让、抵押时,房屋所有权和该房屋占用范围内的土地使用权同时转让、抵押。"《城镇国有土地使用权出让和转让暂行条例》第 23 条规定:"土地使用权转让时,其地上建筑物、其他附着物所有权随之转让。"第 24 条第 2 款规定:"土地使用者转让地上建筑物、其他附着物所有权时,其使用范围内的土地使用权随之转让,但地上建筑物、其他附着物作为动产转让的除外。"《物权法》第 142 条规定:"建设用地使用权人建造的建筑物、构筑物及其附属设施的所有权属于建设用地使用权人,但有相反证据证明的除外。"第 146 条规定:"建设用地使用权转让、互换、出资或者赠与的,附着于该土地上的建筑物、构筑物及其附属设施一并处分。"第 147 条规定:"建筑物、构筑物及其附属设施转让、互换、出资或者赠与的,该建筑物、构筑物及其附属设施占用范围内的建设用地使用权一并处分。”产权一致原则的作用在于:(1)简化法律关系。建设用地使用权人与地上建筑物所有权人必须一致,其资格的转让亦须一致,这有利于法律关系的简化,避免法律关系错综复杂;(2)取得建设用地使用权是取得地上建筑物所有权的前提。房地产开发的程序是建设用地使用权出让,取得建设用地使用权,然后进行房地产开发,取得地上建筑物所有权,未取得建设用地使用权的房地产开发是违法行为,其建造的房屋属于违法建筑,对于违法建筑,或者责令限期拆除,或者没收归国家所有。

(三)效益不可损原则

效益不可损原则是指建设用地使用权的转让或地上建筑物、其他附着物所有权的转让,不得损害土地及地上建筑物的经济效益,并须经过政府审批。其具体包含以下几点:

1. 建设用地使用权转让时,其地上建筑物或其他附着物应同时转让,反之亦然,一般不允许将建设用地使用权与地上建筑物、其他附着物分开转让。

2. 建设用地使用权转让价格明显低于市场价格时,市、县人民政府有优先购买权;建设用地使用权转让价格不合理上涨时,市、县人民政府可以采取必要的措施给予调节。

3. 转让以划拨方式取得建设用地使用权的房地产时,须报有批准权的人民政府审批,准予转让的,或者办理建设用地使用权出让手续并支付建设用地使用权出让金,或者不办理建设用地使用权出让手续而把转让收益中的土地收益上缴国家或作其他处理。

4. 转让建设用地使用权后须改变土地用途的,必须取得市、县人民政府土地管理部门和城市规划行政主管部门的同意,签订建设用地使用权出让合同变更协议或者重新签订建设用地使用权出让合同,并相应调整建设用地使用权出让金。《物权法》第140条规定:“建设用地使用权人应当合理利用土地,不得改变土地用途;需要改变土地用途的,应当依法经有关行政主管部门批准。”因此,建设用地使用权转让前后,如欲变更土地用途,均须办理有关批准手续。

四、建设用地使用权转让的生效要件

建设用地使用权转让是一种民事法律行为,须具备民事法律行为的要件方能生效。同时,建设用地使用权转让涉及国家和社会利益甚大,对此国家要加以调整,一方面国家作为土地的所有权人对建设用地使用权的转让加以约束;另一方面国家作为政权主体亦要对建设用地使用权的转让加以管理。总而言之,建设用地使用权的转让除具备民事法律行为的一般生效要件外,尚应具备以下特别生效要件。

(一)建设用地使用权须具备可转让的条件

1. 以出让方式取得的建设用地使用权的转让条件

根据《城市房地产管理法》第39条,转让以出让方式取得的建设用地使用权应当符合下列条件:(1)按照建设用地使用权出让合同约定已经支付全部建设用地使用权出让金,并取得建设用地使用权证书;(2)按照建设用地使用权出让合同约定进行投资开发,属于房屋建设工程的,完成开发投资总额的25%以上,属于成片开发土地的,形成工业用地或其他建设用地条件;(3)转让建设用地使用权时房屋已建成的,还应当持有房屋所有权证。《城镇国有土地使用权出让和转让暂行条例》第19条第2款明确规定:“未按土地使用权出让合同规定的期限和条件投资开发、利用土地的,土地使用权不得转让。”以防止炒卖地皮的行为。

2. 以划拨方式取得的建设用地使用权的转让条件

以划拨方式取得建设用地使用权的，转让房地产时，应当按照国务院的规定，报有批准权的人民政府审批。有批准权的人民政府准予转让的，应当由转让方办理建设用地使用权出让手续，并依照国家有关规定缴纳建设用地使用权出让金。

以划拨方式取得建设用地使用权的，转让房地产报批时，有批准权的人民政府按照国务院的规定决定可以不办理建设用地使用权出让手续的，转让方应当按照国务院规定将转让房地产所获收益中的土地收益上缴国家或者作其他处理。

3. 拟转让的房地产不具有禁止转让的情形

禁止转让情形有：(1)以出让方式取得的建设用地使用权，不符合《城市房地产管理法》第39条规定的条件的，即不符合上述以出让方式取得建设用地使用权的转让条件的；(2)司法机关或行政机关依法裁定、决定查封或者以其他形式限制房地产权利的；(3)依法收回建设用地使用权的；(4)共有房地产未经其他共有人书面同意的；(5)权属有争议的；(6)未依法登记领取权属证书的；(7)法律、行政法规规定禁止转让的其他情形。

(二)当事人须订立书面转让合同

《物权法》第144条规定："建设用地使用权转让、互换、出资、赠与或者抵押的，当事人应当采取书面形式订立相应的合同。使用期限由当事人约定，但不得超过建设用地使用权的剩余期限。"因此，建设用地使用权转让是要式民事法律行为，当事人应当以书面形式签订建设用地使用权转让合同，明确转让的价格、移转土地占有的时间等。建设用地使用权转让合同是转让方与受转让方之间关于建设用地使用权移转的合意，主要有建设用地使用权买卖合同、建设用地使用权交换合同、建设用地使用权赠与合同、建设用地使用权入股或联营合同等。建设用地使用权转让合同以建设用地使用权出让合同为前提订立，建设用地使用权转让时，建设用地使用权出让合同载明的权利义务随之转移，并且转让后的建设用地使用年限为原建设用地使用权出让合同约定的使用年限减去原建设用地使用者已使用年限后的剩余年限。

(三)须办理建设用地使用权过户登记

建设用地使用权的过户登记是指受让人凭依法取得的有关建设用地使用权的有效文件到法定机关办理建设用地使用权变更登记。建设用地使用权转让乃是不动产物权的变动，应当到法定机关办理登记才能发生物权变动的效力，即登记要件主义，但狭义的继承除外。《物权法》第145条规定："建设用地使用权转让、互换、出资或者赠与的，应当向登记机构申请变更登记。"受让人必须取得登记，在登记后才能取得建设用地使用权，否则仅享有占有土地的债权，无权对抗已经取得登记的第三人。

第五节　国有土地租赁法律制度

我国国有土地上的租赁关系有两种形态：一是建设用地使用权人将其拥有建设用地使用

权的土地出租于他人使用,我国法律将其称为建设用地使用权出租;[40]二是国家将国有土地直接出租于土地使用权人使用,我国法律将其称为"国有土地租赁"。[41] 下面予以分述。

一、建设用地使用权人出租土地情形

(一)建设用地使用权人出租土地的含义

建设用地使用权人出租土地是指建设用地使用权人作为出租人,将建设用地使用权随同地上建筑物、其他定着物出租给承租人使用,承租人向出租人支付租金的双方民事法律行为。我国法律允许建设用地使用权人将其建设用地使用权出租,并采取建设用地使用权和建筑物所有权一致原则。有两种情形导致建设用地使用权出租:一是承租人以承租建设用地使用权为目的订立合同,土地上建筑物随同移转给承租人;二是承租人以使用土地上的建筑物为目的订立合同,建设用地使用权随之出租给承租人。建设用地使用权与土地所有权分离后成为他物权的一种,是一种独立的财产权利,建设用地使用权人有权在其权利之上设置负担,将其享有的建设用地使用权予以出租。

如前所述,建设用地使用权人出租土地与建设用地使用权转让不同,建设用地使用权人出租土地与建设用地使用权出让亦不同。建设用地使用权出让是处分行为,是建设用地使用权从土地所有权分离而成为独立的财产权利,出让一方永远只能是土地所有权人即国家;建设用地使用权人出租土地则是负担行为,是在保留土地使用权的前提下将土地有偿交给承租人使用。

(二)建设用地使用权人出租土地的生效要件

建设用地使用权人出租土地是一种民事法律行为,除应具备一般要件外,尚须具备几个特殊要件。

1. 建设用地使用权人须具备出租条件

(1)以出让方式取得建设用地使用权的,建设用地使用权人须按出让合同约定支付全部建设用地使用权出让金并取得土地使用证,并按建设用地使用权出让合同约定期限投资开发土地。对于房屋建设工程,须完成开发投资总额的25%以上;属于成片开发用地的须形成工业用地或者其他建设用地条件;土地出租时房屋已经建成的,还应当持有房屋所有权证书。

(2)以划拨方式取得建设用地使用权的,出租土地时,应经市、县人民政府土地管理部门和房产管理部门批准,与政府有关部门签订建设用地使用权出让合同,向当地市、县人民政府补交建设用地使用权出让金或以出租所获收益抵交建设用地使用权出让金。

2. 建设用地使用权的出租应当随同地上建筑物、其他定着物一起出租

《城镇国有土地使用权出让和转让暂行条例》第28条第1款规定:"土地使用权出租是指土地使用者作为出租人将土地使用权随同地上建筑物、其他附着物租赁给承租人使用,由承租

---

〔40〕《城镇国有土地使用权出让和转让暂行条例》第四章。

〔41〕参见《国土资源部关于印发〈规范国有土地租赁若干意见〉的通知》(国土资发〔1999〕222号)。不过法律的这一提法有待进一步斟酌。一是出租本来就是转移标的物的使用权能的行为,再提"使用权出租"不但有重复之嫌,而且易让人联想"所有权出租""抵押权出租"之类的概念;二是国有土地租赁从词义上看,是指以国有土地为标的物的租赁,而在土地使用权人出租国有土地和国家出租国有土地两种法律关系中,其标的物均为国有土地,法律以"国有土地租赁"单指其一,于逻辑不符,于实务徒生混乱。

人向出租人支付租金的行为。”根据该条推定,土地上应当有“建筑物、其他附着物”,否则如何“随同”?《城市房地产管理法》也只规定了房屋租赁(第四章第四节),而没有规定建设用地使用权人的土地出租问题。《城镇国有土地使用权出让和转让暂行条例》当初的这一规定主要是为了限制“炒地皮”现象,现在看来似乎失之过严。只要建设用地使用权人投资达到法定要求,即可出租,而不必非有建筑物或其他附着物不可,否则有限制土地流通到最需要者手中之虞。值得注意的是,国家出租土地没有这一限制。[42]

3. 签订土地租赁合同

建设用地使用权人出租土地,出租人与承租人应当签订租赁合同。土地出租合同是出租人将土地交给承租人使用、承租人向出租人支付租金的合意。土地出租合同应当以书面形式订立,《城镇国有土地使用权出让和转让暂行条例》第29条也明确规定:“土地使用权出租,出租人与承租人应当签订租赁合同。租赁合同不得违背国家法律、法规和土地使用权出让合同的规定。”

4. 出租人须依法办理登记

一般的租赁合同不需要登记,自合同成立时起生效,而土地和地上建筑物、其他定着物出租,出租人应当依照规定办理登记。

(三)建设用地使用权人出租土地的效力

1. 承租人取得租赁权,可以依照租赁合同对土地进行占有、利用和经营。同时,承租人应向出租人支付租金,并依租赁合同规定的条件使用土地,承租人不得自行转租,于租赁合同届满时应按照规定将土地交还给出租人。

2. 出租人仍继续履行建设用地使用权出让合同,建设用地使用权出让合同规定的权利义务并未随土地的出租而移转给承租人,仍由出租人承担。同时,出租人仍须负担租赁合同义务,即将土地交付给承租人占有使用并承担权利瑕疵担保责任。

3. 承租人取得的租赁权虽为债权性权利,但具有某些物权的效力,即在租赁合同有效期间,承租人依其租赁权,可以排斥出租人将土地再次出租,出租人如将建设用地使用权转让给第三人,租赁合同对新的土地使用权人继续有效(买卖不破租赁),并且在有偿转让的条件下承租人有优先购买权,即在同等条件下优先于第三人而受让建设用地使用权。这就是不动产租赁权的物权化。

4. 出租期限不得超过出租人尚享有的权利年限,超过的部分归于无效。一次租赁期限也不得超过20年,期满可以续订(《合同法》第214条)。另外,我国对建设用地使用权实行用途管制,出租建设用地使用权的用途必须合法并且符合土地所在地段的城市规划。而且,建设用地使用权出租后一般不能改变土地的用途,如果要改变的话,须经原审批机关批准。

二、国家出租土地情形

(一)国家出租土地的含义

国家出租土地是指国家将国有土地出租给使用者使用,由使用者与县级以上人民政府土地行政主管部门签订一定年期的土地租赁合同,并支付租金的行为。我国实行土地有偿使用

---

〔42〕《国土资源部关于印发〈规范国有土地租赁若干意见〉的通知》(国土资发〔1999〕222号)第6条。

制度。国家将国有土地出租是国有土地有偿使用的一种形式,是出让方式的补充。当前在完善国有土地出让的同时,应当稳妥地推行国有土地租赁。

国家出租土地与建设用地使用权人出租土地的最大不同是出租人的不同。国家出租土地的出租人是拥有土地所有权的国家,由县级以上人民政府土地行政主管部门代表国家行使出租人的权利,履行出租人的义务;而建设用地使用权人出租土地的出租人为建设用地使用权人,其只享有物权性质的土地使用权,而非所有权。

(二)国家出租土地的适用范围

国家应当严格依照《城市房地产管理法》《土地管理法》的有关规定,确定国有土地出租的适用范围。对以下国有土地可以实行租赁:

(1)对因发生土地转让、场地出租、企业改制和改变土地用途后依法应当有偿使用的土地,可以实行租赁。

(2)对于新增建设用地,重点仍应是推行和完善国有土地出让,租赁只作为出让方式的补充。

对原有建设用地,法律规定可以划拨使用的仍维持划拨,不实行有偿使用,也不实行租赁。对于经营性房地产开发用地,无论是利用原有建设用地,还是利用新增建设用地,都必须实行出让,不得实行租赁。

(三)国家出租土地的方式

国家出租土地,可以采用招标、拍卖或者双方协议的方式,有条件的,必须采取招标、拍卖方式。采用双方协议方式出租国有土地的租金,不得低于出租底价和按国家规定的最低地价折算的最低租金标准,协议出租结果要报上级土地行政主管部门备案,并向社会公开披露,接受上级土地行政主管部门和社会的监督。

(四)国有土地租赁合同

租赁期限6个月以上的国有土地租赁,应当由市、县土地行政主管部门与土地使用者签订租赁合同。租赁合同内容应当包括出租方、承租方、出租宗地的位置、范围、面积、用途、租赁期限、土地使用条件、土地租金标准、支付时间和支付方式、土地租金标准调整的时间和调整幅度,出租方和承租方的权利义务等。其中两个问题值得注意。

1. 租金

国有土地出租的租金标准应与地价标准相均衡。承租人取得建设用地使用权时未支付其他土地费用的,租金标准应按全额地价折算;承租人取得建设用地使用权时支付了征地、拆迁等土地费用的,租金标准应按扣除有关费用的地价余额折算。

采用短期租赁的,一般按年度或季度支付租金;采用长期租赁的,应在国有土地租赁合同中明确约定土地租金支付时间、租金调整的时间间隔和调整方式。

国有土地租金由各级土地行政主管部门征收。收取的土地租金应当参照国有土地出让金的管理办法进行管理,按规定纳入当地国有土地有偿使用收入,专项用于城市基础设施建设和土地开发。

2. 租赁期限

国有土地的出租可以是短期租赁,也可以是长期租赁,视具体情况而定。对短期使用或用于修建临时建筑物的土地,应实行短期租赁,其年限一般不超过5年;对需要进行地上建筑物、构筑物建设后长期使用的土地,应实行长期租赁,具体租赁期限由租赁合同约定,但最长租赁期限不得超过20年(《合同法》第214条),期满可以续订。

(五)国有土地租赁合同的效力

1. 出租人的权利义务

出租人的权利:(1)按约定收取租金;(2)承租人未按合同约定开发建设、未经土地行政主管部门同意转让、转租或不按合同约定按时缴纳土地租金的,土地行政主管部门可以解除合同,依法收回承租建设用地使用权;(3)租赁期满承租人未申请续期或者虽申请续期但未获批准的,承租土地由国家依法无偿收回,并可要求承租人拆除地上建筑物、构筑物,恢复土地原状。

出租人的义务:(1)按约定交付土地;(2)对建设用地使用者依法取得的承租建设用地使用权,在租赁合同约定的使用年限届满前不得收回,因社会公共利益的需要,依照法律程序提前收回的,应对承租人给予合理补偿;(3)承租期满,承租人申请续期的,除根据社会公共利益需要收回该幅土地以外,应予以批准。

2. 承租人的权利义务

承租人的权利:(1)承租人取得承租建设用地使用权;(2)承租人在按规定支付土地租金并完成开发建设后,经土地行政主管部门同意或根据租赁合同约定,可将承租建设用地使用权转租、转让或抵押;[43](3)在使用年期内,承租人有优先受让权;(4)承租期满,承租人可申请续期。

承租人的义务:(1)按约定支付租金;(2)按约定开发建设和使用土地;(3)将承租建设用地使用权转租、转让或抵押时,依法办理登记。

第六节 外商投资企业用地的法律规定

一、外商投资企业用地概述

外商投资企业是指依据我国法律在我国境内设立的中外合资经营企业、中外合作经营企业、外资企业和外商投资股份有限公司。外商投资企业用地即外商投资企业建设用地,是指外商投资企业进行生产经营和工程建设所需要的土地。它是外商投资企业的住所所在地,是其主要办事机构所在地,亦是企业开展生产经营所在地。

对外开放以来,为了加强对外商投资企业建设用地的管理,我国颁布了一系列涉外投资的法律法规和规章,如原国家土地管理局1987年发布的《关于加强外商投资企业用地管理工作的通知》,1988年发布的《关于加强沿海地区外向型企业建设用地管理的通知》,国务院于1990

〔43〕 承租人将承租土地转租或分租给第三人的,承租建设用地使用权仍由原承租人持有,承租人与第三人建立了转租或分租关系;承租人转让土地租赁合同的,租赁合同约定的权利义务随之转给第三人,承租建设用地使用权由第三人取得,租赁合同经更名后继续有效;地上房屋等建筑物、构筑物依法抵押的,承租建设用地使用权可随之抵押,但承租建设用地使用权只能按合同租金与市场租金的差值及租期估价,抵押权实现时土地租赁合同同时转让。参见《国土资源部关于印发〈规范国有土地租赁若干意见〉的通知》(国土资发〔1999〕222号)第6条。

年颁布的《城镇国有土地使用权出让和转让暂行条例》等，均对外商投资企业建设用地问题作了规定。根据这些规定，目前我国外商投资企业建设用地存在以下两种取得方式：一是通过有偿出让和转让取得建设用地使用权；二是通过缴纳场地使用费而划拨取得建设用地使用权或者由合营、合作企业的中方合资者、合作者以建设用地使用权折股投资以取得建设用地使用权。但应明确的是，根据《城市房地产管理法》和《土地管理法》的规定，土地有偿使用是涉外房地产业的基本原则，土地有偿出让和转让应是外商投资企业建设用地的主要取得方式。另外应当看到，我国目前正处于改革时期，对外商投资企业用地的管理还存在一些问题，如用地管理体制不健全，用地收费标准偏低且不统一，特别是有关立法的科学性、统一性和可操作性不强，这些都有待我们通过进一步的努力去加以完善。

二、外商投资企业用地的取得

根据我国法律法规的规定，外商投资企业用地的取得主要有划拨取得、出让取得、转让取得和租赁取得四种方式，下面分别进行阐述。

（一）通过划拨取得建设用地使用权

外商投资企业通过划拨方式取得建设用地使用权，主要有以下三种途径：一是由土地管理部门从国有土地资源中划拨部分用地给外商投资企业使用，外商投资企业须向原用地单位支付补偿费；二是由土地管理部门把集体土地征收为国有土地后划拨给外商投资企业使用，外商投资企业须支付土地补偿费、安置补助费等费用；三是中外合资经营企业、中外合作经营企业的中方以其拥有的建设用地使用权作为投资折价入股或合作条件投入企业，从而使合资企业或合作企业取得该建设用地使用权，由于这种情况下作为合资者或合作者的中方主要是以划拨方式取得建设用地使用权，而且绝大多数是无偿取得，因此亦可视为外商投资企业以划拨方式取得建设用地使用权。

外商投资企业通过前两种途径取得建设用地使用权的，其具体办法是，由企业向所在地的市、县级土地管理部门提出申请，由土地管理部门根据企业主管部门的有关批准文件，按照国家规定的程序审批核拨，并由外商投资企业和土地管理部门签订用地合同，订明用地数量、具体地点、提供土地的时间、土地用途、使用期限、使用费标准等事项，明确双方权利义务。外商投资企业通过第三种途径取得建设用地使用权的，其具体办法是，中方合资者和合作者将其已有的建设用地使用权作为投资股本或合作条件转让给合资企业或合作企业，建设用地使用权的作价金额应与取得同类建设用地使用权的所应缴纳的使用费相同，由双方在合资合同或合作合同中订明，一旦合资合同或合作合同经政府有关部门批准，并且企业在所在地县级以上工商行政管理部门注册登记领取营业执照，合营企业或合资企业即取得建设用地使用权。应当注意的是，由于外资企业不可能有中方以其建设用地使用权出资，故其只能通过前两种途径取得建设用地使用权，第三种途径对其并不适用。

无论外商投资企业通过以上哪种途径取得建设用地使用权，都应当依法到当地土地管理部门办理登记手续，领取建设用地使用证。该证是外商投资企业使用土地的法律凭证。

以划拨方式取得建设用地使用权的外商投资房地产开发企业，主要享有以下权利：(1)在用地合同规定的范围内自主使用划拨取得的土地，进行修建房屋和地上、地下设施建设；(2)在房地产开发经营中取得合法利益；(3)于用地合同规定期限内，在补足相当于建设用地使用权出让金的金额后,将开发后的房地产投入二级市场进行转让、租赁、抵押、入股等;(4)当其合法的建设用地使用权受到侵犯时,有权请求法律保护。同时,该企业应当承担以下主要义务:(1)申请用地时应十分注意节约用地;(2)对于核准划拨的建设用地只有使用权,没有所有权,地下矿藏等仍然属于国家所有,不得随意开采;(3)按照用地合同的规定缴纳场地使用费;(4)严格按照用地合同履行用地义务,按合同规定期限对所取得的土地进行开发利用,不得光等着涨价而不开发或未开发就转让,不得擅自改变土地用途;(5)用地合同期限届满,或者企业经批准终止营业的,企业使用的土地应当交回中国政府,不得自行转让。

另外应当指出的是,外商投资企业通过划拨方式取得建设用地使用权,是我国改革开放过渡时期的产物,具有无偿性、有期限性和不可转让性等特点,我国实行土地使用制度改革后,这种土地使用权取得方式应局限于特别项目上,且应严格审批,逐步缩小划拨用地范围。

(二)通过出让取得建设用地使用权

所谓通过出让方式取得建设用地使用权,是指按照规定的条件、年限和用途,国家以土地所有者的身份,以出让合同方式,将建设用地使用权在一定年限内让与外商投资企业,外商投资企业依法向国家支付建设用地使用权出让金而取得建设用地使用权。建设用地使用权出让具体采取以下三种做法:一是协议出让取得,是指外商投资企业的建设项目和用地申请经审批核准后,与政府有关部门协商确定土地出让价;二是招标出让取得,是指通过招标、投标和定标的竞争程序,外商投资企业与其他企业一起竞争,对于其中报价符合底价要求的最优者,由政府与之订立建设用地使用权出让合同;三是拍卖出让取得,是指政府通过法定拍卖程序,在众多的买方中选定最高报价者并与之订立建设用地使用权出让合同。出让方式是取得建设用地使用权的主要方式,特别是商业、旅游、娱乐和豪华住宅用地,有条件的必须采取拍卖、招标方式,没有条件不能采取拍卖、招标方式的可采取双方协议的方式。

外商投资企业以出让方式取得建设用地使用权的,应当与市、县人民政府土地管理部门以书面形式订立出让合同,出让合同应当明确建设用地使用权出让的地块、用途、年限和其他条件。外商投资企业应当在签订出让合同后60日内支付全部建设用地使用权出让金,逾期未全部支付的,土地管理部门有权解除合同并可请求违约赔偿;外商投资企业按照出让合同约定支付建设用地使用权出让金的,市、县人民政府土地管理部门必须按照出让合同约定提供出让的土地,未按合同约定提供出让的土地的,外商投资企业有权解除合同,要求土地管理部门返还建设用地使用权出让金并可请求违约赔偿。外商投资企业在支付全部建设用地使用权出让金后,应当向土地管理部门办理登记,领取土地使用证,取得建设用地使用权。

外商投资企业以出让方式取得建设用地使用权的最高年限,适用国家关于建设用地使用权出让最高年限的规定,即居住用地为70年,工业用地为50年,教育、科技、文化、卫生、体育用地为50年,商业、旅游、娱乐用地为40年,综合或其他用地为50年。

以出让方式取得建设用地使用权的外商投资房地产开发企业,应当按照城市规划和建设用地使用权出让合同约定的土地用途、动工开发期限开发土地。未按照合同约定的期限和条件开发、利用土地的,市、县人民政府土地管理部门应当予以纠正,并可根据情节轻重给予警告、征收土地闲置费直至无偿收回建设用地使用权。外商投资企业需要改变建设用地使用权出让合同约定的土地用途的,必须取得出让方和市、县人民政府城市规划部门的同意,签订建设用地使用权出让合同变更协议或者重新签订建设用地使用权出让合同,相应调整建设用地使用权出让金，并办理变更登记手续。

（三）通过转让取得建设用地使用权

通过转让取得建设用地使用权是指外商投资企业通过出售、赠与、交换等合法方式从原建设用地使用者处获得建设用地使用权。根据我国法律规定，建设用地使用权转让必须符合一定条件，如原建设用地使用者必须按照建设用地使用权出让合同约定支付全部建设用地使用权出让金，取得建设用地使用权证，并已进行相应的投资开发。如果原建设用地使用者是以划拨方式取得建设用地使用权的，转让时应按国务院规定报有批准权的人民政府审批，由受让建设用地使用权的外商投资企业办理出让手续，缴纳出让金，或者不办理出让手续而由转让方按规定将转让所获收益中的土地收益上缴国家或作其他处理。如果没有按建设用地使用权出让合同约定的期限和条件投资开发利用土地，则建设用地使用权不得转让。

外商投资企业通过转让方式取得建设用地使用权的，应当与原建设用地使用者即建设用地使用权转让方签订转让合同，并到土地管理部门办理变更登记。建设用地使用权转让时该土地上存在地上建筑物或其他附着物的，地上建筑物和其他附着物的所有权随之转移（相应地，建设用地使用者转让地上建筑物、其他附着物的所有权时，其占用范围内的建设用地使用权也随着转移），并应依照规定办理建设用地使用权和地上建筑物、其他附着物所有权的过户登记手续，领取证书，从而取得建设用地使用权。

外商投资企业受让取得建设用地使用权时，建设用地使用权出让合同所载明的权利义务亦随着转移给外商投资企业，其建设用地使用权的使用年限为建设用地使用权出让合同约定的使用年限减去原建设用地使用者已经使用年限后的剩余年限。受让取得建设用地使用权的外商投资企业需要改变原建设用地使用权出让合同约定的土地用途的，同样必须取得原出让方和市、县人民政府城市规划部门的同意，签订建设用地使用权出让合同变更协议或者重新签订建设用地使用权出让合同，相应调整建设用地使用权出让金，并办理变更登记手续。

（四）通过租赁取得建设用地使用权

这是指建设用地使用者作为出租人将建设用地使用权单独或者随同地上建筑物、其他附着物租赁给作为承租人的外商投资企业，由外商投资企业向出租人支付租金而取得建设用地使用权。用于出租的土地必须是已经过投资开发的土地，未按建设用地使用权出让合同规定的期限和条件投资开发利用土地的，建设用地使用权不得出租。

外商投资企业以租赁方式取得建设用地使用权的，应当与原建设用地使用者即出租人签订租赁合同，并依照规定办理登记。租赁合同不得违反国家法律、法规和建设用地使用权出让合同的规定，尤其是租赁合同中有关土地用途的条款不得与建设用地使用权出让合同冲突，否则该条款无效。这是因为，根据“土地出让合同设定的权利、义务随建设用地使用权同时转移”的房地产交易原则，建设用地使用权出让合同不仅约束作为出租人的原建设用地使用者，也约束着作为承租人的外商投资企业。据此，原建设用地使用者以出租方式处分其土地时，必须履行出让合同规定的使用土地的义务，外商投资企业承租土地后，也只能将承租的土地用于建设用地使用权出让合同规定的目的，不得改变出让合同规定的土地用途。

此外，目前不少外商与乡镇集体企业合资、合作经营，实质上是取得了集体土地使用权。集体土地上是否允许投资兴办外商投资企业，如何界定土地使用性质，如何确定建设用地使用收费，法律没有明文规定。目前处理这一问题的直接依据是 1992 年国务院《关于发展房地产业若干问题的通知》中的规定:“集体所有土地,必须先行征用转为国有土地才能出让。农村集体经济组织以集体所有的土地资产作价入股,兴办外商投资企业和内联乡镇企业,须经县级以上人民政府批准,但集体土地股份不得转让。”然而,这样的规定似乎又与《土地管理法》的有关规定相冲突。根据《土地管理法》第43条和第63条规定,除了兴办乡镇企业和村民建设住宅经依法批准使用本集体经济组织农民所有的土地的,或者乡(镇)村公共设施和公益事业建设经依法批准使用农民集体所有的土地的以外,任何单位和个人进行建设,需要使用土地的,必须依法申请使用国有土地;农民集体所有的土地的使用权不得出让、转让和出租用于非农业建设。因此,国家不主张在集体土地上兴办外商投资企业,兴办外商投资企业需要利用集体土地的,该集体土地应先行征收转为国有土地。

三、外商投资企业用地限制

涉外房地产一则是不动产,二则具有涉外性,为了确保国家利益,国家对此干预和限制较多。对外商投资企业用地的具体限制主要体现在以下几方面:

1. 外商投资企业对所用土地只有使用权,没有所有权。外商投资企业不得买卖或者非法转让其所用的土地;不得以任何理由占用建设用地使用证书及其使用合同规定以外的土地;未经批准不得自行与原建设用地使用者直接洽谈用地条件和确定建设用地等土地使用问题。

2. 外商投资企业用地年限由土地使用合同规定。建设用地使用合同规定的使用期限届满前企业提前终止营业的,建设用地使用者应当将建设用地使用权交还所在地县级以上人民政府土地管理部门,注销建设用地使用证,不得擅自转让使用权。经有关部门批准,企业延长经营期限,需要继续使用土地的,土地使用者应在期满前6个月申请续用,重新签订建设用地使用权出让合同,支付建设用地使用权出让金。

3. 外商投资企业不得擅自改变土地的用途。通过划拨方式取得建设用地使用权的外商投资企业,如需改变原土地使用合同规定的土地用途的,应按申请用地程序办理变更用地手续。通过出让、转让方式取得建设用地使用权的外商投资企业,如需改变原建设用地使用权出让合同约定的土地用途的,如前所述,也应按法定程序报经原出让方和市、县级城市规划部门同意,签订出让合同变更协议或者重新签订出让合同,调整建设用地使用权出让金,并办理变更登记。未经法定程序擅自改变土地用途的,均应由土地管理部门收回建设用地使用权,注销建设用地使用证。

4. 外商投资企业使用土地必须严格遵守土地利用的总体规划和城市建设规划,符合国民经济建设的总体格局。

四、外商投资企业用地的场地使用费

通过划拨取得建设用地使用权的外商投资企业,必须按我国法律法规和用地合同的规定,向地方人民政府缴纳场地使用费,这是土地有偿使用原则的必然要求。《中外合资经营企业法》和《国务院关于中外合营企业建设用地的暂行规定》对中外合资经营企业场地使用费的征收问题作了具体规定。对于中外合作经营企业和外资企业,有关场地使用费的征收应当参照这些规定执行。场地使用费的性质相当于建设用地使用权出让金,但在实践中,场地使用费的数额大大低于建设用地使用权出让金,土地有偿使用原则并未得到充分体现。以后,随着土地

使用制度改革的深入,外商投资企业划拨用地范围的缩小,场地使用费的收取将逐步减少而代之以建设用地使用权出让金,但在目前,场地使用费的收取仍然是外商投资企业用地问题的重要组成部分。

（一）场地使用费的概念和构成

场地使用费,是外商投资企业为取得划拨建设用地使用权而向中国地方政府缴纳的一种费用,是其使用土地的代价,一般由土地使用费和土地开发费两部分组成。其中,土地使用费是外商投资企业所支付的相当于建设用地使用权价格的费用,一般按年计收,作为对利用土地资源的补偿,且专用于市政公共设施建设;土地开发费则是为使土地达到一定的使用标准而支付的开发建设费用,作为对土地开发成本的补偿,可以一次性计收,主要包括征用土地的补偿费用、原有建筑物的拆迁费用、人员安置费用及外商投资企业直接间接配套的厂外道路、管线等公共设施的分摊费用等。应当指出的是,如土地开发由地方政府负责,则外商投资企业所缴纳的场地使用费中应包括土地开发费和土地使用费;如土地开发由外商投资企业自己负责,则其所缴纳的场地使用费就只包括土地使用费,不包括土地开发费。

（二）场地使用费的征收对象

根据有关法律规定,对以下外商投资企业建设用地,不论是所征收的土地,还是利用中方合营者原有的场地,都应征收场地使用费:

1. 中外合资、合作经营的工业、旅游业、商业、服务业、农牧业及合资建设的住宅公寓等所需的建设用地。

2. 中方与国外华侨、港澳台同胞合资、合作经营的企业所需的建设用地和工程用地。

3. 外商、国外华侨、港澳台同胞在中国内地投资举办拥有全部资本的企业的建设用地和工程用地。

国务院上述规定发布后,各沿海省份、经济特区和开放城市都分别制定了鼓励外商投资,进一步改善外商投资环境的优惠办法和补充规定,在外商投资企业征收土地使用费方面给予特别优惠。如上海市规定,产品出口企业和技术先进企业的土地使用费除市区繁华地段外,自企业设立起的 3 年内免缴,自第 4 年起按规定标准下限的 50% 缴纳,但最高不超过每年每平方米 2.5 元。

（三）场地使用费的征收标准

对于场地使用费,目前国家没有制定一个统一的征收标准,只是原则上规定应当根据场地的用途、地理环境条件、征地拆迁安置费用和对基础设施的要求等因素,由所在地的省、自治区、直辖市人民政府规定,并向对外贸易经济合作部(现更名为商务部)和国家土地主管部门备案。

实践中,场地使用费的征收标准取决于土地使用费和开发费两项费用的高低,土地开发费与土地的实际开发成本有关,土地使用费则主要根据土地用途和地理环境条件加以确定。就土地用途而言,其总的原则是,商业服务性行业用地应高于生产性企业用地,营利性企业用地应高于非营利性(或主要不是营利性)或社会福利型企业用地。就地理环境条件而言,其总的原则是,沿海地区应高于内陆地区,大中城市应高于中小城镇,城市中心、繁华地段应高于其他地段和郊区,老工业区应高于新开辟的工业区,利用原有企业的土地应高于新划拨的土地。

场地使用费的总水平可以分为以下几种:

1. 一般地区的外商投资企业用地,场地使用费为每年每平方米 5 ~ 300 元,即每年每平方米场地使用费,最低不少于5元,最高不超过300元,其中大中城市的市区和近郊区最低不少于10元,并允许随着经济的发展,逐步增调。对于资金利用率过低,而产品又确属急需的外商投资企业应缴纳的场地使用费,经过有关部门批准后,可以在以上总水平范围内适当降低。

2. 对于从事农业、畜牧业的外商投资企业,其场地使用费经所在地省、自治区、直辖市人民政府同意,可不以每平方米计价,而按企业营业收入的百分比计收。

3. 对在经济不发达地区从事开发性的项目,场地使用费经所在地人民政府同意,可以给予特别优惠。

4. 对产品出口企业和先进技术企业的场地使用费,给予特别优惠。除大城市市区繁华地段外,场地使用费按以下两种标准计收:一是开发费和土地使用费综合计收的地区,为每年每平方米5~20元;二是开发费一次性计收的地区或上述企业自行开发场地的地区,场地使用费最高为每年每平方米3元。同时,对这种标准的场地使用费,地方人民政府还可酌情在一定期限内减免。

(四)场地使用费的征收方式

对中外合资经营企业而言,场地使用费的征收主要有以下两种方式:

1. 作为中方合营者的投资股本预收计算。这种方式适用于合营企业所需的建设用地使用权已为中方合营者所有,中方合营者将建设用地使用权作价投资的情况。这种情况下,建设用地使用权的作价金额应与取得同类建设用地使用权所应缴纳的使用费相同。凡合营合同规定合营期限的,按合同规定的合营期限一次预收;凡合营合同未规定合营期限的,按15年一次预收。

2. 场地使用费由外商投资企业按年向当地人民政府缴纳。这种方式主要适用于外商投资企业成立后以企业名义取得建设用地使用权的情况。外商投资企业按年缴纳场地使用费,其计算方法可以采取多种形式,或按规定的标准缴纳,或按营业收入的百分比缴纳等。

实践中具体采取以上哪种方式缴纳场地使用费,由合营企业的合营双方根据实际情况协商确定,在使用费计算方面则一律以用地合同规定的时间为起算点。采取第一种方式的,场地使用费在合营合同有效期内不得调整;采取第二种方式的,场地使用费按合同规定的用地时间从开始时起按年缴纳,第一日历年用地时间超过半年的按半年计算,不足半年的免缴,场地使用费在开始用地的5年内不调整,此后随着经济的发展、土地供需情况的变化和地理环境条件的改善,场地使用费可以调整,但调整的间隔期最短不少于3年。在合同有效期内,场地使用费如有调整,应自调整的年度起,按新的费用标准缴纳。

中外合作经营企业土地使用费的征收或缴纳与中外合营企业相同,而外资企业只能采取上述第二种方式征收或缴纳土地使用费。

(五)场地使用费的使用

依照《国务院关于中外合营企业建设用地的暂行规定》(1980年7月发布),场地使用费的收入应作为专项资金,交当地建设银行专户储存,对它的使用,要由所在地的城建部门会同建委、计委统筹安排,主要用于:

1. 支付中外合营企业征收土地的补偿费和安置补助费;

2. 支付中外合营企业建设用地征地过程中发生的拆迁费;

3. 支付中外合营企业建厂外公共设施的投资。

中外合作经营企业和外资企业场地使用费的使用比照上述规定执行。

第四章　房地产征收法律制度

第一节　房地产征收法律制度概述

征收是指国家为了公共利益的需要而依法强制取得原属于集体或者私人的财产所有权或者其他权利的行为。征收的主体具有特定性，现今各国立法大多规定征收的主体只能是国家，通常是政府部门以行政命令的方式取得集体或者私人的财产；征收的实施具有强制性，征收由国家单方作出决定，无须征得被征收人的同意，被征收人必须服从；征收的目的具有公共性，不是为了公共利益的需要不得实施征收；同时，征收导致被征收人所有权或其他权利的丧失，对被征收人造成损害，因此，征收具有补偿性，应当对被征收人因征收所受到的损害进行合理补偿。

随着城镇化进程的不断推进，面对经济与社会发展的双重压力，一方面大量集体土地被低价征收纳入城市建设用地的范畴；另一方面大批城市房屋也被夷为平地、征为他用。作为城市发展与建设的核心环节，不论是集体土地还是国有土地上房屋的征收，都对房屋资源乃至土地资源的再分配起着重要作用，也是实现城市长远规划和永续发展的重要保证。毫无疑问，在房地产征收中，土地和房屋始终关乎到集体土地所有人与城市房屋产权人的根本利益。为了妥善处理好利益分配，既能推进城市化的不断发展，又能维护好人民利益与社会稳定，国家通过《宪法》《物权法》《城市房地产管理法》《国有土地上房屋征收与补偿条例》等一系列法律、法规，借以调整房地产征收中的各种失范行为。

在土地二元结构的背景下，我国房地产征收制度依据土地权属性质不同，可分为国有土地上房屋征收与集体土地征收两类。

对于国有土地上房屋的征收，其实质是政府与被征收人达成类似于房产交易效果的一种自愿性财产交易行为。从本质上看，即拆迁人以协商后的价格购买被拆迁人所享有的国有土地使用权和房屋所有权。可以看出，国有土地上房屋的征收行为，是在不背离《合同法》与《物权法》基本原则的前提下进行的，其程序参照《国有土地上房屋征收与补偿条例》的规定，严格执行。

相比国有土地上房屋的征收制度，集体土地征收仍体现出一种“蛮荒”的态势，现行法律法规对农民土地及房屋财产权的保护，一直采取一种忽视与放任的态度。一方面作为集体土地的使用人，农民并不能直接参与到征收程序中，只能一味接纳村集体的决定；另一方面农民的自住房只作为集体土地上的“附着物”存在，并不是独立的房产。纵然《土地管理法》对于集体土地征收补偿程序作了相应规定，但仍显得杯水车薪，无法真正保障农民的合法财产权不受征收权的任意侵害。目前集体土地上房屋的国家征收适用的主要是各地方人民代表大会、地方政府发布的地方性法规、政府规章及政府部门的文件。这些法规规章不仅内容简单,而且对很多问题的处理还是空白,此外这些法规规章有的本身与我国的《立法法》也是矛盾的。

一、征收的一般条件

1. 应当是出于公共利益的需要。国家征收必须是出于社会整体利益的考虑,如国家安全、外交、市政基础设施、公共设施建设的需要,不得为商业目的进行征收。

2. 应当依据法律的规定。《立法法》第8条规定,对非国有财产的征收只能制定法律。而法律是指全国人民代表大会及全国人民代表大会常务委员会制定的规范性法律文件,不包括行政法规、地方性法规、行政规章及地方性规章等。依据法律的规定包括依据法律规定的权限和法律规定的程序。

3. 应当依法给予补偿。征收必须依照法律的规定对被征收人给予补偿。征收集体所有的土地,应当依法足额支付土地补偿费、安置补助费、地上附着物和青苗的补偿费等费用,安排被征地农民的社会保障费用,保障被征地农民的生活,维护被征地农民的合法权益;征收单位、个人的房屋及其他不动产,应当依法给予拆迁补偿,维护被征收人的合法权益;征收个人住宅的,还应当保障被征收人的居住条件。而对于补偿费用,任何单位和个人不得贪污、挪用、私分、截留、拖欠。

二、征收行为与征用行为的区别

征用是国家为了公共利益的需要而依法强制使用集体或私人财产的行为。《物权法》第44条规定:"因抢险、救灾等紧急需要,依照法律规定的权限和程序可以征用单位、个人的不动产或者动产。被征用的不动产或者动产使用后,应当返还被征用人。单位、个人的不动产或者动产被征用或者征用后毁损、灭失的,应当给予补偿。"1997年《防震减灾法》第38条规定:"因救灾需要,临时征用的房屋、运输工具、通信设备等,事后应当及时归还;造成损坏或者无法归还的,按照国务院有关规定给予适当补偿或者作其他处理。"《国家安全法》第9条第2款规定:"国家安全机关为维护国家安全的需要,必要时,按照国家有关规定,可以优先使用机关、团体、企业事业组织和个人的交通工具、通信工具、场地和建筑物,用后应当及时归还,并支付适当费用;造成损失的,应当赔偿。"因此,征用与征收相比,存在以下不同:

1. 适用条件不同。征用与征收虽然同是出于公共利益的需要,但征用一般是在临时性、突发性等紧急状态下适用,如战争、抢险、救灾、防震等;而征收不一定是在紧急状态下适用,只要是出于公共利益依据法定条件与法定程序即可。

2. 法律后果不同。征用只是临时强制使用集体或私人财产,并不导致集体或私人财产所有权或其他权利的丧失,一旦紧急状态结束,被征用的财产应当原物返还给被征用人;而征收是将集体或私人财产收归国有,集体或私人因此丧失其财产所有权或其他权利。

3. 补偿不同。征用集体或私人财产只需向被征用人支付适用的使用费用,如造成毁损灭失则需对被征用人进行适当补偿;而征收则必须依据法定标准给予补偿,征收集体土地应当依法足额支付土地补偿费、安置补助费、地上附着物和青苗的补偿费等费用,安排被征地农民的社会保障费用,保障被征地农民的生活,维护被征地农民的合法权益,征收单位、个人的房屋及其他不动产,应当依法给予拆迁补偿,维护被征收人的合法权益,征收个人住宅的,还应当保障被征收人的居住条件。

4. 适用对象不同。征用的对象包括单位、个人的不动产和动产；而征收的对象只限于集体所有的土地和单位、个人的房屋及其他不动产。

三、征收的类型

国家征收依据征收对象的不同可以分为征收集体所有的土地和征收单位、个人的房屋及其他不动产，前者是指国家因进行经济、文化、国防建设及兴办社会公共事业的需要，强制性地将属于集体所有的土地收归国有，并对集体组织进行补偿的行为，后者是指在城市规划区内国有土地上，因城市建设需要拆除房屋及其附属物，并由拆迁人对原房屋及其附属物的所有人或使用人进行补偿和安置的行为。

第二节　城市房屋征收法律制度

城市房屋征收是指为了保障国家安全、促进国民经济和社会发展等公共利益的需要，经人民政府按法定程序作出征收决定，征收城市规划区内国有土地上单位、个人的房屋及其他建筑物，并对被征收房屋及其他建筑物所有权人给予公平补偿的法律行为。

房屋征收基于城市建设的需要，为规范城市建设过程中的征收拆迁行为，国务院于1991年1月18日颁发、施行《城市房屋拆迁管理条例》，在房屋拆迁方面起到了一定的作用。为向房屋拆迁与补偿安置提供更为完善的法律规则与适用程序，2001年6月，国务院在旧条例的基础上发布了新的《城市房屋拆迁管理条例》，表明国家对城市房屋征收制度的重视不断加强。2007年10月我国《物权法》正式施行，其中第42条规定："为了公共利益的需要，依照法律规定的权限和程序可以征收集体所有的土地和单位、个人的房屋及其他不动产"。2011年1月《国有土地上房屋征收与补偿条例》的出台，进一步细化了城市房屋的征收前提、程序与补偿标准，取消了"拆迁"这一称谓，明确了市、县级人民政府作为征收人负责征收补偿工作的地位。

自此，原《城市房屋拆迁管理条例》相应废止，以《物权法》和《国有土地上房屋征收与补偿条例》为基本准则的新城市房屋的征收制度则应运而生。自此，从建设单位作为拆迁人所主导的"拆迁"到人民政府作为征收人而主导的"征收"，我国开创了一个全新而独特的房屋征收时代。

一、城市房屋征收的法律特征

房屋征收是国家在收回国有土地使用权过程中发生的一种法律行为，由于在我国，城市土归国家所有，因此，城市中绝大多数房屋下的土地都是国有土地，房屋产权人实际只拥有国有土地的使用权。当政府为了保证公共安全、公共利益，促进国民经济和社会发展等公共利益，需要使用被城市房屋占用的土地时，便出现了房屋征收的前置行为。可以说，房屋征收是回收国有土地使用权必不可少的环节，其作为一种强制性法律行为，同样不以被征收人是否同意为条件。作为特定条件下国家行使财产征收权的形式，主要具有以下特征：

(一)征收行为强制性

因为征收行为的前提是符合公共利益的需要、城市建设发展的需要、城市规划实施的要求,它体现的是国家、社会、人民整体的利益需求,因而,一方面被征收人是现实财产权利的牺牲者与被损害者;另一方面也会随着时间的推移,成为城市建设与社会经济发展的未来受益人。面对当前的利益损害与未来的受益可能,两者间的利益冲突在所难免。再加之房屋征收的启动程序不以被征收人同意为前置条件,具有明显的强制性,使征收人无权选择。假若没有强制性作为前提保障,城市建设和发展就无从谈起,人民普遍生产生活条件也无法得到改善。所以,国家从整体利益出发,赋予了征收行为这一强制性保障。

(二)征收行为法定性

城市房屋的征收,实质上是对城市土地资源的重新规划与分配,它既关系到被征收人(房屋产权人)的切身利益,也影响到未来城市发展的愿景与蓝图,所以征收行为虽有强制力作为保证,但也不能肆意妄为,从征收主体的确定到征收行为的实施,再到补偿措施的落实都需遵循严格的法定性规范。现行《国有土地上房屋征收与补偿条例》中要求:(1)征收决定需有法定依据。该法第2条、第8条明确要求在进行房屋征收及各项后续建设活动中,都必须符合公共利益,不得有逾越公共利益或者相应规划要求的征收行为发生,不得作出违背公共利益的征收决定;(2)征收主体的法定性。《国有土地上房屋征收与补偿条例》抛弃了《城市房屋拆迁管理条例》中允许取得拆迁许可证的建设单位和个人成为迁拆行为主体的规定,明确限定只有市、县级人民政府确定的房屋征收部门可以组织实施本行政区域的房屋征收与补偿工作。同时应当依照条例的规定和本级人民政府规定的职责分工,互相配合,保障房屋征收与补偿工作的顺利进行;(3)征收行为需遵循程序法定。如征收方案的确定要经过公示、听证程序,征收决定作出后要及时公告等。可以说整个征收过程,都需要依法进行,遵循决策民主、程序正当、结果公开的基本原则有序推进。

(三)征收行为有偿性

《国有土地上房屋征收与补偿条例》第2条规定:为了公共利益的需要,征收国有土地上单位、个人的房屋,应当对被征收房屋所有权人给予公平补偿。公平补偿是指相关行政主体在依法征收国有土地上房屋时,对房屋产权人应给予充分、及时的补偿,不能进行差别对待。将公平补偿机制作为城市房屋救济的必备渠道,体现了该条例对被征收人权益的重视,其已成为房屋征收的必要条件,在不给予补偿或是补偿有违公平性的情况下,房屋征收行为都有可能因违法而无效。

二、城市房屋征收法律关系

(一)城市房屋征收法律关系主体

《国有土地上房屋征收与补偿条例》第4条规定,市、县级人民政府负责本行政区域的房屋征收与补偿工作。市、县级人民政府确定的房屋征收部门组织实施本行政区域的房屋征收与补偿工作。据此可见,城市房屋征收行为的主体应该是市、县级人民政府,而直接实施主体应当是经确定的房屋征收部门负责。

(二)城市房屋征收法律关系的客体

城市房屋征收法律关系的客体是指因公共利益或城市规划区内国有土地上因建设需要拆

走的房屋及其附属物,使其附着土地归复原始状态。

(三)城市房屋征收法律关系的内容

城市房屋征收法律关系的内容是指城市房屋征收关系的主体,即征收主体与被征收人间所享有的权力与权利,以及所承担的义务。

征收人享有拆除房屋及其附属物,并恢复征收范围内土地使用权的权力,但也需承担如下义务:(1)房屋征收部门应当对房屋征收范围内房屋的产权、区位、用途、建筑面积等情况进行调查登记并予以公布。(2)不得采取暴力、威胁或者违反规定断水、断电、断气、断热、断路等非法方法迫使被征收人搬迁。(3)根据公平补偿原则对被征收人进行合理补偿,同时制定补助和奖励办法,对被征收人给予补助和奖励。(4)市、县级人民政府及房屋征收部门的工作人员在房屋征收与补偿工作中不履行本条例规定的职责,或者滥用职权、玩忽职守、徇私舞弊的,由上级人民政府或者本级人民政府责令改正,通报批评;造成损失的,依法承担赔偿责任;对直接负责的主管人员和其他直接责任人员,依法给予处分;构成犯罪的,依法追究刑事责任。

被征收人享有的权利如下:(1)有权获得公平补偿,以及特定情况下额外的补助与奖励;(2)有权通过协商或表决,参与评估机构的选择;(3)对权益受损,有权提起行政复议和诉讼。被征收人的义务如下:(1)按照征收决定,如期完成搬迁;(2)不得再改变或新建建筑。

三、城市房屋征收的前置条件与法定程序

(一)城市房屋征收的前置条件

1. 公共利益

房屋作为最基本的个人合法财产,从世界各国的财产征收机制来看,一般都将公共目的、公共利益或是公共福祉视为启动征收权的前置条件,但对于公共利益所应承担的范围与内容,却有不尽相同的规定。根据我国《国有土地上房屋征收与补偿条例》第 8 条的规定,为了保障国家安全、促进国民经济和社会发展等公共利益的需要,有下列情形之一,确需征收房屋的,由市、县级人民政府作出房屋征收决定:(1)国防和外交的需要;(2)由政府组织实施的能源、交通、水利等基础设施建设的需要;(3)由政府组织实施的科技、教育、文化、卫生、体育、环境和资源保护、防灾减灾、文物保护、社会福利、市政公用等公共事业的需要;(4)由政府组织实施的保障性安居工程建设的需要;(5)由政府依照城乡规划法有关规定组织实施的对危房集中、基础设施落后等地段进行旧城区改建的需要;(6)法律、行政法规规定的其他公共利益的需要。

2. 合理规划

《国有土地上房屋征收与补偿条例》第 9 条要求,依照本条例第 8 条规定,确需征收房屋的各项建设活动,应当符合国民经济和社会发展规划、土地利用总体规划、城乡规划和专项规划。保障性安居工程建设、旧城区改建,应当纳入市、县级国民经济和社会发展年度计划。

可见,城市房屋征收行为在满足公共利益的基础上,还需与各类规划相匹配,两者缺一不可。

(二)城市房屋征收的法定程序

征收行为必须经过规定的民主决策程序后才能实施,被征收人的合法权益才能受到法律保护。征收时对于旧城改造建设来说,其前期工作,涉及房产管理、土地管理、规划管理等一系列行政管理内容,甚至涉及公安部门的户口管理等,并不纯粹是征收人与被征收人之间的关

系,因此,房屋征收必须依法定程序进行。根据《国有土地上房屋征收与补偿条例》的规定,城市房屋征收基本程序可以归纳为:确定拟征收房屋的建设项目、编制征收补偿方案、作出房屋征收决定、签订补偿协议或作出补偿决定、实施搬迁等几个步骤。必要时还应当依法进行行政裁决或者申请人民法院强制执行搬迁。城市房屋征收行为应当严格按照上述程序进行,前一程序未进行或者未达到规定要求的,不得进入后一程序。

1. 征收决定的作出

根据《国有土地上房屋征收与补偿条例》第 8 条规定,为了保障国家安全、促进国民经济和社会发展等公共利益的需要,符合法定标准,确需征收房屋的,由市、县级人民政府作出房屋征收决定。很明显,决定的作出主体是市、县级人民政府,其他任何单位和个人都不享有该项权力,体现了征收权的至高无上性。从《国有土地上房屋征收与补偿条例》的规定来看,作出房屋征收决定详细程序有:(1)房屋征收部门拟定征收补偿方案;(2)市、县级人民政府组织论证房屋征收补偿方案并予以公布,征求公众意见;(3)市、县级人民政府及时公布征求意见情况和根据公众意见修改的情况;(4)市、县级人民政府组织由被征收人和公众代表参加的听证会,并根据听证会情况修改方案;(5)进行社会稳定风险评估;(6)经过政府常务会议讨论;(7)市、县级人民政府作出房屋征收决定后应当及时公告。

2. 征收决定的公告

《国有土地上房屋征收与补偿条例》第 13 条要求,市、县级人民政府作出房屋征收决定后应当及时公告。公告应当载明征收补偿方案和行政复议、行政诉讼权利等事项。公告的内容《国有土地上房屋征收与补偿条例》中仅要求注明补偿方案和救济措施,但本书认为还应包括:征收项目的名称、征收范围、征收时间、搬迁期限及其他有关事项。同时,市、县级人民政府及房屋征收部门应当做好房屋征收与补偿的宣传、解释工作,以保证房屋拆迁工作顺利有效地进行,保证征收权合法行使,维护被征收人的合法利益。

3. 被征收房屋的调查登记

房屋征收部门应当对征收范围内的房屋的权属、位置、用途、建筑面积等情况进行调查并登记备案,在调查结果完成后,还需要向被征收范围内的居民予以公布、明示。

4. 签订补偿协议

《国有土地上房屋征收与补偿条例》第 25 条规定,房屋征收部门与被征收人依照本条例的规定,就补偿方式、补偿金额和支付期限、用于产权调换房屋的地点和面积、搬迁费、临时安置费或者周转用房、停产停业损失、搬迁期限、过渡方式和过渡期限等事项,订立补偿协议。补偿协议订立后,一方当事人不履行补偿协议约定的义务的,另一方当事人可以依法提起诉讼。

5. 支付补偿费用

《国有土地上房屋征收与补偿条例》第 27 条确立了实施房屋征收应当先补偿、后搬迁的原则。这一原则的确定,对于保护被征收人的合法权益有重要意义。为了避免拖欠补偿费用的现象出现,《国有土地上房屋征收与补偿条例》第 12 条要求,作出房屋征收决定前,征收补偿费用应当足额到位、专户存储、专款专用。这就进一步保证了补偿费用的及时支付,不被恣意拖欠。

6. 实施搬迁

《国有土地上房屋征收与补偿条例》第 27 条、第 28 条要求,作出房屋征收决定的市、县级人民政府对被征收人给予补偿后,被征收人应当在补偿协议约定或者补偿决定确定的搬迁期限内完成搬迁。任何单位和个人不得采取暴力、威胁或者违反规定中断供水、供热、供气、供电和道路通行等非法方式迫使被征收人搬迁。禁止建设单位参与搬迁活动。同时,被征收人在法定期限内不申请行政复议或者不提起行政诉讼,在补偿决定规定的期限内又不搬迁的,由作出房屋征收决定的市、县级人民政府依法申请人民法院强制执行。强制执行申请书应当附具补偿金额和专户存储账号、产权调换房屋和周转用房的地点和面积等材料。

从条文中可以看出,城市房屋搬迁的形式有两种:一是自行搬迁;二是强制搬迁。

自行搬迁。搬迁人在获得征收主体的经济、实物补偿,或是合理安置后,自行开展搬迁行为,但对于自行搬迁人,其只需要对于屋内设施予以清空,并不需要自行拆除建筑物,以免造成不必要的危险。

法院强制搬迁。首先需要明确的是,法院只有在接到征收主体强制搬迁申请后,才可适用该程序,不得自行启动;其次对于该程序的适用,《最高人民法院关于办理申请人民法院强制执行国有土地上房屋征收补偿决定案件若干问题的规定》作出了明确的规定,要求:

第一,申请机关向人民法院申请强制执行的审核标准,除提供《国有土地上房屋征收与补偿条例》第 28 条规定的强制执行申请书及附具材料外,还应当提供下列材料:(1)征收补偿决定及相关证据和所依据的规范性文件;(2)征收补偿决定送达凭证、催告情况及房屋被征收人、直接利害关系人的意见;(3)社会稳定风险评估材料;(4)申请强制执行的房屋状况;(5)被执行人的姓名或者名称、住址及与强制执行相关的财产状况等具体情况;(6)法律、行政法规规定应当提交的其他材料。

第二,对于受理强制执行申请的裁定期限作出明确规定。

第三,强制执行的主体。人民法院裁定准予执行的,一般由作出征收补偿决定的市、县级人民政府组织实施,也可以由人民法院执行。

在完成搬迁后,国有土地使用权重新收归国家所有。

四、城市房屋征收的补偿机制

城市房屋征收补偿的对象是指在征收过程中,因房屋及附属物被征收而使利益受到损失需要进行补偿的所有人,包括代管人、国家授权的国有房屋及其附属物的管理人。所有人的所有物因拆迁而消灭,其有权要求征收主体进行补偿,而征收主体亦有补偿的义务。

(一)补偿的范围

城市房屋征收补偿的范围是指被征收房屋的所有人因房屋被征收而依法应得到的补偿内容。按照《国有土地上房屋征收与补偿条例》第 17 条的规定,被征收人所获得的补偿范围应包括三个方面。

1. 被征收房屋价值的补偿

按照《国有土地上房屋征收与补偿条例》第 19 条的规定,被征收房屋的价值,按照公平补偿原则,应聘请具有相应房地产价值评估资质的第三方机构,按照《国有土地上房屋征收评估办法》进行评估,从而确定其价值,对被征收房屋价值进行补偿。对被征收房屋价值的补偿,不得低于房屋征收决定公告之日被征收房屋类似房地产的市场价格。同时,对评估确定的被征收房屋价值有异议的,可以向房地产价格评估机构申请复核评估。对复核结果有异议的,可以向房地产价格评估专家委员会申请鉴定。房屋征收评估办法由国务院住房城乡建设主管部门制定,制定过程中,应当向社会公开征求意见。

2. 因征收房屋造成的搬迁、临时安置的补偿

按照《国有土地上房屋征收与补偿条例》第 22 条的规定,因征收房屋造成搬迁的,房屋征收部门应当向被征收人支付搬迁费;选择房屋产权调换的,产权调换房屋交付前,房屋征收部门应当向被征收人支付临时安置费或者提供周转用房。

3. 因征收房屋造成的停产停业损失的补偿

如果征收生产经营性用房,被征收人则会受到双重损失,一是房产本身消亡的财产权损失;二是因征收导致的停产停业所造成的经营性利益损失,这部分也应给予合理的补偿,不能忽视。

按照《国有土地上房屋征收与补偿条例》第 23 条的规定,对因征收房屋造成停产停业损失的补偿,根据房屋被征收前的效益、停产停业期限等因素确定。具体办法由省、自治区、直辖市制定。之所以将补偿标准的界定授权给省、自治区、直辖市,是因为全国各地经济发展水平差异明显,经营收入差距显著,由此所造成的停产损失也是千差万别,由省、自治区、直辖市根据自身情况,因地制宜制定相应标准,是最好的选择。

同时《国有土地上房屋征收与补偿条例》第 17 条还规定了市、县级人民政府应当制定补助和奖励办法,对被征收人给予补助和奖励。但对于奖励和补助的适用情形与详细规则却并未明确说明,将其赋予市县级人民政府进行自由裁量。本书认为,在《国有土地上房屋征收与补偿条例》中应当将补助的适用,限定于因实物灭失而产生的各种直接与间接性补偿发放后仍有明显不足的情形,将奖励适用于积极配合公益性征收的情形。

(二)排除补偿的范围

1. 对不当增加补偿费用行为的处理

房屋征收范围确定后,被征收人不得实施不当增加补偿费用的行为。不当增加补偿费用的行为包括新建、扩建、改建房屋、改变房屋用途、不当迁入户口或者分户等。这类情况在对城中村进行重新规划与征收中,频频发生。如果违反规定实施了不当增加补偿费用的行为,则对此不予补偿。

对此《国有土地上房屋征收与补偿条例》第 16 条作出明确规定,房屋征收范围确定后,不得在房屋征收范围内实施新建、扩建、改建房屋和改变房屋用途等不当增加补偿费用的行为;违反规定实施的,不予补偿。房屋征收部门应当将前款所列事项书面通知有关部门暂停办理相关手续。暂停办理相关手续的书面通知应当载明暂停期限。暂停期限最长不得超过 1 年。

2. 未经登记的建筑

市、县级人民政府及其有关部门应当依法加强对建设活动的监督管理,对违反城乡规划进行建设的,依法予以处理。市、县级人民政府作出房屋征收决定前,应当组织有关部门依法对征收范围内未经登记的建筑进行调查、认定和处理。对认定为合法建筑和未超过批准期限的临时建筑的,应当给予补偿;对认定为违法建筑和超过批准期限的临时建筑的,不予补偿。这是因为临时建筑在未超批准期限内,在法律上仍是合法建筑,其所有人因而享有一定的法律利益和经济利益,故对其征收要在公平原则下,予以足额补偿。而对于临时建筑超过批准期的,已转变为违法建筑,应责令其建设者自行拆除。故征收主体对这种自行拆除的义务,无须承担

补偿责任。

（三）补偿的形式

《国有土地上房屋征收与补偿条例》第21条规定，被征收人可以选择货币补偿，也可以选择房屋产权调换。

1. 货币补偿

货币补偿是指征收主体对依法获批的征收范围内的房屋及其附属物进行评估作价后，以货币形式补偿给被征收人，由被征收人自由支配该经济补偿，进行新物业的购买或用于其他形式的生活改善。

2. 产权调换

产权调换实际就是实物补偿，即房屋所有权的交换。拆迁人用易地建设房屋，或者是原地再建房屋来换取被征收人的房产，被征收人对原房屋的所有权丧失，换得易地建设房屋的所有权或是原地再建设房屋的所有人，而征收主体则使国有土地使用权得到归复。由于我国实行建设用地使用权与地上建筑物及其附着物所有权利人一致的原则，实际上，产权调换尚含有土地使用权的调换。

还需注意《国有土地上房屋征收与补偿条例》第21条与第22条，这两条限定了征收主体的三点义务：

1. 补偿差价义务。被征收人选择房屋产权调换的，市、县级人民政府应当提供用于产权调换的房屋，并与被征收人计算，结清被征收房屋价值与用于产权调换房屋价值的差价。

2. 就近提供义务。因旧城区改建征收个人住宅，被征收人选择在改建地段进行房屋产权调换的，作出房屋征收决定的市、县级人民政府应当给被征收人提供改建地段或者就近地段的房屋。

3. 提供临时安置费与周转房义务。因征收房屋造成搬迁的，房屋征收部门应当向被征收人支付搬迁费；选择房屋产权调换的，产权调换房屋交付前，房屋征收部门应当向被征收人支付临时安置费或者提供周转用房。

（四）补偿协议

在上述事项确定后，按照《国有土地上房屋征收与补偿条例》第25条规定，房屋征收部门与被征收人依照本条例的规定，就补偿方式、补偿金额和支付期限、用于产权调换房屋的地点和面积、搬迁费、临时安置费或者周转用房、停产停业损失、搬迁期限、过渡方式和过渡期限等事项，订立补偿协议。

1. 补偿协议的签订主体。即房屋征收部门与被征收人，在双方真实意愿下，按照法律规定，进行签订。

2. 补偿协议的内容。具体包括：补偿方式、补偿金额和支付期限、用于产权调换房屋的地点和面积、搬迁费、临时安置费或者周转用房、停产停业损失、搬迁期限、过渡方式等事项。

3. 补偿协议的法律效力。补偿协议订立后即发生法律效力，如一方当事人不履行补偿协议约定的义务的，另一方当事人可以依法提起诉讼。

（五）补偿决定

根据《国有土地上房屋征收与补偿条例》第26条的规定，房屋征收部门与被征收人在征收补偿方案确定的签约期限内达不成补偿协议，或者被征收房屋所有权人不明确的，由房屋征收部门报请作出房屋征收决定的市、县级人民政府依照本条例的规定,按照征收补偿方案作出补偿决定,并在房屋征收范围内予以公告。可见,补偿决定与补偿协议的根本区别在于自愿与否。

一旦在签约期限内双方无法就补偿协议达成一致,或者在所有权人不明而导致的征收进行延缓的局面时,房屋征收部门便可报请作出房屋征收决定的市、县级人民政府,按照补偿方案作出补偿决定,并予以公示产生效力。

补偿决定的内容与协议一致,不再赘述。

与协议一样,对补偿决定不服的,被征收人也可以依法申请行政复议,也可以依法提起行政诉讼。

不论是已签订的补偿协议还是已公布的补偿决定,当事人一方不履行相应义务或履行义务不符合协议或决定要求的,都应承担继续履行、采取补救措施或者赔偿损失等违约责任。当事人也可以约定一方违约时应当根据违约情况向对方支付一定的违约金。房屋征收部门不依约支付补偿金额,不依约提供用于产权调换的房屋或不依约提供周转用房的,被征收人可以要求其承担继续履行的违约责任。被征收人不依约搬迁的,房屋征收部门也可以请求其承担继续履行的违约责任。当房屋征收部门提供的用于产权调换的房屋或者周转用房不符合约定的地点、面积、质量状况等,被征收人可要求房屋征收部门采取补救措施,房屋征收部门违约造成被征收人财产损失的,被征收人可以要求其承担赔偿损失的违约责任。当被征收人违约造成房屋征收部门不当增加履行费用的,房屋征收部门也可以要求被征收人赔偿损失。如果当事人之间约定了违约金责任,任何一方违约,都应当向对方支付约定的违约金。

(六)征收纠纷的解决和强制搬迁

在城市房屋征收补偿中,征收决定和补偿决定对被征收人的权益具有重大影响,因此《国有土地上房屋征收与补偿条例》第14条规定,被征收人对市、县级人民政府作出的房屋征收决定不服的,可以依法申请行政复议,也可以依法提起行政诉讼;第26条规定,被征收人对补偿决定不服的,可以依法申请行政复议,也可以依法提起行政诉讼。

将征收决定和补偿决定列为行政救济的范围,主要基于以下几点:其一,从职权上看,征收决定和补偿决定是一种由政府依法行使的行政权力,具有不平等性和强制性;其二,从行为性质上看,征收决定和补偿决定是政府单方意思行为,不需行政相对人的合意;其三,从调整的对象来看,征收决定和补偿决定针对特定的被征收人,不可以反复适用;其四,从效力上看,征收决定和补偿决定针对现实存在的对象。

为防止行政救济权被滥用,进而影响征收行为的整体效率,《国有土地上房屋征收与补偿条例》第28条规定了“强制搬迁”机制,即被征收人在法定期限内不申请行政复议或者不提起行政诉讼,在补偿决定规定的期限内又不搬迁的,由作出房屋征收决定的市、县级人民政府依法申请人民法院强制执行。前置搬迁的适用,需满足如下条件:

1. 征收补偿协议签订或补偿决定公布后,在规定期限内,被征收人或房屋出租人在该期限拒绝搬迁的;

2. 被征收人对征收决定或补偿决定不服,却在法定期限内不申请行政救济的。

在此情况下,由作出房屋征收决定的市、县级人民政府依法申请人民法院强制执行。

第三节　集体土地征收法律制度

一、集体土地征收的概念、特征和性质

集体土地征收是指国家因进行经济、文化、国防建设及兴办社会公共事业的需要，强制性地将属于集体所有的土地收归国有，并对集体组织进行补偿的行为。由于我国地少人多，必须十分珍惜和合理使用土地资源，加强土地管理，切实保护耕地，严格控制农业用地转为非农业用地，应当由国家垄断城镇土地一级市场，只有国有土地方可有偿出让作为房地产开发用地，集体土地如需作为房地产开发用地应经征收转化为国有土地后方可。

集体土地征收行为具有以下法律特征：

1. 集体土地征收行为是一种政府行为、行政行为。集体土地征收中，国家凭借的是政治权力，它属于国家或政府的特有权力。“在我们面前有两种权力，一种是财产权力，也就是所有者的权力；另一种是政治权力，即国家的权力。”[1]集体土地的征收是国家权力的行使，而不是国家所有权的行使。

2. 集体土地征收行为是一种强制性行为。集体土地征收以公共利益为前提，以国家政治权力作为依托，依照法定程序进行，不问集体土地所有者是否愿意，都必须服从。公共利益是国家、社会的一般利益，体现为全体国民的共同要求，服从公共利益的需要乃是一种社会义务。国家建设征收土地，被征地单位应当服从国家需要，不得阻挠。

3. 集体土地征收行为具有一定的补偿性。国家建设征收土地，以补偿为条件，用地单位应当按照法律的规定向被征地单位支付一定的土地补偿费、安置补助费和青苗费，并妥善安排好被征地农民的生产和生活，但补偿目前在我国来说不是对价，不是土地所有权的价格，也不是土地的市场价格。

4. 集体土地征收行为是一种引起民事权利变更的行为。土地被征收后引起土地权属的变更，土地由原来的集体所有变为国家所有。国家建设征收的集体所有的土地，所有权属于国家，用地单位只有建设用地使用权。

土地征收制度，最早出现在法国。法国大革命之际，1789 年所发表的《人权宣言》第 17 章即宣示：“人民私有财产权为神圣不可侵犯之权利，非依法律认定为公共需要，并无履行正常补偿，不得加以剥夺。”其 1791 年制定的《法国宪法》序言中，也有类似的条款，但将“公共需要”一词改为“公共用途”。法国 1810 年公布的《公用征收法》，开征收立法之先河。随后，德国、英国、日本、美国等国家和地区的法律均对征收问题作了规定。

我国的土地征收制度，是在 20 世纪 50 年代为了适应中华人民共和国成立后大规模的经济建设需要而建立起来的，80 年代后该制度得到进一步的完善。立法上也有一个不断完善的过程。1953 年 11 月，政务院就发布了《关于国家建设征用土地办法》；1958 年 1 月，国务院颁布了《国家建设征用土地办法》；1982 年 5 月，经全国人大批准，国务院发布了《国家建设征用土

---

〔1〕《马克思恩格斯选集》（第 1 卷），人民出版社 1972 年版，第 170 页。

地条例》;1994 年颁布并于 2007 年修订的《城市房地产管理法》和 1998 年修订通过并于 2004 年二次修订的《土地管理法》,特别是 2007 年颁布的《物权法》都对这项制度进行了确认。这些法律法规,对我国土地征收的目的、范围、补偿安置等内容,都进行了比较严格的规范。几十年来,土地征收制度确实在完善土地法律制度、保障社会主义建设顺利进行方面发挥了巨大作用。如果没有土地征收制度,我国不可能建成这么雄厚的物质基础,不可能涌现出这么多现代化的城市,不可能达到现在这样的规模和水平。

关于土地征收的性质,学说历来不一,有如下几种观点:一是国权侵害说。此说认为征收是对于私人财产权的国权侵害行为,只有作为统治者的国家,才有收夺私权的权力,所以征收人常为国家,而征收乃国家基于单方意思强制剥夺私人土地的行政行为,但以补偿为要件。二是权利移转说。此说承认土地征收系基于公共需要,依国家权力发动的公法行为所引起的私法关系的变更,因须土地权利主体的变更方可达到,因此国家取得了他人的所有权。物权的移转与价格的补偿,均依国家一方的意思表示。三是新权利同时设定说。此说认为土地征收属于一种物权废弃创设的行政处分行为。国家一面废弃原权利人的土地权利,同时另一面为需用土地人设定取得新权利。四是需用人为征收主体说。此说认为征收应以取得征收标的物的财产权人为征收人,且承认征收的目标在于权利的取得,而非私利的侵害。征收的取得为权利的原始取得,而非为权利的移转,依协议的收用亦不失为一种征收。不管征收的性质如何,征收的权利主体已发生变更,且被征收人已实际发生损失。因此,世界各国对土地征收的被侵害人都给予补偿,只不过是补多补少,以及如何补的问题,这在世界各国的立法中,是个通例。[2]

二、集体土地征收应遵循的原则

集体土地征收原则是指国家在征收集体土地时应遵循的基本准则,亦是集体土地征收的指导规则。在征收集体土地时,土地管理单位和用地单位必须严格遵守以下原则:

(一)珍惜耕地,合理利用土地的原则

土地是不可再生的自然资源,亦是国家最宝贵的物质财富,尤其特别的是,农业是我国的基础产业,因而保护耕地并合理利用土地具有更为重要的意义。我国是有 14 亿人口的大国,约占世界人口的 1/4,但我国的土地面积只占世界的 7%,人均占有的土地面积还不到世界人均占有数量的 1/3,特别是人均耕地只有一亩多一点,在世界排行倒数第三,因此在征收土地时,应当坚持能征收荒地的就不征收耕地,能少征地的就不多征,坚决反对征而不用、多征少用、浪费土地的现象。1998 年修订的《土地管理法》第一次将"十分珍惜、合理利用土地和切实保护耕地"的基本国策写入法律,足见国家对土地资源的重视,因而各级政府在征收土地时必须加强宏观调控,严格控制各项建设用地,按照先征劣、荒、空地,尽量不占用耕地良田等经济效益高的土地的原则来征地。

(二)保证国家建设用地的原则

国家建设征收土地,被征地单位必须无条件服从,这不只是因为征收土地是国家政治权力的行使,而且因为国家政治权力的行使是为了维护社会的公共利益。社会公益利益是一国的最高利益,是全体人民的共同利益体现,私人行使权力不得违背社会公共利益,而且在与社会

[2] 李宏毅:《土地法论》,台北,我国台湾地区地政研究所 1996 年版,第 899~900 页。

公共利益相抵触时就得对私人利益加以限制以维护社会公共利益。国家建设即社会公益的表现，因此应在贯彻节约用地、保护土地的前提下保证国家建设用地。

（三）妥善安置被征地单位和农民的原则

集体土地征收意味着农民集体土地所有权的丧失，意味着农民对土地的使用收益利益的丧失，故用地单位应当根据国家法律规定，兼顾国家、集体土地所有权人和用地单位三者利益，妥善安排被征地单位和农民的生产和生活：一是对被征收土地的生产单位要妥善安排生产；二是对征地范围内的拆迁户要妥善安置；三是征收的耕地要适当补偿；四是征地给农民造成的损失要适当补助。

（四）必须坚持有偿使用土地的原则

土地使用制度改革，变无偿使用为有偿使用，是我国经济体制改革的重要组成部分。目前我国的土地使用制度存在双轨制，即建设用地使用权的有偿出让和建设用地使用权的无偿划拨，但法律明确规定应以有偿出让为原则，确属必需的公益用地才实行无偿划拨，尤其是对征收集体土地更应该实行有偿出让，实现土地使用的效益原则。

三、集体土地征收的批准权限和程序

在实行土地用途管制制度的情况下，国家上收了征地审批权，改由国务院和省两级分别行使，取消了市（地、州）县级政府的征收土地审批权。根据《土地管理法》第45条的规定，征收集体土地的批准权限如下：

1. 征收下列土地的，由国务院批准：（1）基本农田。即依照土地利用总体规划和《基本农田保护条例》划入基本农田保护区，禁止占用的耕地。1999年1月1日起施行的《土地管理法》取消了《基本农田保护条例》规定的省级人民政府征用500亩基本农田的审批权，将所有征收基本农田的审批权都收归国务院。这主要是为了切实加强对基本农田的保护，禁止一般性项目占用基本农田。对于一些国家重点建设项目确实必须占用耕地的，应当经过严格的审批，并按规定重新补划基本农田。（2）基本农田以外的耕地超过35公顷的。这比原规定的1000亩（66.7公顷）的底线降低了近一半。这里不包括同时征收基本农田的行为。（3）其他土地超过70公顷的。这里包括耕地之外的所有土地，同时也包括征用耕地35公顷以下其他耕地70公顷以下，两项之和超过70公顷的情况。

2. 征收前款规定以外的土地，由省、自治区、直辖市人民政府批准，并报国务院备案。这包括征收基本农田以外的耕地35公顷以下，其他土地70公顷以下，以及基本农田以外的耕地和其他土地之和不足70公顷的情况。取消了原省级政府征收基本农田的审批权，征用其他耕地和其他土地的审批限额也减少了一半。

3. 征收农用地的，应当依照《土地管理法》的规定先行办理农用地转用审批手续。其中，经国务院批准农用地转用的，同时办理征地审批手续，不再另行办理征地审批；经省、自治区、直辖市人民政府在征地批准权限内批准农用地转用的，同时办理征地审批手续，不再另行办理征地审批，超过征地批准权限的，应当依照《土地管理法》的规定另行办理征地审批。

《土地管理法》第78条同时规定："无权批准征收、使用土地的单位或者个人非法批准占用土地的，超越批准权限非法批准占用土地的，不按照土地利用总体规划确定的用途批准用地的，或者违反法律规定的程序批准占用、征收土地的，其批准文件无效，对非法批准征收、使用

土地的直接负责的主管人员和其他直接责任人员,依法给予行政处分;构成犯罪的,依法追究刑事责任。非法批准、使用的土地应当收回,有关当事人拒不归还的,以非法占用土地论处。非法批准征收、使用土地,对当事人造成损失的,依法应当承担赔偿责任。"第76条规定了非法占用土地的责任:"未经批准或者采取欺骗手段骗取批准,非法占用土地的,由县级以上人民政府土地行政主管部门责令退还非法占用的土地,对违反土地利用总体规划擅自将农用地改为建设用地的,限期拆除在非法占用的土地上新建的建筑物和其他设施,恢复土地原状,对符合土地利用总体规划的,没收在非法占用的土地上新建的建筑物和其他设施,可以并处罚款;对非法占用土地单位的直接负责的主管人员和其他直接责任人员,依法给予行政处分;构成犯罪的,依法追究刑事责任。超过批准的数量占用土地,多占的土地以非法占用土地论处。"

《土地管理法实施条例》第25条中规定:"征用土地方案经依法批准后,由被征用土地所在地的市、县人民政府组织实施,并将批准征地机关、批准文号、征用土地的用途、范围、面积以及征地补偿标准、农业人员安置办法和办理征地补偿的期限等,在被征用土地所在地的乡(镇)、村予以公告。被征用土地的所有权人、使用权人应当在公告规定的期限内,持土地权属证书到公告指定的人民政府土地行政主管部门办理征地补偿登记。市、县人民政府土地行政主管部门根据经批准的征用土地方案,会同有关部门拟订征地补偿、安置方案,在被征用土地所在地的乡(镇)、村予以公告,听取被征用土地的农村集体经济组织和农民的意见。征地补偿、安置方案报市、县人民政府批准后,由市、县人民政府土地行政主管部门组织实施。对补偿标准有争议的,由县级以上地方人民政府协调;协调不成的,由批准征用土地的人民政府裁决。征地补偿、安置争议不影响征用土地方案的实施。"

四、集体土地征收的补偿机制

集体土地征收的补偿,是征地工作的主要内容,亦是一项难度较大的重要工作,其涉及国家、集体、个人的利益,既要考虑到建设项目的投资和国家建设的发展,又要考虑被征地单位和农民的生产和生活水平,力求做到国家利益优先,兼顾用地单位及被征地单位和农民的各方利益。《土地管理法》规定了征收土地的补偿范围和补偿标准幅度,具体幅度则留待各地区依据实际情况具体确定。标准一经制定和实施,土地管理部门就应监督执行,与征地有关各方都要认真执行。用地单位必须按照协议书如数支付补偿费,被征地单位亦不得额外索取。土地补偿费和安置补助费应全部归被征地单位和依法应给的个人,各级领导机关和其他单位不得侵占。《物权法》第42条更是规定了征收集体所有的土地,应当依法足额支付补偿费用,任何单位和个人不得贪污、挪用、私分、截留、拖欠征收补偿费等费用。

(一)征收集体土地的补偿原则

世界上大多数国家的土地征用法或相应的法律中都把"公平的市价"或"公正的赔偿"作为征地的补偿准则。土地征收补偿,在立法上是一种损失补偿,与民法上基于侵权行为的损害赔偿,其性质是不同的。所谓立法上的损害补偿,是因为国家公权的行使,致使特定的人发生财产上的特别损失时,由代表国家行使职权的公权主体,对受有损失或应受损失者,负有公法上金钱给付的义务。这种赔偿的构成要素有三:一是特定人财产上的损失,须以合法的国家公权行使为原因,所以违法的公权行使不包括在内;二是财产损失须仅为使特定人个别所遭受的特别牺牲,如果任何人都有这种负担,如赋税及兵役等,不包括在内;三是原则上须有法律的特别规定,其损失才给予补偿,如无规定,则不包括在内。对财产所有人所受财产上的损失进行补偿,是民法上保护财产所有权的一种方法,也符合法律上关于公平和正义的要求。征收补偿,目的在于填补被征收人财产权所遭受的损失,以符合社会公平负担的原则。所以征收补偿的范围及标准,不在于需用土地人所获得的利益,而在于被征收人所受到的损失。换句话说,征收补偿应相当于被征收人因征收行为所遭受的各种损失。

大体而言,被征收人可能遭受的损失内容,包括经济上的损失与非经济上的损失,也可称为财产上的损失与精神上的损害,或分为积极性损失与消极性损失等。但对这些损失,是给予全部补偿,还是仅给予部分补偿,各国情况不同而其标准也不同。理论上有“完全补偿”和“相当补偿”两种学说。〔3〕

所谓完全补偿,其考虑的侧重点是被征收人生活秩序的重建,使其完全回复到与征收前同一的生活状态,所以从“生存权”“基本人权”“公平保障平等权”等观念出发,对受害人应给予完全补偿。这些补偿除包括土地与土地改良物的客观价值及因被征收所支出各种必要费用为主要补偿内容外,还包括其他消极的经济上的损失,如期待利益的丧失、残余地价值的减损、营业停止或缩小、失业或转业的损失,以及非经济上损失,如生活环境的不适、精神上的苦痛等损害,都应酌情给予补偿。所谓相当补偿,也称适当补偿、不完全补偿,其考虑的侧重点在于弥补被征收人所受经济上的损失,因此,对于属于财产权性质的土地资产,基于“社会职务”或“特别牺牲”的观念,认为这带有浓厚的社会义务,目的是为增进公共利益,给予相当补偿已经足矣。“相当补偿”的补偿范围仅及于实质上的财产损失,其他期待利益、营业、失业的损失及生活环境变迁或精神上损害等,均不在补偿的范围之内。我国台湾地区及新加坡等国家与地区,基本上侧重采用不完全补偿或相当补偿的原则。〔4〕 我国的立法,基本采用“适当补偿”的原则。〔5〕

为贯彻集体土地征收的“适当补偿”的原则,补偿应当遵循以下两个方面要求:

1. 保持被征地农民原有生活水平。土地是农民最基本的生产资料,征收农民的土地等于剥夺了他们的生活来源。因此,征地补偿应以被征地农民的生活水平不降低为原则,以保护农民兄弟的利益不因征地而受损。

2. 按照被征收土地的原用途给予补偿。征收土地的补偿标准和补偿范围不能因征收土地之后的用途的改变而改变,而是按照被征收土地的原用途确定补偿标准和补偿范围。原来是耕地的,按耕地的标准给予补偿;原来是林地的,按林地的标准给予补偿;原来是未利用地没有收益的,原则上不给予补偿。对地上物的补偿和对人员的安置也是如此。征收土地之前的地上物给予补偿,征收土地之后新增的地上物则不予补偿。对征收土地之前土地上的人员给予安置,对征收土地之后新增的人员则不予安置。

(二)征收集体土地的补偿范围和标准

国家建设征收土地由用地单位支付补偿费用。征收土地的补偿费用包括以下四项内容:

---

〔3〕 李宏毅:《土地法论》,台北,我国台湾地区地政研究所 1996 年版,第 964 ~ 965 页。

〔4〕 如我国台湾地区“土地法”规定,土地征收的补偿及标准,主要包括如下四个方面的范围:一是被征收土地的地价补偿及负担清算;二是被征收土地的改良物经一并征收的,其改良物的补偿费;三是被征收土地的改良物由其权利人自行迁移的,其改良物的迁移费;四是因征收土地致使其接连土地受有损失的,其损失的补偿。但我国台湾地区许多学者认为,所补偿幅度偏低,引起抗争频仍,影响作业进度,造成迟延成本与社会成本的增加,公私皆受其害,似有参考各发达国家立法例进行改革的必要。

〔5〕《土地管理法》第 47 条。

1. 土地补偿费。土地补偿费是因国家征收土地而对土地所有人和使用人的土地投入和收益损失给予的补偿。补偿的对象包括土地所有权人和使用权人。征收耕地的土地补偿费,为该耕地被征收前3年平均产值的6~10倍。比原规定的3~6倍有所提高。征收其他土地的补偿费标准,由省、自治区、直辖市参照征用耕地的补偿费标准规定。

2. 安置补助费。安置补助费是为了安置以土地为主要生产资料并取得生活来源的农业人口的生活所给予的补助费用。征收耕地的安置补助费,按照需要安置的农业人口数计算。需要安置的农业人口数,按照被征收的耕地数量除以征地前被征地单位平均每人占有耕地的数量计算。每一个需要安置的农业人口的安置补助费标准,为该耕地被征收前3年平均年产值的4~6倍,但是每公顷被征收耕地的安置补助费,最高不得超过被征收前3年平均年产值的15倍。与原《土地管理法》相比,新法提高了安置补助费的标准,计算上也有差别。原规定每一个需要安置的农业人口的安置补助费标准,为该耕地被征收前3年平均每亩年产值的2~3倍,新法为人均耕地的4~6倍,与人均耕地的多少有直接关系。另外,每公顷被征收耕地的安置补助费的最高标准由原来被征收前3年平均年产值的10倍提高到15倍。征收其他土地的安置补助费标准,由省、自治区、直辖市参照征用耕地的安置补助费标准规定。

依照规定支付土地补偿费和安置补助费,尚不能使需要安置的农民保持原有生活水平的,经省、自治区、直辖市人民政府批准,可以增加安置补助费。但是,土地补偿费和安置补助费的总和不得超过土地被征收前3年平均年产值的30倍(原法为20倍)。另外,国务院根据社会、经济发展水平,在特殊情况下,可以提高征收耕地的土地补偿费和安置补助费的标准。

3. 地上附着物和青苗的补偿费。地上附着物包括地上地下的各种建筑物、构筑物和其他附着物,如房屋、水井、管线、道路、林木等,这些地上附着物的拆迁、砍伐、重置等费用,用地单位应给予补偿。青苗是指正处于生长而未能收获的农作物,用地单位也应给予补偿。依照法律规定,地上附着物和青苗的补偿费标准由省、自治区、直辖市规定。

另外,征收城市郊区菜地的,用地单位还应当依照国家有关规定缴纳新菜地开发建设基金。这主要是为了稳定城市郊区的菜地面积,从而保证城市的蔬菜供应。关于新菜地开发建设基金的缴纳标准,按照国务院有关部门的规定,按照城市规模的大小分别确定不同的标准。每征用1亩城市郊区菜地,城市人口100万以上,缴纳7000~10,000元;城市人口50万~100万的,缴纳5000~7000元;城市人口50万以下的,缴纳3000~5000元。新菜地开发建设基金由城市人民政府收取,用于本城市郊区菜地的开发建设。

征收土地的各项费用应当自征地补偿、安置方案批准之日起3个月内全额支付(《土地管理法实施条例》第25条第4款)。

4. 被征地农民的社会保障费用。《物权法》第42条第2款规定征收集体所有土地,应当依法安排被征地农民的社会保障费用。《物权法》的这一规定可谓出于长远考虑,长期以来,我国农民的社会保障问题是困扰政府的一大难题,《物权法》规定征地须安排被征地农民的社会保障费用,有助于解决这一难题,但《物权法》对具体标准未作规定,有待日后相关规定落实。

(三)安置剩余劳动力

因国家建设征收土地造成的多余劳动力,由县级以上地方人民政府土地管理部门组织被征收单位、用地单位和有关单位,通过发展副业生产和举办乡(镇)村企业等途径加以安置;安置不完的,可以安排符合条件的人员到用地单位或者其他单位就业,并将相应的安置补助费转拨给吸收劳动力的单位。

被征地单位的土地被全部征收的，经省、自治区、直辖市人民政府审查批准，原有农业户口可以转为非农业户口。原有的集体所有的财产和所得的补偿费、补助费，由县级以上人民政府与有关乡（镇）村商定处理，用于组织生产和不能就业人员的生活补助。

（四）土地补偿费用的处理

《土地管理法实施条例》第26条规定："土地补偿费归农村集体经济组织所有；地上附着物及青苗补偿费归地上附着物及青苗的所有者所有。征用土地的安置补助费必须专款专用，不得挪作他用。需要安置的人员由农村集体经济组织安置的，安置补助费支付给农村集体经济组织，由农村集体经济组织管理和使用；由其他单位安置的，安置补助费支付给安置单位；不需要统一安置的，安置补助费发放给被安置人员个人或者征得被安置人员同意后用于支付被安置人员的保险费用。市、县和乡（镇）人民政府应当加强对安置补助费使用情况的监督。"侵占、挪用被征收土地单位的征地补偿费用和其他有关费用，构成犯罪的，依法追究刑事责任；尚不构成犯罪的，依法给予行政处分。

第五章　城乡规划法律制度

第一节　城乡规划法概述

一、规划的概念

规划表面上是一项设计活动，但本质上是对社会资源的分配，是土地和空间开发和利用的准则，具有政治性、规范性和约束力。规划在推动社会治理变化方面的作用主要体现在提供服务、住房供给和建造形式等方面。规划管理的对象是环境，也是一种组织活动，是人们改变环境、经济体系、社会模式的主要手段。一般我们所关注的规划主要是法定规划，法定规划是一个国家的公权力的集中体现。法定规划的作用是国家各级政府通过法规、政策、项目和计划对城乡的再次塑造。政府通过法定规划来实施管理政策，以规划的成果来衡量功效。

规划作为人类一项对设定目标综合性的部署和设计行为，其本质上是对社会土地和空间资源进行的分配准则。规划的实施对人们的行为具有规范性和约束力，人们必须在预定的规划内从事相应的活动。“规划是达成决策的一个方法，而不是具体的实质性目标本身……规划是一个特别的方法，用于决定应追求哪些目标、应采取哪些具体措施。”〔1〕规划是由若干相互联系的部分构成的系统，这些部分包括环境、经济、社会发展等。规划系统中的不同人群的社会关系、经济文化和政治模式对规划起到决定作用。同时，规划具有政治性，人们根据自身的政治价值判断与政治构想，通过规划实现自己所希望达成的城市建设蓝图与社会经济发展。作为人类集体活动的规划行为应当具有民主性，规划应当集中表达规划区域内各个利益群体的合意，并通过共同参与、相互协商等方式达到规划内容对各个利益群体的公平。“规划就是政策，在一个民主国家，无论如何，政策就构成了政治。问题不是规划是否会反映政治，而是它将反映谁的政治。事实上规划就是政治。”〔2〕

二、城乡规划概述

“城乡规划之所以被看作一种政治过程，是因为他反映了所涉及的错综复杂的权力结构，以及在这一网络中的政治交换的普遍存在。”〔3〕“城乡规划本质上是一个利益分配问题，不可

---

〔1〕［英］尼格尔·泰勒：《1945 年后西方城市规划理论的流变》，李白玉、陈贞译，中国建筑工业出版社 2006 年版，第 63 页。

〔2〕［英］尼格尔·泰勒：《1945 年后西方城市规划理论的流变》，李白玉、陈贞译，中国建筑工业出版社 2006 年版，第 80 页。

〔3〕杨帆：《城乡规划政治学》，东南大学出版社 2008 年版，第 290 页。

能简化为一种单纯的技术活动，而是一项具有鲜明意识形态色彩和政治性的社会实践过程，一定意义上，甚至可以说是政治意志在空间上的体现。"[4]

总的来说，城乡规划是指对一定时期内城市、镇、乡、村庄的经济和社会发展、土地利用、空间布局及各项建设的综合部署、具体安排和实施管理。2006 年 4 月 1 日开始实施的建设部令《城乡规划编制办法》第 3 条规定："城乡规划是政府调控城市空间资源、指导城乡发展与建设、维护社会公平、保障公共安全和公众利益的重要公共政策之一。"[5]《城乡规划法》第 2 条规定：城乡规划，包括城镇体系规划、城市规划、镇规划、乡规划和村庄规划。城市规划、镇规划分为总体规划和详细规划。详细规划分为控制性详细规划和修建性详细规划。由此可以看出我国的城乡规划是由城镇体系规划、城市规划、镇规划、乡规划和村庄规划组成，从本质上体现了具有国家政治性和社会公共政策性的本质属性，从特征上表现为对一定的空间进行的建设布局，其目的是减少人们因产业布局及地上建筑物不合理分布而对今后生活发展带来不利影响而实施的规划。在规划中，土地、资源、公共设施的合理利用，对实现人们生产、生活上的便利与经济发展有重要作用。国家为了更好地落实经济社会发展政策，也需要通过规划为载体做出有效、合理、合法的行政行为。因此，城乡规划是以政府为指导，运用调控手段，促进城乡区域协调发展，维护社会公平、保障公共安全和公众利益、提供公共服务的重要公共政策之一。

科学的编制、实施城乡规划，可给社会起到有序建设和可持续发展的引导和调控作用。通过规划可以发现实际问题，了解人们对所居住环境的发展意愿，确保实际发展需求。完善的规划体系能够明确城乡未来的发展方向和规模，指导城乡总体合理地对土地与空间科学布局，保障各项规划项目有序进行。从功能上来说，规划具有配置空间土地资源和保护公共利益的重要职能。政府通过法律的方式确保规划在指导调控城乡之间的经济发展、社区治理、完善公共服务设施合法有效地实施，从而使实现规划起到良好的引领作用。

三、我国城乡规划法律制度基本概况

从中华人民共和国成立初期到20 世纪80 年代，我国的城乡规划体系主要是以城市与乡村二元制构成为特点，相关规划法律制度也是将城市规划与乡村规划分开分别规定。我国的规划法律体系分为两个体系：一是纵向体系，由各级人大和政府按其立法职权制定的法律、法规、规章和规范性文件四个层次的法规文件构成。二是横向体系，由基本法（主干法）、配套法（辅助法）和相关法组成。

在城市规划方面，改革开放之前，在计划经济体制和城市土地单一所有权制度下，国家通过城市规划落实国民经济计划。城市规划一直由行政法令、法规和条例来协调，具有高度的行政集权性。改革开放之后，随着我国法制化进程不断加快，我国城乡规划法律制度在横向和纵向方面有了长足发展。1984 年国务院发布的《城市规划条例》是中华人民共和国成立后第一部城市规划方面的立法。该条例将城市规划划分为总体规划和详细规划。纵向体系方面，建设部先后发布了《关于加强城市规划管理工作的若干规定》（1987 年）和《关于开展县域规划工作的意见》（1988 年）等规范性文件。横向体系方面，我国先后制定了多部法律法规，主要有《森

[4] 秦红岭：《城市规划——一种伦理学的批判》，中国建筑工业出版社 2010 年版，第 6 页。
[5] 2006 年建设部《城乡规划编制办法》。

林法》(1984 年)、《土地管理法》(1986 年)等。这些法律法规为 1990 年实施的《城市规划法》奠定了基础。《城市规划法》是我国第一部城乡规划方面的法律,也是我国城乡规划立法史上的重要里程碑。《城市规划法》颁布实施之后,各省、市、自治区以《城市规划法》为依据,相继颁布了与之相对应的城市规划管理条例和实施办法。

在村镇规划方面,1982 年国家建委、农委发布了《村镇规划原则》,对村镇规划的主要问题作了原则性规定。1993 年国务院颁布了《村庄和集镇规划建设管理条例》,村庄规划开始进入规范发展和法治化建设阶段。该条例作为我国当时村镇建设的基本法规,初步明确了村庄规划的编制原则、方法和内容,同时对审批程序、管理要求和实施办法作了原则性规定。

我国的城乡规划制定和实施管理依据这"一法一条例",虽然运行了近 20 年,起到良好的作用,但是其导致城乡发展不平衡的弊端随着时间的推移也逐渐显露出来。2007 年 10 月 28 日,十届全国人大常委会通过了《城乡规划法》,从而结束了城乡规划分别立法的体制。从《城市规划法》到《城乡规划法》的变迁,标志着中国城乡规划建设"二元化"时代的结束,城乡规划建设"一体化"时代的到来。该法首次将"村庄规划"纳入城乡规划体系,并且将"村庄规划"作为五项法定规划之一,明确了村庄规划的编制、审批办法和步骤,明确了村庄规划的法律地位。

四、城乡规划立法目的

我国社会未来发展的主方向是新型城镇化,新型城镇化不仅包括城市规划也包括乡村规划。作为一项复杂的系统工程,新型城镇化必须有与之配套的法律法规来保驾护航,通过法律体系的有效规制为新型城镇化创设良好法治环境。新的《城乡规划法》将全部城乡规划统一纳入一部法律管理,目的是加强城乡规划管理,协调城乡空间布局,改善人居环境,促进城乡经济社会全面协调可持续发展。

党的十八大报告提出了"要坚持走中国特色新型城镇化道路",明确了推进新型城镇化的战略任务。新型城镇化更加注重城乡统筹,突出"以人为本"。与传统城镇化片面追求城市人口规模的扩大和城市空间的扩张不同,新型城镇化具有系统性、社会性和创新性。在空间格局上,新型城镇化由单一中心模式向多核心格局发展,人口流动方向也不再是单一向中心区汇集,转为中心外围间双向流动加强,甚至由中心区向外围净流出。这种新不是相对于世界城镇化发展史而言,而是相对于中国 20 世纪下半期以城乡分割为本质特征的传统城市化道路而言,未来应构建与中国新型工业化相适应的、符合世界城镇化发展规律和共同要求的科学的城镇化之路。[6] 新型城镇化下的城乡关系最恰当的表述是"城乡一体化"。即强调城乡关系的和谐发展,并要求营造城乡平等的法律制度环境,实现以新型城镇化规划为统领的城乡经济社会综合发展与治理的规划系统。

因此,城乡规划立法的目的在于:一是要以结构调整促进城乡转型发展,加强城乡规划管理,科学配置城乡之间的土地资源与社会公共服务资源,根据市场原则调整城乡空间结构,在空间分布与人口流动的规律上调整城市、乡村的结构层次,拓展城乡统合发展空间。二是通过规划管理整体推进城乡社区治理,协调城乡空间布局、改善人居环境。城市社区和乡村社区的

---

〔6〕 叶裕民、焦永利:《中国统筹城乡发展的系统构架与实施路径——来自成都时间的观察与思考》,中国建筑工业出版社 2013 年版,第 9 页。

单方面发展都不会解决当下城市膨胀和农村“空心化”的问题，在编制规划时不仅要考虑农民到城市社区的发展，也要考虑到流动的农民工家庭返乡创业的愿景，城乡社区治理要“以人为本”盘活城乡之间的资源流动性。三是面对新型城镇化的战略调整，城乡规划要依靠法律手段去调整规划的各方利益关系，用法律规制规划的具体行为，确立责权明晰的规划法律制度，促进城乡经济社会全面、协调、可持续发展。

第二节　城乡规划的制定与审批

一、城乡规划体系和编制的内容

世界各个国家或地区都有自己的规划体系，规划体系由规划法规体系、规划行政体系和规划运作体系组成。规划体系是改造一个区域的制度框架和组织结构。规划体系受到了社会发展状况、经济发展阶段、历史文化传统、自然环境资源条件等的影响，各国的规划体系也不尽相同。我国城乡规划体系是由全国城镇体系规划、省域城镇体系规划、城市规划、镇规划、乡和村庄规划等不同区域层次规划组成的一个相对独立的完整的规划体系。

（一）全国城镇体系规划

全国城镇体系规划用于指导省域城镇体系规划、城市总体规划的编制。全国城镇体系规划体现国家对城乡规划的宏观调控作用和公共服务职能。2005 年原建设部（现住房和城乡建设部）委托中国城市规划设计研究院编制完成《全国城镇体系规划（2006～2020 年）》，其中第一章提出规划目标为：具体落实全面建设小康社会的目标，落实“五个统筹”，实现城镇化和城镇建设的科学决策；实现国家发展战略在地域空间上的落实，协调好工业化和城镇化的相互关系，形成工业化促进城镇化、城镇化促进工业化的良性互动与循环；调整各省域城镇体系规划，从全国层面出发，提出省域城镇体系规划进一步完善的意见，促进跨区域的协调发展；引导和规范城市总体规划编制，为城市规模的合理确定提供依据和指导。[7]《全国城镇体系规划（2006～2020 年）》是我国城乡规划的纲领性文件，其作用是推进国家新型城镇化发展。全国城镇体系规划根据城镇化总体策略将我国的城镇化政策区划分为东部、中部、西部和东北四大地区，其中还制定了城镇空间规划与城镇发展支撑体系。《城乡规划法》第 12 条规定：“国务院城乡规划主管部门会同国务院有关部门组织编制全国城镇体系规划，用于指导省域城镇体系规划、城市总体规划的编制。全国城镇体系规划由国务院城乡规划主管部门报国务院审批。”由此可以看出，全国城镇体系规划的编制权由国务院城乡规划主管部门行使，审批权归国务院。因此，依据《城乡规划法》，由国务院城乡规划主管部门组织编制全国城镇体系规划，对全国城镇发展和城镇空间布局进行统筹安排，规划的实施由国务院城乡规划主管部门作为规划实施管理和监督的日常机构，其主要职责是对省及省以下地方政府实施全国城镇体系规划纲要和省域城镇体系规划的情况进行监督检查。全国城镇体系规划纲要经国务院批准后实施，其次还要编制全国重点地区、重要的城镇密集区城镇发展规划，并制定和完善有关法规和政

---

〔7〕《全国城镇体系规划（2006～2020 年）》。

策,以构成完整的全国城镇体系规划系列。

(二)省域城镇体系规划

省域城镇体系规划是在省域范围内,由省级人民政府规划主管部门组织编制以省域内空间合理布局和空间资源配置为依据,确定不同省域内城镇的空间分布和发展的规划。省域城镇体系规划是《城乡规划法》赋予省级人民政府管理城乡空间的法定规划。《城乡规划法》第13条规定:“省、自治区人民政府组织编制省域城镇体系规划,报国务院审批。省域城镇体系规划的内容包括:城镇空间布局和规模控制,重大基础设施的布局,为保护生态环境、资源等需要严格控制的区域。”2010年7月住房和城乡建设部制定了《省域城镇体系规划编制审批办法》,该办法规范了省域城镇体系规划编制和审批工作,提高了规划的科学性。省、自治区人民政府通过实施省域城镇体系规划,对本省域内的空间资源进行合理配置,实现在城乡规划管理中优化本省域内的城乡空间布局,依据规划体系统筹省域内的基础设施和公共设施建设,引导本省、自治区城镇化和城镇发展,同时指导下层次规划编制的公共政策。全国各个省、自治区人民政府通过控制城镇规模、资源利用、环境保护和空间布局,引导城镇合理发展的总体布置,从宏观上这也是落实全国城镇体系规划的重要责任。

(三)城市规划、镇规划

城市规划是指对一定时期内城市的经济和社会发展、土地利用、空间布局以及各项建设的综合部署、具体安排和实施措施。城市规划在指导城市有序发展、提高建设和管理水平等方面发挥着重要的先导和统筹作用。《城乡规划法》第2条中规定:“城市规划、镇规划分为总体规划和详细规划。详细规划分为控制性详细规划和修建性详细规划。”总体规划是对一定时期内城市的性质、发展目标、发展规模、土地利用、空间布局及各项建设的综合部署、具体安排和实施措施,是引导和调控城市建设,保护和管理城市空间资源的重要依据和手段。经法定程序批准的城市总体规划,是编制近期建设规划、详细规划、专项规划和实施城市规划行政管理的法定依据。各类涉及城乡发展和建设的行业发展规划,都应当符合城市总体规划的要求。详细规划是指以总体规划为依据,对一定时期内城市的局部地区的土地利用、空间布局和建设用地所作的具体安排和设计。控制性详细规划,是指以城市的总体规划为依据,确定城市建设地区的土地使用强度的控制指标、道路和工程管线控制性位置及空间环境控制的规划要求。控制性详细规划是引导和控制城镇建设发展最直接的法定依据,是具体落实城市总体规划各项战略部署原则要求和规划内容的关键环节。编制控制性详细规划应当在空间范围有效覆盖,可以根据各阶段城镇新区开发和旧城改造的重点,分区域、分阶段展开,并注意与国民经济和社会发展规划、土地利用总体规划相衔接,加强控制详细规划对土地出让和开发建设的综合调控。同时,还应当注意贯彻规划法对编制和实施控制性详细规划过程中公众参与的要求。修建性详细规划是指以城市的总体规划或控制性详细规划为依据,制定用以指导城市各项建筑和工程设施及其施工的规划设计。镇是连接城乡的桥梁和纽带,同城市一样,镇的规划也分为总体规划和详细规划,镇的详细规划分为控制性详细规划和修建性详细规划。镇总体规划包括县人民政府所在地的镇的总体规划和其他镇的总体规划。

(四)乡村规划

乡村规划是基于特有的乡村政治经济形态、土地使用构成、人口居住结构、独有的乡村社会文化等各项建设的综合部署、具体安排和实施措施。在我国,有关正式的法律法规文件中关于乡村的定义并不多见。1955 年国务院颁布了《关于城乡划分标准的规定》，该规定以行政区划和市镇建制为划分依据对我国城镇和乡村进行划分。2006 年国家统计局发布了《关于统计上划分城乡的暂行规定》，其中第 7 条规定："乡村是指本规定划定的城镇以外的其他区域。"2014 年国务院印发的《国家新型城镇化规划(2014～2020 年)》在第二十二章提出："建设社会主义新农村要坚持遵循自然规律和城乡空间差异化发展原则，科学规划县域村镇体系，统筹安排农村基础设施建设和社会事业发展，建设农民幸福生活的美好家园。适应农村人口转移和村庄变化的新形势，科学编制县域村镇体系规划和镇、乡、村庄规划，建设各具特色的美丽乡村。按照发展中心村、保护特色村、整治空心村的要求，在尊重农民意愿的基础上，科学引导农村住宅和居民点建设，方便农民生产生活。在提升自然村落功能基础上，保持乡村风貌、民族文化和地域文化特色，保护有历史、艺术、科学价值的传统村落、少数民族特色村寨和民居。加强农村基础设施和服务网络建设，加快农村社会事业发展。"[8] 按照《城乡规划法》第 3 条规定："县级以上地方人民政府根据本地农村经济社会发展水平，按照因地制宜、切实可行的原则，确定应当制定乡规划、村庄规划的区域。在确定区域内的乡、村庄，应当依照本法制定规划，规划区内的乡、村庄建设应当符合规划要求。县级以上地方人民政府鼓励、指导前款规定以外的区域的乡、村庄制定和实施乡规划、村庄规划。"由此可见，县级以上地方人民政府是乡村规划的主体，与城镇规划不同，对乡村的规划不是通过简单地发展工业、建高楼大厦，扩充规模就能实现的，而是应该在可持续发展中整体实现乡村的价值和功能。乡村规划的目的是将乡村作为一个整体保留，保护乡村地区原有的自然历史、文化风貌延续并发展下去。维持乡村的自然生态过程的完整性和持续性是乡村规划的基本原则。乡村规划也要与城镇规划融为一体，形成一个大的系统性机制，即强调城乡关系的和谐发展，并要求营造城乡平等的法律制度环境。乡村规划应当从农村实际出发，充分考虑农民的生产、生活方式及居住习惯对规划的要求，体现地方和农村特色，具体对规划区域内的耕地、林地、矿产资源等生态资源环境及历史文化遗产进行可持续发展与保护。

二、城乡规划的编制与规划权

(一)城乡规划编制

城乡规划编制是指各级人民政府根据一定时期本区域内的经济和社会发展目标，依法编制规划文件，协调空间功能布局与综合部署各项建设，以确定本区域内的发展规模和发展方向。《城乡规划法》第 4 条规定："制定和实施城乡规划，应当遵循城乡统筹、合理布局、节约土地、集约发展和先规划后建设的原则，改善生态环境，促进资源、能源节约和综合利用，保护耕地等自然资源和历史文化遗产，保持地方特色、民族特色和传统风貌，防止污染和其他公害，并符合区域人口发展、国防建设、防灾减灾和公共卫生、公共安全的需要。"具体来说，城乡规划编制的原则主要有以下几点：

一是城乡规划要为社会、经济、文化综合发展服务。面对当前我国正处在新型城镇化发展时期，政府通过城乡规划的编制以有效解决社会发展、城市扩张的诸多问题，这也是政府实施

---

[8] 《国家新型城镇化规划(2014～2020 年)》，载中国政府网，http://www.gov.cn/zhengce/2014-03/16/content_2640075.htm。

宏观调控的主要方式之一。编制的根本目的就是促进社会、经济、文化的综合发展,不断优化城乡人居环境。

二是城乡规划必须从实际出发、因地制宜。城乡规划的编制内容都必须从实际出发,必须符合我国国情。在我国,由于幅员辽阔,各地发展程度差别很大,因此,城乡规划不能简单地采用一种模式。

三是城乡规划应当贯彻建设节约型社会的要求。我国人口多,土地资源不足,合理使用土地、节约用地是我国的基本国策,也是我国的长远利益所在。城乡规划编制必须对城市用地严格核算,严格保护耕地,从产业发展和建设规模角度出发,促进城乡综合节能和可持续性发展。

四是城乡规划应当贯彻建设人居环境的要求。现代城市的综合竞争力和可持续发展的能力的重要因素之一是人居环境的建设水平。城乡规划是为规划区域内的居民创造良好的工作、生活环境。城乡的合理功能布局是保护环境的基础,自然生态环境和产业发展之间的关系,可以通过规划的编制有机地结合起来,得到经济效益与社会效益的统一。

五是城乡规划应当贯彻城乡统筹原则。城乡规划不仅要考虑城市的发展现代化,同时也要兼顾乡村的发展规划。在编制城乡规划中,城乡统筹是科学配置城乡建设用地资源,调整城乡建设用地结构的重要手段。生态环境保护、城乡公共安全、区域平衡发展等问题是城乡统筹规划需要解决的问题。新型城镇化对于城乡统筹规划进行了系统性的构建,当前新型城镇化的发展也提出了对城乡统筹规划目标、内容和具体措施的要求。

《城乡规划法》第 24 条规定:"城乡规划组织编制机关应当委托具有相应资质等级的单位承担城乡规划的具体编制工作。从事城乡规划编制工作应当具备下列条件,并经国务院城乡规划主管部门或者省、自治区、直辖市人民政府城乡规划主管部门依法审查合格,取得相应等级的资质证书后,方可在资质等级许可的范围内从事城乡规划编制工作:(一)有法人资格;(二)有规定数量的经相关行业协会注册的规划师;(三)有规定数量的相关专业技术人员;(四)有相应的技术装备;(五)有健全的技术、质量、财务管理制度。编制城乡规划必须遵守国家有关标准。"依照本条规定,城乡规划编制单位必须具有相应资质,从事规划编制工作应事先取得行政许可,并独立于城乡规划组织编制机关从事规划编制的具体工作。

城乡规划作为相当长时期内一区域内建设和发展的指导,对居民(村民)的生产生活影响很大,因此,城乡规划报送审批前,组织编制机关应当依法将城乡规划草案予以公告,并采取论证会、听证会或者其他方式征求专家和公众的意见。公告的时间不得少于 30 日。社会公众的参与保证了城乡规划的科学性和严肃性。从权利制衡方面看,城乡规划是对公民发展权的限制,对公众的既有利益与未来预期产生很大影响,因此在规划编制过程中,必须扩大社会公众参与,构建社会公众参与城乡规划制定的制度性保障机制。

(二)城乡规划的规划权

规划具有公共政策性,规划公共政策性通过对公共利益的确认保证规划行为合理合法。各个利益群体通过法定程序对规划内容进行各种诉求和博弈,达成共同的合意表达,形成具有政治性和公共政策性的规划。2006 年 4 月 1 日开始实施的建设部令《城乡规划编制办法》第 3 条规定:"城乡规划是政府调控城市空间资源、指导城乡发展与建设、维护社会公平、保障公共安全和公众利益的重要公共政策之一。"我国的城镇化进程主要是由政府主导推进,城乡规划采取政府部门组织编制、审批确定的模式。城乡规划权的内容主要包括:一是对土地空间的发展进行设定;二是因公共利益的需要而征收土地;三是对规划区内的建设工程进行管理和监督;四是对环境和历史文化遗产进行保护。从规划主体来说,《城乡规划法》规定我国的城乡规划实行分级编制。《城乡规划法》第12、13、14、15、22条分别具体规定了各级政府的编制权限,即各类城乡规划应由相应各级人民政府组织编写,并报上一级人民政府审批。国务院城乡规划主管部门会同国务院有关部门组织编制全国城镇体系规划,由国务院城乡规划主管部门报国务院审批。省、自治区人民政府组织编制省域城镇体系规划,报国务院审批。直辖市的城市总体规划由直辖市人民政府报国务院审批。省、自治区人民政府所在地的城市及国务院确定的城市的总体规划,由省、自治区人民政府审查同意后,报国务院审批。其他城市的总体规划,由城市人民政府报省、自治区人民政府审批。县人民政府组织编制县人民政府所在地镇的总体规划,报上一级人民政府审批。其他镇的总体规划由镇人民政府组织编制,报上一级人民政府审批。乡、镇人民政府组织编制乡规划、村庄规划,报上一级人民政府审批。村庄规划在报送审批前,应当经村民会议或者村民代表会议讨论同意。

根据《城乡规划法》第9条规定,“任何单位和个人都应当遵守经依法批准的城乡规划,服从规划管理”。第9条的规定确立了规划权在法律上的普遍约束力。从这部法律看,城乡规划权属的特点被完整地定义为行政权。毫无疑问,规划权作为行政权应当由行政机关享有和实施。从规划的内容来看,依据第9条的规定,规划的内容具有很强的法律强制性,任何人都得服从制定出来的规划管理,这一条规定使政府在行使规划制定权的时候具有很强的约束性。因此,城乡规划权虽然在表面上是一种抽象的行政行为,但是其实质内容是具有立法属性的。一旦规划制定出来,所规划的区域内所有法人与自然人都必须遵守,规划权力的主体依照《城乡规划法》的规定都是行政机关。当规划经过法定程序审批通过,那么在它所确定的时间和空间内,对任何人都具有法律效力。第9条的规定在一定程度上也体现了规划的准立法性,这种准立法性使行政机关将规划变为不具有法源性的规范文件。具体的规划以这种规范文件形式出现使行政机关在实施规划权的过程中对其他对象具有普遍的约束力和强制性。

三、城乡规划的审批与修改

(一)城乡规划的审批

《城乡规划法》强调了城乡规划必须依法审批,经依法批准的城乡规划是城乡建设和规划管理的依据,未经法定程序不得修改。这是强调任何单位和个人都应当遵守依法批准并公布的城乡规划,服从规划管理。我国的城乡规划实行分级审批制度,各级总体规划纲要,须经各级人民政府审核同意。其中,直辖市的总体规划,由直辖市人民政府报国务院审批。省和自治区人民政府所在地城市、城市人口在100万以上的城市及国务院指定的其他城市的总体规划,由省、自治区人民政府审查同意后,报国务院审批,其他设市城市的总体规划,报省、自治区人民政府审批。城市人民政府和县人民政府在向上级人民政府报请审批城市总体规划前,须经同级人民代表大会或其常务委员会审查同意。全国城镇体系规划由国务院城乡规划主管部门报国务院审批。全国城镇体系规划涉及经济、社会、人文、资源环境、基础设施等相关内容,需要各部门的共同参与。因此,由国务院会同有关部门组织编制有利于强化国家对城镇化和城镇发展的宏观调控。

一般的城市总体规划审批程序是:首先,在拟编制城市总体规划之前,将原规划执行情况、修编的理由、范围,书面报告规划审批机关,经规划审批机关同意后,方可编制规划。其次,组织编制城市总体规划纲要,并依据上级规划主管部门提出的审查意见,组织编制城市总体规划。再次,城市总体规划报送审批前,须经本级人民代表大会常务委员会审议,审议意见和根据审议意见修改城市总体规划的情况应随上报审查的规划一并报送。同时,组织编制机关还应当依法将城市总体规划草案予以公告,采取论证会、听证会或者其他方式征求专家和公众的意见,并在报送审批的材料中附具意见采纳情况及理由。最后,规划上报审批机关后,由审批机关授权有关城乡规划主管部门负责组织相关部门和专家进行审查。由此可以看出,规划的审批程序由审查程序、公众参与程序和专家审查制度组成。

从审批程序上看,现阶段我国城乡规划主要还是以提请上级审查程序为主,公众参与程序和专家审查制度为辅。一方面,从行政法的一般性原则来说,规划权的制定与实施行为应当符合行政法的一般性原则。另一方面,从法理上看,规划权源于公民权利,其合理性以社会公共利益为前提。公共利益性是规划权设定和实施的前提和基础,也是其正当性所在。制约政府规划权首要的是以具有正当性的公共利益予以制约。政府虽然拥有规划权,但是政府并不是社会公共利益的诉求者,政府只是公共利益服务的提供者,如何保证政府在制定规划时更好地设定公共利益内容,这就需要通过设计合法正当的法定程序来保障公共利益的实现。正当性程序相对于政府的自由裁量权行使,可以将政府的规划权力限制在一定的合理范围内。因此,规划编制实施的每一阶段和步骤都应以相关利益当事人和社会公众看得见的方式进行,保证规划在程序上的合法性。一个正当的规划程序理应包含当事人的知情权、参与权、抗辩权等权利诉求的民主机制。从规划权行使看,正当性程序将政府权力主体行为限制在法律规范的约束、控制和监督之下。《城乡规划法》对城乡规划的编制和实施提出了更高的要求,对控制规划的管理制度也更为关注,也明确赋予了公民有参与和监督的权利。《城乡规划法》第 26 条规定:"城乡规划报送审批前,组织编制机关应当依法将城乡规划草案予以公告,并采取论证会、听证会或者其他方式征求专家和公众的意见。公告的时间不得少于三十日。组织编制机关应当充分考虑专家和公众的意见,并在报送审批的材料中附具意见采纳情况及理由。"第 26 条是关于城乡规划编制中的公众参与程序的规定。实践中这一规定多数情况下停留在形式上的参与,行政机关更多的是采用"咨询""告知"的方式。从《城乡规划法》中公众参与程序的规定来看,公民参与仍然有限。因此,有必要进一步在立法中强化公众参与度,引进实质听证会的模式改变《城乡规划法》当前重形式轻实质的现实。

(二)城乡规划的修改

由于城乡规划中的规划期限一般为 20 年,在如此漫长的期间内,城乡的发展总会出现新的情况,新的问题,此规划也不可能是一成不变的。规划在实施的过程中,需要根据发展出现的新情况和新问题进行适当调整和修改。《城乡规划法》在"城乡规划的修改"章节,设定了修改的条件和程序,从法律上对城乡规划的修改规定了严格的修改程序。对规划条件的变更情形也作出了明确规定,这些规定削弱了规划实施中修改的随意性,使规划决策审批在法律上有了严肃性和强制性。《城乡规划法》第 47 条规定了规划需要修改的五种情形:一是上级人民政府制定的城乡规划发生变更,提出修改规划要求的;二是行政区划调整确需修改规划的;三是因国务院批准重大建设工程确需修改规划的;四是经评估确需修改规划的;五是城乡规划的审批机关认为应当修改规划的其他情形。这五种情形是城乡规划修改的法定情形，其中第五种是一项概括性、授权性的规定，由城乡规划的审批机关根据具体情况予以认定。修改省域城镇体系规划、城市总体规划、镇总体规划前，组织编制机关应当对原规划的实施情况进行总结，并向原审批机关报告；修改涉及城市总体规划、镇总体规划强制性内容的，应当先向原审批机关提出专题报告，经同意后，方可编制修改方案。修改后的省域城镇体系规划、城市总体规划、镇总体规划，应当依照《城乡规划法》的审批程序报批。

同时，《城乡规划法》还对控制性详细规划及乡规划、村庄规划的修改作出程序上的规定。具体来说，规划条件的变更内容必须符合控制性详细规划，变更内容不符合控制性详细规划的，城乡规划主管部门不得批准。变更规划条件应当遵循以下程序：首先，建设单位必须先向规划主管部门提出变更规划条件的申请，说明变更规划条件的理由；其次，有关规划主管部门应当对建设单位的变更规划条件的申请予以审核；再次，对不符合控制性详细规划的，不予批准；对符合控制性详细规划的，有关城乡规划主管部门应当依法批准其变更申请，并及时将依法变更后的规划条件通报同级土地主管部门并公示，建设单位也应当及时将依法变更后的规划条件报有关人民政府土地主管部门备案；最后，土地主管部门应当依据变更后的规划条件与建设单位重新签订国有土地使用权出让合同。

第三节　房地产开发与城市规划管理

《城市房地产管理法》第25条规定："房地产开发必须严格执行城市规划，按照经济效益、社会效益、环境效益相统一的原则，实行全面规划，合理布局，综合开发，配套建设。"这一规定，既体现了房地产开发规划的基本原则，又强调了房地产开发规划的重要性。《城乡规划法》将城市和乡村的空间布局进行协调，统筹城乡经济社会协调和可持续发展。由于目前仅在城市中存在房地产市场，农村土地尚不能直接进入房地产开发市场，所以，本书主要对城市土地规划及开发建设规划进行介绍。

一、城市土地利用规划的重要意义

城市规划是指确定城市的性质、规模和布局，既指导城市的长远发展，又具体部署城市近期的各项建设的有关城市发展综合部署。城市规划是城市开发、建设和管理的主要依据，是城市发展的基础。

土地的不可再生性决定了它的稀缺性，合理利用城市土地就更为必要。城市土地利用规划在实现城市土地优化配置、保证城市建设健康发展方面具有重要作用：

1. 城市土地利用规划是政府调节土地资源配置的重要手段。我国实行城市土地国有制，国有土地所有权的统一性和不可分割性，意味着全体公民在土地所有权上的平等性。同时，排除了任何集团和个人凭借土地所有权牟利的可能。因此，政府可以有效地规划城市土地的用途，充分地发挥规划对城市土地资源配置的调节功能。政府对土地资源的调节手段主要是制定和实施城市土地利用规划。通过城市土地总体布局、功能分区和土地利用，具体规范、控制城市土地用途、调节土地使用结构的布局平衡。

2. 城市土地利用规划为房地产业的发展及其区位选择提供了有利条件。可以说,城市土地利用规划合理与否直接决定这个城市的外貌和形象,因为城市的外貌和形象是由各种房地产产品组合而成的。从房地产投资来看,地段和位置的选择是很重要的。房地产的增值归根结底是土地的增值,谁选择了好的地段,谁就可能获得投资的成功。城市土地利用规划为地段的选择指明了方向。

3. 城市土地利用规划是有效实施城市土地利用管理的科学依据。城市土地利用规划就是在一定的社会生产方式中,通过科学技术手段,使城市土地的利用与其自然的、社会的特性相适应,充分发挥土地要素在城市活动中的作用,以期获得最佳的经济、社会、生态的综合效益。要保证城市土地的合理利用,就必须对土地实施管理,而这种管理的依据之一就是城市土地利用规划。

另外,由于城市规划的制定具有政策性、综合性和长期性,它对协调城市居民的生活和城市各项建设都有积极的促进作用,有利于改善居民的生产和生活环境,进而有利于城市政治、经济各方面的发展,也有利于城市的持续发展和环境保护,为人类提供更有利的生存空间。

二、城市土地利用规划的基本内容

城市土地利用规划根据内容的不同可分为三个层次。

(一)城市土地利用总体规划

城市土地总体规划是指对城市土地利用实行宏观的、指导性的长期规划,它是根据当地土地资源的特点和社会经济发展目标及生产力水平来确定城市土地利用的方向、目标和结构分区及骨干项目和基础设施工程的用地范围。城市土地利用总体规划又是一种带有区域性的总体规划,它对城市用地的布局、结构、范围及土地利用的重大原则都作了明确的规定。因此,它对城市各部门土地利用专项规划和分区规划有宏观指导和控制作用,特别是对各部门用地的比例结构和布局具有约束作用。

城市土地总体规划的要求:结构合理,布局得当,生态系统良好。城市用地规划要合理,就是要把有限的土地资源合理地配置,形成最优的城市用地结构和布局,构成一个经济效果最优、生态系统良好、适用各类用地特点的最优土地利用模式。

城市土地利用总体规划的具体内容包括:(1)对市和县辖行政区范围的城镇体系、交通体系、基础设施、生态环境、风景旅游资源开发进行合理布置的综合安排;(2)确定规划区内城市人口及用地规模,划定城市规划区范围;(3)确定城市用地发展方向和布局结构,确定市、区中心位置;(4)确定城市对外交通系统的结构和布局,编制城市交通运输和道路系统规划,确定城市道路等级和干道系统、主要广场、停车场及主要交叉路口形式;(5)确定城市供排水、防洪、供电、通信、环保、环卫等基础设施的发展目标和总体布局,并综合协调;(6)根据城市防灾要求,作出人防建设、防震防灾规划;(7)各级历史文化名城的专门保护规划;(8)确定旧城改造、用地调整的原则、方法和步骤,提出控制旧城人口密度的要求和措施;(9)对规划区的自然保护地带、风景名胜、文物古迹、传统街区,划定保护和控制范围,提出保护措施;(10)编制近期建设规划,确定近期建设目标、内容和实施部署;(11)其他各项专业规划。

(二)城市土地利用功能分区规划

分区规划就是把城市按其不同功能要求,划分若干个功能区,并使各个功能区合理地有机结合在一起或互相联系。按其性质和功能划分,大致可分为七类:生活居住用地、工业用地、仓库用地、公用事业设施用地、卫生防护用地、对外交通运输用地、特殊用地。功能分区规划的主要内容为:(1)原则确定分区内土地使用性质、居住人口分布、建筑用地的容量控制指标;(2)确定市、区级公共设施的分布及其用地范围;(3)确定城市主、次干道的红线位置、断面、控制点坐标和标高,以及主要交叉口、广场、停车场的位置和控制范围;(4)确定工程干管的位置、走向、管径、服务范围及主要工程设施的位置和用地范围等。

(三)城市土地利用详细规划

详细规划是总体规划和分区规划的具体化,是范围较小的街区规划。它又分为控制性详细规划和修建性详细规划。详细规划的任务是在近期拟建设的地段上进行具体的规划布局,以确定各项建筑物、道路、绿地和工程设施的安排,为各项单项设计提供依据。

详细规划的具体内容包括:(1)建筑利用的种类和程度,包括层数、密度、容积率、体积率;(2)建筑形式、建筑物和基地与邻地境界的关系、建筑可占地和不可占地部分、建筑物的位置;(3)建筑用地的规模,有关住宅占地的正面宽度与进深的最小值;(4)有关的附属设施用地,如游乐场、文化娱乐用地、停车场和车库用地等;(5)根据城区规划,确定有关居住用建筑中最大的居住户数;(6)根据城市规划提供符合特殊需要的用地;(7)交通用地、步行空间、停车用地和与交通用地直接有关的用地;(8)公共设施用地(煤气、上下水)及管道用地;(9)废弃场、下水处理用地和储藏用地。

城市土地的总体规划、分区规划和详细规划一旦经有权机关的批准,就成为法律文件,任何单位和个人都必须遵守。

三、房地产开发用地出让、转让的规划管理

房地产开发用地出让、转让必须纳入整个城市土地利用规划。根据《城市房地产管理法》的规定,房地产开发用地的出让和转让,必须和土地的利用总体规划一致,必须做到土地使用权出让的投放量一定要与城市土地资源、社会经济发展和市场需求相一致,做到土地使用权出让、转让与建设项目结合,一定要克服那种无规划、不按规划办事、“先批地后立项”“先用地后规划”的现象。

具体来讲,要做好房地产开发用地出让、转让的规划管理,必须做到:(1)城市规划部门要根据城市规划实施的步骤和要求,编制城市国有土地使用权出让规划和计划,包括出让地块数量、用地面积、地块位置、出让步骤等,保证城市国有土地使用权的出让有规划、有步骤地进行;(2)城市国有土地使用权出让前,必须制订控制性详细规划,出让地块必须具有城市规划部门提出的规划条件(规划条件是土地出让合同的组成部分);(3)出让、转让合同必须附有规划条件,规划条件不得擅自更改,如确需变更的,必须经城市规划部门批准后,按程序办理;(4)城市规划部门应当加强对城市国有土地使用权出让、转让过程的监督检查工作,发现问题及时处理。

四、开发项目选址的规划管理

根据《城乡规划法》的规定,按照国家规定需要有关部门批准或者核准的建设项目,以划拨方式提供国有土地使用权的,建设单位在报送有关部门批准或者核准前,应当向城乡规划主管部门申请核发选址意见书。加强对开发建设项目选址的规划管理具有十分重要的意义,因为开发项目的建设与计划、规划分不开,必须使二者有机地结合,防止在建设过程中计划与规划脱节。建设项目的选址意见书需要提供建设项目的基本情况(如项目的名称、性质、规模等)和建设项目的选址依据,主要包括经批准的项目建议书、规划部门意见、环境影响报告等。

建设项目选址规划管理的基本内容是:(1)城市规划区内的建设工程的选址和布局必须符合城市规划,必须有城市规划主管部门批准的意见书;(2)建设项目选址意见书应当提供建设项目的基本情况,包括项目的名称、性质、建设规模、能源需求量、交通运输状况等;建设项目选址的基本依据,包括经批准的项目建议书、规划部门意见、影响环境报告等;建设项目选址、用地范围和具体规划要求;(3)建设项目选址意见书的审批和发放实行分级管理、层层报批或备案,不能放任不管;(4)选址意见书没有签发或签发部门不是法定的规划行政主管部门,则设计任务书不能审批或没有法律效力,建设项目无以立项,甚至还要接受处罚。

五、建设用地规划审批管理

建设用地规划审批管理,主要是指政府规划行政主管部门划定规划红线、发给建设用地规划许可证的过程,是开发建设用地取得的关键性一环,也是检验用地是否符合规划和落实规划的最后阶段。开发商只有获得建设用地规划许可证后,方可获得建设土地使用权。根据《城乡规划法》第38条规定,在城市、镇规划区内以出让方式提供国有土地使用权的,在国有土地使用权出让前,城市、县人民政府城乡规划主管部门应当依据控制性详细规划,提出出让地块的位置、使用性质、开发强度等规划条件,作为国有土地使用权出让合同的组成部分。未确定规划条件的地块,不得出让国有土地使用权。以出让方式取得国有土地使用权的建设项目,在签订国有土地使用权出让合同后,建设单位应当持建设项目的批准、核准、备案文件和国有土地使用权出让合同,向城市、县人民政府城乡规划主管部门领取建设用地规划许可证。城市、县人民政府城乡规划主管部门不得在建设用地规划许可证中,擅自改变作为国有土地使用权出让合同组成部分的规划条件。该法第39条同时规定,规划条件未纳入国有土地使用权出让合同的,该国有土地使用权出让合同无效。

建设用地的规划审批管理具体包括如下内容:(1)在城市规划区内进行建设需要申请土地后,必须要持有国家批准的建设项目的有关文件,向城市规划行政主管部门申请定点(不需要选址意见书的建设项目除外);(2)城市规划行政主管部门在收到申请之后,应当到选址地点进行现场的调查和踏勘,并征求环境保护、消防安全、文物保护、土地管理、供水、供电等有关部门的意见;(3)城市规划行政主管部门经过初审后,认为符合要求的,向建设单位提供建设用地地址与范围的规划红线图,提出规划设计条件和要求,核定用地面积,并向建设单位核发建设用地规划许可证;(4)建设单位在获得建设用地规划许可证后,方可向县级以下地方人民政府土地管理部门申请用地或正式办理土地使用证,经县级以上人民政府审查批准后,由土地管理部门划拨和出让土地;(5)未取得建设用地规划许可证而取得建设用地批准文件、占用土地的,批准文件无效,占用的土地由县级以上地方人民政府责令退回。

六、建设工程规划管理

建设工程规划管理主要是指房地产开发中各项建设工程项目的安排和布局，主要包括两个方面：一是建设工程规划许可制度；二是对房屋开发建设工程的规划检查、验收制度。在城市规划区，不论是大型项目，还是小型项目，不论是永久性建筑，还是临时性建筑，均必须接受城市规划主管部门的统一规划管理。

建设工程规划管理的主要内容包括：(1)建设单位和个人进行工程建设应当持有关批准文件(如经审批的项目建设书、土地使用证、建设用地规划许可证书等)到城市规划行政主管部门申请建设；(2)城市规划部门在接到申请后，要对工程进行审查，根据建设工程地段详细规划的要求，提供规划设计要点通知书；(3)建设单位根据规划设计要点通知书进行具体工程设计，并将设计方案提交城市规划主管部门核查；(4)城市规划行政主管部门通过核查，提出规划修改意见，核发设计方案通知书；(5)建设单位根据设计方案通知书，委托设计单位进行施工图设计，再报城市规划行政主管部门审查；(6)城市规划行政主管部门审查合格后，核发建设工程规划许可证；(7)建设单位和个人在取得建设工程规划许可证后，方可申请办理开工手续；(8)对房屋开发建设工程的规划检查和验收是城市规划行政主管部门在核发建设工程规划许可证之后对建设工程所进行的后续监督、管理活动。城市规划行政主管部门有权对建设工程是否符合规划要求进行检查，开发、建设单位有义务如实提供资料和情况配合检查。未取得建设工程规划许可证或违反工程规划许可证的规定进行建设，严重影响城市规划的，县级以上地方人民政府城市规划主管部门有权责令停止建设，限期拆除或没收违法建筑物、构筑物或者其他设施；对影响规划，但可以改正或补救的，可以责令限期改正，并处以罚款，以此来保证城市规划的贯彻和实施。

七、城市新区开发和旧城区改造规划管理

《城乡规划法》明确规定，城市的建设和发展，应当优先安排基础设施以及公共服务设施的建设，妥善处理新区开发与旧区改建的关系，统筹兼顾进城务工人员生活和周边农村经济社会发展、村民生产与生活的需要。城乡规划确定的铁路、公路、港口、机场、道路、绿地、输配电设施及输电线路走廊、通信设施、广播电视设施、管道设施、河道、水库、水源地、自然保护区、防汛通道、消防通道、核电站、垃圾填埋场及焚烧厂、污水处理厂和公共服务设施的用地以及其他需要依法保护的用地，禁止擅自改变用途。城市新区的开发和建设，应当合理确定建设规模和时序，充分利用现有市政基础设施和公共服务设施，严格保护自然资源和生态环境，体现地方特色。在城市总体规划、镇总体规划确定的建设用地范围以外，不得设立各类开发区和城市新区。

旧城区的改建，应当保护历史文化遗产和传统风貌，合理确定拆迁和建设规模，有计划地对危房集中、基础设施落后等地段进行改建。由此可见，新的城乡规划法强调，无论是城市新区的开发还是旧城区改造，均应遵循与经济社会发展水平相适应、量力而行的原则，避免“大拆大建”，并且还应尊重群众的意愿。

八、房地产开发的环境影响评价制度

为了实施可持续发展战略，预防因规划和建设项目实施后对环境造成不良影响，促进经

济、社会和环境的协调发展,我国从2002年开始,制定了环境影响评价制度。

环境影响评价制度是房地产开发前期的一项重要制度。

所谓环境影响评价,是指对规划和建设项目实施后可能造成的环境影响进行分析、预测和评估,提出预防或减轻不良环境影响的对策和措施,进行跟踪监测的方法和制度。

国务院有关部门、设区的市级以上地方人民政府及有关部门对其组织编制的土地利用的有关规划,区域、流域、海域的建设、开发利用规划,应当在规划编制过程中组织进行环境影响评价,编写该规划有关篇章或者说明。

专项规划的环境影响报告书应包括如下内容:(1)实施该规划对环境可能造成影响的分析、预测和评估;(2)预防或者减轻不良环境影响的对策和措施;(3)环境影响评价的结论。

专项规划的编制机关在报批规划草案时,应当将环境影响报告书一并附送审批机关审查;未附送环境影响报告书的,审批机关不予审批。

国家鼓励有关单位、专家和公众以适当方式参与环境影响评价。

法律还规定了违反环境影响评价制度的行政责任和刑事责任。

第六章　房地产开发与工程建设法律制度

第一节　房地产开发概述

一、房地产开发的概念

“开发”一词，原意是指以荒山、荒地、矿藏、森林、水力等自然资源为对象，通过人力加以改造，以达到为人类所用的一种生产活动。房地产开发是最接近于开发原意的一种经济活动，即以土地和房屋建筑为对象进行的改造、修建活动。

房地产开发是一项以土地开发和房屋建设为投资对象的经济活动。房地产开发的概念有广义和狭义之分。广义的房地产开发，一般是指从工程勘察、规划设计、征地拆迁、土地开发到房屋开发项目建设的全过程；狭义的房地产开发，多是指建设前期的开发工作，即包括工程勘察、规划设计、征地拆迁及土地的“三通一平”或“七通一平”部分。我们通常所说的房地产开发，是指广义的房地产开发。

《城市房地产管理法》第 2 条对房地产开发作了如下定义：“本法所称房地产开发，是指在依据本法取得国有土地使用权的土地上进行基础设施、房屋建设的行为。”这条规定包含如下含义：

1. 取得建设用地使用权，是房地产开发的前提条件。城市房地产开发用地必须是国有土地，取得建设用地使用权是房地产开发的前提；农村集体土地不能直接用于房地产开发，只有由国家通过征收转为国有土地后，才能成为房地产开发用地。房地产开发的用地主要是城市用地，而不是农村土地。

2. 房地产开发包括如下两种行为：一是进行基础设施建设，通常称为土地开发或再开发。土地开发也称“三通一平”或“七通一平”。“三通一平”包括实现开发区域以外的道路通、给水排水通、供电线路通和对施工现场上的土地进行平整；“七通一平”包括道路通、上下水通、雨污排水通、电力通、通信通、煤气通、热力通和场地平整。土地开发就是通过“三通一平”或“七通一平”，把自然状态的土地变为可供建造房屋和各类设施的建筑用地，即把生地变为熟地。土地再开发，就是在不增加城区现有土地使用面积的情况下，对城区原有土地进行再开发即改造，通过一定量资金、劳动等的投入，调整用地结构，完善城市基础设施，以提高现有土地的使用功能，提高土地利用效益。二是进行房屋建设，也称为房屋开发，包括住宅、工业厂房、商业楼宇、办公用房和其他专门用房的开发。实行广义的房地产开发，有助于建设功能完善、结构合理的现代化城市；有助于促进城市基础设施和公用事业的建设和完善；有助于合理安排各个建设项目的工程和周期，提高建设工程的经济效益和社会效益，但也不能因而否定狭义房地产开发的存在。房地产开发涉及面广，是一项高风险的商业活动，投资周期较长，市场波动较大，为了提高房地产开发投资的回报率和安全性,除了从投资经济学角度做好项目评估等工作外,还需法律的严格规制。

二、房地产开发的分类

房地产开发是一项复杂的综合性的生产活动,一般分为以下几类:

1. 从房地产开发的规模进行考察,可将房地产开发分为单项开发、小区开发、成片开发三类。

单项开发的方式规模小、占地少、项目功能单一,配套设施简单,往往是在新区总体开发或者城区改造中所形成的一个相对独立的项目,但是也要与整个开发区的总体规划相协调。小区开发有两种形式:一是指新城区开发中的一个小区综合开发,要求在开发区范围内做到基础设施和配套项目齐全,功能完善;二是指在旧城区更新改造中的局部改建,即某个相对独立的街坊的更新改造。成片开发一般指范围广阔、项目众多、投入资金巨大、建设周期长的综合性开发,成片开发的规模大到可以接近于开辟一个新的城区。但需要注意的是,成片开发一般都是房地产一体开发的组成部分,单纯的房屋成片开发几乎不存在。

2. 从房地产开发的再生产进行考察,可将房地产开发分为开发和再开发两类。

开发是指在原有城市建成区范围之外进行房地产开发,一般是把农地开发成为市地,亦称新区开发,是目前我国主要的房屋开发方式。再开发指对原有房地产的更新改造,在原有城市建成区范围之内进行,又称旧区开发。开发与再开发是相互联系的,没有开发也就没有再开发。当旧城区原有房地产退化到一定程度时,就很有必要进行再开发,否则,原有房地产的使用效益将日趋下降,越来越不能满足人们对空间活动的各种要求。但是,再开发的拆迁安置费用比开发的拆迁安置费用要高得多,从而导致再开发的成本大大高于开发成本,这就成了旧城区许多应该再开发的房地产迟迟得不到开发的一个重要原因。

3. 从房地产开发的机构方面进行考虑,房地产开发可分为政府开发和非政府开发。

政府开发一般是指政府垄断土地一级市场,政府出面开发,然后出让,也指政府为政府建筑和职工住宅而进行的开发。非政府开发是房屋开发的最主要的方式,包括房地产开发公司的开发、私人房地产机构的开发,或者半官方、半民间法人团体的开发(如日本住宅公团的开发)。

4. 从房地产开发行为目的方面进行考察,可以将房地产开发分为以经营为目的的房地产开发和以自用为目的的房地产开发。

前者是一种经营性的行为,由专业化的房地产开发企业进行,它通过房地产投资开发将开发产品作为商品在房地产市场进行转让,寻求利润回报。后者则是为自用而进行的房地产开发,开发者即使用者,开发产品不进入房地产市场流通,只是满足开发者进行其生产、经营或消费之所需,因此对开发者来说,开发产品只是一种生产资料与消费资料,而非商品,在开发环节本身谈不上盈利。目前,房地产开发一般是指以经营为目的的房地产开发,以自用为目的的房地产开发,其产品只是一种潜在的商品,一般不直接进入市场。

从房地产开发的对象来考察,还可分为民用、商业、工业、交通等开发类型。另外,一些学者提出的房地产开发分类方式还包括单纯的土地开发、单纯的房屋开发和土地房屋的一体化开发;合作开发、合资开发和独资开发等。[1]

---

〔1〕 高富平、黄武双:《房地产法新论》(第2版),中国法制出版社2002年版,第149~150页。

三、房地产开发的特点

从房地产开发的概念及其分类可以看出，房地产开发有如下特征：

1. 综合性强，涉及面广。房地产开发涉及诸多部门，需要这些部门通力协作才能得以顺利进行。常与之打交道的部门有：规划、土地、勘察、设计、施工、供电、市政、商业、服务、通信、文教卫生、环境、园林、银行等。

2. 工程量大，综合成本高。工程量一般是从工程的投资成本和建设工期两方面来考虑的。房地产开发投资量较大，开发一个小区，少则几千万元，多则可达几十亿元、上百亿元。施工期限常常以年或者几年甚至十几年来计算。一般规模小的项目要一二年才能够完成，中等的要三四年，大型的要五六年，特大型的项目则要更长时间。房屋开发投资额大和周期长的特点也决定了房屋开发的高风险性。

3. 建设项目种类繁多。从用途来说，可分为住宅房屋和非住宅房屋两大类。非住宅房屋又可分为：(1)生产用房，包括工业、交通、建筑等企业生产活动用房；(2)营业用房，如商店、旅馆、银行等经营性服务用房；(3)行政用房，指党、政、军等使用的办公用房；(4)其他专业用房，如文化、科技、卫生、教育活动用房。如果单纯从工程项目考虑，以住宅为例，住宅区内的工程项目，小的几十项，大的几百项，包括住宅及各种配套项目、附属工程等样样俱全。

4. 与银行关系密切。从国际情况看，无论是发达国家还是发展中国家，都充分利用房地产金融筹资融资的职能作用来支持房地产开发，并取得了较好的效果，特别是小区开发和成片开发的情形。美国、英国、德国、我国香港特区等发达国家和地区的金融业，用于房地产业方面的贷款或投资约占这些国家和地区贷款和投资总额的1/3左右，银行和非银行金融机构是发展房地产业的强大后盾。我国近年来房地产业飞速发展，经济上的强大支撑力完全来自金融业，金融业与房地产业已结下了不解之缘。

四、房地产开发的内容

在国务院批转的《全国城市规划工作会议纪要》中，对房地产开发的内容作了原则性的规定。归纳起来，房地产开发的内容主要有：

1. 房地产开发的规划设计。从房地产开发企业的角度讲，规划设计是房地产质量的形成过程，是开发建设所遵循的依据和准则，它的结果是符合规划方案的设计图纸。

2. 房地产开发的征地拆迁。房地产开发的前提条件是取得国家土地使用权，而征地拆迁就是取得国家土地使用权的重要途径。征地拆迁涉及不动产的权属转移，因此必须依法进行。

3. 房地产开发的施工组织。房地产开发既要做好施工前的一切准备工作，又要求在施工阶段严格按设计要求和施工验收规范对工程进行全面监督和检查，以确保工程质量。

4. 房地产开发的竣工验收。房地产开发项目完成后，有关部门应共同组成验收小组，对符合质量要求的工程签字验收，办理移交手续。

5. 房地产开发的经营管理。房地产开发的开发商将验收合格的产品出售或转租给他人使用或所有，并进行售后服务和物业管理，以回收建设资金，加快建设资金的周转。

五、房地产开发的基本原则

房地产开发的基本原则是从事房地产开发活动及对房地产开发实施管理应遵循的基本准

则。《城市房地产管理法》和《城市房地产开发经营管理条例》所确立的房屋开发的基本原则主要有六项。

(一)严格执行城市规划的原则

《城乡规划法》明确了城市建设项目与城市规划的关系,即在城市规划区内进行建设活动必须符合城市规划,服从城市规划管理。有学者认为,城市规划是城市人民政府对城市建设进行宏观调控和微观管理的重要措施,也是对城市房地产开发进行合理控制,实现土地资源合理配置的有效手段。它是城市开发、城市建设和城市管理的依据。[2]

合理地确定和执行城市规划,才能合理地利用城市土地,综合部署城市经济、文化、公用事业等各项建设,保证城市有秩序地协调发展。

《城市房地产管理法》第25条明确规定:"房地产开发必须严格执行城市规划,按照经济效益、社会效益、环境效益相统一的原则,实行全面规划、合理布局、综合开发、配套建设。"这样,就明晰了房地产开发与城市规划的关系,即出让土地的布局、用途必须符合城市规划,土地的使用性质必须根据城市规划来确定,出让的土地必须有规划地控制指标,在房地产开发的实施过程中必须严格执行城市规划。

近年来,一些地方不按城市规划进行房地产开发,给城市的发展带来许多后遗症,其原因是多方面的:有的是因为地方政府出于发展地方经济的紧迫意识,不顾城市规划盲目求发展;有的是投资者受经济利益驱动,违反规划;也有的是规划的制定落后于经济、社会发展的需要。因此,房地产开发的管理部门应该增强规划意识,充分运用规划管理手段,做好和管理好城市规划工作。

(二)坚持经济效益、社会效益、环境效益三者相统一的原则

房地产开发必须坚持经济效益、社会效益、环境效益三者相统一的原则。经济效益是基础,社会效益和环境效益也是房地产开发的整体目标之一。只重视经济效益,忽视社会效益和环境效益,房地产开发这项事业不可能长久;如果只重视社会效益和环境效益,不重视经济效益,也不符合房地产开发的客观经济规律。对于开发商来说,往往存在重视经济效益而忽视社会效益和环境效益的倾向,这是不可取的;对于政府来说,也不能只考虑社会效益和环境效益,不让开发商有利可图。三者之间应是相互促进,相互协调,共同发展。

(三)综合开发、配套建设的原则

所谓综合开发、配套建设是指按照城市规划的功能区分,将某一部分地区各类物业的土地开发和建设进行统一规划,同步配套建设。我国《城市房地产开发经营管理条例》第3条规定:"房地产开发经营应当按照经济效益、社会效益、环境效益相统一的原则,实行全面规划,合理布局,综合开发,配套建设。"该条例第14条还明确规定:"房地产开发项目的开发建设应当统筹安排配套基础设施,并根据先地下、后地上的原则实施。"房地产开发必须遵循这一法定原则,否则就会给居民生活带来不便,同时会为后继开发造成阻碍,出现反复施工,浪费人力、物力和财力。过去,由于投资来源分散,城市建设采取的是分散建设、"见缝插针"的小生产方式。实践证明,这种建设很难保证住宅建设与基础设施、公共设施的配套建设和同步建设,给群众生活带来诸多不便,也给后继投资开发造成很大阻碍,因此,必须摒弃这种小生产式的零星开

[2] 李延荣、周珂:《房地产法》,中国人民大学出版社2000年版,第117页。

发。房屋的购买者也开始重视房屋的配套设施和基础设施的综合情况，而不再单纯考虑房屋的面积。

（四）按约开发土地的原则

按约开发土地是指按出让合同约定的土地用途、动工开发期限开发土地。坚持这一原则目的在于规范房地产开发利用土地的行为，维护土地使用权出让合同的严肃性、权威性。

1. 按合同约定的用途开发土地。合同中约定的土地用途，是严格按照城市规划的要求确定的，它直接反映着作为城市土地所有者的国家和土地使用者之间的经济利益关系，不能任意改变，若要改变需依法履行变更手续。

2. 按合同约定的动工期限开发土地。这一规定是为了克服和避免利用土地进行投机的行为，即炒卖地皮的行为。1992～1993 年的“房地产热”，一定程度上是这种行为泛滥的结果，是虚热，造成土地大量闲置、资源极大浪费。根据《城市房地产管理法》第 26 条规定，“超过出让合同约定的动工开发日期满一年未动工开发的，可以征收相当于土地使用权出让金百分之二十以下的土地闲置费；满二年未动工开发的，可以无偿收回土地使用权”。这一规定就是在总结以上教训的基础上制定的。

（五）严格按标准和规范设计、施工，保证开发产品质量合格的原则

为了贯彻保证房地产开发产品质量合格的原则，《城市房地产管理法》第 27 条规定：“房地产开发项目的设计、施工，必须符合国家的有关标准和规范。房地产开发项目竣工，经验收合格后，方可交付使用。”即以下两项具体规定：

1. 开发项目的设计、施工必须符合标准和规范。按标准和规范设计、施工是指开发建设的房屋的设计和施工必须符合国家或行业的强制性标准，这是一切工程建设都必须遵循的原则，也是保证工程质量的根本措施。一方面是因为房地产项目具有使用期限长、投资量大等特点，如果不按标准和规范来进行设计和施工，所造成的质量问题将直接影响项目的寿命，甚至会带来房毁人亡的悲剧，造成不可估量的经济损失。另一方面任何一个单项工程的设计、施工，如果违反国家有关技术性标准和规范，不仅可能对该项工程的质量和使用功能带来影响，而且还会影响到开发项目的整体功能，造成房地产开发综合效益的低下。

2. 项目竣工验收合格后方可使用。竣工验收是施工建设工程的最后一道程序，是全面检验设计和施工质量的重要环节，也是投资开发成果转入流通和使用阶段的标志。坚持项目竣工验收合格后方可投入使用的原则，目的是阻止质量、使用条件等不合格的房屋或基础设施投入使用，以保证使用者、消费者的正当权利。

（六）鼓励开发、建设居民住宅的原则

《城市房地产管理法》将引导房地产开发投资方向、促进住宅建设作为一个重要的原则进行规定。该法总则就明确规定：“扶持发展居民住宅建设，逐步改善居民的居住条件。”第 29 条又明确规定：“国家采取税收等方面的优惠措施鼓励和扶持房地产开发企业开发建设居民住宅。”

我国曾出现“安居工程”“解困房”“单位集资建房”等房地产开发建设模式，国家积极鼓励民间投资，同时采取以划拨方式或低地价出让方式提供建设用地及减免有关税费、限制开发建设利润等措施，鼓励和促进普通标准住宅的建设，并力求降低住宅造价，以适应广大中低收入居民的经济承受能力，扩大住宅的有效供应。现在，中低收入和最低收入居民的住房问题已引

起国家的高度重视,并纳入经济适用住房和廉租住房等住房保障体系。

六、房地产开发的作用

房地产开发是以开发土地和建造房屋开发为内容的一项营利性活动。房地产开发在城市建设以及城市经济、社会发展中有不可估量的作用。

1. 有利于城市总体规划的顺利实施,加快改变城市的面貌。过去的分散建设、各自为政的做法,既缺乏统一的规划,又妨碍城市的协调发展。综合开发能按照城市规划统筹安排,合理布局,把城市规划与社会经济的发展紧密联系起来,从而发挥城市的整体功能。

2. 有利于促进城市化的健康发展。在我国,随着经济的持续、高速增长,农村的经济结构正在变化,城市化的过程必然大大加快,新生城市所必需的基础设施和公共设施,只能在加强城市规划的基础上,强化房地产开发,使之逐步完善。没有房地产开发,就不可能有城市化的快速健康发展。

3. 有利于提高建设工程的综合效益,提高劳动生产率。房地产开发可以集中使用人力、物力、财力,合理利用土地,充分发挥投资的效益。房屋建筑与各种配套设施同步建设,可以缩短工期、降低工程造价,也可以大力推行集中供热等,发挥公共服务的规模优势,节约土地和资金,较好地体现社会、经济、环境三者效益的统一。

4. 有利于增加国家财政收入,缓解城市建设资金的不足。过去的住宅建设,主要是靠国家投资,而这种投资是单向流动的,只有投入没有产出。由于建设资金不足,城市基础设施和住宅建设欠账很多,捉襟见肘。在市场经济条件下,进行多元化筹资,开发企业可以自筹资金进行房地产开发,这在一定程度上缓解了城市建设资金不足的问题,而且其经营活动也直接成为地方财政收入的一个重要来源。

5. 有利于培育和发展房地产市场。住房商品化与城市国有土地有偿使用制度,为我国房地产业的发展和房地产市场的发育提供了制度基础。房地产开发投入越大,产出也就越多,房屋商品化和土地使用制度改革的作用也就越大,从而促进了城市土地资源的优化配置,刺激、推动着房地产市场的发育。

6. 有利于引进外资。房地产开发是引进外资的一条重要渠道。我国房地产领域有广阔的市场前景和较高的投资回报率,对外商投资开发房地产有一定的吸引力,而房地产项目投资额大,经营期限长,通过房地产开发经营直接吸引外资的数量一般较大。

第二节 房地产开发企业法律制度

城市建设的发展,促进了房地产开发企业的建立,而开发企业的建立,又加速了城市建设的步伐。房地产开发企业作为房地产开发的主体,在房地产开发市场上占有重要地位。

一、房地产开发企业的概念和特征

依据《城市房地产管理法》第30条的规定,房地产开发企业是以营利为目的,从事房地产开发和经营的企业。建设部2000年3月29日颁布的《房地产开发企业资质管理规定》第2条规定："本规定所称房地产开发企业是指依法设立、具有企业法人资格的经济实体。"

作为从事房地产开发和经营的营利性组织，房地产开发企业具有如下特征：

1. 房地产开发企业是具有法人资格的经济组织。房地产开发企业必须依法成立，有自己的名称、组织机构和经营场所，有独立的资金并对外独立承担责任。

2. 房地产开发企业是以营利为目的的经济组织。房地产开发企业是营利性法人。营利包括如下要素：房地产开发企业的经营目的是获得经济利益，即为了使公司自身的财产增加并获得利润；房地产开发公司的经营具有连续性，即经营不间断，而不是一次性营利行为。

3. 房地产开发企业的业务活动范围主要是对房地产进行开发与经营。法人的权利能力是法律赋予这种经济组织以从事某种行为的资格。从一定意义上说，法人的权利能力就是法人的业务活动范围，房地产开发企业必须在其业务范围内进行活动，超范围经营的行为不受法律保护。

4. 房地产开发企业实行行业归口管理。房地产开发企业由国家各地建设主管部门实行行业归口管理，并在城建规划指导下进行房地产开发与经营活动。

近几年来，随着我国经济体制改革的推进和住房体制改革的推进，房地产业兴起并迅速发展，我国在各大城市中组建了一大批不同规模、不同开发能力、不同所有制性质的房地产开发公司，已形成了一支实力雄厚的房地产队伍，这支队伍在承担国内居住区的综合开发、配套建设，承担大型的、功能复杂的综合开发区的建设，甚至在承担国外的房地产开发项目等方面，发挥着越来越重要的作用，日益成为房屋开发的主力军和房屋交易的主体。它不仅为城市建设增添活力，为城市人民生活提供了基本场所，而且还通过其经营活动，丰富了我国各项相关经济领域的发展，为繁荣人民的物质生活、推动城市建设与发展都做出了重要的贡献。当然，房地产开发企业在高速发展的过程中也存在一些不规范的行为，价格垄断、侵犯消费者合法权益的现象时有发生，因此，应在法律层面上进一步进行规范。建立高素质的房地产开发企业和企业集团是我国房地产开发企业未来的主要目标，也是我国房地产开发企业走出国门、迎接国际竞争的必要条件。

二、房地产开发企业的分类

我国的房地产开发企业，按照不同的标准，可作不同的划分：

1. 按产权关系划分，可将房地产开发企业主要划分为：国家所有的房地产开发公司、集体所有的房地产开发公司、有限责任公司、股份有限公司、中外合资的房地产开发公司、中外合作的房地产开发公司、外商独资的房地产开发公司。

(1)国家所有的房地产开发公司。这种类型的房地产开发公司通称为"城市建设综合开发公司"或"房地产开发经营公司"，目前所占比例较大。这种城市建设综合开发公司是在房屋统建的基础上发展起来的，其建立形成大体分为三类：第一类是由原来的"统建办"演变而来，这类公司目前大都成为当地的骨干开发机构；第二类是政府各部门、各单位组建的开发公司，这类公司往往附属于政府的某一部门；第三类是原来一些土建施工公司根据业务需要而专门成立的房地产开发公司。国家所有的房地产开发公司与政府的联系较为密切，主要任务就是接受当地人民政府的委托或投标中标，承担开发任务，综合开发的协调工作也多由政府出面协调解决。

(2)集体所有的房地产开发公司。集体所有房地产开发公司一般是指各部门集资合办或者是集体单位独立开办的公司,有大集体和小集体之分。原来的大集体房地产开发公司类似于国家所有的房地产开发公司,小集体所有的房地产公司一般都是新成立的房地产开发公司。集体所有房地产开发公司由于其资金来源有限,企业规模较小,资质等级不高,市场竞争力有限,所以此类房地产开发企业在数量上不占优势,特别是经过对房地产开发市场的整顿,数量上进一步缩小。

(3)有限责任公司和股份有限公司。近几年来,《公司法》进一步完善,许多公司都是根据公司法的规定而设立,并进一步完善。所谓有限责任公司,是指根据《公司法》登记设立,由50个以下的股东共同出资组成,每个股东以其所认缴的出资额对公司承担有限责任,公司以其全部资产对公司债务承担全部责任的公司。目前的房地产开发公司多以这种形式出现,资产性质呈混合趋势,这是房地产开发公司的主力。所谓股份有限责任公司,是指公司资本分为等额的股份,股东以其认购的股份为限对公司承担债务责任,公司以全部股份对外承担债务责任的公司。根据《公司法》规定,设立股份有限责任公司,发起人应为2人以上200人以下。股份有限公司还可分为上市公司和非上市公司。这是房地产开发领域最主要的力量,尤其是一些上市公司,基本成了房地产开发领域的航空母舰。股份有限公司,其资产也是多种经济成分的混合。

(4)中外合资经营或合作的房地产开发公司。中外合资经营的房地产开发公司是在国内取得法人地位的一种国际性的联合经营的开发公司,是股权式公司,是由中方和外方在商定的期限内共同投资,进行房地产开发与经营的有限责任公司。合资各方以自己的投资额为限承担责任,同时以出资比例分配利润。这种合资经营的房地产公司一般在商定的期限内,可对各种开发建设项目进行投资,直到合资期满,其实质是专营公司。中外合作经营的房地产公司是指建立在合同制基础上的契约式或非股权式的合作性开发公司,可以是法人企业,也可以是不具备法人资格的企业。合作双方的投资或提供的合作条件可以是现金、实物、土地使用权等,通常情况下是由中方提供土地使用权,由外方提供资金,合作进行开发建设。合作双方的权利、义务和责任,诸如投资方式、资金回收方式、利润分配方式和比例、债务及亏损的负担、经营管理的分工安排等,均由双方磋商确定,并在合同中明确规定。合作经营的房地产公司一般是项目公司。

(5)外商独资的房地产开发公司。外商独资房地产开发公司是指依法在我国境内设立的、全部资本由外国投资者投资的开发公司,不包括外国的企业和其他经济组织在国内从事房地产开发的分支机构。在我国房地产开发的早期,由于房地产市场受国家基本建设政策的影响而波动较大,各地对注册外商独资房地产开发公司基本持谨慎态度,因而外商独资的房地产开发公司目前不甚普遍,很多外商更倾向于设立分支机构,或委托代理机构从事房地产项目的开发经营。但是随着我国加入世界贸易组织,外商独资的房地产开发公司在国内越来越普遍。

2. 按经营性质的不同,可将房地产开发企业分为房地产开发专营公司、兼营公司和项目公司三种类型,这是在实践当中最常见的分法。

(1)房地产开发专营公司。顾名思义,房地产开发专营公司是指依法经登记注册成立,长期从事房地产开发经营业务的企业。房地产开发公司或综合开发公司,一般均为房地产专营公司。房地产开发公司在经营期限之内,可对各项允许开发的房地产项目进行投资建设、经营管理。按照建设部颁布的《房地产开发企业资质管理规定》的规定，房地产专营公司可以分为四个资质等级，从事不同的房地产开发项目。房地产开发专营公司由于长期从事房地产开发，经验丰富，资金较雄厚，技术力量较强，管理水平较高，在房地产市场上竞争能力较强，故房地产专营公司是房地产开发的一支重要生力军。

(2)房地产兼营公司。是指某些主营其他行业，如商业、建筑业、电子工业、化学工业的公司，在注册过程中，申请兼营房地产开发经营管理的公司。随着企业经营机制的转换，企业在投资方面有了更大的自主权，一些资金实力雄厚的公司为优化其投资组合，希望将部分资金投资收益水平相对较高的房地产业，因而纷纷将房地产开发纳入其经营范围。从社会发展的角度看，房地产兼营公司也在日益增多。

(3)房地产开发项目公司。是指以房地产开发项目为对象而从事单项房地产开发经营的企业。房地产开发项目公司能经营的对象只限于批准的项目，其项目开发或经营完毕之后，应向工商行政管理部门办理核减经营范围的变更登记。合资或合作的房地产开发公司多属于此类公司。由于房地产项目公司的经营期限短，方式灵活，因而其风险相对较低，中外合作的房地产开发公司多采用项目公司的经营形式。

三、房地产开发企业的设立

(一)设立房地产开发企业的条件

房地产开发企业是房屋开发的主体，其设立应当符合我国有关法律、法规的规定。《城市房地产管理法》第30条规定：房地产开发企业是以营利为目的，从事房地产开发和经营的企业。设立房地产开发企业，应当具备下列条件：(1)有自己的名称和组织机构；(2)有固定的经营场所；(3)有符合国务院规定的注册资本，达到资质要求；(4)有足够的专业技术人员；(5)法律、行政法规规定的其他条件。设立房地产开发企业，还应按《公司法》的有关规定，将房地产开发企业登记为各种类型的公司，因此，设立房地产开发企业的条件应包括五个方面。

1. 有自己的名称和组织机构

房地产开发企业是一个法人组织，应有自己的名称和组织机构。房地产开发企业的名称包括字号、行业和组织形式三方面的内容。如果设立有限责任公司或股份有限公司的，还必须在公司名称中标明“有限责任”或“股份有限”的字样。企业名称必须在企业设立登记时由工商行政主管部门核准。有组织机构，就是要有完整系统的经营决策层，有职能明确、分工合理的生产经营组织及相应的分支机构和下属机构。因为唯有具备健全的组织机构，才能形成法人的意志，对内执行法人事务，对外代表法人参加民事活动。设立有限责任公司和股份有限公司从事房地产经营的，体现在组织机构上，就是在房地产开发企业为有限责任公司时，其组织机构包括股东会、董事会、监事会和经理机构；房地产开发企业采取股份有限公司的形式时，其组织机构包括股东大会、董事会、监事会和经理机构等。在具体项目开发过程中，房地产公司通常包括以下一些机构，负责各项工作：(1)规划设计部；(2)征地拆迁部；(3)工程设计部；(4)计划部；(5)财务部；(6)材料供应部；(7)经营部；(8)人事部；(9)办公室等。各部门工作由总经理统一协调，有关部门负责人(经理)对总经理负责。

2. 有固定的经营场所

企业必须拥有固定的经营场所，有企业法人的固定地址，这是企业对外进行经营联系的主要场所,也是国家对房地产开发企业进行管理所必需的,不能是游动性地从事生产经营活动。法律之所以要求房地产开发企业必须有固定的经营场所,是因为可以此确定房地产开发企业的活动中心,以便与各方面进行联系,开展房地产开发经营活动。固定的经营场所是指企业的住所,即企业主要办事机构所在地,并且该固定经营场所要在工商管理部门进行登记。企业登记的住所只能是一个,而不能有两个。对于有实力的房地产开发企业,办公用房应该是永久性建筑,而不能是临时建筑。

3. 有符合规定的注册资本,达到资质要求

值得一提的是,根据《公司法》的修改,《房地产开发企业资质管理规定》也作出了相应的改动。注册资本不再作为对房地产开发企业资质的划分标准,修改后的《房地产开发企业资质管理规定》,取消了"注册资本金不少于×××万元"或"×××万元以上"的规定。此前,具备一至四级资质的企业需拥有注册资本依次不低于5000万元、2000万元、800万元及100万元。规范性文件修改后,四级企业的划分标准将主要就开发经营年限、累计竣工的建筑面积、工程质量合格率等方面作出评估,不再以注册资本的多少"论英雄"。一级资质的房地产开发企业必须符合从事房地产开发经营5年以上、近3年房屋建筑面积累计竣工30万平方米以上,或者累计完成与此相当的房地产开发投资额、连续5年建筑工程质量合格率达100%这三项要求;二级资质的企业须从事房地产开发经营3年以上、近3年房屋建筑面积累计竣工15万平方米以上,或者累计完成与此相当的房地产开发投资额、连续3年建筑工程质量合格率达100%;符合三级资质的企业需满足从事房地产开发经营2年以上、房屋建筑面积累计竣工5万平方米以上,或者累计完成与此相当的房地产开发投资额、连续2年建筑工程质量合格率达100%;四级资质的房地产开发企业需满足从事房地产开发经营1年以上、已竣工的建筑工程质量合格率达100%。

4. 有足够的专业技术人员

房地产开发是一个专业性很强的行业,它不仅需要建筑、设计、结构等方面的专业技术人员,而且还需要经济、统计、财会、法律等方面的专业人员。对于一级资质的房地产开发企业,专业管理人员不少于40人,其中具有中级以上职称的不少于20人,持有资格证书的专职会计人员不少于4人;二级企业应拥有有职称的建筑、土木工程、财务管理、建筑或房地产经济类的专业管理人员不少于20人,其中具有中级以上职称的管理人员不少于10人,持有资格证书的专职会计人员不少于3人;三级企业的专业技术人员不少于10人,其中具有中级以上职称的不少于5人,持有资格证书的专职会计人员不少于2人;四级企业的专业技术人员不少于5人,持有资格证书的专职会计人员不少于2人。

5. 法律、行政法规规定的其他条件

设立房地产开发企业,除了应当遵守《城市房地产管理法》等专门性法规规定的条件外,还应满足其他相关法律、法规规定的条件。例如,设立房地产开发有限责任公司或股份有限公司,应执行《公司法》的有关规定。如果设立有限责任公司的,则必须具备下列条件:(1)股东符合法定人数,即由50个以下的股东出资设立;(2)有符合公司章程规定的全体股东认缴的出资额;(3)股东共同制定公司章程;(4)有公司名称,建立符合有限责任公司要求的组织机构;(5)有公司住所。如果设立股份有限公司则应具备下列条件:(1)发起人符合法定人数,即应当有2个以上200个以下的发起人,其中须过半数的发起人在中国境内有住所;(2)有符合公司

章程规定的全体发起人认购的股本总额或者募集的实收股本总额；以募集设立方式设立股份有限公司的，发起人认购的股份不得少于公司股份总数的35%；(3)股份发行、筹办事项符合法律规定；(4)发起人制定公司章程，采用募集方式设立的经创立大会通过；(5)有公司名称，建立符合股份有限公司要求的组织机构；(6)有公司住所。

只有同时具备上述全部五项条件，才符合设立房地产开发公司的实体条件要求。

(二)设立房地产开发企业的程序

根据我国《城市房地产管理法》第30条和《城市房地产开发经营管理条例》第5条的规定，房地产开发企业必须依照法定程序设立，房地产开发企业的设立，要经过登记和备案两个阶段。

1. 房地产开发企业的设立登记

《城市房地产管理法》第30条第2款规定："设立房地产开发企业，应当向工商管理部门申请设立登记。工商行政管理部门对符合本法规定条件的，应当予以登记，发给营业执照；对不符合本法规定条件的，不予登记。"

2. 设立房地产开发企业的备案

《城市房地产管理法》第30条第4款规定："房地产开发企业在领取营业执照后的一个月内，应当到登记机关所在地的县级以上地方人民政府规定的部门备案。"企业除了须符合必要的条件方能直接登记外，还须接受政府行业管理部门的监督管理。这一程序性规定，目的是将设立登记后的房地产开发企业纳入房地产业的行业管理，保证房地产开发企业的健康发展和企业市场行为的规范化，并为具体落实第31条关于"房地产开发企业的注册资本与投资总额的比例应当符合国家有关规定"和"分期投资额应当与项目规模相适应"的规定创造条件。

房地产开发公司在向政府有关主管部门备案时必须提交下列文件：(1)公司的营业执照复印件(加盖登记机关印章)；(2)公司章程；(3)公司的验资证明；(4)公司法定代表人及总经理的任职文件及个人资料；(5)经济、技术专业人员的资格证书、任职文件及其聘用合同；(6)主管部门规定的其他文件。主管部门对设立公司手续完备、资质符合要求的公司颁发《房地产开发企业资质等级证书》，对不符合公司设立条件、资质不符合要求的，提请工商行政主管部门处理。凡未依法办理备案手续的企业，城市规划、建设和房地产等行政管理部门不得办理规划、项目开工建设、商品房预售等各项手续。

四、房地产开发企业的资质管理

企业的资本实力、管理能力决定了企业承当开发任务的规模、数量，要避免"小马拉大车"，即由于资金不足、管理能力不足而损害社会的整体利益、损害消费者利益的现象。对已办理备案手续的房地产开发公司，应当加强资质管理，根据企业的资金、人员的素质、管理的水平等条件对房地产开发企业进行资质等级管理，并颁发相应证书，以加强对房地产开发企业经营管理活动的指导和监督。我国《城市房地产开发经营管理条例》第9条规定："房地产开发主管部门应当根据房地产开发企业的资产、专业技术人员和开发经营业绩等，对备案的房地产开发企业核定资质等级。房地产开发企业应当按照核定的资质等级，承担相应的房地产开发项目。"对房地产开发企业进行资质等级审核管理是加强房地产开发的必然要求。建设部2000年3月29日重新修订发布的《房地产开发企业资质管理规定》，进一步完善了房地产开发企业的资质管理法律制度。

(一)房地产开发企业资质管理的主要内容

1. 房地产开发专营公司应当按照规定申请核定资质等级,未取得房地产开发资质等级证书(以下简称资质证书)的企业,不得从事房地产开发经营业务。兼营公司经营房地产开发业务也要经省级以上建设行政部门批准,但不定资质等级。项目开发公司也不定资质等级,由项目所在地建设行政主管部门根据其项目规模审定其资金、人员条件,并核发一次性资质证书。

2. 房地产开发专营公司按资质条件划分为一、二、三、四共四个等级。各级公司的资质标准均有严格的条件规定。

3. 房地产开发专营公司的资质等级实行分级审批。一级房地产开发公司由省、自治区、直辖市建设行政主管部门初审,报国务院建设行政主管部门审批;二级资质及以下资质的审批办法由省、自治区、直辖市人民政府建设行政主管部门制定。

4. 房地产开发专营公司的资质每年核定一次。对于不符合原定资质标准的企业,由原资质审批部门予以降级或注销房地产开发企业资质等级证书。

(二)房地产开发企业的资质标准

房地产开发企业的资质标准,目前法律、法规并未作出明确规定,但根据建设部《房地产开发企业资质管理规定》(2015 年 5 月 4 日修订)的有关规定,目前我国房地产开发公司分为四个等级,其标准分别为:

1. 资质一级企业:从事房地产开发经营 5 年以上;近 3 年房屋建筑面积累计竣工 30 万平方米以上,或者累计完成与此相当的房地产开发投资额;连续 5 年建筑工程质量合格率达 100%;上一年房屋建筑施工面积 15 万平方米以上,或者完成与此相当的房地产开发投资额;有职称的建筑、结构、财务、房地产及有关经济类的专业管理人员不少于 40 人,其中具有中级以上职称的管理人员不少于 20 人,持有资格证书的专职会计人员不少于 4 人;工程技术、财务、统计等业务负责人具有相应专业中级以上职称;具有完善的质量保证体系,商品住宅销售中实行了《住宅质量保证书》和《住宅使用说明书》制度;未发生过重大工程质量事故。

2. 资质二级企业:从事房地产开发经营 3 年以上;近 3 年房屋建筑面积累计竣工 15 万平方米以上,或者累计完成与此相当的房地产开发投资额;连续 3 年建筑工程质量合格率达 100%;上一年房屋建筑施工面积 10 万平方米以上,或者完成与此相当的房地产开发投资额;有职称的建筑、结构、财务、房地产及有关经济类的专业管理人员不少于 20 人,其中具有中级以上职称的管理人员不少于 10 人,持有资格证书的专职会计人员不少于 3 人;工程技术、财务、统计等业务负责人具有相应专业中级以上职称;具有完善的质量保证体系,商品住宅销售中实行了《住宅质量保证书》和《住宅使用说明书》制度;未发生过重大工程质量事故。

3. 资质三级企业:从事房地产开发经营 2 年以上;房屋建筑面积累计竣工 5 万平方米以上,或者累计完成与此相当的房地产开发投资额;连续 2 年建筑工程质量合格率达 100%;有职称的建筑、结构、财务、房地产及有关经济类的专业管理人员不少于 10 人,其中具有中级以上职称的管理人员不少于 5 人,持有资格证书的专职会计人员不少于 2 人;工程技术、财务等业务负责人具有相应专业中级以上职称,统计等其他业务负责人具有相应专业初级以上职称;具有完善的质量保证体系,商品住宅销售中实行了《住宅质量保证书》和《住宅使用说明书》制度;未发生过重大工程质量事故。

4. 资质四级企业：从事房地产开发经营 1 年以上；已竣工的建筑工程质量合格率达 100%；有职称的建筑、结构、财务、房地产及有关经济类的专业管理人员不少于 5 人，持有资格证书的专职会计人员不少于 2 人；工程技术负责人具有相应专业中级以上职称，财务负责人具有相应专业初级以上职称，配有专业统计人员；商品住宅销售中实行了《住宅质量保证书》和《住宅使用说明书》制度；未发生过重大工程质量事故。

（三）各资质等级的房地产开发公司的业务范围

城市房地产开发公司成立后，必须按照批准的资质等级在规定的业务范围内承担相应的开发任务，不得超级承揽。

1. 一级资质的房地产开发企业承担房地产项目的建设规模不受限制，建设技术复杂程度不受限制，可以在全国范围承揽房地产开发项目。

2. 二级资质及二级资质以下的房地产开发企业可以承担建筑面积 25 万平方米以下的开发建设项目，承担业务的具体范围由省、自治区、直辖市人民政府建设行政主管部门确定。

五、房地产开发企业的终止

与其他企业一样，房地产开发企业可因一定的法律事实而终止，引起房地产开发企业终止的法律事实主要有以下几类：

（一）依行政规定、法院裁决而被撤销

根据我国法律规定，多种违法行为均可导致撤销企业登记、吊销营业执照、强制歇业。如根据《公司法》（2014 年修订）第 198 条、第 211 条的规定，公司采取欺诈手段骗取公司登记的，可给予撤销公司登记的处罚；公司成立后，无正当理由超过 6 个月未开业的，或开业后自行停业连续 6 个月以上的，由公司登记机关吊销其营业执照。根据《企业法人登记管理条例》的规定，1 年内无房地产开发业务的房地产开发专营企业，取消其房地产开发资格，并向工商行政管理机关办理注销登记；其他经批准从事房地产开发、经营的企业，1 年内未开展房地产开发经营活动的，取消其开发经营资格，工商行政管理机关依法核减其经营范围。企业对行政机关吊销营业执照、强制歇业不服的，均可通过行政诉讼途径请求司法审查。法院一旦作出维护行政决定的判决或裁定，企业法人必须终止。

（二）自行解散

房地产开发企业可自行决定自己的命运。自行解散有如下理由：（1）房地产开发企业的经营目的已达到、事业已完成或目的无法达到、事业无法完成而自行解散；（2）上级主管机关或投资者的决定而解散；（3）房地产开发企业章程所规定的解散事由出现而解散；（4）股东达不到法定最低人数要求而解散。

（三）企业破产

房地产开发企业在经营过程中，不能清偿到期债务，并且资产不足以清偿全部债务或者明显缺乏清偿能力的，可根据《企业破产法》（2007 年 6 月 1 日实施）的有关规定，由法院宣告破产。房地产开发企业一旦被宣告破产，其法人资格即告终止。

（四）其他原因

除上述原因外，房地产开发企业也可因合并、分立等原因而终止。

房地产开发企业一旦终止,即应进入清算程序,清算程序有两类:一是依破产程序进行清算;二是依非破产程序清算,即由企业自行组织清算小组清算或由上级主管机关清算。清算完毕,应及时办理企业注销登记并公告。

第三节 建设工程项目招投标法律制度

建设工程项目的招标投标,是指房地产开发商设定“开发建设项目”这一标的,邀请若干个建设单位进行秘密报价竞争,由房地产开发商从中选择优胜者,并与之达成协议、签订合同,按合同实施的法律行为。建设工程项目的招标投标应当符合《招标投标法》(2017 年 12 月 27 日修正)、《建筑工程设计招标投标管理办法》(2017 年 5 月 1 日施行)及其他相关法律、法规的规定。

建设单位通过招标方式发包,其目的在于选择适当的承包单位。对于众多的投标者,建设单位能按一定的标准,如技术先进、质量最优、工期最短、造价最低等方面选择中标者,再把建设工程发包出去。建设工程项目通过招标、投标的方式进行承包,是国际上通行的做法。在我国,随着建筑体制的改革,竞争机制的引入,建筑工程承包绝大部分都采取招标、投标的方式。通过这种方式,可以使房地产开发商选择最佳的承包者,同时也便于房地产开发商对工程建设进行监督管理,以保证开发建设项目的顺利完成,并有利于防止垄断、促进竞争。

另外,根据《招标投标法》第 3 条的规定,大型基础设施、公用事业等关系社会公共利益、公众安全的项目;全部或者部分使用国有资金投资或者国家融资的项目;使用国际组织或者外国政府贷款、援助资金的项目,其勘察、设计、施工、监理及与工程有关的重要设备、材料等的采购,必须进行招标,这是法律明确规定的强制招标制度。在某些领域推行强制招标制度可以起到促进科学民主决策,消除地方保护主义和部门垄断,防止投资失误,避免投资浪费及遏制腐败现象等作用。

一次完整的招标投标活动,包括招标、投标、评标、中标等主要过程,下面介绍建设工程招投标的各项基本制度。

一、招标

建筑工程项目招标是指业主设定标的并标明其拟发包工程的内容与要求等,从而招引或邀请那些愿意承包并符合投标资格的承包商对承包该工程所采用的施工方案和要求的价格等进行投标的活动,也就是招标人向投标人发出的一种要约邀请。在招标的过程中涉及以下几个重要问题。

(一)招标人

建筑工程项目的招标人是指依法提出建筑工程招标项目进行招标的法人或其他组织(一般指开发商,或称业主)。

招标人应符合以下条件:(1)招标人为法人或其他组织,能独立地承担责任。(2)招标人要有可以依法进行招标的建筑工程项目,其中,施工招标项目必须具备的条件是:①概算已经批准;②建设项目已正式列入国家、部门或地方年度固定资产投资计划;③建设用地的征收工作已经完成;④有能够满足施工需要的施工图纸及技术资料;⑤建设资金和主要建筑材料、设备的来源已经落实;⑥已经建设项目所在地规划部门批准,施工现场的"三通一平"已经完成或一并列入施工招标范围。

具备上述条件后,开发商即可向当地建设主管部门或其招标办事机构提出招标申请,经审查合格后,方能开展招标活动。

（二）招标文件

这是招标投标过程中具重要意义的文件。当开发商的招标申请获得批准后,即应着手准备招标文件。招标文件是开发商向投标单位介绍工程情况和招标条件的文件,也是签订工程承包合同的基础。招标文件可由开发商自行编制,亦可委托有资格的咨询公司编制。招标文件一经发出,开发商不得擅自变更内容或增加附加条件。确实需要澄清或修改的,应在招标文件要求提交投标文件截止时间至少15日前,以书面形式通知所有招标文件收受人。该澄清或者修改的内容为招标文件的组成部分。

建筑工程的招标文件一般包括以下内容:(1)工程综合说明。包括工程名称、建设地址、招标项目、占地范围、建筑面积、技术要求、质量标准、现场条件、招标方式、开工和竣工时间以及对投标企业的资质等级要求等。(2)必要的设计图纸与技术资料。(3)工程量清单。(4)由银行出具的建设资金证明和工程款的支付方式及预付款的百分比。(5)主要材料(钢材、木材、水泥等)与设备的供应方式,加工订货情况和材料、设备的价差处理办法。(6)特殊工程的施工要求及采用的技术规范。(7)投标书编制要求。(8)投标、开标、评标、定标等活动的日程安排。(9)建筑工程施工合同条件及调整要求。(10)应缴纳的投标保证金额度。(11)其他需要说明的事项。

（三）招标工程标底

编制标底是开发商招标中的一项重要准备工作。标底是招标人认可的招标项目的预算价格,也是审核投标报价、评标决标的重要依据之一,并且一个招标项目只能编制一个标底。通过制定标底,使开发商预先明确自己在拟建工程中应承担的义务,从而更好地安排资金计划。

招标工程的标底可由开发商请有资格的预算人员编制,亦可委托有相应资格的投标咨询机构代编,并在编制招标文件的同时进行。开发商必须把工程标底送当地合同预算审查处确认,密封后再经当地招标管理办公室核准后才能生效。

标底文件一般应包括下列内容:(1)招标工程综合说明;(2)招标工程一览表;(3)标底价,包括工程总造价、单方造价、"三材"(钢材、水泥、木材)总用量及单方用量、标底价中所含各项费用说明。

（四）招标方式

开发商完成标底编制后,即可决定采取何种招标方式,并在招标申请书中提出,经当地招标管理部门批准后实施,开发商根据所批准的形式,发出招标通告或邀请招标函。

《招标投标法》第10条第1款规定:"招标分为公开招标和邀请招标。"

1. 公开招标

公开招标是指开发商(或业主)在国内外主要报刊上刊登广告或发出通告,邀请不特定的法人或是其他组织参加投标。

通过公开招标方式,可以使开发商有较大的选择范围,开发商可以在众多的招标单位之间选择报价合理、工期短、信誉良好的承包商与之签订承包合同。这种承包方式常适用于工程项目规模较大,建设周期长、技术复杂的开发项目。

这种方式的不足在于,公开招标过程需要经历一段相当长的时间,因为开发商审查投标者资格及其标书的工作量比较大,招标支出费用较高。其优点在于可以促使承包商努力提高开发项目的建设质量,缩短工期并降低成本造价。公开招标是目前建筑市场通行的招标方式,房地产开发商应尽量采用该方式发包开发项目的建设任务。

2. 邀请招标

邀请招标是指由开发商或委托的招标单位向其所信任的、具有相应资格的建设单位发送招标通知书,邀请其参加开发项目建设投标的一种发包方式。《招标投标法》第 17 条第 1 款规定:"招标人采用邀请招标方式的,应当向三个以上具备承担招标项目的能力、资信良好的特定的法人或者其他组织发出投标邀请书。"

采用这种招标方式,由于被邀请参加竞争的投标单位有限(一般在 3~10 个之间),开发商既可以节省招标费用,又可以提高招标工作的效率。但这种方式的不足是限制了竞争的范围,把许多可能的竞争者排除在外,这样也就缩小了开发商的选择余地。

邀请招标方式通常适用于工程性质比较特殊、要求有专门经验的技术人员和专门技术的建设项目,或者是公开招标的结果未产生出中标单位,以及由于工期紧迫或保密的要求较高等原因而不宜公开招标的建设工程。

(五)投标单位资格审查

投标单位资格审查的目的在于了解投标单位的技术和财务实力及管理经验,限制不符合条件的单位盲目参加投标,以使招标能获得比较理想的结果。在公开招标时,投标单位资格审查通常放在发售招标文件之前进行,审查合格者才允许购买招标文件,故称为资格预审。在邀请招标的情况下,则在评标的同时进行资格审查。

《招标投标法》第 18 条第 1 款规定:"招标人可根据招标项目本身的要求,在招标公告或投标邀请书中,要求潜在投标人提供有关资质证明文件和业绩情况,并对潜在投标人进行资格审查;国家对投标人的资格条件有规定的,依照其规定。"

开发商对投标单位进行资格审查时,应注意考虑以下几个方面:(1)企业注册证明和技术等级;(2)主要施工经历;(3)技术力量简况;(4)施工机械设备简况;(5)正在施工的承建项目;(6)资金或财务状况。

二、投标

建筑工程项目投标的实质就是争夺承包权。从法律上讲,投标即建筑业企业应开发商的投标邀请,按照招标条件在规定的时间内,对开发商所作出的要约。建筑业企业为了能在投标中获胜,必须按照招标文件的要求,认真编制投标文件。

投标文件应对招标文件提出的实质性要求和条件作出响应。响应的方式是建筑业企业按照招标文件填报,不得遗漏或回避招标文件中的问题。

建筑工程的投标文件一般包括以下内容:(1)综合说明;(2)按照工程量清单计算的标价及钢材、木材、水泥等主要材料用量,投标单位可依据统一的工程量的计算规则自主报价;(3)施工方案和完成拟招标项目的机械设备;(4)保证工程质量、进度和施工安全的主要技术组织措施;(5)计划开工、竣工的日期,工程总进度;(6)拟派出的项目负责人和主要技术人员的简历、业绩;(7)对合同主要条件的确认。

按照《招标投标法》的规定,投标人应当在招标文件要求提交投标文件的截止时间之前,将投标文件送达投标地点。招标人收到投标文件后,应当签收保存,不得开启。投标人少于 3 个的,招标人应当重新招标。投标人在招标文件要求提交投标文件的截止时间之前,可以补充、修改或撤回已提交的投标文件,并书面通知招标人。补充、修改的内容为投标文件的组成部分。

三、开标

开标应在招标文件规定的时间、地点公开进行,由招标人主持,邀请所有投标人参加。开标时由投标人或者其推选的代表检查投标文件的密封情况,也可以由招标人委托的公证机构检查并公证;检查无误后,由工作人员当众拆封,宣读投标人名称、投标价格和投标文件的其他主要内容。开标过程应当记录,并存档备查。开标后,任何投标人都不允许更改标书的内容和报价,也不允许再增加优惠条件。标书启封后,评标、中标的标准和方法都不能改动。

四、评标

评标是对投标文件进行审查、评议、比较,其根据是法定的原则和招标文件的规定和要求,这是确定中标人的必经程序。评标由招标人依法组建的评标委员会负责。评标委员会成员的名单在中标结果确定前应当保密。开发商应采取必要的措施,保证评标在严格保密的情况下进行。

评标委员会可以要求投标人对投标文件中含义不明确的内容作必要的澄清或者说明,但是澄清或者说明不能超出投标文件的范围或者改变投标文件的实质性内容。评标委员会应当按照招标文件确定的评标标准和方法,对投标文件进行评审和比较;设有标底的,应当参考标底。评标委员会完成评标后,应当向开发商提出书面评标报告,并推荐合格的中标候选人。招标人根据评标委员会提出的书面评标报告和推荐的中标候选人确定中标人。开发商也可授权评标委员会直接确定中标人。

五、决标

决标是指在招标投标中选定最优的投标人。对投标人讲就是投标成功,成为中标人。根据《招标投标法》第 41 条的规定,中标人的投标应当符合下列条件之一:(1)能最大限度地满足招标文件中规定的各项综合评价标准;(2)能满足招标文件的实质性要求,并且经评审的投标价格最低,但是投标价格低于成本的除外。中标人确定后,开发商应向中标人发出中标通知书,并同时将中标结果通知所有未中标的投标人。中标通知书对开发商和中标人均具有法律效力。中标通知书发出后,招标人改变中标结果的,或者中标人放弃中标项目的,应依法承担法律责任。

开发商和中标人应自中标通知书发出之日起 30 日内,按照招标文件和中标的投标文件订立书面合同。依法必须进行招标的项目,招标人应当自确定中标人之日起 15 日内,向有关行政监督部门提交招标投标情况的书面报告。

六、招标管理机构

我国工程项目招标实行分级管理的原则。工程项目招投标综合管理部门,在中央为住房和城乡建设部,在各省、自治区、直辖市为住房和城乡建设厅,在市、县为住房和城乡建设局。

中央和各省市工程项目招投标综合管理部门的主要职责是:(1)贯彻国家颁布的关于招标与投标的法律、法规,监督和指导招投标工作;(2)制定招标投标管理办法和实施细则;(3)参加必要的招标和评标的组织工作;(4)总结交流招标投标的工作经验。

城市和县设立的招标投标办事机构,其主要职责是:(1)审查招标单位是否具备资格;(2)审查招标项目是否具备招标条件;(3)审定标底;(4)加强对评标、定标的管理,确认决标的有效性;(5)调解招标过程中的纠纷;(6)对违反招标条件的单位和个人,作出处罚决定。

第四节　建筑工程的施工管理与监理法律制度

一、建筑工程的施工管理制度

房地产工程建设项目实施是房地产开发的重要环节,其是否规范、有序直接关系到房地产开发的质量,关系到建筑市场的秩序,也是保证房屋开发顺利完成、保证房屋质量的有效手段,因此有必要加强建筑工程的施工管理。

(一)建筑施工企业的资质管理

建筑施工企业是建筑工程实施的主体。建筑施工企业的资质管理,关乎工程质量的百年大计。根据2015年3月1日开始实施的《建筑业企业资质管理规定》的规定,建筑业企业资质分为施工总承包资质、专业承包资质和施工劳务资质三个序列。建筑施工企业,是指从事土木建筑工程、线路、管道及设备安装工程、装修装饰工程等新建、扩建、改建活动的建筑业企业。房地产开发企业对建筑施工企业的选择,应符合国家关于《建筑业企业资质管理规定》的规定,建筑施工企业应按审定的资质管理和业务范围承接工程,并对所承接工程的施工质量负责。

根据《建筑法》的规定,从事建筑活动的建筑施工企业、勘察单位、设计单位和工程监理单位应具备下列条件:第一,有符合国家规定的注册资本;第二,有与其从事的建筑活动相适应的具有法定执业资格的专业技术人员;第三,有从事相关建筑活动所应有的技术装备;第四,法律法规规定的其他条件。从事建筑活动的专业人员应当依法取得执业资格证书,并在执业资格证书许可的范围从事建筑活动。建筑施工企业的资质管理主要包括三部分内容。

1. 确定资质标准

确定资质标准,即建设行政主管部门根据企业的经历、资历和技术管理人员的资格、数量、比例,以及拥有固定资产和专业设备的数量及生产能力确定分等定级的资质标准,它体现了国家对施工企业在资格素质方面的要求。

目前法律规定的各建筑企业的资质标准如下:

(1)一级企业:企业资产净资产1亿元以上;建筑工程、机电工程专业一级注册建造师合计不少于12人，其中建筑工程专业一级注册建造师不少于9人；技术负责人具有10年以上从事工程施工技术管理工作经历，且具有结构专业高级职称；建筑工程相关专业中级以上职称人员不少于30人，且结构、给排水、暖通、电气等专业齐全；持有岗位证书的施工现场管理人员不少于50人，且施工员、质量员、安全员、机械员、造价员、劳务员等人员齐全；经考核或培训合格的中级工以上技术工人不少于150人；近5年承担过下列4类中的2类工程的施工总承包或主体工程承包，工程质量合格：地上25层以上的民用建筑工程1项或地上18～24层的民用建筑工程2项、高度100米以上的构筑物工程1项或高度80～100米（不含）的构筑物工程2项、建筑面积3万平方米以上的单体工业、民用建筑工程1项或建筑面积2万～3万平方米（不含）的单体工业、民用建筑工程2项、钢筋混凝土结构单跨30米以上（或钢结构单跨36米以上）的建筑工程1项或钢筋混凝土结构单跨27～30米（不含）[或钢结构单跨30～36米（不含）]的建筑工程2项。

（2）二级企业：净资产4000万元以上；建筑工程、机电工程专业注册建造师合计不少于12人，其中建筑工程专业注册建造师不少于9人；技术负责人具有8年以上从事工程施工技术管理工作经历，且具有结构专业高级职称或建筑工程专业一级注册建造师执业资格；建筑工程相关专业中级以上职称人员不少于15人，且结构、给排水、暖通、电气等专业齐全；持有岗位证书的施工现场管理人员不少于30人，且施工员、质量员、安全员、机械员、造价员、劳务员等人员齐全；经考核或培训合格的中级工以上技术工人不少于75人；近5年承担过下列4类中的2类工程的施工总承包或主体工程承包，工程质量合格：地上12层以上的民用建筑工程1项或地上8～11层的民用建筑工程2项、高度50米以上的构筑物工程1项或高度35～50米（不含）的构筑物工程2项、建筑面积1万平方米以上的单体工业、民用建筑工程1项或建筑面积0.6万～1万平方米（不含）的单体工业、民用建筑工程2项、钢筋混凝土结构单跨21米以上（或钢结构单跨24米以上）的建筑工程1项或钢筋混凝土结构单跨18～21米（不含）[或钢结构单跨21～24米（不含）]的建筑工程2项。

（3）三级企业：净资产800万元以上；建筑工程、机电工程专业注册建造师合计不少于5人，其中建筑工程专业注册建造师不少于4人；技术负责人具有5年以上从事工程施工技术管理工作经历，且具有结构专业中级以上职称或建筑工程专业注册建造师执业资格；建筑工程相关专业中级以上职称人员不少于6人，且结构、给排水、电气等专业齐全；持有岗位证书的施工现场管理人员不少于15人，且施工员、质量员、安全员、机械员、造价员、劳务员等人员齐全；经考核或培训合格的中级工以上技术工人不少于30人；技术负责人（或注册建造师）主持完成过本类别资质二级以上标准要求的工程业绩不少于2项。

2. 认定企业资质等级

认定企业资质等级，即由建设行政主管部门根据确定的资质标准和企业达到标准的实际情况，给建筑企业核定资质等级。经资质审核合格的，由审批部门向企业颁发《资质等级证书》。非等级建筑企业的资质条件和业务范围，由省、自治区、直辖市建筑行政主管部门或其授权部门审定。

3. 划定企业的经营范围

各级建筑企业的营业范围如下：（1）一级企业可承担单项合同额3000万元以上的下列建筑工程的施工：①高度200米以下的工业、民用建筑工程；②高度240米以下的构筑物工程；

(2)二级企业可承担:高度100米以下的工业、民用建筑工程;高度120米以下的构筑物工程;建筑面积4万平方米以下的单体工业、民用建筑工程;单跨跨度39米以下的建筑工程;(3)三级企业可承担:高度50米以下的工业、民用建筑工程;高度70米以下的构筑物工程;建筑面积1.2万平方米以下的单体工业、民用建筑工程;单跨跨度27米以下的建筑工程。

建筑业企业必须按照《资质等级证书》规定的范围从事施工活动,不得越级承揽工程。非等级施工企业主要从事工程分包和提供劳务。擅自超越《资质等级证书》或审定的资质条件与业务范围承揽工程的,或者无资质证书或超过审定的业务范围证书从事工程承包工程的,除按国家规定处理外,由工程所在地建设行政主管部门予以警告、停止施工、责令限期返回原地,并可处以罚款。

实践证明,建筑企业资质管理起到了控制施工队伍规模、调整组织机构、提高企业素质和强化行业管理四个方面的作用。随着资质管理的实施,企业按级承包工程,按专业范围施工的正常秩序正在形成。

(二)建筑工程的施工许可管理

《建筑法》第7条第1款规定:"建筑工程开工前,建设单位应当按照国家有关规定向工程所在地县级以上人民政府建设行政主管部门申请领取许可证;但是,国务院建设行政主管部门确定的限额以下的小型工程除外。"未取得施工许可证的建设单位不得擅自开工,但工程投资额在30万元以下或者建设面积在300平方米以下的建筑工程,可以不申请办理施工许可证。任何单位和个人不得将应该申请领取施工许可证的工程项目分解为若干限额以下的工程项目,规避申请领取施工许可证。

申请领取施工许可证,应当符合下列条件:(1)已经办理该建筑工程用地批准手续;(2)在城市规划区的建筑工程,已经取得建设工程规划许可证;(3)施工场地已经基本具备施工条件,需要拆迁的,其拆迁进度符合施工要求;(4)已经确定建筑施工企业,但按照规定应该招标的工程没有招标,应该公开招标的工程没有公开招标,或者肢解发包工程,以及将工程发包给不具备相应资质条件的,所确定的施工企业无效;(5)有满足施工需要的施工图纸及技术材料,施工图设计文件已按规定进行了审查;(6)有保证工程质量和安全的具体措施,即施工企业编制的施工组织设计中有根据建筑工程特点制定的相应质量、安全技术措施,专业性较强的工程项目编制(的)有专项质量、安全施工组织设计,并按照规定办理了工程质量、安全监督手续;(7)建设资金已经落实,建设工期不足1年的,到位资金原则上不得少于工程合同价的50%,建设工期超过1年的,到位资金原则上不得少于工程合同价的30%,建设单位应当提供银行出具的到位资金证明,有条件的可以实行银行付款保函或者其他第三方担保;(8)按照规定应该委托监理的工程已委托监理;(9)法律、行政法规规定的其他条件。

建设行政主管部门应当自收到申请之日起15日内,对符合条件的申请颁发许可证。建设单位应自领取施工许可证之日起3个月内开工。因故不能按期开工的,应当向发证机关申请延期;延期以两次为限,每次不超过3个月。既不开工又不申请延期或超过延期时限的,施工许可证自行废止。在建的建筑工程因故中止施工的,建设单位应自中止施工之日起1个月内,向发证机关报告,并按照规定做好建筑工程的维护管理工作。建筑工程恢复施工时,应当向发证机关报告;中止施工满1年的工程恢复施工前,建设单位应当报发证机关核验施工许可证。

(三)建筑工程的施工现场管理

《建筑法》要求建筑工程设计应当符合按照国家规定制定的建筑安全规程和技术规范,保证工程的安全性能。建筑工程安全生产管理必须坚持安全第一、预防为主的方针,建立健全安全生产的责任制度和群防群治制度。

建筑施工企业在编制施工组织设计时,应当根据建筑工程的特点制定相应的安全技术措施;对专业性较强的工程项目,应当编制专项安全施工组织设计,并采取安全技术措施。

建筑施工企业应当在施工现场采取维护安全、防范危险、预防火灾等措施;有条件的,应当对施工现场实行封闭管理。施工现场对毗邻的建筑物、构筑物和特殊作业环境可能造成损害的,建筑施工企业应当采取安全防护措施。建设单位应当向建筑施工企业提供与施工现场相关的地下管线资料,建筑施工企业应当采取措施加以保护。建筑施工企业应当遵守有关环境保护和安全生产的法律、法规的规定,采取控制和处理施工现场的各种粉尘、废气、废水、固体废物以及噪声、振动对环境的污染和危害的措施。建筑施工企业必须依法加强对建筑安全生产的管理,执行安全生产责任制度,采取有效措施,防止伤亡和其他安全生产事故的发生。建筑施工企业的法定代表人对本企业的安全生产负责。施工现场安全由建筑施工企业负责。实行施工总承包的,由总承包单位负责。分包单位向总承包单位负责,服从总承包单位对施工现场的安全生产管理。建筑施工企业应当建立健全劳动安全生产教育培训制度,加强对职工安全生产的教育培训;未经安全生产教育培训的人员,不得上岗作业。

(四)建筑工程的施工质量管理与竣工验收管理

房地产开发项目最终要求提供合格的建设产品。加强建筑工程质量的管理,是保证房地产开发项目的工程质量、保障国家财产和人民生命安全、保护消费者利益、努力取得较好的社会效益和经济效益的最终保证。

1. 建设工程的质量管理

建设工程的质量管理是指对工程实体质量进行控制和监督的一系列制度。我国现行的建设工程质量管理体系分纵向管理和横向管理两方面。纵向管理主要指建设行政主管机关及其授权机构对建设工程实施的质量监管。横向管理包括建设单位对其所建工程的管理(含监理机构的质量控制)和勘察设计、施工单位对其各自承担工作的质量管理。根据《建筑法》和《建设工程质量管理条例》等规定,建筑工程的施工质量必须符合国家有关建筑工程安全标准的要求。建设单位不得以任何理由,要求建筑施工企业在施工作业中,违反法律、行政法规和建筑工程质量、安全标准,降低工程质量。建筑施工企业对工程的施工质量负责。建筑施工企业必须按照工程设计图纸和施工技术标准施工,不得偷工减料,工程设计的修改由原设计单位负责,建筑施工企业不得擅自修改工程设计。建筑施工企业必须按照工程设计要求,施工技术标准和合同的约定,对建筑材料、建筑构配件和设备进行检验,不合格的不得使用。

除了建筑施工企业的上述质量责任以外,根据现行法律规定,建设单位的工程质量责任主要包括:(1)依法发包工程,不得将工程肢解发包;(2)委托具有相应资质的监理单位进行工程监理;(3)依法办理有关报建、报批手续,接受政府主管部门监督;(4)遵守有关建筑法律规定和技术标准;(5)提供文件资料、组织工程验收。

勘察设计单位的质量责任主要包括:(1)按资质范围从事勘察设计工作;(2)遵守国家规定的强制性标准和工作规范;(3)建立质量保证体系;(4)进行技术交底和参与工程事故处理。

监理机构的质量责任包括:(1)遵守执业资质登记制度;(2)坚持质量标准、依法进行现场质量监督;(3)利害关系回避制度等。

2. 建设工程的竣工验收管理

建设工程竣工验收,是建设工程须经过施工和设备安装后达到该项目设计文件的规定要求,具备了使用的条件后,承建单位向建设单位办理交转手续,建设单位查验并认为合格,办理接收手续的过程。中小型建设工程项目的竣工验收要组织竣工验收工作组,主要由建设单位、设计单位、施工单位或使用单位的代表组成,并按隶属关系由项目所在省、市主管部门牵头,组织有关部门(包括质量监督部门、城市规划行政主管部门等部门)参加,组成竣工验收委员会。建筑物在合格的使用寿命内,必须确保地基基础工程和主体结构的质量。建筑工程竣工时,屋顶、墙面不得留有渗漏、开裂等质量缺陷,对已发现的质量缺陷,建筑施工企业应当修复。经竣工验收的建筑工程必须符合规定的建筑工程质量标准,有完整的工程技术经济资料和经签署的工程保修书,并具备国家规定的其他竣工条件。建筑工程经验收合格后,方可交付使用,未经验收或者验收不合格的,不得交付使用。

按照《城市房地产开发经营管理条例》第 17 条的规定,房地产开发项目竣工后,开发企业应当向项目所在地的县级以上地方人民政府房地产开发主管部门提出竣工验收申请。房地产开发主管部门应当自收到竣工验收申请之日起 30 日内,对涉及公共安全的内容,组织工程质量监督、规划、消防、人防等有关部门或者单位进行验收。

此外,《城市房地产开发经营管理条例》第 18 条对住宅小区等群体房地产开发项目竣工验收规定了较单项开发更高的综合验收的内容。该条规定,住宅小区等群体房地产开发项目竣工验收内容除一般性内容外,还包括以下内容:城市规划设计条件的落实情况;城市规划要求配套的基础设施和公共设施的建设情况;单项工程的工程质量验收情况;拆迁安置方案的落实情况;物业管理的落实情况。住宅小区等群体开发项目实行分期开发的,可以分期验收。而且房屋开发企业还应当将开发项目建设过程中的主要事项记录在开发项目手册中,并定期送房地产开发主管部门备案。

根据《建设工程质量管理条例》的有关规定,建设工程承包单位向建设单位提交的质量保修书应当明确建设工程的保修范围、保修期限和保修责任等。在正常使用条件下,建设工程最低保修期限为:(1)基础设施工程、房屋建筑的地基基础工程和主体结构工程,为设计文件规定的该工程合理使用年限;(2)屋面防水工程、有防水要求的卫生间、房间和外墙面的防渗漏,为5年;(3)供热与供冷系统,为 2 个采暖期、供冷期;(4)电气管道、给排水管道、设备安装和装修工程,为 2 年。其他项目的保修期限由发包方与承包方约定。建设工程的保修期,自竣工验收合格之日起计算。

二、建设工程的监理

建设工程监理制度,是我国建设管理体制的一项重要改革。自 1988 年我国开始试行建设工程监理制度以来,已在全国全面推开。至 2014 年年底,全国共有监理企业 7279 家,监理从业人员 941,909 人,其中注册监理工程师 137,407 人。实践表明,建设监理制度可以有效地控制建设工期,确保工程质量,控制建设投资,从而促进工程建设水平和投资效益的提高,保证国家建设计划的顺利实施,为我国建设事业的稳步、持续、高速、健康发展发挥独特的作用。

(一)建设工程监理的概念

工程监理,是对建设工程项目进行监督和管理的总称,包括工程项目建设前期的工程咨询、项目实施阶段的招标投标、勘察设计、施工验收、保修运转等各个阶段的监督和管理。工程监理的主要任务就是运用科学的方法,从组织和管理的高度采取措施,确保建设项目的总目标按合同最合理地实现。工程监理的主要任务可以概括为“四控制、两管理、一协调”,即进度控制、质量控制、投资控制、安全控制,合同管理和信息管理,协调参与建设工程各方的工作关系。

工程监理区别于政府工程质量监督活动。从主体上看,工程监理机构是民间的、社会化的专业机构;而工程质量监督机关属于建设行政主管部门的专业执行机构,其代表了政府行为。从工作范围来看,工程监理根据业主的委托,其服务范围涵盖建设的整个工程,包括工程立项、勘察设计、施工、材料设备供应等,而政府质量监督一般只限于施工阶段,其工作范围较小并且相对固定。从工作性质来看,工程监理是基于业主的委托和授权来为其提供工程技术服务,具有合意性和有偿性等特点;而政府质量监督是基于法律的明确规定,具有强制性和无偿性等特征。

(二)建设工程监理的特点

工程监理单位与建设单位之间的法律关系是一种委托关系。一般是建设单位通过招标投标方式择优选定工程监理单位,被选定的监理单位承担监理业务的,应与建设单位签订书面工程监理合同。另外,根据《建筑法》《建设工程质量管理条例》《建设工程监理范围和规模标准规定》等有关法律文件的要求,国家重点建设工程、大中型公用事业工程、成片开发建设的住宅小区工程、利用外国政府或者国际组织贷款、援助资金的工程等必须强制实施监理。监理单位应根据所承担的监理任务,组建工程监理机构。承担施工阶段的监理,监理机构应进驻施工现场。实施监理前,建设单位应将委托的工程监理单位、监理内容和监理权限,书面通知被监理的建筑施工企业。工程监理单位应在其资质等级许可的监理范围内,承担监理的任务。监理单位应按照“公正、独立、自主”的原则开展工作,公平地维护建设单位和被监理单位的合法权益。工程监理单位与被监理工程的承包单位及建筑材料、建筑构配件和设备供应单位不得有隶属关系或其他利害关系,工程监理单位不得转让工程监理业务。

(三)房地产开发项目建设工程监理的主要内容

1. 工程进度监理。主要是指对工程进度控制所进行的监督和管理,其目的在于采取有效的管理措施,保证建设工程能按期完成。其主要内容包括:(1)对建设项目总周期进行详细的认证和分析,通盘考虑,全面规划,在人力和物力上、时间和空间、技术和组织上作出合理的安排,制定科学的实施方案和施工组织设计;(2)编制项目总进度计划,包括设计、采购、施工等方面的综合进度计划,做到部署周密,相互制约,工期合理;(3)编制阶段详细进度计划,明确项目的开工、竣工时间、公共工程及配套项目的施工、交付、道路修筑和现场清理等计划,做到项目的竣工日期和合同规定的日期相吻合;(4)控制和监督工程进度,包括设计进度、材料采购进度、施工进度等。工程进度监控中要注意计划与实际的结合,及时纠偏,以确保计划的完成。

2. 工程质量监理。工程质量监理是工程监理活动中最重要的一个环节,是监理单位以合同中规定的质量为目标或以国家的标准、规定为目标对工程项目所进行的监督和管理。在质量监督管理中,监理单位负有双重职能:一是代表建设单位履行监理职能;二是通过工程监理对国家及社会负责。工程质量监理是监理活动中最重要的一个环节。工程质量监理的主要内容有:(1)督促承包建设单位建立工程项目质量保证体系,确定质量检查负责人,设置质量管理目标、程序和方法;(2)做好设计过程的质量监控,审核设计方案和图纸,以求得与设计要求和合同规定相一致;(3)做好材料、半成品的质量监控,严格按质量标准进行检查和验收;(4)认真做好施工过程的质量监控,对隐蔽工程、关键部位要进行重点检查,防止质量隐患。

3. 工程造价监理。工程造价监理是监理单位在不影响工期、质量和安全施工的条件下,确保工程费用不超过合同规定标准所采取的监督管理活动。工程造价监理可以确保工程投资与资源充分利用和实现工程合同计划,防止预算超概算、决算超预算的现象,保证项目取得最大的经济效益。工程造价监理的主要内容有:(1)以工程预算或合同中规定的价格为标准,制订造价控制计划,并制定有效措施确保其付诸实施;(2)以系统的观点从质量、进度、设计、施工等方面对造价影响的程度综合地加以分析,制定出合理的工程造价标准,并以此作为造价控制的依据;(3)实施对工程造价的控制,要从设计阶段和施工阶段两个方面入手,严把进度拨款关,防止工程费用超出控制投资额的范围。

4. 工程安全监理。建设行业是安全生产事故多发行业,并且多年来呈现建筑施工安全事故居高不下的严峻局面,因此,《建设工程安全生产管理条例》(2003 年 11 月 24 日发布)明确规定了监理机构在工程安全生产中的责任。该条例第 14 条规定:工程监理单位应当审查施工组织设计中的安全技术措施或者专项施工方案是否符合工程建设强制性标准。工程监理单位在实施监理过程中,发现存在安全事故隐患的,应当要求施工单位整改;情况严重的,应当要求施工单位暂时停止施工并及时报告建设单位。施工单位拒不整改或者不停止施工的,工程监理单位应当及时向有关主管部门报告。工程监理单位和监理工程师应当按照法律、法规和工程建设强制性标准实施监理,并对建设工程安全生产承担监理责任。

5. 工程竣工验收。竣工验收是指一个工程项目经过施工和设备安装后达到了该项目设计文件规定的要求,具备了投产或使用的条件,经过验收合格,正式移交给建设单位或使用单位的过程。工程监理在本阶段的作用,主要是严把工程建设过程的最后一道程序,确保工程质量,发挥投资的最大效益。工程竣工验收的主要内容有:(1)核对工程竣工验收的资料,包括项目建议书、年度开发计划、施工图纸和说明文件、设计变更文件、现行施工技术规程等;(2)做好竣工验收的准备工作,包括核实建筑安装工程的完工程度,列出已完工工程和未完工工程一览表,提出财务决算分析,编写竣工验收准备工作报告等;(3)竣工验收分两个阶段进行,即单项工程竣工验收和综合验收。工程完工后,由开发公司组织施工单位、设计单位、使用单位、质量监督部门进行竣工验收,验收合格的,由质量监督部门发给工程质量等级证书;(4)做好竣工决算工作,即在工程竣工验收后,施工企业一般要在 1 个月内编好竣工决算,同时开发公司要认真做好各项账务、清理物资和债务债权,做到工完账清,互不拖欠,并将工程有关技术资料和竣工图纸按规定移交给使用单位和城市档案馆。

(四)建设工程监理的程序

1. 建设单位与承担监理业务的单位签订书面的工程建设监理委托合同。建设工程监理的实行首先需要工程项目法人通过工程监理招优的方式,择优选定具有相应资质的监理单位,并与其签订书面的工程建筑监理委托合同。签订建设工程监理合同是开展监理工作的前提。

2. 监理单位应根据所承担的监理任务,组建专门的工程监理机构。监理机构一般由总监理工程师、监理工程师和其他监理人员组成。

3. 建设工程监理工作一般按下列程序进行:(1)编制工程监理规划;(2)按工程的进度,分专业编制工程监理细则;(3)按照工程监理细则进行工程监理;(4)参与工程竣工验收,签署工程监理意见;(5)建筑工程监理业务完成后,向建设单位提交工程监理档案资料。

(五)工程监理单位的资质管理

2006 年 12 月 11 日建设部通过的《工程监理企业资质管理规定》对监理单位的资质申请和审批、资质等级和业务范围等内容均作了详细的规定。依据《工程监理企业资质管理规定》第 6 条与第 7 条规定,工程监理企业的资质等级分为综合资质与专业资质,专业资质又分为甲级、乙级和丙级,并按照工程性质和技术特点划分为若干工程类别。工程监理企业的资质等级标准如下:

1. 综合资质标准

(1)具有独立法人资格且注册资本不少于 600 万元。

(2)企业技术负责人应为注册监理工程师,并具有 15 年以上从事工程建设工作的经历或者具有工程类高级职称。

(3)具有 5 个以上工程类别的专业甲级工程监理资质。

(4)注册监理工程师不少于 60 人,注册造价工程师不少于 5 人,一级注册建造师、一级注册建筑师、一级注册结构工程师或者其他勘察设计注册工程师合计不少于 15 人次。

(5)企业具有完善的组织结构和质量管理体系,有健全的技术、档案等管理制度。

(6)企业具有必要的工程试验检测设备。

(7)申请工程监理资质之日前 1 年内没有《工程监理企业资质管理规定》第 16 条禁止的行为。〔3〕

(8)申请工程监理资质之日前 1 年内没有因本企业监理责任造成重大质量事故。

(9)申请工程监理资质之日前 1 年内没有因本企业监理责任发生三级以上工程建设重大安全事故或者发生两起以上四级工程建设安全事故。

2. 甲级

(1)具有独立法人资格且注册资本不少于 300 万元。

(2)企业技术负责人应为注册监理工程师,并具有 15 年以上从事工程建设工作的经历或者具有工程类高级职称。

(3)注册监理工程师、注册造价工程师、一级注册建造师、一级注册建筑师、一级注册结构工程师或者其他勘察设计注册工程师合计不少于 25 人次;其中,相应专业注册监理工程师不少于《专业资质注册监理工程师人数配备表》(附表 1)中要求配备的人数,注册造价工程师不少于 2 人。

---

〔3〕《工程监理企业资质管理规定》第 16 条规定:"工程监理企业不得有下列行为:(一)与建设单位串通投标或者与其他工程监理企业串通投标,以行贿手段中标;(二)与建设单位或者施工单位串通弄虚作假、降低工程质量;(三)将不合格的建设工程、建筑材料、建筑构配件和设备按照合格签字;(四)超越本企业资质等级或以其他企业名义承揽监理业务;(五)允许其他单位或个人以本企业的名义承揽工程;(六)将承揽的监理业务转包;(七)在监理过程中实施商业贿赂;(八)涂改、伪造、出借、转让工程监理企业资质证书;(九)其他违反法律法规的行为。"

(4)企业近2年内独立监理过3个以上相应专业的二级工程项目,但是,具有甲级设计资质或一级及以上施工总承包资质的企业申请本专业工程类别甲级资质的除外。

(5)企业具有完善的组织结构和质量管理体系,有健全的技术、档案等管理制度。

(6)企业具有必要的工程试验检测设备。

(7)申请工程监理资质之日前1年内没有《工程监理企业资质管理规定》第16条禁止的行为。

(8)申请工程监理资质之日前1年内没有因本企业监理责任造成重大质量事故。

(9)申请工程监理资质之日前1年内没有因本企业监理责任发生三级以上工程建设重大安全事故或者发生两起以上四级工程建设安全事故。

3. 乙级

(1)具有独立法人资格且注册资本不少于100万元。

(2)企业技术负责人应为注册监理工程师,并具有10年以上从事工程建设工作的经历。

(3)注册监理工程师、注册造价工程师、一级注册建造师、一级注册建筑师、一级注册结构工程师或者其他勘察设计注册工程师合计不少于15人次。其中,相应专业注册监理工程师不少于《专业资质注册监理工程师人数配备表》(附表1)中要求配备的人数,注册造价工程师不少于1人。

(4)有较完善的组织结构和质量管理体系,有技术、档案等管理制度。

(5)有必要的工程试验检测设备。

(6)申请工程监理资质之日前1年内没有《工程监理企业资质管理规定》第16条禁止的行为。

(7)申请工程监理资质之日前1年内没有因本企业监理责任造成重大质量事故。

(8)申请工程监理资质之日前1年内没有因本企业监理责任发生三级以上工程建设重大安全事故或者发生两起以上四级工程建设安全事故。

4. 丙级

(1)具有独立法人资格且注册资本不少于50万元。

(2)企业技术负责人应为注册监理工程师,并具有8年以上从事工程建设工作的经历。

(3)相应专业的注册监理工程师不少于《专业资质注册监理工程师人数配备表》(附表1)中要求配备的人数。

(4)有必要的质量管理体系和规章制度。

(5)有必要的工程试验检测设备。

另外,甲级工程监理企业可以监理经核定的工程类别中一、二、三等工程;乙级工程监理企业可以监理经核定的工程类别中二、三等工程;丙级工程监理企业可以监理经核定的工程类别中三等工程。

专业资质注册监理工程师人数配备表

单位:人

序号	工程类别	甲级	乙级	丙级
1	房屋建筑工程	15	10	5
2	冶炼工程	15	10	

续表

序号	工程类别	甲级	乙级	丙级
3	矿山工程	20	12	
4	化工石油工程	15	10	
5	水利水电工程	20	12	5
6	电力工程	15	10	
7	农林工程	15	10	
8	铁路工程	23	14	
9	公路工程	20	12	5
10	港口与航道工程	20	12	
11	航天航空工程	20	12	
12	通信工程	20	12	
13	市政公用工程	15	10	5
14	机电安装工程	15	10	

注:表中各专业资质注册监理工程师人数配备是指企业取得本专业工程类别注册的注册监理工程师人数。

（六）建设工程监理的作用

实施工程监理制度对于房地产开发项目建设具有重要作用:(1)有利于提高建设管理水平。过去我国的工程建设活动基本上是由建设单位自行组织管理的,建设单位不仅负责组织设计、施工,而且还承担工程建设的监理工作。这种单位自行管理项目的方式存在不少弊端。实行工程建设监理制度,由经过审定合格的、经验丰富、专业水平较高的专家组成的监理单位专门从事监理工作,可以使工程建设监理活动专业化和社会化,有利于提高建设管理水平。(2)有利于维护工程建设各方的合法权益。监理单位作为建设单位和承包单位之间独立的第三方,基于工程承包合同确认的职权,站在公正客观的立场上,维护建设单位和承包单位双方的合法权益。(3)有利于加强对工程建设各环节的控制。实施建设监理制度,可以约束工程建设各环节的随意性,避免投资规模失控、工程质量低劣、损失浪费严重和市场秩序混乱等问题。

第七章　房地产金融法律制度

房地产金融是指与房地产开发、流通、消费相联系的资金融通活动和金融资产投资活动，我们可以把房地产金融简称为房地产货币资金的融通。房地产金融的具体业务，包括房地产企业存贷款、生产性开发贷款、证券（股票、债券）融资、住房消费信贷即购房抵押贷款、住房公积金和房地产保险等方面的资金融通活动，它是整个金融业的重要组成部分。[1]

房地产金融相关法律法规和规范性文件包括：《中国人民银行法》《商业银行法》《银行业监督管理法》《物权法》《担保法》《贷款通则》《住房置业担保管理试行办法》《城市房地产抵押管理办法》《商业银行房地产贷款风险管理指引》《个人住房贷款管理办法》《信贷资产证券化试点管理办法》《中国人民银行关于进一步加强房地产信贷业务管理的通知》《中国人民银行、中国银行业监督管理委员会关于加强商业性房地产信贷管理的通知》等。

第一节　房地产开发企业的商业贷款

房地产业属于资金密集型产业，并且房地产开发周期长、资金周转慢、回收期长，房地产企业（开发商）自身的资金有限，需要从外部融资和筹资，通过商业银行及其他金融机构进行贷款是其主要的融资渠道。

从目前我国房地产开发企业的资金构成来看，企业自筹资金一般占30%～40%，商业银行贷款占20%左右，还有一些是房地产企业预收款及个人住房贷款等，这些也主要来自商业银行，因此银行资金占房地产开发费用的比例可以高达50%～60%。

开发商的商业贷款类型可以大致分为土地开发贷款、房屋开发贷款和流动资金贷款。土地开发贷款主要是用来支付土地出让金、土地征收补偿、土地基础设施建设等费用；房屋开发贷款主要用于商品房、保障性住房等房屋的建造费用；流动资金贷款一般不与具体项目相联系，主要用于开发商的正常周转，以及为土地、房地产项目开发提供配套资金。

一、房地产开发的贷款条件

以1998年中国工商银行总行发布的《中国工商银行商品房开发贷款管理暂行办法》（以下简称《贷款办法》）为例，《贷款办法》规定商品房开发贷款系指贷款人向借款人发放的用于商品房及其配套设施建设的贷款。借款人应当是经工商行政管理机关（或主管机关）核准登记的

---

〔1〕 刘亚臣主编：《房地产经济学》，大连理工大学出版社2009年版，第224页。

企(事)业法人、其他经济组织。借款人向银行申请商品房开发贷款,应符合以下基本条件:(1)有法人营业执照或有权部门批准设立的证明文件、建设部门核准的资质证明;(2)经营管理制度健全,财务状况良好;(3)信用良好,具有按期偿还贷款本息的能力;(4)有贷款证,并在我行开立基本账户或一般账户;(5)经工商行政管理部门核准登记并办理年检手续;(6)有贷款认可的有效担保;(7)贷款项目已经纳入国家或地方建设开发计划,其立项文件合法、完整、真实、有效;(8)借款人已经取得《国有土地使用权证书》《建设用地规划许可证》《建设工程规划许可证》《建设工程开工许可证》;(9)贷款项目实际用途与项目规划相符,符合当地市场的需求,有规范的可行性研究报告;(10)贷款项目工程预算报告合理真实;(11)借款人计划投入贷款项目的自有资金不低于规定的比例,并能够在使用银行贷款之前投入项目建设;(12)企业信用等级和风险度符合贷款人的要求;(13)贷款人规定的其他条件。

二、贷款种类、利率与期限

《贷款办法》规定的商品房开发贷款有:(1)住房开发贷款,系指用于建造商品住房的贷款;(2)商品用房开发贷款,系指用于建造符合国家规定的商品性用房的贷款;(3)其他商品开发贷款,系指用于商品房必要的配套设施建设贷款。

贷款利率按照中国人民银行有关规定执行。贷款期限一般不超过 3 年。

三、贷款担保方式

商品房开发贷款采取担保贷款的方式:(1)抵押贷款,系指以贷款人或第三人的财产作为抵押物发放的贷款;(2)质押贷款,系指以借款人或第三人的动产或权利作为质物发放的贷款;(3)保证贷款,系指以第三人承诺在借款人不能偿还贷款时,按约定承担连带责任而发放的贷款。

四、贷款程序

1. 借款人申请。借款人申请借款时,应首先填写《借款申请书》,并按贷款人提出的贷款条件和要求提供有关资料。

2. 贷前调查。贷款人受理借款人申请后,应按照银行规定程序,指定调查人员调查借款人是否符合贷款条件;核实抵押物、质物、保证人情况;对工程项目的可行性和预算情况进行评估,测定贷款的风险度;提出贷与不贷、贷款额度、期限、利率和担保方式等意见。

3. 贷款审查。银行审查人员应当对调查人员提供的调查报告、评估报告及所依据的审批权限,按照总行颁布的有关中长期贷款授权规定执行。

4. 贷款审批。在调查、审查的基础上,由银行有权人审批贷款。商品房开发贷款的审批权限,按照总行颁布的有关中长期贷款授权规定执行。

5. 签订贷款合同及办理担保手续。贷款人同意贷款的,应当根据《贷款通则》的规定与借款人签订《贷款合同》,并依据有关法律法规和有关银行的规定,严格审查担保的合法性、有效性和可靠性,并办理有关手续。

6. 贷款抵押物保险。借款人取得贷款前,借款人应为贷款项目办理有效的建筑工程保险;以房屋作为贷款抵押的,借款人在偿还全部贷款本息之前,应当逐年按不低于抵押金额的投保金额向保险公司办理房屋意外灾害保险,投保期至少要长于借款期半年。保险合同中要明确贷款人为保险的第一受益人。

7. 发放贷款。贷款人应根据项目进度,分期、分批将贷款划入借款人账户。

8. 贷款跟踪检查。贷款发放后,贷款人应对借款人执行借款合同情况、贷款使用情况及借款人的经营情况进行跟踪调查的检查,并建立贷款台账。借款人应按月或按季向贷款人报送有关项目进度、贷款使用情况以及单位财务状况的报表和资料;项目竣工后,应向贷款人提交工程决算报告。

五、办理抵押手续及抵押物的处分

1. 办理抵押手续。贷款抵押物应当符合《担保法》第 43 条的规定,即当事人以其他财产抵押的,可以自愿办理抵押物登记。抵押合同自签订之日起生效。当事人未办理抵押物登记的,不得对抗第三人。《担保法》第 37 条规定不得抵押的财产,不得用于贷款抵押。借款人以所购自用住房作为贷款抵押物的,必须将住房价值全额用于贷款抵押。以房地产作为抵押的,抵押人和抵押权人应当签订书面抵押合同,并于放款前向县级以上人民政府规定的部门办理抵押登记手续。抵押合同的有关内容按照《担保法》第 39 条的规定确定。

借款人对设定抵押的财产在抵押期内必须妥善保管,负有维修、保养、保证完好无损的责任,并随时接受贷款人监督检查。对设定的抵押物,在抵押期限届满之前,贷款人不得擅自处分。抵押期间,未经贷款人同意,抵押人不得将抵押物再次抵押或出租、转让、变卖、馈赠。抵押合同自抵押物登记之日起生效,至借款人还清全部贷款本息时终止。抵押合同终止后,当事人应按照合同的约定,解除设定的抵押权。以房地产作为抵押物的,解除抵押权时,应到原登记部门办理抵押物注销登记手续。

2. 抵押物的处分。借款人在还款期限内死亡、失踪或者丧失民事行为能力后无继承人或受遗赠人,或其法定继承人、受遗赠人拒绝履行借款合同的,贷款人有权依照《担保法》的规定,处分抵押物或质押物。处分抵押物或质押物,其价款不足以偿还贷款本息的,贷款人有权向债务人追偿;其价款超过应偿还部分,贷款人应退还抵押人或出质人。拍卖划拨的国有土地使用权所得的价款,在依法缴纳相当于应缴纳的土地使用权出让金的款项后,抵押权人有优先受偿权。

第二节　住房贷款保险法律制度

调整住房贷款保险的法律和规范性文件主要有《保险法》《贷款通则》《担保法》及保险公司的内部规定等。

一、住房贷款保险的概念和种类

保险是指投保人根据合同约定,向保险人支付保险费,保险人对于合同约定的可能发生的事故因其发生所造成的财产损失承担赔偿保险金责任,或者当被保险人死亡、伤残、疾病或者达到合同约定的年龄、期限等条件时承担给付保险金责任的商业保险行为。我国保险分为人身保险和财产保险两大类。

住房贷款保险是银行为了降低信贷风险要求借款人在贷款购买住房时所购买的保险。就贷款所购买的住房进行投保,这已成为房地产抵押贷款中的一个重要法律制度。因合同中一般规定有抵押、保险、保证等条款,所以实践中,在签订住房贷款合同的同时,要在房屋产权部门以所购房屋作为抵押物办理抵押登记;购房人作为投保人和被保险人按照银行要求向保险公司投保,保险金额应不得低于贷款金额并且保险期限应覆盖贷款期限,保单正本由银行收执。

我国住房抵押贷款保险的品种主要有:一是个人抵押住房综合保险,包括原财产保险和还贷保证保险,即被保险人在保险期限内因意外伤害事故所致死亡或者伤残而丧失全部或部分还贷能力,造成连续3个月未履行或未完全履行还贷责任,由保险人承担贷款本金的全部或部分还贷责任。二是抵押贷款履约保险。借款人将房屋抵押给银行,同时购买履约保险,当借款人连续一定期限不还款时,保险公司代为清偿剩余贷款本息,银行将抵押权转移给保险公司。值得注意的是,目前我国的住房贷款保险种类是分别针对不同的保险责任范围而发展起来的,其中,传统的住房贷款财产保险的保险责任范围主要是房屋财产的毁损、灭失等自然风险;抵押住房综合保险条款所涉及的还贷保证保险主要针对购房者的人身意外伤害导致还款不能带来的风险;而抵押贷款履约保险则保险责任范围最为彻底和广泛,涉及对购房者的履约能力即资信能力的保险。

二、住房贷款保险的主要内容

我国目前住房贷款保险的内容主要是参照中国人民银行、贷款银行及保险公司的规定。

(一)贷款银行的规定

《中国工商银行商品房开发贷款管理暂行办法》第16条规定,借款人取得贷款之前,借款人应为贷款项目办理有效的建筑工程保险;以房屋作为贷款抵押的,借款人在偿还全部贷款本息之前,应当逐年按不低于抵押金额的投保金额向保险公司办理房屋意外灾害保险,投保期至少要长于借款期半年。保险合同中要明确贷款人为保险的第一受益人。

《中国农业银行个人住房贷款管理办法实施细则(试行)》第27条规定,作为贷款抵押物的财产,借款人需在合同签订前办理保险或委托经办行代办有关保险手续。投保金额不得低于抵押物评估价值,时间不短于贷款期限。抵押期内,保险单由经办行保管。第28条规定,抵押期内,借款人不得以任何理由中断或撤销保险,否则,经办行应代其续保,发生的费用由借款人承担;在保险期内,如发生保险责任范围以外的毁损,由借款方负全部责任。如发生保险责任范围以内损失,抵押人必须以保险理赔款偿还相应的贷款本息。对理赔款不足以归还相应贷款本息的,由抵押人负责弥补。

(二)保险公司的规定

本书暂以中国人民保险公司的规定为例来说明。根据《中国人民财产保险股份有限公司个人贷款抵押房屋综合保险条款(2009版)》的规定,被保险人为以房屋作抵押向商业银行申请贷款购房的具有完全民事行为的借款个人。保险包括财产损失保险、还贷保证保险和通用条款三部分。

1. 财产损失保险

(1)保险责任。在保险期间内,由于下列原因造成保险财产的损失,保险人按照保险合同的约定负责赔偿:①火灾、爆炸;②暴风、暴雨、台风、洪水、雷击、泥石流、雪灾、雹灾、冰凌、龙卷风、崖崩、突发性滑坡、地面突然塌陷;③空中运行物体坠落以及外来不属于被保险人所有或使用的建筑物和其他固定物体的倒塌。

(2)责任免除。下列损失、费用,保险人不负责赔偿:①保险财产因设计错误、原材料缺陷、工艺不善、建筑物沉降等原因以及自然磨损、正常维修造成的损失和费用;②被保险人擅自改变房屋结构引起的任何损失和费用;③房屋贬值或丧失使用价值;④任何形式的罚款、罚金;⑤任何间接损失和精神损失。

(3)保险金额。保险金额由投保人按照以下方式自行确定,并在保险合同中载明,但保险金额不得小于相应的抵押借款本金:①成本价;②购置价;③市价;④评估价;⑤借款额;⑥其他方式。

(4)赔偿处理。保险财产遭受保险责任范围内的损失时,保险人按以下约定进行赔偿:①实际损失等于或高于保险金额,按保险金额赔偿;②实际损失小于保险金额,保险人赔偿使受损保险财产恢复到原来状态的费用,该费用以保险金额为限。

2. 还贷保证责任

(1)保险责任。被保险人在保险期间内因意外伤害事故所致死亡或伤残,以及被保险人失踪后被人民法院宣告为死亡而丧失全部或部分还贷能力,造成连续 3 个月未履行或未完全履行个人房屋抵押借款合同约定的还贷责任的,由保险人按本保险合同的约定承担还贷保证保险事故发生时被保险人应承担的全部或部分还贷责任。

(2)责任免除。由于下列原因导致被保险人死亡或伤残而丧失全部或部分还贷能力的,保险人不承担还贷保证保险责任:①被保险人的疾病;②被保险人的自杀、自伤、饮酒过度、滥用药物、吸食或注射毒品、斗殴等违法犯罪行为;③被保险人从事探险、滑雪、试驾交通工具、赛车、赛马、登山、攀岩、潜水、蹦极、特技表演等高风险活动;④被保险人酒后驾驶或驾驶时无相应的驾驶资格,或者驾驶无有效行驶证的交通工具。

(3)责任限额。在保险期间内,还贷保证保险责任项下每次保险事故的责任限额以该事故发生时被保险人应承担的贷款本金余额为限;累计责任限额以第一次发生还贷保证保险事故时的贷款本金余额为限。

(4)赔偿处理。涉及与本保险财产关联的借款合同项下的借款人多于一人时,保险人按照被保险人应承担的债务比例承担赔偿责任。

3. 通用条款

以下通用条款的所有内容同时适用于第一部分财产损失保险和第二部分还贷保证保险。

(1)责任免除。下列原因造成的损失、费用,保险人不负责赔偿:①战争、类似战争行为、恐怖活动、军事行为、武装冲突、罢工、暴动、民众骚乱;②核子辐射或各种放射性污染;③行政行为或司法行为;④地震、海啸及其次生灾害所造成的一切损失;⑤被保险人及其家庭成员、寄宿人员、雇用人员的违法、犯罪或故意行为。

(2)保险期间。保险期间自约定起保日零时起至个人房屋抵押借款合同约定的借款期限终止次日 24 时止。

(3)保险费。保险费以基准费率为基础,根据相应的趸交保费系数计算。

(4)赔偿处理。保险事故发生时,被保险人对保险财产不具有保险利益的,不得向保险人请求赔偿保险金。发生财产损失保险责任范围内的事故时,根据被保险人和贷款银行达成的有关约定,由保险人一次性将保险赔款支付给贷款银行或被保险人。发生还贷保证保险责任范围内的事故时,被保险人同意保险人将赔款直接支付给贷款银行。

三、我国住房贷款保险法律制度存在的问题

虽然住房贷款保险伴随着住房制度改革而诞生,对推动个人住房抵押(按揭)贷款起到了积极的作用,但住房贷款保险有时被认为是“强制保险”“霸王行为”。

从法律关系来分析,保险合同属于民商法的范畴,应贯彻契约自由和当事人意思自治的原则,但住房贷款抵押保险合同毕竟跟一般的保险合同不一样,里面涉及政府的干预,那么政府干预的限度在哪里、应该如何进行干预都是很值得进一步研究的问题。本书提倡政府应加强对住房消费者的保护,营造公平的市场竞争环境,制止银行和保险公司的垄断或不正当竞争行为,为促进房地产消费者信贷创造良好的市场环境。

第三节 房地产信托法律制度

我国调整房地产信托的法律制度主要有《信托法》《合伙企业法》《信托公司管理办法》《信托公司集合资金信托计划管理办法》《信托公司净资本管理办法》等。

一、房地产信托概述

(一)房地产信托的定义及分类

根据我国《信托法》第2条的规定,信托是指委托人基于对受托人的信任,将其财产权委托给受托人,由受托人按委托人的意愿以自己的名义,为受益人的利益或者特定目的,进行管理或者处分的行为。

房地产信托的实质就是信托投资公司发挥专业理财的优势,通过实施信托计划筹集资金,用于房地产开发项目,为委托人获取一定的收益的制度安排。其中包含了两个方面的内容:一是不动产信托就是不动产所有权人(委托人),为受益人的利益或特定目的,将所有权转移给受托人,使其依照信托合同来管理运用的一种法律关系;二是房地产资金信托,是指委托人基于对信托投资公司的信任,将自己合法拥有的资金委托给信托投资公司,由信托投资公司按委托人的意愿、以自己的名义,为受益人的利益或特定目的,将资金投向房地产业并对其进行管理和处分的行为。

我国还没有关于房地产信托的正式法律规定,主要根据《信托法》《合同法》《合伙企业法》等进行运作。其他一些规定主要是银监会的监管文件。比如,2008年10月28日中国银监会办公厅《关于加强信托公司房地产、证券业务监管有关问题的通知》、2009年9月1日中国银监会《关于信托公司开展项目融资业务涉及项目资本金有关问题的通知》、2010年2月5日中国

银监会《关于加强信托公司结构化信托业务监管有关问题的通知》、2010年2月11日中国银监会办公厅《关于加强信托公司房地产信托业务监管有关问题的通知》等。

(二)房地产信托的业务内容及作用

房地产信托经营业务内容较为广泛,按其性质可分为:

1.委托业务,如房地产信托存款、房地产信托贷款、房地产信托投资、房地产委托贷款等内容。

2.代理业务,如代理发行股票债券、代理清理债权债务、代理房屋设计等业务。

3.金融租赁、咨询、担保等业务。

也有研究者将我国目前的房地产信托融资的现实运作模式分为:信托贷款的方式、股权注入方式、组合信托方式、财产信托方式、收益权转让方式、融资租赁信托方式、租赁权信托方式、销售融资方式、夹层融资方式、土地信托方式、基金运作方式等。[2]

相对于银行贷款而言,房地产信托计划的融资具有降低房地产开发公司整体融资成本、募集资金灵活方便及资金利率可灵活调整等优势。由于信托制度的特殊性、灵活性,以及独特的财产隔离功能与权益重构功能,得以财产权模式、收益权模式和有限购买权等模式进行金融创新,使其成为最佳融资方式之一。

我国房地产融资过度依赖银行贷款。投资领域,用于房地产开发的银行信贷逐年上升,根据中国人民银行统计,1997年以来房地产开发资金来源中银行贷款的比例高达55%以上。房地产开发资金的三大来源分别为房屋销售“定金和预付款”、开发企业自筹资金和银行贷款,分别占到全部资金来源的43%、30%和18%。但实际上,考虑到房地产自筹资金主要来源于房屋销售收入,按首付30%计算,自筹资金中有70%来自购房者的银行按揭贷款;此外,“定金和预付款”中也有30%的资金来自银行贷款。因此,开展我国房地产信托业务有利于增加房地产开发的融资渠道,满足投资人的投资需求,分散融资风险,是我国房地产金融发展的主要方式之一。

(三)我国房地产信托产品的发展规模

我国第一个比较接近国际标准的房地产投资信托产品为2002年7月28日由上海国际信托投资公司推出的新上海国际大厦项目资金信托,10天内2.3亿元额度全部售出,反应空前热烈。然而,市场上的房地产信托产品主要集中在市政建设项目、危改小区项目等基础建设项目上,纯房地产项目的信托产品很少。

2004年全国约有31家信托投资公司共计发行了约83个房地产信托产品,募集金额约122亿元,而平均募集资金仅有1.47亿元。2007年全国成立房地产信托有592只,募集资金1845亿元;2011年房地产信托增长到1031只,募集资金高达2840亿元。

根据相关机构的研究,2012年12月中融信托、中心信托等旗下产品爆出兑付危机,均涉及房地产项目。各信托公司对房地产投资信托仍采取慎重发行的态度,但是不久后房地产市场的回暖对于房地产信托无疑是一个不可忽略的利好消息。根据有关数据显示,2013年10月房地产集合信托产品发行数量当年累计865个,发行规模累计2925亿元。

---

〔2〕　刘大志:《房地产企业融资:业务匹配、金融支持与策略调整》,中山大学出版社2012年版,第120～132页。

二、房地产信托投资基金

(一)房地产信托投资基金的概念及分类

房地产信托投资基金(英文简称REITs)是一种以发行收益凭证的方式汇集特定多数投资者的资金,由专门投资机构进行房地产投资经营管理,并将投资综合收益按比例分配给投资者的一种信托基金。房地产信托投资基金是房地产证券化的重要手段,房地产证券化就是把流动性较低的、非证券形态的房地产投资,直接转化为资本市场上的证券资产的金融交易过程。房地产证券化主要包括房地产项目融资证券化和房地产抵押贷款证券化两种基本形式。REITs既可以封闭运行,也可以上市交易流通,类似于我国的开放式基金与封闭式管理。

对REITs有多种不同的分类方法,常见的分类方法有以下几种:

1. 根据组织形式,REITs可分为公司型以及契约型两种。公司型REITs以《公司法》为依据,将通过发行REITs股份所筹集的资金用于投资房地产资产,REITs具有独立的法人资格,自主进行基金的运作,面向不特定的广大投资者筹集基金份额,REITs股份的持有人最终成为公司的股东。

契约型REITs则以信托契约成立为依据,将通过发行受益凭证筹集的资金投资于房地产资产。契约型REITs本身并非独立法人,仅仅属于一种资产,由基金管理公司发起设立,其中基金管理人作为受托人接受委托对房地产进行投资。

二者的主要区别在于设立的法律依据与运营的方式不同,因此契约型REITs比公司型REITs更具有灵活性。公司型REITs在美国占主导地位,而在英国、日本、新加坡等地契约型REITs则较为普遍。

2. 根据投资形式的不同,REITs通常可被分为三类:权益型、抵押型与混合型。权益型REITs投资于房地产并拥有所有权,权益型REITs越来越多地开始从事地产经营活动,如租赁和客户服务等,但是REITs与传统房地产公司的主要区别在于,REITs主要目的是作为投资组合的一部分对房地产进行运营,而不是开发后进行转售。抵押型REITs是投资房地产抵押贷款或房地产抵押支持证券,其收益主要来源是房地产贷款的利息。混合型REITs顾名思义是介于权益型与抵押型REITs之间的,其自身拥有部分物业产权的同时也在从事抵押贷款的服务。现在市场流通的REITs多是权益型的。

3. 根据运作方式的不同,REITs可分为封闭型和开放型两种。封闭型REITs的发行量在发行之初就被限制,不得任意追加发行新增的股份;而开放型REITs可以随时为了增加资金投资新的不动产而追加新的股份,投资者也可以随时买入,不愿持有时也可以随时赎回。封闭型REITs一般在证券交易所上市交易流通,投资者不想持有时可以在二级市场上转让出卖。

4. 根据基金募集方式的不同,REITs又被分为公募型和私募型。私募型REITs以非公开方式向特定投资者募集资金,募集对象是特定的,且不允许公开宣传,一般不上市交易。公募型REITs以公开发行的方式向社会公众投资者募集信托资金,发行时需要经过监管机构严格的审批,可以进行大量宣传。私募型REITs与公募型REITs的主要区别在于:(1)在投资对象方面,私募型基金一般面向资金规模较大的特定客户,而公募型基金则不定;(2)在投资管理参与程度方面,私募型基金的投资者对于投资决策的影响力较大,而公募型基金的投资者则没有这种影响力;(3)在法律监管方面,私募型基金受到法律与规范的限制相对较少,而公募型基金受到的法律限制和监管通常较多。

(二)房地产信托投资基金的作用

国内目前有几十家信托基金,其中约一半投资于房地产,或采取借贷形式,或直接参与投资开发。但这些都不是通常所说的符合国际定义的房地产投资信托基金,在派息比例、免税政策上都没有明确清晰的定义,都只是房地产投资信托基金的一种最初的阶段。

REITs 的价值,在于它对整个房地产市场起到了一个平衡器的作用。在房价过低的时候,它通过一个公共的资本品,形成一个价值标杆,传递出房价过低的信号,并显现逃离——套利状态。如房价过高,REITs 的定价模式和产品本身也能有一个定价标杆的作用,提示投资型的投资者,甚至投机型的投资者,现在价格太高。REITs 的发展,将会对房地产资产的定价模式产生深远的影响。

(三)我国关于房地产信托投资基金的试点

像如上所述的这种对房地产业健康持续发展具备如此重要意义的 REITs,在国内一直难以发展。从 2005 年开始,极具本土特色的"中国式 REITs"开始尝试。近两年全国保障性住房建设规模巨大,需要数万亿元的资金投入,在我国如此巨大的财政投入,各地政府完成规划的能力有限,利用 REITs 方式引入社会资本参与保障房的建设亦成为政府的考虑之一。

目前国内的 REITs 试点,有两种模式,分别由中国人民银行和中国证监会牵头。2009 年中国人民银行颁布了《银行间债券市场房地产信托受益券发行管理办法》(征求意见稿),人民银行版的 REITs 方案为偏债券型,委托方为房地产企业,受托方为信托公司,通过信托公司在银行间市场发行房地产信托受益券。受益券为固定收益产品,在收益权到期的时候,委托人或者第三方应该按照合同的要求收购受益券,作为结构性产品,可以按照资产证券化的原理,通过受益权分层安排,满足风险偏好不同的委托人与受益人。

而证监会版的 REITs 则是以股权类产品的方式组建房地产投资信托基金,将物业所有权转移到 REITs 名下并分割出让,房地产公司与公众投资者一样通过持有 REITs 份额间接拥有物业所有权,REITs 在交易所公开交易,并且机构投资者和个人投资者均可参与。

北京、天津、上海、广东等地区的 REITs 试点将主要投向保障性住房建设,但是试点工作均未真正开始。北京将以政府持有的廉租房、公租房资产和房租收益委托设立房地产信托,在银行间债券市场发行受益券的方式进行融资;天津 REITs 试点方案或仍采取"以售养租"的政府补贴方式;上海杨浦区已经开始通过海通证券房地产信托基金进行试点;广东省政府印发《关于加快发展公共租赁住房的实施意见》,提到要积极创造条件支持以开展政府出资与社会筹资相结合的公共租赁住房股权信托基金融资试点,探索运用房地产投资信托基金加快推进公共租赁住房建设等。

第四节 住房抵押贷款资产证券化

一、资产证券化的概念及历史发展

(一)资产证券化和住房抵押贷款证券化的概念

资产证券化是指将缺乏流动性,但具有未来的现金流的资产进行组合组成资产池,对该资产池产生的现金流进行结构性安排,并以该现金流为支撑发行在资本市场上可以流通的证券,从而实现金融互通的过程。《信贷资产证券化试点管理办法》第 2 条规定,信贷资产证券化是银行业金融机构作为发起机构,将信贷资产信托给受托机构,由受托机构以资产支持证券的形式向投资机构发行受益证券,以该财产所产生的现金支付资产支持证券收益的结构性融资活动。

资产证券化是一种金融创新。可以进行证券化的资产包括银行的不良资产、银行的住房抵押贷款、特许收入、信用卡应收款等。住房抵押贷款是最为常见,也是最重要的可证券化资产。因此,所谓的住房抵押贷款证券化,就是把金融机构发放的住房抵押贷款转化为抵押贷款证券(主要是债券),然后在资本市场上将这些证券出售给市场投资者,以融通资金,并使住房贷款的风险分散给众多投资者承担。

证券化资产按照资产证券化历史发展的过程可以分为两大类:一是按揭资产;二是非按揭银行信用和非银行信用资产,主要包括银行的商业贷款和企业之间的商业信用。在美国按揭资产被习惯称为按揭证券化(Mortgage Backed Securities,MBS),非按揭银行信用和非银行信用资产被称为资产证券化(Asset Backed Securities,ABS)。

(二)资产证券化的发展历程

20 世纪 60 年代在美国兴起的房地产投资信托(REIT)是资产证券化的最早萌芽,其后经历了迅速发展、衰落、复苏、稳定发展的过程。1960 年美国国会在内地税则中批准了房地产投资信托业务,其目的是使投资大众分享不动产投资收益,避免财团垄断;同时建立起房地产资本市场,使房地产市场与资本市场有效地融合。此后,日本、英国等国家争相效仿。

住房抵押贷款证券化在美国发展的标志性立法,是 1968 年美国国会通过的《住宅与城市发展法》(Housing and Urban Development Act),该法授予政府国民按揭协会(The Govenment National Mortgage Association)有权购买及收集住房抵押贷款,并且有权出售由这些抵押贷款组合的股份给公众投资者。在此前已有另外两家政府投资机构开始从事按揭的证券化业务,一家是联邦国民按揭协会(The Federal National Mortgage Assocation,中文名字为"房利美"),另一家是联邦住房贷款按揭公司(The Federal House Loan Mortgage Corporation,中文名字为"房地美")。1970 年美国国会又通过了《紧急住宅融资法》(Emergency Housing Financing Act),美国房地产抵押贷款证券化制度不断健全,债券品种增多。1977 年美国银行(Bank of America)作为第一家私营机构向公众投资者发行了由传统按揭组合支持的证券。1988 年美国通过公募和私募方式进行的证券化的交易额已超过 4800 亿美元。1992 年美国住房抵押市场上的债券规模达到 1.4 万亿美元,成为仅次于美国国债的第二债券。

住房抵押证券化在美国发源后,很快传播到世界各地。在亚洲,日本是住房抵押证券化发行最多的国家,而我国的香港和台湾地区都制定了专门的法律规则,规范住房抵押证券化活动。

2014 年 9 月 29 日中国人民银行、银监会下发了《关于进一步做好住房金融服务工作的通知》,鼓励银行业金融机构通过发行住房抵押贷款支持证券(MBS),发行期限较长的专项金融债券等多种措施筹集资金,专门用于增加首套普通自住房和改善型普通自住房贷款投放。银行业金融机构在防范风险的前提下,合理配置信贷资源,支持资质良好、诚信经营的房地产企业开发建设普通商品住房,积极支持有市场前景的在建、续建项目的合理融资需求,扩大市场化融资渠道,支持符合条件的房地产企业在银行间债券市场发行债务融资工具,积极稳妥开展房地产投资信托基金(REITs)试点。

二、资产证券化的操作流程及住房抵押贷款证券化的流程

(一)资产证券化的操作流程

流程如下:

确定可以进行资产证券化的资产(如住房抵押贷款、汽车抵押贷款、不良贷款、特许收入等)⟶设立特殊目的机构(Special Purpose Vehicle,SPV)⟶将拟证券化的资产真实地出售给特殊目的机构(SPV),将资产汇集成为资产池⟶对资产池中的资产进行信用评级和增级⟶特殊目的机构(SPV)通过投资银行发售证券。

在这一流程中,涉及多方面的参与机构。除了政府审批和监管部门,主要有原始受益人,亦即设立 SPV 的委托方,通常是银行或拥有基础资产的企业;SPV 负有实现资产真实出售和破产隔离的职能,也是证券化产品的发行人,通常由信托公司或有限合伙企业担当;信用提升机构通过担保、保险,提升信用等级,这类机构通常由保险公司、银行、政府支持机构等担当;流动性提供机构,主要为 SPV 提供流动性支持,主要由银行担当;资产服务机构,负责基础资产的处置、回购等,主要由原始受益人或专业资产服务公司担任;评级机构,对拟发行证券化产品出具信用评级报告,主要由专门的评级公司担任;律师则负责起草证券化产品发行文件和相关法律合同,协助解决法律结构问题。

(二)住房抵押贷款证券化流程

国外住房抵押贷款证券化的操作分为欧美型和日本信托型。

1. 欧美型住房抵押贷款证券化的操作程序:资产特定化与证券化设计⟶信用增级⟶证券发行和交易。

2. 日本信托型住房抵押贷款证券化的操作流程:资产特定化与信托转移⟶信托财产的证券化⟶受益证券的偿付。

三、我国发展住房抵押贷款证券化的必要性

(一)分散金融机构发放住房抵押贷款的风险

从我国金融机构所发放的住房抵押贷款的期限来看,一般为 10 年以上,最长可以到 20 年。贷款期限越长则贷款风险越大,随着房地产市场的调整、消费需求的变化,甚至是人口结构的变化等都会影响到贷款的全额收回问题。因此,通过住房抵押贷款证券化,金融机构可以出售住房抵押贷款资产,提前收回贷款,降低风险。

(二)扩大金融机构住房贷款的资金来源

据统计,2014 年我国金融机构的个人住房贷款总额已经达到 10 万亿元,但这些资产存放在银行缺乏流动性,银行无法从这些资产中回收资金来发放新的贷款。如果这些住房抵押贷款总额的一半进行证券化,银行将可以回收 4 万亿 ~5 万亿元的资金,相当于市场获得相应的流动性。这对于银行、企业和个人来说是多方共赢的结果。

(三)增加证券市场的投资工具

住房抵押贷款债券作为一种风险介于国债和企业债券之间的金融投资品种,其收益高于

国债而信用评级却高于企业债券。如果能够大力发展住房抵押贷款证券化可以为投资者提供了风险相对较低而收益相对较高的债券投资途径，也是为我国证券市场提供新的交易品种，有利于活跃债券交易。

（四）支持保障性住房的建设

我国在保障性住房建设的投入方面主要是国家财政资金，由于保障性住房资金投入大、回收期限长、经济效益低，目前已面临资金短缺的瓶颈。纵观国外的情况，很多是通过金融市场来筹集保障性住房的建设资金。在美国住房抵押贷款证券化在完成利率市场化之后快速发展，MBS 余额从 1980 年的 111 亿美元大幅增长到 2007 年的 9.3 万亿美元，同期住房抵押贷款的资产证券化率也从 7.6% 上升至 64%，极大推动了美国住房市场的发展并解决了中低收入家庭的住房困难问题。在 2014 年 9 月 29 日中国人民银行、银监会下发的《关于进一步做好住房金融服务工作的通知》中，提出加大对保障性安居工程建设的金融支持，鼓励银行业金融机构按照风险可控、财务可持续的原则，积极支持符合信贷条件的棚户区改造和保障房建设项目。对公共租赁住房和棚户房改造的贷款期限可延长不超过 25 年，进一步发挥开发性金融对棚户区改造的支持作用；对地方政府统筹规划棚户区改造安置房、公共租赁住房和普通商品房建设的安排，纳入开发性金融支持范围，提高资金使用效率。

第八章　房地产交易法律制度

第一节　房地产交易概述

一、房地产交易的概念及形式

房地产交易是指以房地产为商品而进行的转让、租赁、抵押等各种经营活动的总称。以房产交易为例，房地产开发企业经过立项，获得规划部门颁发的《建设土地规划许可证》，向国土管理部门取得建设用地并获取《国有土地使用证》。之后，再报规划主管部门取得《建设工程规划许可证》，再向建设主管部门申领《施工许可证》，才能正式开工建设，房产经竣工验收合格方能申办《房产证》。一般情况下，只有取得以上合法手续的房产才能作为合格的"商品"推向市场进行交易。而消费者在购买房产时，只有以上"五证"齐全的商品房，才属于可以放心购买的"商品"。

房地产交易依其标的物性质可分为地产交易与房产交易两类。

1. 地产交易。地产交易在我国迄今为止仍限于城镇国有土地使用权的出让、转让、抵押等形式。我国宪法明文规定城市土地归国家所有，非城市土地归国家或集体所有，任何组织或个人不得侵占、买卖或者以其他形式非法转让土地。国家实行土地所有权与使用权分离制度，土地使用权可以依照法律规定转让。国家采用国有土地有偿出让及行政划拨两种方式向房地产流通领域提供国有土地使用权；集体所有的土地不得擅自出让、出租、转让、抵押，只能是征收转为国有土地之后方可出让。城镇国有土地使用权的流通形式主要有出让、转让、出租、抵押等，土地使用者通过这些方式得到对土地的占有、使用、有限收益和特殊处分权。

2. 房产交易。房产交易的形式主要有房产买卖、租赁、抵押、交换、典当、信托等方式，既包括了房产使用权的转让，也包括了房产所有权的交易。其中，房地产转让、抵押与租赁由《城市房地产管理法》作出明文规定。然而，房产交易与地产交易虽有其各自独立的标的及交易形式，但是由于二者不可分离的自然属性，即任何房产均不可能离开地产而成为空中楼阁，房产交易与地产交易在很多情况下是结合在一起进行的。《城市房地产管理法》第 32 条规定：房地产转让、抵押时，房屋所有权和该房屋占用范围内的土地使用权同时转让、抵押。

二、房地产交易的特性及原则

就其行为性质而言，房地产交易与普通商品交易均为平等主体之间的民事法律行为，交易双方之间的关系是民事法律关系，在交易之中须遵守平等、自愿、公平、等价有偿、诚实信用等

民法一般原则,但是,与普通商品交易相比,房地产交易更有下列鲜明特性:

1. 标的物位置固定性。一般的商品交换,其标的物通常要发生空间的移动,即商品要从出让者手中转移到受让者手中,所有权等权利的转移与商品自身的转移结合紧密。房地产交易则不同,它的标的物房产与地产是典型的不动产,不能移动或者一旦移动将导致物的性质与用途的改变,乃至经济价值的减少或丧失,因此,无论是交易中或交易后,房地产均不发生空间移动,交易双方运用所有权证书和使用权证书及合同进行交易。这种特性可能影响第三者对房地产权益人身份的判断:证书作为一纸文凭是否合法有效不易辨别。因此,各国房地产法多采用公示登记制度管理房地产权利的变动。

2. 标的物自身具有无法改变的天然矛盾性。房地产交易的对象为房产与地产,通常情况下,房产与地产是紧密结合的,单独交易地产的情况较少。这里存在房与地之间的关系的定性问题。根据我国现行土地房屋权利体系,法律同时承认土地所有权、土地使用权、地上建筑物及附着物的所有权三种物权。而房与地在自然属性上结合却是非常紧密的,房必须建筑于地上,而地的使用多数情况下体现为建房。这就产生了房产所有权与土地使用权之间的矛盾。如果上述二权利分属不同权利主体,则建筑物就丧失了地基的合法使用权,土地使用权人就可以要求地上建筑物所有者拆除其房产以保证自身的权利。鉴于此,大陆法系创设地上权制度保护房产所有人的利益。而我国采用了土地使用权与房产所有权"联动措施",即二者须一起转让与抵押。但是,我国以前实行的是房产地产交易分别登记制度,手续繁杂,且多重复,浪费了社会资源,因此国务院颁布了《不动产登记暂行条例》,推行一体化登记,但旧制度与新制度的矛盾,不可能一时半会儿就解决。

3. 房地产交易标的额大、专业性强。房地产价格昂贵、持久耐用,消费者在交易时往往持谨慎态度,而房地产价格却不仅取决于取得土地使用权和建造房屋的成本,还受区位因素、供求状况、支付能力、社会因素等诸多因素影响,使房地产估价既极具重要性又具有很强的专业性。同时,房地产的交易还需要准确及时的市场行情信息以避免私下盲目成交造成的交易困难、价格失控、利益损失;需要精通相关法律,以求省时、省力、省事地办理各种繁杂的手续。针对以上特性,我国实行房地产价格评估制度,提倡房地产中介服务。《城市房地产管理法》第 34 条规定:"国家实行房地产价格评估制度。房地产价格评估,应当遵循公正、公平、公开的原则,按照国家规定的技术标准和评估程序,以基准地价、标定地价和各类房屋的重置价格为基础,参照当地的市场价格进行评估。"第 57 ~ 59 条对房地产中介服务机构作了规定。

4. 房地产市场在整体上是供给稀缺的市场。房地产市场在广义上讲是房地产商品流通全过程各种交换关系的总和。土地是不可再生资源,房产受土地稀缺性的限制,其供给弹性较小。但是,随着经济的发展,房地产的需求弹性却比较大。一方面,城市经济的发展带来建筑地段地租地价的增长,致使土地使用权的价格上扬带动房地产价格呈向上波动趋势,在通货膨胀条件下,房地产还具有保值功能,刺激了房地产需求;另一方面,房地产是人们生产、生活、工作的基本物质条件,人们对房地产的需求会随着经济发展呈现选择性,也决定了房地产需求具有较大的弹性。上述供需矛盾随着开发建设资金相对不足而更加突出,供给稀缺是房地产市场的重要特征。房地产市场的这一特征决定了房地产交易前景广阔,为保障房地产交易健康发展,在宏观上要运用法律加强调控,使房地产市场规范化、有序运行,防止国家收益的流失,在微观上要适当放开。

5.房地产交易中土地使用权出让行为所设定的权利义务具有承接性。《城市房地产管理法》第43条规定:“以出让方式取得土地使用权的,转让房地产后,其土地使用权的使用年限为原土地使用权出让合同约定的使用年限减去原土地使用者已经使用年限后的剩余年限。”第44条规定:“以出让方式取得土地使用权的,转让房地产后,受让人改变原土地使用权出让合同约定的土地用途的,必须取得原出让方和市、县人民政府城市规划行政主管部门的同意,签订土地使用权出让合同变更协议或者重新签订土地使用权出让合同,相应调整土地使用权出让金。”上述规定说明在房地产交易中,以出让方式取得的使用权无论采取怎样的方式交易均必须继承原出让合同确定的权利义务关系,原则上出让合同对每一次房地产交易均具有约束作用,若作重大变更,必须取得原出让方及规划主管部门的同意。这一特性,使政府可以通过对出让合同权利义务的设定达到控制房地产用途等宏观调控目的。

房地产交易的这些特性决定了房地产交易中必须遵守下列特定原则:

(1)房地产转让与抵押必须依法办理法定登记手续,房屋的租赁必须向房产管理部门登记备案。这条原则又称为“及时登记原则”。

(2)房地产转让、抵押时,房屋所有权和土地使用权必须同时转让、抵押,谓之为“房地一体原则”。

(3)房地产交易价格由国家实施管理,具体内容包括:国家定期公布基准地价、标定地价和房屋重置价格作为房地产基础价格;国家实行房地产价格评估制度,实行房地产成交价格申报制度。

(4)土地出让合同设定的权利、义务随土地使用权同时转移原则。唯此,才能使国家和土地使用者的关系不会因房地产权利的多次转移而受影响,无论土地使用权转移到谁的手中,国家作为土地所有者均可直接与其发生关系,从而保证土地使用权在多次转移之后仍能按合同规定即城市规划的要求开发利用与经营,从而保障并加速土地合理开发利用。

(5)不得损害土地及房产经济效益原则即效益不可损原则。房地产的分割转让必须经人民政府房地产管理部门批准。如果房地产转让价格低于国家规定的最低标准时,政府享有优先购买权。房地产商品的稀缺性促使房地产市场蓬勃发展,在房地产市场日趋活跃的同时,必须严格遵守效益不可损原则,以保障房地产交易利国利民,正确发展。

三、房地产市场

房地产市场的概念有广义与狭义之分。广义的房地产市场是房地产商品流通全过程中各种交换关系的总和,具体包括:房屋所有权的买卖、租赁、抵押、典当、交换等活动;土地使用权的有偿出让、转让、出租等活动;以及中间商、代理商、金融信用、广告信息等中介服务活动。狭义的房地产交易市场指固定的房地产交易所。

房地产市场是社会分工与商品经济发展的必然产物。商品经济的运行必须通过生产、分配、交换、消费四个环节,每个环节均离不开市场。而房屋作为人类赖以生存的物质基础,是商品经济的必然组成部分;只有进入市场,通过货币交换形式,实现房产所有权与地产使用权的转移,才能够促进国民经济的快速发展。在现代西方国家,房地产业与汽车、钢铁行业并列为国民经济的三大支柱,以美国为例,其房地产业总值占国民生产总值的10%~15%,所创造的巨大财富是国家经济发展的强大物质基础。不仅如此，房地产业还具有很强的辐射性，它可以带动建筑、建材、钢铁、市政、交通运输、金融等相关行业的发展，房地产业每增加1个单位的产值，其相关产业可增加1.5～2个单位的产值。房地产市场在房地产业的发展过程中起到良好的促进作用，然而由于受到过去"左"的经济思想影响，我国房地产市场经历了一个从萎缩到复苏再到蓬勃发展的过程。改革开放以来由于土地有偿使用制度和住房制度改革的深入进行，房地产交易发展迅速，这也说明房地产市场的存在是不以人的主观意志为转移的客观经济规律发展的必然结果。

我国房地产市场在内部结构上可分为三级市场。一级市场是土地使用权投入市场，也称土地使用权出让市场，即国家以土地所有者身份，依照城市规划与土地管理法的规定，统一规划，统一征地，将土地使用权出让给经营者与使用者。国家对一级市场实行垄断经营，并通过垄断经营达到对房地产市场的宏观调控。一级市场要在城市总体规划指导下，尽量通过公开挂牌招标、拍卖等方式进行，减少协议出让。二级市场即土地使用权出让后的房地产开发经营市场。房地产经营者（开发公司）按照城市总体规划和工程建设规划要求，对土地进行初次开发（新区开发）及再次开发（旧区改造），然后将开发后的房地产出售给用地、用房单位或个人，这是经营者与消费者之间的交易。三级市场即房地产投入使用之后的交易市场，表现为房地产使用者之间的交易，因其目的主要为调剂房产的需求，故又称为房地产调剂市场。这三个市场，一级市场是基础市场、龙头市场，是二级市场与三级市场的导向市场。目前，我国房地产交易市场的策略是垄断一级市场，放开搞活二级、三级市场。

根据房地产市场的上述分类，我国城市房地产市场的运作也可以划分为三个阶段（如图1所示）：[1]

第一阶段是土地使用权出让阶段，即一级市场阶段，交易活动发生在地产市场，即由政府通过拍卖、招标和协议等方式，向房地产开发商提供国有土地使用权。取得土地使用权的房地产开发商着手进行开发经营，房地产市场运行即进入第二阶段：二级市场阶段。在这个市场阶段，房地产开发商首先要进行筹集资金活动，主要途径有利用土地使用权进行抵押贷款、发行股票或债券求得公众集资以及搞好商品房预售即"卖楼花"。通过上述手段，会同自有资金，房地产开发商在筹集资金的同时及之后进行勘察设计、建筑招标、投标、开工兴建直至竣工验收一系列活动，完成房地产开发业务，将已竣工并验收合格的房屋投向市场。这时房地产运作主体由开发商活动转为销售商及买受者之间的活动，并通常有金融机构与律师行业的介入。买卖双方首先均要进行物业交易准备，而后买方进行物业选择，双方商定成交价，完成定金预付。买方可向银行申请购房贷款，银行委托物业评估机构提供正式估价报告而后决定是否给予贷款，如予贷款，则可通知律师准备贷款合同，买方同时应通过律师或中介机构查阅物业转移情况及是否办理了银行抵押，确定交易无障碍之后，双方可准备契约。待合同正式签订、缴清首期付款，买方取得房产钥匙，正式接收物业。但是房地产产权却并非此时转移，双方须执合同前往土地、房产管理部门登记，产权于登记之时正式移交。取得房地产产权的买受方可以即时或经过一段约定时间（以优惠价格购买的公房通常须经一段时间方可上市出售）进行第三阶段房地产交易，即调剂阶段的房地产交易，或称为第三级房地产交易。这一阶段房地产交易主要

---

〔1〕 王克忠主编：《房地产经济学教程》，复旦大学出版社1995年版，第375页。

方式为再转让、抵押、租赁。在上述全过程中,行为主体可以寻求房地产中介机构的帮助:如向房地产咨询机构咨询有关政策、法律、价格情况;向房地产价格评估机构委托评估房价地价;向房地产经纪机构寻求洽谈协议、交易对手等房地产交易服务。需要注意的是,各交易阶段均须做好房地产登记及税费缴纳工作。

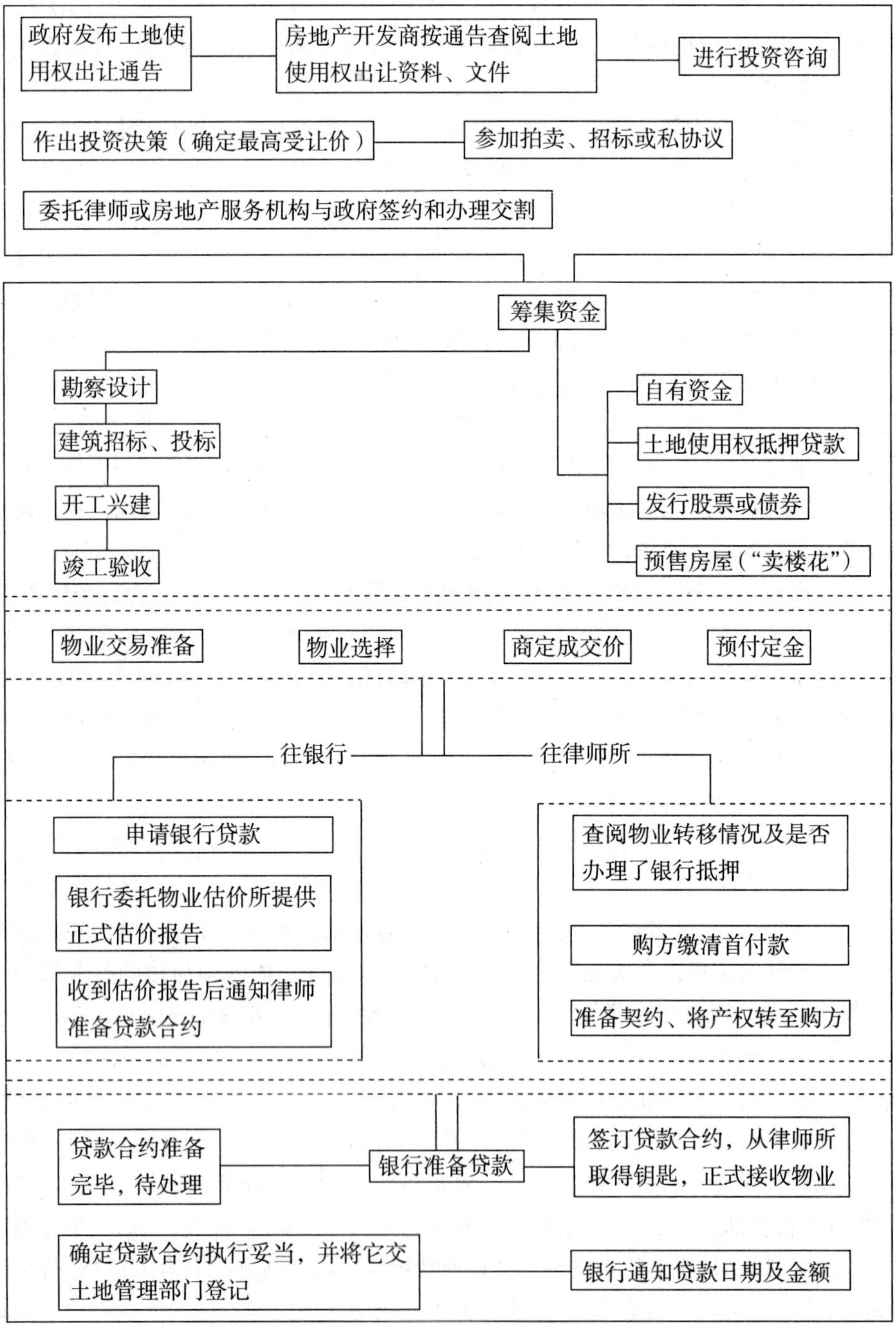

图1　房地产再转让、抵押、租赁等活动

四、房地产交易所及房地产交易管理机构

房地产交易所是狭义上的房地产交易市场,是进行房地产交易的固定场所。随着我国房地产交易的蓬勃发展,全国各大中城市纷纷设立房地产交易所,使得房地产交易场所固定化,从而使房地产交易活动改变了过去私下成交的流动状态,将房地产交易活动吸引到长年固定的场所,给予买卖双方信任感和可靠感,强化了房地产交易的管理,提高了房地产交易的质量。如今,在网络时代,还出现网上申请及交易等,这是适应互联网络广泛应用的要求。

房地产交易所的活动有如下特点:

1. 交易场所固定化。固定化的交易所须配备必要的专业人员,稳定地提供信息资料,组织房源,提供各种服务,结束了过去的有"市"无"场"状态,降低了隐形交易的数量,保障了国家税收,减少因盲目私下成交而导致的纠纷。

2. 交易活动公开化。在以往的房地产交易活动中,流动交易致使房地产交易管理很难进行,一些不法中间人居间牟利,不法业主抬高房价,交易活动带有很大投机性,房地产交易流转程序难以做到公平合理。房地产交易所应运而生,实行价格公开,对其组织的房源标价出售,代售房屋公开估价,并不定期公布最高限价。上述措施有效地制约了不法中间人与业主的活动。

3. 服务内容力求全面化。房地产交易所围绕房地产交易的三个阶段,尽可能在各个环节上为交易者提供多样化服务。如在一级市场领域,可以提供法律政策咨询;在二级市场,可以为房屋开发公司提供销售窗口,为买卖双方办理立契签订手续;在三级市场,报告市场动态,发布交易价格,开办房地产抵押、购房贷款等业务。

4. 经营与管理兼顾化。房地产交易所不但要为房地产交易提供服务,还要对其进行指导与监督,调控市场价格,查处违纪行为,为房地产交易规范化服务。

房地产交易管理机构的具体职责作如下区分:

1. 地方各级房地产管理机构的职责

(1)贯彻和执行国家有关房地产管理的法律、法规和政策,拟定本地区房地产管理条例和各项规章制度,并组织监督实施;

(2)负责房地产开发经营企业、中介服务企业和个人的资质审查,并会同有关部门对其进行监督管理;

(3)负责房地产权属的审核与登记发证工作,同时,可以在房地产交易所内设立集中的办事机构,以方便交易,加强监督管理;

(4)负责房地产市场专业人员、管理人员的培训与考核工作;

(5)负责对非法房地产交易活动进行行政查处工作,并对房地产交易纠纷进行调解。

2. 各级政府价格主管部门的主要职责

(1)制定由政府定价的房产交易价格和经营性服务收费标准;

(2)负责制定各地房价评估的具体办法;

(3)负责对房产交易价格及经营性服务收费的监督与监测工作,各级政府价格主管部门应认真做好房产交易价格变化的监测工作,及时对房产交易价格情况进行分析、汇总,定期制定、公布市场参考价格,并向上一级政府价格主管部门报送情况;

(4)负责对房产价格评估中出现的价格纠纷进行调解;

(5)查处违反房产交易价格管理的行为。

房地产交易的管理行为必须遵循统一领导、分级管理,宏观控制与微观放开相结合,依法管理这三项原则,在全局上做好立法工作、全局性规划工作、拟定年度出让国家土地使用权总量、房地产开发全面布局,并合理规划,搞好配套建设综合开发等工作,在具体交易中做好管理房地产价格评估、房地产登记管理、中介服务机构管理等工作。公开必要的交易信息,重视交易安全,切实保护住房消费者的合法权益。

第二节 房地产转让法律制度

一、房地产转让的概念

房地产转让是指房地产权利人通过买卖、赠与或者其他合法方式将其房地产转移给他人的行为。可从以下几个方面来理解房地产转让的概念:

1. 房地产转让的主体是房地产权利人,包括房产所有人及土地使用权人。非房地产权利人无权转让房地产。

2. 房地产转让的客体是房屋的所有权以及该房屋所占用范围内的土地使用权。除单独设立土地使用权的情况外,由于房与地不可分离的特性,房屋的所有权与该房屋上所占用范围内的土地使用权须一同转让。

3. 房地产转让的形式为房地产买卖、房地产赠与及其他合法方式。其他合法方式如房地产交换、房地产继承等。方式的多样化表明房地产的转让既可能是有偿行为也可能是无偿行为。

4. 房地产转让区别于房地产租赁与抵押等其他交易方式的本质特点在于房地产转让是将房产所有权或地产使用权转移给他人的行为,一旦转让行为成立则原产权人的一切权利均由新产权人享有,原产权人丧失原权利。

房地产转让行为是平等主体之间的民事法律行为,当事人之间法律地位平等,意思表示真实自愿。除此之外,房地产的转让还须遵循前节所述的下列原则:(1)房地同时转让原则。(2)效益不可损原则。(3)土地使用权出让合同规定的全部权利义务随土地使用权同时转移原则。房地产买卖行为中,还必须遵守国家法律关于房地产价格申报制度及登记管理等制度的要求。

二、房地产转让行为的有效条件

房地产转让诸行为中房地产买卖行为是最典型、最普遍、最重要的形式;房地产赠与行为与房地产买卖行为最主要的区别是权利转移的无偿性;房地产交换行为属于民法原理中的"互易"行为,其与房地产买卖行为最主要的区别在于其转让代价是房地产而非金钱。现以房地产买卖行为为例证,分析其法律行为的有效条件,其要求大部分亦适用于房地产赠与、交换等其他转让行为。

（一）主体具有合法资格

1. 自然人主体。自然人作为房地产买卖行为的主体时，必须具备民事权利能力及完全民事行为能力；无民事行为能力人与限制民事行为能力人不得从事房地产买卖行为，应由其法定代理人代为进行。此外，根据我国《继承法》之规定，遗产分割时必须保留胎儿的继承份额，因此在继承这一房地产转让形式中，胎儿虽因不具有民事权利能力而不能成为权利主体，但仍应据此条规定保障其合法利益。

2. 非自然人主体。企业、事业单位、机关团体作为权利主体进行房地产买卖的，必须具有法人资格，否则行为无效。另外，还必须注意下列特殊规定：（1）公有房屋买卖中，国有房屋出卖人应是国家授权依法行使经营和管理权利的单位，且须经国有资产管理部门批准同意；集体所有的房屋出卖人必须是集体组织即产权人。（2）私房买卖中，机关团体、部队、企事业单位因特殊需要而购买私房的，必须经县以上人民政府的批准。（3）商品房买卖中，开发公司须持有有关批准手续及营业执照；商品房预售主体还须符合其他法定条件。

（二）客体符合法律要求

不受限制的房地产，均可自由转让。

1. 下列房地产禁止买卖：（1）以出让方式取得的土地使用权不符合法定条件的，其房地产不得买卖。必须符合的法定条件是：首先，须按照出让合同的约定已经支付全部土地使用权出让金，并取得了土地使用权证书；其次，按照出让合同的约定进行了投资开发，其中属于房屋建设工程的须完成开发投资总额的25%以上；属于成片开发土地的，形成工业用地或者其他建设用地条件；最后，转让时房屋已经建成的，还应当持有房屋所有权证书。（2）以划拨方式取得土地使用权的，转让房地产时须报有批准权的人民政府审批，否则不得转让。（3）司法机关和行政机关依法裁定、决定查封或者以其他形式限制房地产权利的房地产不得转让。此种房地产，其权利转移已被司法权力强行禁止，权利人无权对之予以处分，故不能转让。（4）依法收回土地使用权的房地产不得转让。根据房地一体原则，房产所有权的合法基础就在于合法的土地使用权。土地使用权被国家收回后，房产所有权一般也随土地收归国有，故原权利人已无权转让房地产。（5）共有房地产未经其他共有人书面同意的，不得转让。（6）权属有争议的房地产不得转让。权属未确定时，真正的权利人并未确定，若擅自予以转让，有可能损害真正的权利人的利益。（7）未经依法登记领取权属证书的房地产不得转让。房地产属于典型的不动产，权属证书是权利人享有权利的合法证明。未依法登记领取权属证书的房地产，无法确定其合法的权利人，故禁止转让。（8）除依人民法院判决外，在城市改造规划实施范围内，在国家建设征收土地范围内的城市房屋，禁止转让，但禁止期限不得超过1年。（9）寺庙、道观房地产产权一般归宗教团体所有，不得转让。

2. 下列房地产属于受到买卖限制的房地产：（1）机关、团体、部队、企事业单位不得购买或变相购买城市私有房屋，如因特殊需要必须购买，须经县以上人民政府批准。（2）根据《经济适用住房管理办法》的相关规定，经济适用住房购房人拥有有限产权。购买经济适用住房不满5年，不得直接上市交易，购房人因特殊原因确需转让经济适用住房的，由政府按照原价格并考虑折旧和物价水平等因素进行回购。购买经济适用住房满5年，购房人上市转让经济适用住房的，应按照届时同地段普通商品住房与经济适用住房差价的一定比例向政府缴纳土地收益等相关价款，具体缴纳比例由市、县人民政府确定，政府可优先回购；购房人也可以按照政府所定的标准向政府缴纳土地收益等相关价款后,取得完全产权。(3)单位集资建房的产权关系按照经济适用住房的有关规定执行。(4)房屋所有人出卖租出的城市私有房屋的,须在合理期限之前通知承租人,在同等条件下,承租人有优先购买权。出租人未按此规定出卖房屋,承租人可以请求人民法院宣告该房屋买卖行为无效。此即"买卖不破租赁原则"的体现。(5)城市私房共有人出卖共有房屋的,在同等条件下,共有人有优先购买权。(6)公有旧房出售时,原住户有优先购买权;职工购买旧房居住或经营一定时期后(5 年),允许其出售,但原出售单位有优先购买权。

(三)形式要件

房地产的转让必须订立书面合同,并须由当事人到房地产管理部门办理权属登记手续,领取房地产权属证书之后,其行为方才有效。

(四)意思表示要件

房地产买卖必须在自愿平等、等价有偿的基础上进行,才能使双方当事人的利益得到保护,因此,双方的意思表示必须真实。根据我国《民法通则》及《合同法》的规定,一方以欺诈、胁迫的手段或乘人之危,使对方在违背真实意思的情况下订立的合同,受损害方有权请求人民法院或仲裁机构变更或者撤销,违反法律规定的越权代理以及以被代理人名义同自己订约或自己为买卖双方同时代理订约的行为无效。另外,当事人的意思表示必须出于善意,恶意串通损害国家、集体及第三人利益的行为,以合法形式掩盖非法目的的房屋转让行为也均同样无效。

(五)房地产转让不得违反政策、法律和社会公德

因房地产的特殊性,国家会经常出台宏观调控措施。如有些地方政府规定,没有当地户籍不能购买当地房产;购房套数有限制;购房后,要达到一定年限要求才能转让等。房地产的转让必须符合这些要求。

三、房地产转让合同

《城市房地产管理法》规定:房地产转让必须签订书面合同。现同样以房地产买卖合同为例进行分析。

(一)合同的订立过程

房地产买卖合同的订立须经历要约与承诺两个阶段。要约,是买卖当事人向对方当事人提出签订买卖房地产合同的意思表示。该意思表示须符合如下要求:(1)明确地向对方表明买卖房地产的意图;(2)具体写明房地产的数量、质量、坐落、价格、交付方式及期限等主要内容;(3)表明请对方当事人在规定期限内给予答复的要求;(4)要约必须送达受要约人。

针对实践中出现的争议,2003 年 6 月 1 日起实施的《最高人民法院关于审理商品房买卖合同纠纷案件适用法律若干问题的解释》第 3 条明确规定,商品房的销售广告和宣传资料为要约邀请,但是出卖人就商品房开发规划范围内的房屋及相关设施所作的说明和允诺具体确定,并对商品房买卖合同的订立以及房屋价格的确定有重大影响的,应当视为要约。该说明和允诺即使未载入商品房买卖合同,亦应当视为合同内容,当事人违反的,应当承担违约责任。

承诺,则是买卖当事人一方对另一方所提出的要约或反要约完全同意的意思表示。承诺必须明确表示同意要约人或反要约人的意见,并且全部接受了对方提出的合同内容。

双方经过要约与承诺过程之后,签订书面合同,合同即已成立并生效。由于我国实行的是“强制登记原则”,故签订合同之后,当事人还需到不动产登记机关办理房地产产权变更登记手续,领取产权证书,不动产物权才发生转移。

(二)房地产买卖合同的主要内容

1. 标的。房地产买卖合同的标的就是房地产。在订立买卖契约时,对于标的物首先要审查其是否符合有关法律对房地产转让客体的要求。具体参见前述客体有效合法条件及限制。同时,房地产合同必须写明房地产坐落位置、部位、类型、结构、房屋朝向、门牌号码等。房屋附属设施是否一同转让也应注明。根据《城市房地产管理法》的规定,合同中应当载明土地使用权取得的方式。

2. 数量。即房地产的面积与数量。合同中关于数量的约定必须明确,应使用明确量词,而不应笼统称几房几室等。如注明面积,应明确是建筑面积,还是实际使用面积,同时还须明确公用面积的摊销等。

3. 价款。这是受让人取得房地产产权所付的代价,是房地产买卖合同必备的条款。由于我国实行房地产价格评估制度及房地产成交申报制度,所以,合同当事人应如实填报房地产价款。

4. 履行期限。即债务人实际负担其债务的期限,包括房产何时交付、价款何时交付及何时履行过户登记手续等内容。

5. 履约方式。即指价款的交付方式以及房地产交付方式。前者如一次性付款或是分期付款;后者包括房屋及其附属设施的验收、接管,过户手续的办理,有关税费的缴纳,房地产权利证书的领取。

6. 违约责任。房地产合同亦适用民事合同全面履行原则,如当事人违反合同规定,不履行或不完全履行合同规定的义务,则必须承担违约责任。具体承担责任的方式有支付违约金、赔偿损失;有定金约定的执行定金罚则。

上述六点是房地产买卖合同必备的条款,有些书籍将争议的解决方式亦列为合同必备条款,其主要内容是订明发生合同纠纷时,当事人是申请仲裁还是向人民法院起诉。另外,根据《城市房地产管理法》的规定,还应当注意以下问题:土地使用权出让合同和登记文件中所载明的权利、义务随房地产买卖同时转移;土地使用者通过出让方式取得的土地使用权,转让房地产后,其土地使用权的使用年限为原土地使用权出让合同约定的使用年限减去原土地使用者已经使用年限后的剩余年限;以出让方式取得土地使用权的,转让房地产后,受让人改变原土地使用权出让合同约定的土地用途的,必须取得原出让方和市、县人民政府城市规划行政主管部门的同意,签订土地使用权出让合同变更协议或者重新签订土地使用权出让合同,相应调整土地使用权出让金。

(三)合同的履行、变更和解除

土地是房屋的载体,因此,在我国土地使用权出让合同是房地产转让合同的前提。依据《城市房地产管理法》第 42 条、《城镇国有土地使用权出让和转让暂行条例》第 23 条的规定,房地产转让方在转让自己的房地产时,出让合同也同时转让给了受让人。这就使得房地产转让合同的履行、变更和解除也有自己的特点。

房地产转让合同的履行既包括当事人签订的转让合同的履行,又包括原土地使用权出让合同的履行,因而,受让人要受到土地使用权出让合同中规定的各项义务的约束。例如,《城市房地产管理法》关于房地产转让后土地使用年限的规定及不得改变土地使用权出让合同约定的土地用途的规定,这在履行上是房地产转让合同区别于其他财产转让合同的特征。

房地产转让合同的变更和解除的特点是除了转让合同约定的变更和解除合同的事由出现后,可以变更和解除合同外,出让合同约定的变更和解除合同的事由出现后,也可以变更或解除转让合同,而根据《城镇国有土地使用权出让和转让暂行条例》第17条、第39条,《城市房地产管理法》第20～22条的规定,土地使用权出让合同变更和解除的事由有以下几种情形:(1)土地使用权因使用年限届满而消灭;(2)土地使用权因国家提前收回而消灭;(3)土地使用权因土地灭失而消灭;(4)土地使用权因国家强制收回而消灭。

四、房地产转让程序

房地产转让程序,目前尚无完整而统一的法律规定,各地方法规与行政规章要求的并不一致。现根据原《城市私有房屋管理条例》和其他有关规定,总结房屋转让(主要为买卖)的一般性程序,概括如下:

1. 申请。由房屋所有人或代理人向房管部门递交要求买卖房屋的申请书并附上有关证明。如果代理进行房屋买卖,还应附具所有人的正式委托书。有关证明是指土地使用权证、房屋产权证、共有人的证明、身份证明、预售房产的有关证明等。

2. 签订买卖合同。买卖双方经协商一致,签订房屋买卖合同或契约。

3. 评估价格。房管部门接到卖房人的申请后,应对相关材料进行审查,并安排测量和评估。

4. 缴纳契税和补交地价。房屋买卖必须由买方向税务机关缴纳契税。此外,根据国家物价局、建设部文件《关于解决在房地产交易中国有土地收益流失问题的通知》和各地的具体规定,对无偿划拨土地的房屋买卖(不包括房地产开发新建的商品房),出卖人必须缴纳土地收益金给房地产管理部门。

5. 登记发证。房屋买卖双方持合法证件(如产权证明书、纳税证明、买卖合同、土地使用权证、身份证、工作证或户籍簿及有关批件等),到房屋所在地不动产登记管理部门进行产权登记,办理过户手续,领取《不动产产权证书》。在上述房屋买卖过程中,应当注意房屋所有权转移的时间及风险责任的承担问题。《民法通则》第72条规定:“财产所有权的取得,不得违反法律规定。按照合同或者其他合法方式取得财产的,财产所有权从财产交付时起转移,法律另有规定或者当事人另有约定的除外。”《物权法》第9条第1款亦规定:“不动产物权的设立、变更、转让和消灭,经依法登记,发生效力;未经登记,不发生效力,但法律另有规定的除外。”

五、已购公房和经济适用房转让的法律制度

已购公房和经济适用房是指城镇职工依据国家和县级以上地方人民政府有关城镇住房制度改革政策规定,按照成本价(或标准价)购买的公有住房,或者按照地方人民政府指导价购买的经济适用住房。从该概念中可以看出,已购公房和经济适用房均是在国家提供补贴的前提下成交的,故成交价格一般低于市场价。这些住房属于国家为解决城镇职工住房困难而特别面向城镇职工出售的。正因为已购公房与经济适用房的这些特点,其转让也就不同于普通商

品房。建设部于1999年4月19日颁布了《已购公有住房和经济适用住房上市出售管理暂行办法》(以下简称《暂行办法》),对已购公房和经济适用房的转让进行了专门规定。

(一)已购公房和经济适用房转让的条件

除满足房地产转让的一般条件之外,已购公房和经济适用房的转让,因其自身的特点,还须满足其他特殊条件,才能进行转让。《暂行办法》规定了禁止转让的情形,包括:

1. 以低于房改政策规定的价格购买且没有按照规定补足房价款的。已购公房和经济适用房的价格一般均低于市场价,原因在于国家为城镇职工提供了住房补贴。对于这些房屋的购买人而言,实质只支付了房屋的部分价款,剩余部分则由国家承担。因此,在转让该房屋时,原购买人应当补足房价款,将国家承担的房价款归还于国家之后,才能进行转让。

2. 住房面积超过省、自治区、直辖市人民政府规定的控制标准,或者违反规定利用公款超标准装修,且超标部分未按照规定退回或者补足房价款及装修费用的。如前所述,国家将公房和经济适用房出售给城镇职工的目的是解决职工住房困难,同一般意义上的商品房有所不同,因此,职工购买这类房屋时,房屋面积应当以足够使用为标准。为更有效地解决该问题,各地方政府颁布了职工购买公房和经济适用房的面积标准。超过该标准购买住房的职工,在将房屋转让之前,应当补足房价款。而利用公款进行装修的行为,本就为法律所不允许,购房人更应当将该部分款项退回给国家。

3. 处于户籍冻结地区并已列入拆迁公告范围内的。房屋拆迁涉及对房屋所有人进行拆迁补偿的问题,为减少拆迁过程中纠纷的产生,我国法律明确规定已列入拆迁范围的房屋不能进行交易,对公房和经济适用房也不例外。

4. 上市出售后形成新的住房困难的。若因转让公房或经济适用房,导致原购房人重新面临住房困难,就违反了国家将公房或经济适用房出售给原购房人的目的,不利于彻底解决城镇职工的住房困难。

5. 擅自改变房屋使用性质的。因该类房屋出售给城镇职工的最初目的是解决城镇职工住房困难,故国家禁止改变其使用性质,以保证"物尽其用"。

6. 法律、法规以及县级以上人民政府规定其他不宜出售的。

(二)已购公房和经济适用房转让的程序

为规范交易市场,《暂行办法》中对已购公房和经济适用房的转让规定了程序要件。

1. 申请。已购公房和经济适用房所有权人要求出售房屋的,应当向县级以上人民政府房地产行政管理部门提出申请,并提交下列材料:(1)职工已购公有住房和经济适用房上市出售申请表;(2)房屋所有权证书、土地使用权证书或者不动产权证书;(3)身份证及户籍证明或者其他有效身份证件;(4)同住成年人同意上市出售的书面意见;(5)个人拥有部分产权的住房,还应当提供原产权单位在同等条件下保留或者放弃优先购买权的书面意见。在职工以标准价购买公房的情况下,会形成职工与单位共同拥有房屋产权的情形,故单位作为共有人享有优先购买权。职工转让房屋时,应当通知单位,在单位放弃优先购买权的情况下,才能将房屋出售给他人。

2. 审核。房地产行政主管部门在收到已购公房和经济适用房所有人的转让申请后,应当进行审核,并在15日内作出是否准予其上市出售的书面意见。

3. 办理过户手续并缴纳税费。房地产行政主管部门批准房屋所有人的出售申请后,买卖当事人应当在房屋所在地房地产交易管理部门办理交易过户手续,如实申报成交价格,并缴纳有关税费和土地收益。

4. 办理登记手续。房地产转让行为应当遵循登记生效原则,即办理登记手续后,房地产转让行为才产生法律效力。已购公房和经济适用房的转让亦须遵循该原则。买卖当事人应当在办理交易过户手续之日起 30 日内,向房地产行政主管部门申请办理房屋所有权转移登记手续,并凭变更后的房屋所有权证书向同级人民政府土地行政主管部门申请土地使用权变更登记手续。

(三)收益分配

城镇职工以成本价或者标准价购买公房和经济适用房,法律效果是不同的。以成本价购买房屋的,购房人能够取得完整的房屋所有权,而以标准价购买公房或者经济适用房的,有可能形成购房人与单位共同拥有房屋的情形。因此,在不同的情况下,房屋出售之后的收益分配也就不同。

1. 在城镇职工以成本价购买公房和经济适用房,且职工取得完整的所有权的情况下,职工出售房屋并缴纳税费和土地收益后,所得收益归职工个人所有。

2. 城镇职工以标准价购买公房或经济适用房时,房屋产权由职工与单位共同享有。若职工在出售房屋之前,已经按照成本价补足房价款,出售房屋后缴纳税费和土地收益后,所得收益应当完全归职工个人所有。此时,单位已经通过职工补足的房价款得到补偿。若职工并未补足房价款即将房屋出售,则所得收益应当在其与单位之间按照产权比例进行分配,单位所得的房价款实质仍为职工补足的房价款部分。若此时原单位已经撤销,则其应当所得部分由房地产交易管理部门代收后,纳入地方住房基金专户管理。

《暂行办法》颁布以后,2004 年,建设部、国家发改委、国土资源部、中国人民银行联合发布了《经济适用住房管理办法》。2007 年 11 月 19 日,建设部、国家发改委、国土资源部、监察部、财政部、中国人民银行和国家税务总局发布了新的《经济适用住房管理办法》并废止 2004 年的《经济适用住房管理办法》。新《经济适用住房管理办法》与《暂行办法》有些不同的规定,笔者认为,《经济适用住房管理办法》和《暂行办法》均属于同一阶位的规定,根据"新法优于旧法"的原则,关于经济适用住房的准入和退出、价格管理、产权关系等方面应以新《经济适用住房管理办法》的规定为准。

第三节 商品房预售法律制度

一、商品房预售的概念

商品房是指由房地产开发公司综合开发,建成后出售的住宅、商业用房以及其他建筑物。商品房预售指房地产开发经营单位将建设中的商品房预先出售给承购人,由承购人根据预售合同支付房款并在房屋竣工验收合格后取得房屋所有权的房屋买卖形式。

商品房预售方式首创于香港,香港立信置业公司于 1954 年最先推出楼宇"分层售卖、分期付款"的销售方式。由于房屋尚在施工中便被"拆零砸碎",分期分批地预售给广大投资者,如落英片片,故商品房预售又被称为"卖楼花"。

商品房预售对于房地产开发商来说,是十分必要的。房地产开发不仅所需资金巨大,而且开发周期长。房地产开发商不仅要投入巨额的资金——这是很多实力不那么雄厚的开发商所无法做到的,而且还要承担房屋竣工后房地产市场行情下跌的风险。实行商品房预售,不仅使房地产开发商可以在施工过程中获得一部分建设资金,加快了资金的回笼过程,减轻了借贷压力,而且大大推动了楼宇的销售,把房产市场行情变化的风险部分地转嫁出去。商品房预售对于买受人也有好处。从房地产开发商发售"楼花"到楼宇的正式竣工交付尚有一段较长的时间,房地产业的行情处于变动状态,买"楼花"时的房价与正式竣工时的房价可能形成差价,该差价促使买受人愿意进入房地产市场,成为商品房预售合同的买方。因此,为了促使房地产市场的发展,各国一般均允许商品房预售。

商品房预售的概念可作如下理解:

1. 预售房屋买卖行为的标的物是订约时尚在施工中的商品房,即期房。与现房交易相比,预售商品房买卖合同签订之时,其标的物尚未完全建成,买卖双方通过在合同中约定房屋的未来交付日期的方法,使承购人获得了房屋建成之后取得所有权的期待权。这意味着承购人一旦买到"楼花"就必定会取得房屋所有权,房屋开发商也只能把房屋交给"楼花"持有者,而不得把已作为"楼花"卖掉的房屋另行易主。从这一点上,可以将"楼花"预售行为看作附期限的交易行为,承购人在期限到来之前拥有期待权,当期限到来之时便依合同拥有房屋所有权。

2. "楼花"本身可以自由转让。一般而言,从房地产开发商售"楼花"到楼宇的正式竣工交付尚有一段较长的时间,房地产业的行情处在变动状态,买"楼花"时的房价与正式竣工时的房价可能形成差价,该差价促使承购人愿意进入房地产市场将"楼花"再行出卖,获取利益。转让"楼花"的实质是把承购人获得的期待权出让。"楼花"的自由转让一般是受到各国政府许可的行为。

3. 商品房预售领域具有较强的国家干预性。由于在"楼花"的买卖中,承购人付出价款之后得到的只是一种对未来房屋所有权的期待,买方当事人处在不利的地位上,为了保护广大购房者的权益,国家对商品房预售行为有较为严格的限制,如对房屋预售的条件、程序及预售款用途等方面均作有特别规定。对于"楼花"再转让领域,我国房地产法律尚未作明确规定,但一些国家和地区的政府往往有严格的程序上的要求。

二、商品房预售的条件

商品房预售虽然是一种比较可行的销售方式,但如果管理不善,极易导致投机行为,损害消费者的正当权益,因此,必须通过立法明确商品房预售的条件。《城市房地产管理法》第 45 条第 1 款对此作了明确规定,商品房预售,应当符合下列条件:(1)已交付全部土地使用权出让金,取得土地使用权证书;(2)持有建设工程规划许可证;(3)按提供预售的商品房计算,投入开发建设的资金达到工程建设总投资的 25% 以上,并已经确定施工进度和竣工交付日期;(4)向县级以上人民政府房产管理部门办理预售登记,取得商品房预售许可证明。建设部曾于 1994 年发布了《城市商品房预售管理暂行办法》,该暂行办法对规范商品房的预售活动起到了积极的作用。2001 年 4 月 4 日,建设部对《城市商品房预售管理暂行办法》进行修改,并发布了《城市商品房预售管理办法》,2004 年 7 月 20 日,建设部又对《城市商品房预售管理办法》进行了修正。

根据新修正的《城市商品房预售管理办法》,商品房预售条件,综合分析有如下内容:

第一,预售方应当符合法律规定的资格条件,否则不能从事商品房预售活动。预售方一般即为商品房的开发企业,其自身条件将决定商品房的开发是否能够达到最终的目的,与预购人的利益息息相关,因此,有必要对预售方予以明确规定,以保护预购人的利益。对于预售方应符合的条件,我国《城市房地产管理法》第30条规定房地产开发企业应当具备以下条件:(1)有自己的名称和组织机构;(2)有固定的经营场所;(3)有符合国务院规定的注册资本;(4)有足够的专业技术人员;(5)法律、行政法规规定的其他条件。《城市房地产开发经营管理条例》第5条则对设立的房地产开发企业在注册资本、技术人员作出进一步的规定,即"(1)有100万元以上的注册资本;(2)有4名以上持有资格证书的房地产专业、建筑工程专业的专职技术人员,2名以上持有资格证书的专职会计人员。"

第二,工程建设已基本落实。考察这一条件的标准有四个:(1)要有合法取得土地使用权的证明文件。如果使用的是农村集体土地,必须办理征收手续后取得了土地使用权;如果是使用城市土地,应向规划和土地管理部门分别提出申请,办理土地使用审批手续,已交付全部土地使用权出让金并取得土地使用权证书;(2)要获得建筑物规划设计方案的批准文件,持有建设工程规划许可证;(3)已获得施工许可证,有施工合同以及有关施工进度的说明;(4)要做好建造房屋的场地准备工作,即"七通一平"。

第三,有商品房预售方案。预售方案应当说明预售商品房的位置、面积、价格、竣工交付日期等内容,并应当附预售商品房分层平面图。

第四,按提供预售的商品房计算,投入开发建设的资金达到工程建设总投资25%以上,并已经确定施工进度和开工、竣工交付日期。开工、竣工日期由建设单位采取招标投标方式,或者通过与施工单位协商一致的方式作出。

第五,向县级以上人民政府房产管理部门办理预售登记,取得商品房预售许可证明。拟预售商品房的单位必须向当地房管部门申请,并提供有关证明供审查核准。只有经审核批准,商品房才能正式预售,向购房者预收购房款。商品房预售所得款项,必须用于有关的工程建设。《最高人民法院关于审理商品房买卖合同纠纷案件适用法律若干问题的解释》第2条规定,出卖人未取得商品房预售许可证明,与买受人订立的商品房预售合同,应当认定无效,但是在起诉前取得商品房预售许可证明的,可以认定有效。

此外,根据《商品房销售管理办法》第11条和第12条的规定,房地产开发企业不得采取下列方法销售商品房:(1)返本销售或者变相返本销售。返本销售是指房地产开发企业通过定期向商品房买受人返还购房款的方式销售商品房。(2)售后包租或者变相售后包租。售后包租是指房地产开发企业与商品房买受人约定在一定期限内承租或者代商品房买受人出租所购商品房的行为。(3)分割拆零销售。分割拆零是指房地产开发企业将商品房分割为数个部分分别销售给商品房买受人的行为。

三、商品房预售合同

(一)商品房预售合同的概念

商品房预售合同,又称期房买卖合同,是指房地产开发经营单位与预购方签订的、就承购方交付定金或预购款、开发商在未来的一定期日交付现房的交易行为达成的协议。

商品房预售合同是房屋买卖合同的一种,因此具有一般房屋买卖合同的特点,同时又具有自身的特点。对于商品房预售合同的理解,应当注意以下几点:第一,从主体上看,预售方必须是符合《城市房地产管理法》关于房地产企业法人的条件,否则,将因合同主体不适格而导致无效。第二,从合同形式上看,预售方和预购方须签订书面合同。口头协议不发生法律效力。第三,商品房预售合同须登记备案。《城市房地产管理法》第45条第2款规定:“商品房预售人应当按照国家有关规定将预售合同报县级以上人民政府房产管理部门和土地管理部门登记备案。”《城市商品房预售管理办法》第10条则明确将登记备案的时间限定在合同签订之日起的30日内。对于预售商品房登记备案的法律性质,《最高人民法院关于审理商品房买卖合同纠纷案件适用法律若干问题的解释》第6条规定,当事人以商品房预售合同未按照法律、行政法规规定办理登记备案手续为由,请求确认合同无效的,不予支持;当事人约定以办理登记备案手续为商品房预售合同生效条件的,从其约定,但当事人一方已经履行主要义务,对方接受的除外。由此司法解释精神可以推断,登记备案手续不是合同生效的要件。但总的来说,预售合同的登记备案制度有利于规范商品房预售行为,对保护当事人正当的权益有重要意义。

《物权法》规定了不动产的预告登记制度,该法第20条规定:“当事人签订买卖房屋或者其他不动产物权的协议,为保障将来实现物权,按照约定可以向登记机构申请预告登记。预告登记后,未经预告登记的权利人同意,处分该不动产的,不发生物权效力。预告登记后,债权消灭或者自能够进行不动产登记之日起三个月内未申请登记的,预告登记失效。”由此可见,办理了预告登记的商品房买卖合同可以产生对抗第三人的效力,预告登记制度使得合同债权具有了物权的属性,有效保护了预购人的利益。

(二)商品房预售合同的主要条款

1. 主体。即预售人和预购人。预售人应当满足的条件,前已述及。对于预购人,我国法律、法规均无限制性规定。

2. 标的。即订约时尚在施工中的商品房。为了避免发生纠纷,合同中应载明预售商品房的基本情况,具体包括:房屋坐落位置、建筑面积(及其分摊面积)、土地使用权证号、土地使用权取得方式(出让或是划拨)、土地使用性质、商品房预售许可证号、建筑工程规划许可证号、房屋结构、房屋竣工交付日期、房屋装修标准、所购房屋平面图等。

3. 价款。这是商品房预售合同的必备条款,应载明双方约定的金额及币种。实践中,当事人的定价模式主要有三种:第一,国家定价,适用于“微利房”“限价房”等必须执行国家定价的期房,以及双方当事人约定价格以有关部门的核定价格为准的期房;第二,确定价格,即一次性定价。即由合同明确约定所售期房每平方米的售价数额;第三,暂定价格,即预售房屋时先按某个价格支付部分房款,待商品房成交时再按交付时的市场价格计算。

4. 履约方式。包括价款的交付方式及房地产的交付方式。前者可采取一次性付款或是分期付款的方式,还可以采取按揭贷款分期付款的方式;后者应明确商品房的验收、接管。

5. 违约责任。商品房预售合同适用合同法关于违约责任的规定。当事人一方不履行合同义务或履行合同义务不符合约定的,应当承担继续履行、采取补救措施或者赔偿损失等违约责任。此外,合同中约定定金条款的还要执行定金罚则。除不可抗力导致延期外,预售人不能如期交付商品房,预购人可选择解除合同并要求预售人偿还已交付的价金及利息,还可选择继续等待交付商品房,并要求预售人偿付商品房延期交付期间已付商品房价金的利息。预购人如不能按合同规定的期限交付商品房价金,预售人可选择解除合同,并将有关商品房另行出售,要求预购人赔偿其经济损失,还可于商品房竣工前选择继续等待预购人支付商品房价金,并要求预购人偿付逾期滞付款项的滞纳金。

以上这些条款是一般商品房预售合同应该具备的条款。除此之外,当事人还可以约定逾期履行的免责条件、纠纷的解决方式等条款。

(三)预售当事人的权利义务

商品房预售中,由于自签订合同至房屋交付,有一个比较长的过程。在此过程中,有可能发生各种变化,影响双方当事人的利益。为保护双方当事人的利益,应当对其权利义务进行明晰,并以此约束双方的行为,保证预售活动以及交付房屋等活动的顺利进行。

1. 预售人的义务

(1)于合同约定的将来某个期日交付房屋并转移房屋所有权的义务。预售双方签订合同后,预购人享有于将来取得房屋的权利,预售人则相应承担交付房屋的义务。同时,由于房地产的转让需要办理相关权属登记手续,因此,对于预售人而言,其义务应当包含办理房地产过户等权属登记手续。《城市商品房预售管理办法》第12条明确规定,预售的商品房交付使用之日起90日内,承购人应当依法到房地产管理部门和市、县人民政府土地管理部门办理权属登记手续。开发企业应当予以协助,并提供必要的证明文件。由于开发企业的原因,承购人未能在房屋交付使用之日起90日内取得房屋权属证书的,除开发企业和承购人有特殊约定外,开发企业应当承担违约责任。

(2)瑕疵担保义务。预售人的该项义务包括质量担保及权利担保。质量担保指预售人向预购人交付房屋的质量,应当符合预售合同的约定和国家对于建筑工程质量的强制性规定。房屋质量与预购人的生命财产联系非常紧密,所以国家对建筑工程的质量有明确的规定,并要求只有在工程经过验收合格后,开发企业才能向预购人交付。同时,商品房预售合同中对于房屋质量的约定对预售人同样具有约束力,预售人应当予以遵守。权利担保则是指预售人应当保证预购人对房屋的所有权应当是完整的,不应当因第三人对该房屋享有权利而遭受任何阻碍。若第三人对房屋享有的权利对预购人的房屋所有权造成损害,预售人应当承担责任。现实中,开发企业为获得工程资金,往往将在建的房屋抵押给银行,以获得贷款,这就给预购人的房屋所有权埋下了隐患,一旦开发企业无法偿还贷款,银行有权将房屋拍卖并优先受偿。对于预购人而言,购买房屋的目的会遭受毁灭性的打击。因此,预售人应当保证房屋上不存在第三人的权利,以保证预购人的所有权不受任何阻碍。

(3)专款专用义务。我国法律、法规明确规定了商品房预售中的专款专用制度,即预售方通过预售商品房获得资金,必须全部用于商品房的建设,不能挪作他用。法律、法规作此规定的目的十分明显,即为保证商品房能够拥有充足的资金,并按期交付给预购人,但是,由于缺乏监督机制,导致该规定并不能真正实现。预售人通过预售获得资金后,并没有任何机构对资金的用途进行监督,这就导致预售人可以任意使用该款项。因此,有必要确定一个监督机构,对预售所得资金的使用进行监督,真正实现专款专用。

(4)缴纳、代收房地产有关税费的义务。根据我国有关税法的规定,销售商品房应缴纳的税费有:印花税、营业税、城市维护建设税、教育费附加、土地增值税、房屋买卖过户手续费等。预售人有代预购人缴纳有关税费的义务。

2. 预购人的义务

(1)支付房价款的义务。预购人应当按照商品房预售合同约定时间、方式支付房价款,否则应当承担违约责任。

（2）缴纳有关税费的义务。预购人承担的有关税费主要包括：契税、印花税、房地产权登记费、房屋过户手续费等。

3. 预售人的惩罚性赔偿

对于商品房买卖合同是否适用《消费者权益保护法》调整，在理论界和实务界产生过重大分歧，但在《最高人民法院关于审理商品房买卖合同纠纷案件适用法律若干问题的解释》出台之后，这一分歧尘埃落定。从该解释的精神上来看，虽然商品房买卖不能直接适用《消费者权益保护法》来调整，但可以适用惩罚性赔偿。根据《最高人民法院关于审理商品房买卖合同纠纷案件适用法律若干问题的解释》第 8 条、第 9 条的规定，出现以下五种情形时，预购人可以对预售人请求惩罚性赔偿：（1）商品房买卖合同订立后，出卖人未告知买受人又将该房屋抵押给第三人；（2）商品房买卖合同订立后，出卖人又将该房屋出卖给第三人；（3）故意隐瞒没有取得商品房预售许可证明的事实或者提供虚假商品房预售许可证明；（4）故意隐瞒所售房屋已经抵押的事实；（5）故意隐瞒所售房屋已经出卖给第三人或者为拆迁补偿安置房屋的事实。以上五种情形导致合同无效或者被撤销、解除的，预购人可以请求返还已付购房款及利息、赔偿损失，并可以请求预售人承担不超过已付购房款一倍的赔偿责任。上述惩罚性赔偿同样适用于商品房的现售。

四、商品房预售的程序

房地产开发经营单位取得商品房预售许可证后方可正式进入商品房预售程序，因此，许可证申请是商品房预售行为的第一步。具体而言，商品房预售的程序是：

1. 房地产开发商向房地产管理部门提出商品房预售许可证申请。

在提交申请时，必须提交下列文件：（1）商品房预售许可申请表；（2）开发企业的《营业执照》和资质证书；（3）土地使用权证、建设工程规划许可证、施工许可证；（4）投入开发建设的资金占工程建设总投资的比例符合规定条件的证明；（5）工程施工合同及关于施工进度的说明；（6）商品房预售方案。预售方案应当说明预售商品房的位置、面积、价格、竣工交付日期等内容，并应当附预售商品房分层平面图。

商品房预售主管部门在接到开发经营企业申请后，应当详细查验各项证件和资料，在 10 日内作出审核结论，核发商品房预售许可证，并向社会公告。

开发经营企业进行商品房预售，应当向承购人出示《商品房预售许可证》。售楼广告和说明书必须载明《商品房预售许可证》的批准文号。未取得《商品房预售许可证》的，不得进行商品房预售。

2. 申请获得批准之后，预售单位方可将楼盘向社会出售，方可与承购者签订商品房预售合同。

3. 办理商品房预售合同登记备案手续。商品房预售人须将合同依国家法律规定报县级以上人民政府房产管理部门和土地管理部门登记备案。对此，我国《城市房地产管理法》及《城市商品房预售管理办法》均有明确规定。但是，对于商品房预售合同登记的效力，以前的法律并没有明文规定。各个地方的规定也不尽相同，有些地方规定未经登记的商品房预售合同无效，而有些地方则规定商品房预售合同未经登记不能对抗第三人。实践中也出现预售人有意不履行法律规定的登记备案义务,而将已预售的商品房再卖甚至是“一房几卖”的现象,严重损害了预购人的利益。如上文所述,登记备案手续并非商品房预售合同的生效要件,那么,《物权法》所规定的预告登记是否可以涵盖商品房预售合同登记备案手续?这有待于法律的进一步明确。如果预购人可以申请预告登记,则根据《物权法》的有关规定,经过预告登记后,未经预告登记的权利人同意,处分不动产的,不发生物权效力,《物权法》从物权的角度对预购人的期待权进行了保护。

4. 房地产交付。房地产开发商须在房屋竣工后,按商品房预售合同的要求及时办理房屋交付手续,承购人凭合同及房屋交付凭证办理相关的房地产过户手续,并缴纳有关费用。

五、预售商品房的再转让

(一)预售商品房的再转让概述

商品房预售合同签订之后,承购人将尚未竣工的预售房屋再行转让给他人,这种行为就是通常意义上的预售商品房再转让行为,又称“炒楼花”。在《城市房地产管理法》颁布之前,预售商品房转让在我国司法实践中是被承认的。1996 年,《最高人民法院关于审理房地产管理法施行前房地产开发经营案件若干问题的解答》第 29 条规定:“商品房预售合同的双方当事人,经有关主管部门办理了有关手续后,在预售商品房尚未实际交付前,预购方将购买的未竣工的预售商品房转让他人,办理了转让手续的,可认定转让合同有效;没有办理转让手续的,在一审诉讼期间补办了转让手续,也可认定转让合同有效。”《城市房地产管理法》第 46 条规定:“商品房预售的,商品房预购人将购买的未竣工的预售商品房再行转让的问题,由国务院规定。”

在《城市房地产管理法》颁布后,关于预售商品房的再转让行为,国务院一直未出台相关规定,各地的做法也不尽一致,有的地方同意转让“楼花”,有的地方禁止转让,有的地方则不置可否。2005 年 4 月 20 日,原建设部等七部委联合发布了《关于做好稳定住房价格工作的意见》,后国务院办公厅转发了该意见,这个问题才有了定论。该意见规定:根据《城市房地产管理法》有关规定,国务院决定,禁止商品房预购人将购买的未竣工的预售商品房再行转让。在预售商品房竣工交付、预购人取得房屋所有权证之前,房地产主管部门不得为其办理转让等手续;商品房所有权申请人与登记备案的预售合同载明的预购人不一致的,房屋权属登记机关不得为其办理房屋权属登记手续。

预售商品房再转让行为是否合法是一个争论已久的问题,因为承购人在签约之后并未得到真正的房屋所有权,其转让的只是将来取得房屋所有权的期待权利,吸引炒作者行为的是“楼花”价格上涨时的高额利润,因此“炒楼花”最终可发展成为极具投机性的行为。就房地产市场整体而言,“炒楼花”行为可以起到使开发商更快回流资金,降低开发成本,减少投资风险的作用,也可以使承购人及时收回投资,解决资金需求,对于房地产市场有活跃作用;另外,没有妥善管理炒作行为,亦可能为一些炒作者牟取暴利提供机会,牵制市场价格,哄抬房价,使房地产市场畸形发展,大量资金流入个人腰包。因此,“炒楼花”行为有弊有利,既不应因噎废食,完全禁止预售商品房再转让,同时又要做好立法,加强管理,保证商品房预售行为健康发展。

香港对预售商品房再转让行为的管理经验,可资我们借鉴。香港在长期对预售商品房再转让的管理过程中,形成了一套行之有效的管理措施,具体如下:(1)买方在签署买卖合同时,须付 5% 的房价,定金 3%,如情况需要,政府有权规定把预付款提高到 10%,定金 5%(过去一般的预付款仅为楼价的1.5%，定金为1.5%）；(2)房地产商须在买方实际选楼前重新编排登记号码，此项规定意在打击那些雇人抢先排队及登记买“楼花”的投机商，照顾那些真正买楼使用的居民；(3)规定房地产商在出售“楼花”时限定每一买房人只许登记一次，同时买房人必须亲自登记，委托代理人的授权方式不允许受理；(4)规定每名登记的买房人只可购买一个单元住房；(5)规定房地产商在每一次“卖楼花”时必须公布出售的房屋总数及预留的房屋数量，此外，预留的房屋须在售房登记及选择房屋单元之前，在房屋所在地及售房处公开展示；(6)买房人必须申报所购房屋的价钱，及向何人购买，以便为政府提供交易信息，作为记录，计算各项税费之用；(7)限制房地产公司内部职员及商业伙伴私下大批认购“楼花”和转让“楼花”。

（二）预售商品房再转让行为的性质

预售商品房再转让与一般商品房买卖的共同目的是使受让人取得房屋所有权，但两者之间有显著不同，即在预售商品房再转让中，承购人转让的是取得房屋所有权的期待权，而不是现存的房屋所有权。另外，因为这种转让是以让与人让与合同权利的形式进行的，受让人极可能在享有合同权利的同时，须承担合同义务。

预售商品房经转让后，原承购人从商品房预售法律关系中脱离出来，而由受让人取代其在合同中的当事人地位，享有原承购人应享有的合同权利，负担原承购人应承担的合同义务，这是典型的合同转让行为。

关于合同的转让，我国《民法通则》第91条和《合同法》均有规定。《民法通则》第91条关于合同转让应当取得对方当事人的同意以及不得因合同转让而牟利的规定，带有浓厚的计划经济色彩，既不符合国外的流行做法，又不适应社会主义市场经济的发展需要。但上述关于禁止牟利的规定，《合同法》已不再采纳。对于债权让与，《合同法》采取通知生效原则，至于债务承担规定须经债权人同意。可见，在《合同法》生效后，预售商品房的再转让必须遵守《合同法》中有关合同转让条款的规定。

实践中，商品房预售合同的再转让既可能是债权让与也可能是债务承担，还可能是合同的概括承受。具体属于何种，要依据承购人履行预售合同所规定的义务的程度来确定。据此，预售商品房的再转让可作以下区分：

1. 预售合同的债权让与

依预售合同规定，承购人承担的主要义务是支付房款的义务。在按揭购房中，承购人支付首期房款并授权贷款银行将贷款存入开发商专设账户中，即可视为履行完毕所负义务。在不采取按揭形式的商品房预售中，承购人依约如期付清全部房款即可视为完成所负义务。由于商品房从开工到建成要经过较长的一段时间，在这段时间内，完全可能发生上述的承购人履行完毕义务的情形。这种情形下发生的商品房预售合同的转让是债权让与行为。

2. 预售合同债权债务的一并转让

预售合同权利义务的一并转让，即受让人既依预售合同享有权利，又须依预售合同承担义务的合同让与行为。预售合同权利义务的一并转让具体可区分为如下两种情形：

(1)预售合同权利及部分义务的让与。实践中，承购人支付部分房款后，可能会出于某种原因，不愿再继续支付剩余房款，从而欲将合同让与第三人，这种让与是债权转让和债务承担的结合。被让与人权利主要是房屋所有权之期待权。第三人所承担之义务是原承购人未履行完毕的合同义务，主要指付款义务。预售合同权利及部分义务的让与是典型的让与部分履行合同的行为。

(2)预售合同权利及全部义务的让与。这种让与即意味着承购人签订预售合同后,未支付任何房款即将合同转让出去。这种行为投机性极大,属典型的空买空卖,极易影响资源稀缺的房地产市场的市场价格,而投机者牟取暴利的同时,必然损害大众利益。所以,今后在制定有关预售商品房再转让的法律或规定时,对此一定要谨慎,并采取必要的管理及防范措施。

(三)预售商品房再转让的条件

1.须签订转让合同

承购人与第三人或第三人与开发商应以合同形式明确合同主体的变更,如果仅存在债权让与,应由承购人与第三人签订债权让与合同。既有债权让与又有债务承担的,可由承购人与第三人签订债权让与合同,再由第三人与开发商签订债务承担合同。其中的债务承担合同也可以在第三人与承购人之间签订,但须经开发商同意方为生效。

2.依《合同法》关于合同转让的规定

《合同法》第80条第1款规定:"债权人转让权利的,应当通知债务人。未经通知,该转让对债务人不发生效力。"该法第84条规定:"债务人将合同的义务全部或部分转移给第三人的,应当经债权人同意。"《合同法》在债权让与上以通知生效为原则。首先,债权作为一种财产,应承认权利人依法享有处分权,其中包括转让的权利。其次,债权让与不关涉债务人的义务存在与否,也并不增加债务人的负担,不同的是,债务承担须经债权人同意,这是因为合同法律关系是特定当事人之间的权利义务关系,这种法律关系的成立存在一定的信用基础。作为债权人,往往将债务人的资金状况及信誉程度作为订立合同时考虑的重要因素。在发生债务人变更后上述的资金状况及信誉程度实际上已发生了改变,这可能会影响到债权的实现。为公平起见,法律规定债权人之同意为债务承担之生效条件。

3.须发生在承购人取得房屋所有权之前

预售商品房的再转让之所以属于合同转让行为,是因为承购人尚未依房屋所有权之期待权从开发商处继受房屋所有权。如果承购人办理了房产权登记,取得房屋所有权后发生的转让行为按一般的买卖行为处理。

4.预售合同须合法有效

预售商品房再转让中转让的是预售合同的权利和义务。预售合同无效的,再转让行为将因标的不存在而无效。

第四节 房地产抵押和按揭法律制度

一、房地产抵押的概念

房地产抵押,是指抵押人以其合法的房地产以不转移占有的方式向抵押权人提供债务履行担保的行为。债务人不履行债务时,抵押权人有权依法以抵押的房地产拍卖所得的价款优先受偿。债的行为中的债权人就是抵押权人;抵押人,一般是债务人,也可以是债务人之外的第三人;抵押权人就拍卖抵押的房地产所得价款优先受偿的权利就是抵押权。房地产抵押具有一般抵押所共有的特征,如抵押物从属性、价值性、不可分割性、物上代位性等。

二、房地产抵押权设定的条件

(一)抵押权设定的形式要件

双方当事人首先应当签订书面合同,并到土地和房地产管理部门履行登记手续,具备了这两个形式要件,房地产抵押权才能有效设立并受到法律的保护。对此,《城市房地产管理法》规定"房地产抵押时,应当向县级以上地方人民政府规定的部门办理抵押登记";"房地产抵押,抵押人和抵押权人应当签订书面抵押合同"。

房地产抵押合同是债权合同的从合同,其必须遵守法律关于合同的一般规定;其特殊之处在于:作为抵押合同一方当事人的抵押人既可以是债务人自身,也可以是为债务人提供担保的第三人;抵押合同既可以单独订立,也可以抵押条款的形式在债权合同中体现。一般而言,抵押合同除具有一般合同的必备条款之外,还应具有:房地产名称、编号、住所、面积、四至及数量、权属;所担保的债务内容、范围、数量、质量、期限、履行方式、履行地点及与该债务内容相关的其他事项;房地产的作价及抵押率;房地产的保管维护、风险责任、处分方式、处分费用的承担、受偿方式等;抵押权消灭的条件;其他应规定的内容。

房地产抵押登记,内容上包括抵押权设立登记、抵押权变更登记及抵押权注销登记。抵押权设立登记是抵押权设立的必要条件,是指在抵押合同成立之后,当事人凭土地使用权证书及房屋所有权证书到房地产管理机关办理的确认抵押权合法有效成立的行为,没有办理这项登记的,抵押权不受法律保护。抵押权设立之后,如抵押合同发生变更,涉及登记事项的,则需办理抵押权变更登记。而抵押权注销登记是抵押权因抵押人如期履行债务或者其他原因消灭后当事人进行的登记。

另外,房屋所有权证书与土地使用权证书是登记必备的证件。

(二)房地产抵押设定的限制条件

1. 抵押人的条件。在房地产抵押行为中的抵押人条件问题,各国规定各异。我国的规定也与国外不一致。

(1)如果房地产抵押人是自然人:①必须是完全民事行为能力人。这是民事法律行为有效的前提条件。根据《民法总则》的有关规定精神,无行为能力或限制行为能力的公民,不能作为房地产抵押人。②必须是房地产的所有人或使用人。一方面,必须是持有合法房地产所有权或使用权证,或者已订立预购房屋合同并支付了部分房款的人;另一方面,抵押人除拥有作为抵押的房地产外,还应有一定的基本生活条件,这主要是为了保证抵押的现实性和执行性。

(2)如果房地产抵押人是法人,则要求:①必须具有工商行政管理部门颁发的营业执照,并由法定代表人出具证明。②必须是房地产的所有人或使用人。"使用人"在这里目前主要是指国有企业,因为对国有企业的房产而言,其产权归国家所有,但企业依法享有经营管理权和一定的处分权,其抵押关系比较特殊。

尤其要明确的是,无论抵押人是自然人还是法人,通过抵押房地产而取得的银行贷款,必须有明确的用途,而且在一般情况下,这部分贷款只能用于正当的房地产开发经营活动或者银行要求的目的。

这里需要特别指出的是,我国对个人申请住房抵押贷款有明确的条件规定:具有当地城镇户口;年满20周岁的居民;有购房合同、协议或其他证明文件;在借款银行有相当于购房款一定比例的公积金或1年以上的住房储蓄存款,并以此作为购房的首期付款;有稳定的经济收入和归还贷款本息的能力。

2.抵押权人的条件。抵押权人一般指债权人,随着债务形式的变化,债权人主要是贷款者,贷款者一般是具有发放贷款资格和贷款能力的金融机构或其他金融组织,债务人在办理抵押贷款时,可根据抵押物种类及贷款种类选择不同的开户银行作为债务银行。

3.抵押物的条件。作为抵押物的房地产,必须是抵押人(包括债务人或第三人)拥有所有权或使用权的房地产,且这些权利能由抵押人所支配,否则,抵押人无权在标的物上设定抵押权。同时,根据《物权法》第184条规定,以下财产不得设定抵押:①土地所有权;②耕地、宅基地、自留地、自留山等集体所有的土地的使用权,但法律规定可以抵押的除外;③属于学校、幼儿园、医院等以公益为目的的事业单位、社会团体的教育设施、医疗卫生设施和其他社会公益设施;④所有权、使用权不明或者有争议的财产;⑤依法被查封、扣押、监管的财产;⑥法律、法规规定不得抵押的其他财产。

三、房地产抵押的效力

房地产抵押一经设定,即产生相应的法律效力,不仅在当事人之间设定了相应的权利义务,且对抵押物与其有关的其他财产权也有影响。根据房地产抵押效力的对象,可将其划分为对内效力和对外效力。房地产抵押的对内效力即对房地产抵押当事人的权利义务的影响,是抵押权主要的基本的效力;房地产抵押的对外效力即房地产抵押对抵押关系外部的、有关房地产的其他财产权的影响,是抵押权次要的派生的效力,是房地产抵押对内效力的保障。

(一)房地产抵押权的对内效力

房地产抵押权的对内效力,简言之,即房地产抵押权人有就受担保的债权对抵押的房地产优先受偿的权利。具体包括两个方面,即对被担保债权范围的效力和对作为抵押标的物的房地产的效力。

1.房地产抵押权担保的债权范围

(1)主债权。主债权又称为原债权、本债权,是抵押权存在的基础,也是抵押权担保的重要内容。

(2)利息。利息包括法定利息和约定利息两种。法定利息由于被视为主债权的一部分,自然属于担保范围之列。对于约定利息,各国和各地区规定不一。德国规定,与主债权一起登记的约定利息视同法定利息,未经登记的约定利息不受担保法保护。日本则规定,约定利息虽属于担保范围,但不具有优先受偿权,不得对抗第三人。我国台湾地区规定,不论法定利息或约定利息,均为抵押权担保的范围。我国大陆地区法律未区分法定利息和约定利息,而是规定抵押担保的范围包括利息(见《担保法》第46条)。可见,在我国,约定利息和法定利息均属于房地产抵押担保的范围。

(3)迟延利息。迟延利息是指由于债务人迟延履行而导致的利息。迟延利息是法定的附随性债权,因此不必经当事人特别约定或登记,即属于房地产抵押的担保范围。

(4)违约金。当事人在合同中约定了违约金的,违约金属于担保的范围。现行《合同法》并没有明确规定违约金的比例,实践中,违约金一般不能超过合同的总价款,根据《合同法》的规定，若违约方认为违约金过高，可以请求法院予以适当调节。但无论如何，有效的违约金包含在抵押权的担保范围之内。

(5)损害赔偿金。这里的损害赔偿金是指债务人由于在履行主合同中的过失给债权人造成损害而应该给予债权人的赔偿。根据《担保法》第46条的规定，抵押合同没有特别约定的，损害赔偿金属于抵押担保的范围。

(6)实现抵押权的费用。实现抵押权的费用是指抵押权人为实现其抵押权而支付的费用，具体包括申请费、拍卖费、评估费、保全费、诉讼费等。实现抵押权的费用只要是合理的，不必经过登记即可从抵押物中优先获得清偿，且优于房地产抵押所担保的其他债权。

2. 房地产抵押权所涉及的物的范围

(1)房地产自身。以房地产作抵押的，可以大致划分为两种：土地使用权抵押和房屋所有权抵押。以土地使用权作抵押的，其地上建筑物、其他附着物随之抵押；如果以房屋所有权作抵押的，则其占用范围内的土地使用权也同时抵押。关于此点，《物权法》《城镇国有土地使用权出让和转让暂行条例》《城市房地产管理法》《担保法》都有明确的规定。之所以这样规定，是因为如果仅以土地使用权或房屋所有权作抵押，则抵押权人行使抵押权对抵押物进行拍卖，将使土地使用权和房屋所有权分属两个主体，造成土地使用权人和房屋所有权人行使权利的不便，从而降低土地使用权或房屋所有权拍卖的价格，不利于保障债权人的利益。

(2)新增房屋。《物权法》、《城市房地产管理法》和《担保法》均规定，城市房地产抵押合同签订之后，土地上新增的房屋不属于抵押物。原因有如下几点：

第一，尽管我国立法对房地产转让采取“连动”原则，但仍将二者视为独立的不动产。房地产抵押权设定时，该房屋还未动工，当事人是以当时已经存在的房地产为抵押标的签订抵押合同，新增房屋不属于抵押物的范围是符合当事人当时的意思表示的。

第二，将新增房屋列入房地产抵押标的的范围有损抵押人的利益。设定抵押权的房地产虽然不转移占有，抵押人仍对其拥有使用、收益和处分权，但毕竟给抵押人行使这些权利带来不便。例如，抵押人将设定了抵押物的房地产进行转让必须通知抵押权人和受让人，程序上比较烦琐，而且由于受让人往往不愿意接受设定了抵押权的房地产，导致设定抵押权的房地产难以进入市场。因此，新增房屋列入房地产抵押标的的范围既扩大了抵押房地产的价值额，也增加了抵押人的负担。

第三，从房地产抵押担保债权的实现的目的来看，也没有必要将新增房屋列入房地产抵押标的的范围。《担保法》第35条第1款规定：“抵押人所担保的债权不得超出其抵押物的价值。”那么，在房地产抵押合同签订时，作为抵押物的房地产已足以担保债权实现，而无须以新增房屋再对其进行担保。

虽然新增房屋不属于抵押物，但为了便于抵押权的实现，《物权法》、《城市房地产管理法》和《担保法》均规定：需要拍卖该抵押的房地产时，可以依法将该土地上新增的房屋与抵押物一同拍卖，但对拍卖新增房屋所得，抵押权人无权优先受偿。

(3)在建房屋。房地产抵押权设定时土地上的在建房屋是否为抵押权效力所及，需要区分情况加以确定。如果在建房屋是永久性建筑，且具有经济上的使用价值，就应将在建房屋与土地使用权视为一体，房地产抵押的效力就及于该在建房屋。如果该在建房屋并非永久性建筑，仅为开发房地产而建的临时性建筑，如建筑工地上的临时仓库等，则房地产抵押权的效力是否及于它,应由抵押合同双方约定。抵押合同没有明确约定的,房地产抵押权的效力不及于该在建房屋。另外,根据《物权法》第 180 条的规定,正在建造的建筑物可以抵押。所以,在建房屋的抵押效力也以办理抵押登记为准。

(4)附属物。附属物即从物,是与主物相对而言的。主物和从物是两个相互独立的物,同时二者又相互结合。主物是在其中起主要作用的物,从物是其中处于附属地位起辅助和配合作用的物。在法律或合同没有相反规定时,主物的所有权转移,从物也随之转移。因此,在房地产抵押中,如果法律或合同没有特别规定,则抵押权的效力不仅及于房地产自身,还及于设定抵押权后产生的附属物。房地产的从物既包括动产,也包括不动产,如房屋前后的少许树木,房屋里的门、窗、取暖设施、照明设施、通信设施等。

(5)从权利。房地产的从权利,如相邻权等,因从属于房地产并使房地产具有必要的效能而为房地产抵押权的效力所及。

(6)孳息。房地产抵押的效力及于抵押权开始进入实现阶段后到抵押标的处分为止房地产所产生的孳息。房地产抵押不转移对作为抵押标的物的房地产的占有,这样既维护了债权人的权益,又充分发挥了抵押物的使用价值。在抵押权实现前,抵押人有权使用房地产并获取利益,房地产所产生的孳息由抵押人享有。抵押权开始进入实现阶段后,作为抵押物的房地产由人民法院扣押或以其他方式保全,抵押权人有权将该房地产拍卖或变价优先受偿,当然有权收取抵押物的孳息,并以其偿还债权。房地产抵押权的效力不仅及于房地产的天然孳息,如果树所结的果实等,而且及于房地产的法定孳息如房租等。《物权法》第 197 条规定,债务人不履行到期债务或者发生当事人约定的实现抵押权的情形,致使抵押财产被人民法院依法扣押的,自扣押之日起抵押权人有权收取该抵押财产的天然孳息或者法定孳息,但抵押权人未通知应当清偿法定孳息的义务人的除外。前款规定的孳息应当先冲抵收取孳息的费用。

(二)房地产抵押权的对外效力

房地产抵押权的对外效力是指房地产抵押权对抵押关系外部的有关抵押物的其他财产权的影响,具体则包括对房地产的用益权、其他抵押权和租赁关系的影响。

1. 房地产抵押权对用益权的影响。房地产抵押是以房地产的交换价值为债权提供担保,抵押物的使用价值对其没有影响,因此无论是在抵押权设定前或设定后,抵押人均可在抵押的房地产上设定用益物权,但房地产抵押权对用益物权的影响则视用益权设定的时间不同而有变化。在房地产抵押权设定之前已存在用益物权的,用益权人不仅在抵押权设定后拥有用益权,并且其用益权如经登记,还可以对抗房地产抵押权,即用益权人根据其与抵押人合同约定的方式、期限等在抵押权实现后仍可继续拥有用益权。在房地产抵押权后设定的用益权则不能对抗抵押权,对此有的国家有明文规定,如《日本民法》规定,新增用益权不得对抗受益人。

2. 房地产抵押权对其他抵押权的影响。房地产由于价值巨大,往往足以担保数个债权。同时抵押是以不转移对抵押物的占有为条件,也有可能在同一房地产上设定数个抵押权。为了充分发挥房地产的经济效益,各国一般均规定在房地产的价值范围内,允许在同一个房地产上设定数个抵押权,我国《担保法》第 35 条第 2 款中即规定,财产抵押后,该财产的价值大于所担保债权的余额部分,可以再次抵押。因此,先设定的房地产抵押权不影响后抵押权的设定,但先设定的房地产抵押权,其担保的债权优先于后设定的房地产抵押权所担保的债权受偿。即当一个房地产上设有数个抵押权时,其担保的债权按抵押权设定的先后顺序受偿,顺序相同的则按债权比例受偿。抵押的房地产拍卖后的价值不足以偿还所有担保的债权的,则未受清偿的抵押债权不享有对普通债权的优先权。

3. 房地产抵押权对房屋租赁关系的影响。与设定用益权一样,抵押人可以在已出租的房屋上设定抵押权,也可以将已设定抵押权的房屋出租。在房屋租赁关系存在于抵押之前的,根据“买卖不破租赁”原则,房地产抵押权的效力不及于租赁关系,即抵押的房地产拍卖后,原租赁合同对房地产的受让者继续有效。如《担保法》第48条规定:“抵押人将已出租的财产抵押的,应当书面告知承租人,原租赁合同继续有效。”如果将已设定抵押权的房屋出租的,则房地产抵押权的效力及于该租赁关系。抵押权实现时,租赁关系即解除。

(三)影响房地产抵押权效力的情形

已设定抵押权的房地产被查封、扣押或者采取强制措施的,是否影响房地产抵押权的效力呢?这需要根据采取强制措施的目的区别确定。如果对设定抵押权的房地产采取强制措施的目的是偿付其他无担保的债权,则由于抵押权人享有优先受偿权,抵押的房地产变价后优先清偿抵押权人的债权,该强制措施不影响房地产抵押权的效力。如果对已设定抵押权的房地产采取强制措施的目的是实现房产管理部门的行政处罚权,则该强制措施可以影响房地产抵押权的效力。例如,《城市房地产管理法》第68条规定:“违反本法第四十五条第一款的规定预售商品房的,由县级以上人民政府房产管理部门责令停止预售活动,没收违法所得,可以并处罚款。”如果受到罚款处罚的当事人不缴纳罚款,则房地产管理部门有权对有关的房地产采取强制措施直到拍卖并以所得价款优先缴付罚款。如果在该房地产上设有抵押权,则抵押权人应在缴付罚款后的拍卖所得价款中优先受偿。也就是说,房地产管理部门的行政处罚权应优先于房地产抵押权。因此,抵押权人应当对抵押人占有、使用、收益和处分抵押的房地产进行监管。抵押的房地产由于抵押人的不当行为被房地产管理部门采取强制措施致使房地产抵押权受到影响,也是对抵押权人怠于行使权力的一种惩罚。基于同样的原因,如果抵押人没有在规定的时间内对土地进行开发或不按规定的用途使用土地,被国家处以无偿收回土地使用权的处罚时,房地产抵押权人也不能以抵押权对抗行政处罚权,而只能要求抵押人另行提供担保。

在无偿划拨的土地使用权上设定房地产抵押权的,土地使用权出让金的缴纳优先于房地产抵押权的实现。首先,在无偿划拨的土地使用权上设定房地产抵押权的,应当依法签订土地使用权出让合同,有偿取得土地使用权,否则,抵押合同无效。其次,在实现抵押权时,必须先缴纳土地使用权出让金,方能用于清偿债务。

四、房地产抵押权的实现

(一)房地产抵押权实现的条件

房地产抵押权的实现,即当债务人不能履行债务时,房地产抵押权人行使其抵押权将抵押的房地产变价以满足其债权得到优先清偿的过程,房地产抵押权的实现是债权实现的一种方式。

房地产抵押权人有权在债务人不履行债务时行使其抵押权,故房地产抵押权的实现以债务人不履行债务为必要条件。根据《城市房地产抵押管理办法》的规定,抵押权人可在以下几种情形发生时,要求实现抵押权:①债务履行期满,抵押权人未受清偿的,债务人又未能与抵押权人达成延期履行协议的。②抵押人死亡,或者被宣告死亡而无人代为履行到期债务的;或者抵押人的合法继承人、受遗赠人拒绝履行到期债务的。③抵押人被依法宣告解散或者破产的。

④抵押人违反本办法的有关规定,擅自处分抵押房地产的。⑤抵押合同约定的其他情况。

(二)流质抵押条款的禁止

流质抵押条款是指当事人在设立抵押时便约定,如果债务人不履行到期债务,抵押物直接归债权人所有的合同条款。《物权法》第186条规定,抵押权人在债务履行期届满前,不得与抵押人约定债务人不履行到期债务时抵押财产归债权人所有。所以,在实现房地产抵押权时,债权人不能以流质抵押条款的规定来直接主张对所抵押房地产的所有权。

(三)房地产抵押权实现的方式

一般的抵押权,当事人可以通过协商选择采取折价、变卖和拍卖等方式实现抵押权,若协商不能达成一致,抵押权人可以向法院提起诉讼,请求法院帮助实现抵押权。《城市房地产抵押管理办法》第41条明确规定:"本办法第四十条规定情况之一的,经抵押当事人协商可以通过拍卖等合法方式处分抵押房地产。协议不成的,抵押权人可以向人民法院提起诉讼。"目前,实践中多以拍卖的方式实现房地产抵押权。

(四)实现抵押权所得金额的分配

处分抵押房屋后的所得金额,应依照下列顺序分配:(1)支付处分抵押房屋的费用;(2)扣除抵押房屋应缴纳的税款;(3)偿还抵押权人的本息及支付违约金;(4)清偿由债务人违反合同而对抵押权人造成的损害;(5)剩余金额交还抵押人。处分抵押房屋所得金额不足以支付债务和违约金、赔偿金时,抵押权人有权向债务人追索不足部分。

五、房地产抵押权的消灭

1. 因主债务履行而消灭。房地产抵押合同属于债务合同,债务合同为房地产抵押合同的主合同。因此,房地产抵押合同的效力随主合同的消灭而消灭。当主合同由于债务履行而消灭时,房地产抵押权也自然消灭。

2. 因房地产抵押权实现而消灭。房地产抵押权实现的方式为拍卖方式,如前所述。

3. 因抵押的房地产灭失且无替代物而消灭。由于房地产抵押权具有物上代位性,因此当房地产灭失时,如果有赔偿金或保险金等,房地产抵押权及于该赔偿金或保险金等,并不灭失。只有当房地产灭失且没有替代物时,房地产抵押权方消灭。

4. 因抵押的房地产归抵押权人所有而消灭。

六、房地产按揭

房地产按揭是指购房者向商业银行贷款来支付房款,并就所购房屋为贷款设定担保的行为。房地产按揭业务虽然是由香港传入内地,但由于香港与内地实行两套不同的法律体系,到目前为止,内地尚无明确的规范按揭制度的法律。中国人民银行曾于1997年4月28日颁布《个人住房担保贷款管理试行办法》,但该办法在1998年7月30日便被宣告废止。1998年5月9日,中国人民银行颁布了《个人住房贷款管理办法》。按揭在被内地法律制度容纳过程中发生了一些变化,不完全等同于香港的做法。同时按揭这个词也仅是作为商业术语来使用,而不是一个法律术语。实务中则用"个人住房担保贷款"或"住房抵押贷款"等术语来代替"按揭"。

按揭最早起源于英国,它是英国普通法中的一种以转移担保物所有权于债权人为特定物的担保制度。至于按揭这个词,则是 Mortgage 的粤语的音译,并由香港人传入内地。

目前,我国内地的房地产按揭实际上包括了“楼花”按揭(期房按揭)及现房按揭。

我国商品房按揭的主要流程如下:开发商与贷款银行达成项目合作协议—买受人与开发商签订商品房买卖合同书—买受人准备相关材料,向银行申请按揭贷款—银行审查买受人(借款人)是否符合贷款条件—符合按揭贷款条件后,银行同意发放贷款—买受人在贷款银行设立专户,通过贷款银行专户向开发商支付购房首付款,拟定授权委托书,委托贷款银行从还款账户中划支应该归还银行的贷款本息—买受人到银行指定的保险公司办理住房按揭贷款保险—买受人与开发商、贷款银行共同签订《商品房贷款按揭合同》—办理按揭登记—贷款银行将买受人的贷款划入开发商的专门账户。

(一)现房按揭

现房按揭是指购房者以所购现房向贷款银行设定物的担保,在还款期限届满而购房者不能返还贷款时,贷款银行得以行使抵押权而使其债权获得实现的融资购房方式。

现房按揭过程,先由银行代为交付约定数额的房款,然后开发商即与购房人办理产权过户手续,接着购房者与银行办理产权抵押登记,该房产证经背书记载抵押事项后,交银行保管。可见,购房者是以其拥有所有权的现有房产为其债务提供担保的,实质上是我国《担保法》所规定的抵押行为。在这个过程中,发生了三个法律关系:一是购房者与银行之间的借贷法律关系;二是购房者与开发商之间的买卖法律关系;三是购房者与贷款银行之间的担保法律关系。这三个法律关系既独立又存在联系,只有共同存在才能促成房产交易的实现。借贷法律关系解决了购房者的资金困境,为房产买卖法律关系的成立提供了条件。买卖过程中房屋产权的转移使得担保法律关系成为可能,担保法律关系的成立降低了银行的贷款风险,反过来又促成了借贷法律关系的发生。

以房屋为标的物设定担保物权的还有传统的房地产抵押,但两者是不尽相同的。首先,现房按揭仅发生在购房过程中,它所担保的是银行借贷给购房者的购房款项,它所担保的债权在时间上先于债务人之房屋产权存在。传统的房地产抵押担保的债权的发生一般与房主取得房屋产权的行为无关,并且房主对房屋的产权先于债权而存在。其次,目前我国经营住房按揭贷款业务的组织仅限于商业银行,故按揭权人(抵押权人)限于商业银行。传统的房地产抵押中,抵押权人不限于银行,自然人、法人或者其他组织皆有可能成为抵押权人。最后,按揭业务中,必须由贷款者作为按揭人(抵押人)在自己所购房屋上设定按揭权(抵押权),而在一般的借贷关系中,可由借款人之外的第三人以自己的房地产为借款人的债务提供担保。

(二)“楼花”按揭

1.“楼花”按揭的概念及法律特征

所谓“楼花”按揭,是指银行、预购人、开发商在商品房预售中共同参加的一种融资活动,即由预购人依约向开发商支付部分房款,其余房款以银行贷款垫付,同时预购人就房屋所有权的请求权设定担保,并于房屋建成后在房屋上设定抵押权而代原担保的融资购房活动。

在“楼花”按揭中,先后存在两种担保制度。在实际操作中,可将其分为两个阶段。在第一阶段,预购人依其与开发商签订的《商品房预售合同》交付首期房款后,即与银行办理按揭贷款手续,以该款项垫付剩余房款。其后,预购人在《商品房预售合同》上背书设定担保(实质上是质押担保)并将该背书事项于房管部门备案,然后将合同之影印件交由贷款银行保有。在第二阶段,房屋竣工后,由开发商协助预购人去当地房地产主管部门办理产权过户手续,以便购房人及时取得《土地使用权证书》和《房屋产权证书》,并与银行办理房屋抵押手续。这两种不同的担保方式以房屋竣工、办理产权过户登记为界,并且按照我国内地实践中的做法,房屋一旦建成,应当在房产上设定抵押担保。而原来的质押担保,在预购人取得房屋所有权,造成房屋所有权之期待权消灭的事实后,已没有存在的可能。就法律关系而言,"楼花"按揭中存在三个主体、三种法律关系。即开发商与预购人之间的房屋买卖关系、预购人与银行之间的借贷法律关系、预购人与开发商之间的贷款担保关系,这三种关系相互联系,共同构成完整的"楼花"按揭法律关系。

"楼花"按揭具有如下特征:

(1)是一种要式法律行为。要式法律行为,是指其意思表示须依一定方式的行为。"楼花"按揭中涉及的法律关系错综复杂,应当以书面形式来明确当事人之间的权利义务关系。

(2)须登记备案。依照《城市房地产管理法》的规定,商品房预售合同应当采取书面形式,并报县级以上人民政府房产管理部门和土地管理部门登记备案。在我国的实践中,开发商、银行、预购人往往在楼宇按揭合同中一并规定各方的权利义务,这个合同亦须采取书面形式并登记备案。

(3)既有诺成性的法律行为又有实践性的法律行为。其中,开发商与预购人签订的《商品房预售合同》具有诺成性。另外,按照上述分析,按揭过程中第一阶段的担保方式实为质押担保,即以房产所有权的期待权设定担保,这实质上是质押中的权利质押。质押的显著特征是要转移质物的占有。预购人在担保贷款时,须转移债权证书(商品房预售合同)的占有。

2."楼花"按揭的法律属性

如前所述,按揭作为英美法系中的一种担保制度,我国找不到与其相对应的制度。目前我国还没有调整房地产按揭的专门法律,只有中国人民银行的《个人住房贷款管理办法》、《最高人民法院关于审理商品房买卖合同纠纷案件适用法律若干问题的解释》、各个商业银行的内部规定、相关的房屋销售或预售合同、抵押贷款合同或按揭贷款合同及保险合同在支撑着这项庞大的房地产金融业务。实务中"楼花"按揭这种方式普遍存在,发生的纠纷不少,在这种情况下,对"楼花"按揭的性质进行研究,争取用我国现有的担保理论对其进行整合与吸纳,是很有意义的。

关于"楼花"按揭,已有一些法律工作者尝试着对其进行定性。有人认为"楼花"按揭与抵押基本相同,并未超出抵押的范围,是一种不动产抵押方式,也有人认为它更符合权利质押的特征。如前所述,实践中"楼花"按揭是分两阶段对银行债权进行担保的,其第一阶段为质押,第二阶段,由于购房者已取得房屋的产权,并办理了抵押登记手续,这完全符合我国《担保法》关于不动产抵押权的规定,将其认定为抵押当属无疑。所以问题是在"楼花"按揭的第一阶段,对银行债权所采取的担保究竟是不动产抵押还是权利质押。

依我国现行法律制度,不宜将"楼花"按揭中房屋未竣工前之担保方式视为不动产抵押。依抵押权理论,抵押权支配的是抵押物的交换价值,抵押权依法通过折价或拍卖、变卖抵押物并以其价款优先受偿的方式实现。所以,抵押物至少应符合两个条件:具有交换价值及属于可流通物。在房屋建成之前,房屋不具有物的形态,无交换价值可言,债权人(银行)亦无实现价值受偿之可能,从这个角度看,此时尚不能以抵押方式设定担保。我国《物权法》第180条、第187条规定,债务人或者第三人可以用有权处分的正在建造中的建筑物来作为债务的抵押,但这种抵押应办理抵押登记,抵押权自登记时设立。《物权法》所规定的不动产统一登记制度还在落实当中,但《物权法》及相关登记制度实施后,无疑将对“楼花”按揭制度产生较大的影响。

在“楼花”按揭过程中,预购人依《商品房预售合同》履行完主要义务之后,享有要求开发商依约定按期按质交付房屋的请求权,即享有商品房所有权之请求权。这种请求权属于债权,因而在房屋所有权之请求权上,虽不能设立抵押担保,却可以设定债权质权。

关于债权上可否设定质权,我国《担保法》没有明确将债权列举为质物,但有许多学者将《担保法》第75条第4款“依法可以质押的其他权利”中之“其他权利”解释为包括债权在内。另外,法国、德国等大陆法系国家和深受其影响的日本,以及我国台湾地区的“民法”上也认为原则上债权可设立质权。再者,随着社会经济的发展,允许在债权上设定质押,也是有利于充分利用财产,加快其流通。鉴于上述几点,作者认为债权可成为质押的标的。

在“楼花”按揭实践中,预购人在将《商品房预售合同》登记备案后,在其上背书记载担保事项并经有关部门登记备案后,将该合同之影印本(债权凭证)交由贷款银行保存,应视为设定了债权质押。若购房者未能依按揭贷款之约定偿还贷款,银行有权直接收取债权,向开发商请求移交房屋,并得益于取得房屋所有权后为所有权人之种种处分行为。所以说,在“楼花”按揭中,可认为以房屋产权移转为界,在这之前设定的是质押担保,在这之后设定的是抵押担保。这也就使得按揭这种由香港传入的房地产融资方式,在我国现行法律制度下能够合理地存在。相应地,法院在处理“楼花”按揭纠纷时,可以分别适用《担保法》中关于质押和抵押的规定。

需要注意的是,按揭与抵押虽存在诸多相同之处,但它们之间还是存在十分明显且重要的区别,分析如下:

(1)标的担保物的范围不同。根据《担保法》第34条的规定,可以设定抵押权的标的物为抵押人依法所有的不动产、特定的动产以及依法有权处分的不动产、特定动产和土地使用权等用益物权。此外,《最高人民法院关于适用〈中华人民共和国担保法〉若干问题的解释》第47条也规定依法获准以尚未建造或者正在建造中的房屋或者其他建筑物抵押的,如当事人办理了抵押物登记,也可以认定抵押有效。而按揭担保的标的物的范围较抵押而言,更为宽泛。原则上,一切可以转让的财产及财产性权利均可以设定按揭。具体而言,包括动产、不动产和各种财产性权利,其中财产性权利包括债权、票据权利,也包括股份债权及商标权、专利权、著作权中的财产性权利部分,以及尚在形成过程中的权利。

(2)担保物的占有使用形态不同。在抵押权中,抵押物的占有使用并不转移到抵押权人手中。而在按揭中,担保物的占有使用虽然绝大部分仍由按揭人享有,但并非禁止按揭权人对担保物行使占有。

(3)设定方式不同。在抵押中,抵押人将其依法享有所有权或处分权的抵押物的交换价值的支配权转让给抵押权人。抵押权的效力在于一旦经过依法设定就对抵押人就抵押物的权利行使产生限制。在按揭中,按揭人是将担保物的物的权利转移给按揭权人,而保留在完全履行债务后的赎回权。如果按揭人怠于清偿债务,则按揭权人确定地取得担保物的权利。

(4)实现方式不同。抵押权的实现方式主要是通过拍卖等程序就抵押物变价而使抵押权人得到优先受偿。而在按揭中,按揭权的实现方式更为灵活,既可以通过变价以价款来优先受偿,也可以通过就担保物估价而使按揭权人取得担保物权利的方式实现。

(5)是否能够订立流质担保约款不同。流质担保约款在抵押中成为流质抵押约款,在质押中成为流质质押约款。在典型担保物权中均禁止流质担保约款。根据《担保法》第40条的规定,禁止当事人订立流质抵押约款。但在按揭中,因其设定方式与抵押迥然不同,所以对流质担保约款并无禁止。

3."楼花"按揭法律关系的内容

(1)购房者的权利和义务。购房者的权利和义务主要规定于《商品房预售合同》和《房地产按揭贷款协议》或按揭担保条款之中。购房者的权利主要有:①如约取得房屋所有权的权利。②依约从贷款银行获得约定数额的贷款的权利。③在取得房屋所有权后,占有、使用及出租等以所有权人身份获得的处分权,但受抵押权限制的处分权除外,如购房人转让房产的,须依照《担保法》的规定通知抵押权人(贷款银行)并将所得价款提前清偿所担保的债权或向与抵押权人约定的第三人提存。

购房者须承担的义务有:①依约向开发商交付首期房款。②在获得银行的贷款后,不可撤销地授权银行将贷款本金转入开发商专用账户。③按时按规定金额向银行还本付息,缴纳手续费。④房屋建成后,协助银行办理抵押登记。⑤妥善使用房屋。购房者应在房屋建成后承担抵押人的义务,因其行为致使房屋价值减少,贷款银行有权要求其恢复抵押物的价值或者提供与减少的价值相当的担保。⑥实践中,贷款银行为了避免作为抵押物之房屋因意外事故毁损、灭失的风险,要求购房者为房屋投保的,购房者须以贷款银行为第一保险受益人,向银行指定的保险公司投保。

(2)开发商的权利义务。开发商的权利义务规定于《商品房预售合同》及其与按揭银行签订的《房地产按揭贷款协议》之担保条款中。开发商主要享有下列权利:①依约收取售房价款的权利。②购房者未交付首期房款或未能获得银行贷款时,开发商有权拒绝履行建房及交付义务,有权解除《商品房预售合同》,并要求购房者支付违约金。③实践中,按揭银行往往要求开发商对购房者的贷款承担第三方保证责任,这种保证责任,性质上属于《担保法》中规定的保证。这样,房屋竣工后,在银行债权上存在人保(保证)和物保(抵押)。那么,在购房者违约而按揭银行直接要求购房者承担保证责任时,开发商有权依据《担保法》第28条提出抗辩。依该法第28条第1款关于"同一债权既有保证又有物的担保的,保证人对物的担保以外的债权承担保证责任"之规定,开发商有权要求银行先对购房者设定担保的房产进行处分,予以拍卖、变更等,只有在给上述处分银行债权仍不获得实现时,银行才可要求开发商履行还款责任。④开发商在履行保证责任后,有权就清偿数额向购房者行使追偿权。

开发商承担的义务有:①依约按期按质交付房屋。②对购房者贷款本息的偿还向银行承担第三方保证责任。实践中也有按揭银行要求开发商承担无条件的、不可撤回的回购责任,即在购房者无力偿本付息时,由开发商向购房者购回房屋,并以回购价款代为偿本付息。银行要求开发商承担此种责任,目的是转嫁贷款风险。此种做法虽属于双方约定情形,但开发商并未因此享有相对应的权利,所以这种做法亦有不公平的嫌疑。③保证将专用账户中的贷款用于建造购房者的房屋,不挪作他用的义务。④协助购房者办理产权过户手续以及协助银行与购房者办理按揭(抵押)登记手续。

(3)按揭银行的权利和义务。按揭银行的权利有:①依约按期收回贷款本息的权利。②对购房者使用房屋进行监督的权利。因作为抵押物的房屋涉及银行债权的实现,银行对房屋价值的保持较为关心。监督检查有利于银行及时采取措施来保全抵押物权的价值。③在购房者违约时，行使房屋所有权之请求权，取得房屋产权人权利，并就已建成并设定抵押的房屋变价或以拍卖、变卖所得的价款优先受偿的权利。

按揭银行承担如下义务：①依约提供贷款的义务。②根据购房者授权及银行与开发商签订的协议书将贷款以购房款的名义转入开发商在本银行开立的账户的义务。

第五节　房屋租赁法律制度

一、房屋租赁的概念及法律特征

房屋租赁是指出租人将房屋出租给承租人使用，由承租人向出租人支付租金的行为。房屋租赁可以看作出租人有期限地出让房屋的使用权、占有权、收益权，换回承租人支付的代价即租金。作为房地产交易的重要方式，房屋租赁具有以下法律特征：

1. 出租人必须对房屋具有处分权。一般情况下，出租人为房屋所有人，其当然可以处分房屋。除房屋所有人之外，还存在其他几种情况：

（1）房屋的经营管理人。例如在公房租赁中，出租人往往是代表国家行使对房屋的占有权、使用权及处分权，同时可以将公有房屋进行出租。

（2）房屋所有人委托的代理人。房屋所有人因不在房屋所在地或其他原因不能管理其房屋时，可出具委托书委托代理人代为管理。代理人的出租权应当受到其代理权限的制约，超出代理权限的行为，法律后果由代理人承担。目前，房屋租赁市场中的中介机构，往往是以房屋所有人的代理人的身份与承租人签订房屋租赁合同的。

（3）经出租人同意的承租人。一般情况下，承租人并不享有转租权，即承租人无权擅自将承租的房屋转租。但在征得出租人的同意后，可以将承租房屋的部分或全部转租给他人。承租人则可在转租中获得收益。

2. 所谓的“出租”，一方面，是指承租人不取得房屋的所有权，只享有对房屋的占有与使用权等，并且必须以支付租金为对价。另一方面，房屋所有人不丧失所有权，他只向承租人转移了一定时间内的房屋使用权与占有权。房屋的所有权与使用权、占有权等权能发生分离。

3. 房屋租赁是双务、有偿、要式的民事法律行为。房屋租赁这种形式，在同一个房地产上出现了两个权利主体：所有者与承租者，并且该房屋对于承租人而言是必备的生活资料和生产资料，因此出租人与承租人互受制约。对出租人而言：（1）所有人可以将房屋出让，但同等条件下承租人有权优先购买；（2）若所有权由新的房屋所有人享有，则原租赁关系仍然继续有效，即“买卖不破租赁”；（3）通常情况下，如承租人在租期届满之后，确实无法找到房屋居住或进行生产，则出租人应当酌情延长租赁期限。对于承租人而言：（1）承租人不得侵犯所有人的处分权，而将承租房屋擅自转租、转让或转借；（2）承租人不得利用房屋进行非法活动，损害公共利益；（3）承租人须及时交付租金，如累计 6 个月不交租金，出租人有权解除租赁合同。由此可见，房屋租赁是双务且有偿的，该特性使之区别于房屋借用。

另外，根据我国《城市房地产管理法》第 53 条规定，房屋租赁当事人应当在签订房屋租赁合同之后 30 日内，到房屋所在地房地产管理部门办理登记备案手续。

4. 出租行为是有期限即受租期限制的。承租人对房屋的占有、使用与收益权利只在租期内有效。根据我国《合同法》的规定,租赁期限最长不能超过20年,超过20年的部分无效。

5. 房屋租赁的标的物具有特定性。租赁房屋属于特定物,而不是种类物。出租人应按照合同约定向承租人交付房屋,该房屋必须符合合同约定,出租人不能以其他房屋代替。租期届满,承租人须返还原房,不得以他房替代。

二、房屋租赁的分类

1. 按租赁房屋的所有权性质分类,可将房屋租赁分为公房租赁与私房租赁两类。公房即公有房屋,又可分为自管公房与直管公房。自管公房是国家授权的单位自行管理的房屋,主要是全民所有制单位管理的房屋;直管房屋是指由国家授权的部门,主要指各级人民政府的房地产行政主管部门,直接管理的公有房屋。而私房租赁则是指出租人为公民个人的房屋出租。私房主要指位于城镇的私有房屋。对于农村的私房出租,我国没有专门的规定,主要通过民法、合同法等进行调整。

对于公房租赁与私房租赁,我国法律对之规定有所不同。首先,两者都要适用《城市房地产管理法》以及《合同法》中有关房屋租赁的规定;在与前述法律法规不相抵触的情况下,两者又都要适用建设部《城市房屋租赁管理办法》的具体规定。但总的来说,公房租赁尤其是公房住宅租赁具有较强的社会福利性,国家法律和政策对其干预较多。此外,廉租住房属于住房保障的内涵,其专门规定详见本书住房保障法律制度部分的内容。

2. 房屋租赁按住房的使用性质可分为:住宅用房租赁与非住宅用房租赁。非住宅用房租赁即从事生产经营活动的房屋租赁。住宅用房租赁,是指以居住生活为目的的房屋租赁。《城市房地产管理法》第55条规定:住宅用房的租赁,应当执行国家和房屋所在城市人民政府规定的租赁政策。从事生产、经营活动的房屋租赁,由租赁双方协商议定租金和其他租赁条款。并且,以营利为目的、房屋所有权人将以划拨方式取得使用权的国有土地上建成的房屋出租的,应当将租金中所含土地收益上缴国家。

三、房屋租赁关系的成立

1. 房屋租赁首先不得违反国家法律有关的禁止性规定

依据1995年5月9日建设部发布的《城市房屋租赁管理办法》第6条的规定,不论哪类房屋,只要有下列情形之一的,就不得出租:(1)未依法取得所有权证的;(2)司法机关和行政机关依法裁定、决定查封或者以其他形式限制房地产权利的;(3)共有房屋未取得共有人同意的;(4)权属有争议的;(5)属于违法建筑的;(6)不符合安全标准的;(7)已抵押,未经抵押权人同意的;(8)不符合公安、环保、卫生等主管部门有关规定的;(9)有关法律、法规规定禁止出租的其他情形。

其中,对于第(1)种及第(7)种情况,有学者提出不同意见。[2]

笔者认为,法律规定未依法取得所有权证的房屋不得出租是有必要的。房屋出租,实质是将所有权中的占有、使用权能让与给承租人,所有权则始终保留在出租人手中,因此,实现对房屋的占有、使用权能的让与,首先要确保出租人享有所有权,而房产证作为出租人享有所有权

---

〔2〕 高富平、黄武双:《房地产法新论》,中国法制出版社2002年版,第314页。

的最重要的证据，不可或缺。

另外，法律规定已抵押的房屋，未经抵押权人同意的，不得出租。该规定有欠妥当。房屋设定抵押权之后，所有权并未转移。虽然抵押权对所有权人的处分权有所制约，但抵押权人并不能任意干涉抵押人处分房屋的权利。若抵押人处分房屋的行为并未导致房屋价值的减损，即对抵押权人的利益没有任何损害，那么，抵押人的处分行为就无须得到抵押权人的同意。房屋租赁中，抵押人只是将房屋的占有、使用权能让与，对房屋的交换价值并没有造成损害。法律规定未经抵押权人同意，房屋不能出租，实质限制了抵押人的权利，笔者认为该项规定不妥。

住房和城乡建设部于2010年12月发布了《商品房屋租赁管理办法》（住建部令第6号），第6条规定，有下列情形之一的房屋不得出租：（1）属于违法建筑的；（2）不符合安全、防灾等工程建设强制性标准的；（3）违反规定改变房屋使用性质的；（4）法律、法规规定禁止出租的其他情形。根据新法优于旧法的原则，《城市房屋租赁管理办法》的相关规定不再适用，相关标准以《商品房屋租赁管理办法》的规定为准，在新标准下未依法取得所有权证的房屋和已经设定抵押未经抵押权人同意的房屋可以用于出租。

2. 房屋租赁必须签订书面合同

《城市房地产管理法》第54条规定：房屋租赁，出租人和承租人应当签订书面租赁合同，约定租赁期限、租赁用途、租赁价格、修缮责任等条款，以及双方的其他权利和义务，并向房产管理部门登记备案。《商品房屋租赁管理办法》第7条规定：房屋租赁当事人应当依法订立租赁合同。房屋租赁合同的内容由当事人双方约定，一般应当包括以下内容：（1）房屋租赁当事人的姓名（名称）和住所；（2）房屋的坐落、面积、结构、附属设施，家具和家电等室内设施状况；（3）租金和押金数额、支付方式；（4）租赁用途和房屋使用要求；（5）房屋和室内设施的安全性能；（6）租赁期限；（7）房屋维修责任；（8）物业服务、水、电、燃气等相关费用的缴纳；（9）争议解决办法和违约责任；（10）其他约定。房屋租赁当事人应当在房屋租赁合同中约定房屋被征收或者拆迁时的处理办法。建设（房地产）管理部门可以会同工商行政管理部门制定房屋租赁合同示范文本，供当事人选用。

虽然法律规定房屋租赁当事人应当签订书面合同，但是，当事人只有口头合同并不当然无效。我国《合同法》第36条规定："法律、行政法规规定或者当事人约定采用书面形式订立合同，当事人未采用书面形式但一方已经履行主要义务，对方接受的，该合同成立。"同时，《合同法》第215条也规定："租赁期限六个月以上的，应当采用书面形式。当事人未采用书面形式的，视为不定期租赁。"故若出租人采取口头方式订立房屋租赁合同，承租人亦履行主要合同义务，则房屋租赁合同可以成立。只是，对于没有约定租期且长于6个月的，为不定期租赁。

笔者认为，房屋租赁是在出租人与承租人之间形成一种债权关系，因债权并无物权的公示公信力，且书面合同便于日后纠纷的解决，故双方当事人仍以书面形式进行约定为佳。具体而言，房地产租赁合同包括以下内容：

（1）当事人姓名。当事人即出租人与承租人。法律对出租人的要求是其必须是房地产的合法产权人；对于承租人各地有不同要求，一般来讲，如是当地居民的须持有本人身份证，如是外来居民须持有本人身份证及公安部门发给的暂住证；企事业单位须持有《营业执照》；非企事业单位的其他组织，如机关、团体、部队等须有县以上人民政府批准设立的有效证件。房地产租赁当事人必须符合上述资格限制，才能签订租赁合同。

(2)标的物,即租赁的房屋。在合同中须写明房屋所在位置即地址、面积、四至范围、装修及设施状况。对承租人而言,租房的目的即是利用房屋的使用价值,房屋处于适于使用的状态是对房屋的最基本要求之一,因此订立合同时必须订明房地产交付使用时的基本状况,这是因房屋不符合使用要求发生纠纷时区分双方责任的前提。不仅如此,一旦房屋在租期内被毁损或因第三人侵害妨碍了承租人依约使用房屋时,出租人有义务修缮房屋,排除妨碍,这些补救措施的标准通常应为合同中定明的房屋状况。

(3)租赁用途。即承租人租赁房屋的目的。租赁用途一旦订明,则承租人不得擅自改变用途,尤其不得用房屋从事非法活动。同时,明确了房屋的使用用途后,只要承租人依约用房,则正常范围内的房屋磨损出租人不得要求赔偿。并且,租赁用途不同,房屋的租赁价格也不同,因此,租赁用途对于双方当事人来说都是须订清写明的问题。

(4)租赁期限。租赁有期限限制,这是房屋租赁与房屋转让的重要区别。明确租赁期限有以下法律意义:①期限届满,承租人有义务将原房屋退还出租人;②如果出租人提前收回住宅,应当有"必须收回"的理由,并且征得承租人的同意,赔偿承租人的损失,做好承租人住宅安置工作;③因买卖、赠与或继承而发生房屋所有权转移的,如原租赁合同未到期,则原合同对承租人与新房主继续有效;④承租人为一人时,如其在租期内死亡,共同居住人可以要求合同继续履行,办理更名手续。

(5)租金。即租赁价格,是承租人取得房屋租期内的使用、占有、收益权利而支付给出租人的对价。租金的确定依房屋用途不同而不同:①住宅用房,租金的标准应执行国家和房屋所在地城市人民政府的租赁政策;②从事生产、经营活动的用房,租金由承租人与出租人协商议定。对私有住宅租金,一般以当事人双方自愿协商来确定。

(6)修缮责任。对于修缮责任,《合同法》《商品房屋租赁管理办法》均作了规定,但略有不同。《合同法》第220条规定:"出租人应当履行租赁物的维修义务,但当事人另有约定的除外。"因此,原则上,修缮房屋是出租人的一项义务,但双方当事人可以通过约定予以排除。

在没有特殊约定的情况下,出租人在整个出租期间对房屋有进行必要的修缮的义务,因为出租人有义务保证租赁房屋在整个租赁期限内符合合同约定的使用目的。若因除承租人之外的原因导致房屋毁损,出租人应当予以修缮,履行自己的保证义务。所谓必要,是指房屋必须使承租人能够依双方约定使用房屋并收益。修缮的范围包括:房屋自身及其附属设施,以及其他属于出租人修缮范围的设备。

(7)转租的规定。转租行为有合法与非法之分,其根本区别是:合法转租系经出租人同意,非法转租则是承租人擅自转手出租房屋,其不具房屋所有人身份。转租条款可以作为租赁合同一部分,也可在租赁合同订立之后另行约定。转租条款亦必须订明:①转租期限;②转租用途;③转租房屋损坏时的赔偿与责任承担;④转租收益的分成;⑤转租期满后,原房屋租赁关系的处理原则;⑥违约责任。

(8)变更与解除合同的条件。我国法律明确规定了房屋租赁合同的变更与解除的法定条件。有下列情形之一的,房屋租赁当事人可以变更或者解除租赁合同:①符合法律规定或者合同约定可以变更或解除合同条款的;②因不可抗力致使合同不能继续履行的;③当事人协商一致的。

房屋租赁合同一经签订,租赁双方就必须严格遵守,但承租人有下列行为之一的,出租人可以终止租赁合同:①将承租的房屋擅自转租的;②擅自转让、转借他人或擅自调换使用的;

③将承租的房屋擅自拆改结构或擅自改变房屋用途的；④拖欠房屋租金累计6个月以上或违反租赁合同约定的租金缴纳条款的；⑤公有住宅用房无正当理由闲置6个月以上的；⑥利用承租房屋进行非法活动的；⑦故意损坏承租房屋的；⑧擅自买卖公有房屋使用权的；⑨法律、法规规定其他可以收回的情形。

(9)违约责任。双方当事人可以在合同中约定违约金的计算方法或其他承担违约责任的方式，且双方当事人的约定具有法律上的约束力。

3. 房地产租赁合同的登记备案制度

房屋租赁双方签订房屋租赁合同之后，应向房地产管理部门登记备案。

(1)登记申请。房屋租赁当事人应当在租赁合同签订后30日内，持有关规定的文件到直辖市、市、县人民政府房地产管理部门办理登记备案手续。申请房屋租赁登记备案应当提交下列文件：①书面租赁合同；②房屋所有权证书；③当事人的合法证件；④城市人民政府规定的其他文件。出租共有房屋，还须提交其他共有人同意出租的证明；出租委托代管房屋，还须提交委托代管人授权出租的证明。

(2)主管部门对租赁合同进行审核。审核的内容主要包括：第一，合同主体资格是否合格，即出租人与承租人是否具备相应的条件；第二，客体是否合格，即出租的房屋是否法律、法规允许出租的房屋；第三，审查租赁合同的内容是否齐全、完备；第四，审查租赁行为是否符合国家及房屋所在地人民政府的租赁政策；第五，审查当事人是否已缴纳了有关税费。

(3)房屋租赁申请经直辖市、市、县人民政府房地产管理部门审查合格后，颁发《房屋租赁证》。如果所租用的房屋是从事生产、经营活动的，《房屋租赁证》可作为经营场所合法的凭证；如果所租用的房屋是用于居住的，《房屋租赁证》可作为公安部门办理户口登记的凭证之一。

关于登记备案的性质是一个有争议的问题，学者们对此有不同的观点。第一种观点认为，房地产租赁行为具有诺成性，“只要双方当事人就合同主要内容达成一致，无须由出租人将租赁物交给承租人，或由承租人将租金交给出租人才算成立，交付房屋或者租金已经是实际履行合同的行为”。[3] 第二种观点认为，登记备案是房屋租赁关系成立的必要条件，“房屋租赁书面合同签订之后，还须向房地产管理部门登记备案，房屋租赁法律关系才能成立”。[4] 第三种观点认为，登记备案是房屋租赁合同当事人对抗第三人的要件。《上海市房屋租赁条例》第15条规定，“房屋租赁合同及其变更合同由租赁当事人到房屋所在地的区、县房地产登记机构办理登记备案手续。房屋租赁合同未经登记备案的，不得对抗第三人”。

综观我国房地产租赁方面的法律规定，均没有明确表示房屋租赁合同的登记备案手续为房屋租赁关系成立的必要条件。首先，根据《商品房屋租赁管理办法》第14～20条的规定，房屋租赁合同订立后30日内，房屋租赁当事人应当到租赁房屋所在地直辖市、市、县人民政府建设(房地产)主管部门办理房屋租赁登记备案。可见，房屋租赁合同进行登记的目的仅仅是备案，以便规范管理。其次，从房屋租赁合同的法律特征来看，作为债权的一种，民法始终将其视为诺成性合同，只要双方当事人意思表示一致，合同即告成立。因此，第二种观点为本书所不取。至于第三种观点，正如有学者指出，租赁合同中承租人所享有的对抗第三人的效力包括：

---

[3] 梁书文主编：《最新房地产实用全书》，人民法院出版社1996年版，第403～405页。

[4] 金俭：《房地产法的理论与实务》，南京大学出版社1995年版，第219页。

(1)对抗租赁房屋的新所有人(受让人),此即“买卖不破租赁”原则。(2)对抗后设定的抵押权之权利人。在房屋租赁合同关系建立后,在该房屋上又设定抵押权的,即使抵押权的实现因租赁关系的存在而受影响,先成立的租赁合同之承租人的权利不受影响,即承租人享有对抗抵押权人的权利。(3)实际占有房屋之承租人对抗未实际占有房屋之承租人。[5]

由于房屋租赁关系属于债权,而债权是没有优先性的,所以在后顺序的承租人,并不能以租赁合同登记为由对抗顺序在前且已实际占有承租房屋的承租人。因此,不宜将房屋租赁合同的登记视为对抗第三人的要件。

笔者认为,房屋租赁登记备案制度可以防止出租人自由和非法出租房屋,扰乱国家房屋租赁市场,同时也可以保证国家税费的征收。但房屋租赁登记备案宜作为国家的一种行政管理手段,不应视为房地产租赁关系成立的要件。当事人未进行房屋租赁的,可以由有关机关进行行政处罚,但不应影响租赁合同的效力,以贯彻合同自愿原则。

四、租赁双方的主要权利与义务

1. 出租人的权利

出租人享受如下权利:

(1)依照合同约定向承租人收取租金。出租人有权按照合同约定的时间和方式收取租金。承租人不按约定支付租金的,出租人有权向其加收违约金。承租人无正当理由拖欠租金累计6个月以上或违反租赁合同约定的租金缴纳条款的,出租人有权解除合同。

(2)对承租人用房情况进行监督。出租人监督的内容主要包括:①监督承租人是否按合同约定的用途和方式使用房屋,如果合同对此未约定,则有权监督承租人的使用是否符合合同目的或房屋性质;②监督承租人是否将承租的房屋擅自转租、转让、转借或擅自调换使用;③监督承租人是否利用承租房屋进行违法活动;④监督承租人是否有故意损坏承租房屋的行为,如是否乱搭乱盖违章建筑,是否损坏房屋的附属设备。出租人发现承租人有上述行为的,有权依法制止,要求其将房屋恢复原状,并有权终止合同,收回房屋。若因此遭受损失的,则有权要求承租人给予赔偿。

(3)法定解约权。依据《城市房屋租赁管理办法》,出租人在下列情况下享有法定合同解除权,遭受损失的,还有赔偿损失请求权:①承租人擅自将承租的房屋转租、转让、转借或擅自调换使用的;②承租人将承租的房屋擅自拆改结构或改变用途的;③承租人拖欠租金累计达6个月的;④承租人利用承租房屋进行非法活动,损害公共利益的;⑤承租人故意损坏承租房屋的;⑥法律、法规规定的其他情形。如对不定期租赁合同,出租人有随时解除权。

(4)期满收回原房的权利。

2. 出租人主要义务

出租人须承担如下义务:

(1)按约交付房屋,并使之达到合同约定的使用状态。出租人的该项义务包括以下三个方面:①出租人必须按租赁合同约定的期限将房屋的占有、使用权现实地转移给承租人。如合同对交房期限没有约定或约定不明,依《合同法》第62条规定,出租人可以随时交付房屋,承租人也可以随时要求其交付房屋,但都应当给对方必要的准备时间。②出租人交付的房屋应当符

---

[5] 高富平、黄武双:《房地产法新论》,中国法制出版社2002年版,第321页。

合合同约定的使用要求。例如，合同对房屋的坐落、面积、结构、装修及设施状况或者租赁用途作了明确约定，则交付的房屋应当符合该要求或适于该用途，合同约定租赁房屋目的是从事生产经营，则出租人就不能交付仅适合于居住的房屋。③出租人交付房屋后，仍应使房屋在租赁期限内处于适合使用的状态。一方面，不得妨碍承租人对房屋的正常、合法使用；另一方面，遇有他人侵害房屋时，出租人有义务要求其停止侵害、排除妨碍。

(2)修缮房屋的义务。出租人承担修缮义务的情况下，承租人在租赁物需要修缮时可以要求出租人在合理期限内修缮。出租人未修缮的，承租人可以自行修缮，修缮费由出租人负担。出租人确实无力修缮的，可以和承租人合修，承租人付出的修缮费可以折抵租金或由出租人分期偿还。修缮标准应是房屋回复至符合合同约定状态、承租人能够正常使用为止。无论谁实际修缮，因修缮房屋影响承租人使用的，应相应减少租金或延长租期。

(3)瑕疵担保义务。出租人的该项义务包括质量担保义务和权利担保义务。质量担保义务是指出租人应向承租人保证其提供的房屋在物理上符合合同约定的要求。即使瑕疵是在房屋交付后才发生的，出租人仍然不能免责；另外，即使承租人在合同成立时已经知道存在瑕疵，只要房屋瑕疵危及承租人的安全和健康，承租人就有权随时解除合同。权利担保义务是指若承租人所承租的房屋被第三者主张权利，影响了承租权的，承租人有权要求解约并要求赔偿损失。

(4)纳税义务。在没有特殊约定的情况下，出租人应当承担依法纳税的义务。纵然双方约定由承租人承担该项义务，出租人亦不能据此对抗相关主管机关。当征收税费的机构如税务部门、土地管理部门、保险公司等向出租人征收有关税费时，出租人不得以合同约定由承租人负担为由拒缴。[6]

3. 承租人的权利

承租人享有如下权利：

(1)在合同约定租期内占有、使用房屋，并取得合法收益。

(2)优先购买权，即租期未满时，出租人出卖房屋，承租人有权在同等条件下优先购买。《合同法》第230条规定："出租人出卖租赁房屋的，应当在出卖之前的合理期限内通知承租人，承租人享有以同等条件优先购买的权利。"

(3)优先承租权，即租期届满时，出租人继续租房的，承租人在同等条件下有权优先承租。

需要注意的是，对于该权利，我国法律法规并没有明文规定，因此，承租人享有优先承租权的先决条件是双方对此有明确的约定。

(4)催告房主修缮房屋的权利。若租赁合同中没有特殊约定，则房屋的修缮责任归于出租人。当房屋出现质量瑕疵，影响承租人的使用时，出租人应当予以修缮。

(5)房租承租人的共同居住人的继续租赁权。为保护特定人的利益，法律允许与承租人生前共同居住的人按照原租赁合同租赁该房屋。与承租人生前共同居住的人按照原租赁合同租赁房屋的，应当与出租人办理续租手续，变更承租人。《合同法》第234条规定："承租人在房屋租赁期间死亡的，与其生前共同居住的人可以按照原租赁合同租赁该房屋。"

4. 承租人的主要义务

承租人需承担如下义务：

---

[6] 乔燕主编：《租赁合同》，人民法院出版社2000年版，第136～137页。

(1)依约缴纳租金。承租人应当按照租赁合同约定的租金数额以及支付期限和支付方式向出租人支付租金,以实现出租人的收益权;如果合同对支付期限没有约定或约定不明,依据《合同法》第226条的规定,租赁期间不满一年的,应当在租赁期间届满时支付;租赁期间一年以上的,应当在每届满一年时支付,剩余期间不满一年的,应当在租赁期间届满时支付。承租人未按期缴纳租金的,应当支付违约金;承租人无正当理由拖欠租金累计达6个月的,或经出租人催告后在合理的期限内不支付租金的,出租人有权解除合同。

(2)依约使用房屋。房屋租赁合同约定了房屋使用方式或房屋用途的,承租人应当严格按照约定的方式或用途使用房屋;若合同对此没有约定或约定不明确,承租人应当按照房屋的性质使用房屋。在依约或正当使用房屋的情况下致使房屋损耗的,承租人不承担损害赔偿责任,使用不符合约定或不当致房屋受损的,出租人可以解除合同并要求赔偿。

(3)保管房地产,即合理地利用房屋。在租赁期间,作为租赁房屋的合法占有人,承租人负有依法妥善保管房屋的义务,使房屋免受自然力或第三人的不当影响。这里对承租人的要求是尽到一个善良管理人的注意义务,并且,遇有第三人对房屋主张权利,或房屋有修缮的必要,承租人应及时通知出租人,并采取措施防止损失的扩大,否则应承担相应的赔偿责任。例如,《合同法》第222条规定:“承租人应当妥善保管租赁物,因保管不善造成租赁物毁损、灭失的,应当承担损害赔偿责任。”

(4)非经出租人许可不得转租。

(5)租赁终止后返还原房。

五、房屋租赁关系的终止

下列法律事实的发生引起房屋租赁关系终止:(1)租赁合同期满的;(2)房屋遇不可抗力、意外事故、人为因素而损毁;(3)当事人协议解约;(4)出现法定解约事实,当事人一方解除合同;(5)其他情况,如房屋被征收以及公房租赁中承租人死亡而无同居亲属继承等。

第六节　房地产中介服务机构法律制度

一、房地产中介服务机构的概念及其存在的必要性

1. 房地产中介服务机构的概念

房地产中介服务机构是房地产咨询机构、房地产评估机构、房地产经纪机构等为房地产交易活动提供服务的机构的总称。现代市场经济发展过程表明,繁荣的经济发展离不开市场交易行为的活跃,而市场交易行为的活跃离不开存在于交易主体之间、为交易主体提供种种促进规范交易行为的服务性、协调性、联络性组织。中介行为是各种市场运行中的润滑剂。

目前,国内存在的房地产服务中介机构狭义上讲即为《城市房地产管理法》规定的三种类型,即房地产咨询机构、房地产评估机构、房地产经纪机构。房地产咨询机构是专门为房地产交易当事人提供信息、法律知识及其他交易情况的房地产中介组织;房地产评估机构是为房地产交易提供评估价格的服务机构;房地产经纪机构是为房地产交易提供洽谈协议、交流信息、

展示行情等咨询、代理服务的中介服务机构。广义上讲，房地产中介服务机构还可包括房地产律师事务所、公证机构等在房地产市场中起中介作用的机构。

2. 中介服务机构产生的必要性

上述中介服务机构，是随着我国社会主义市场经济建设而日益活跃的组织，其产生有如下必要性：

(1) 中介服务机构的产生是房地产交易人顺利交易的需要。在中介机构尚未出现之前，我国大多数房地产交易是由当事人双方自行串联、寻找交易对象、自行协议、私下成交的，在这种情况下，交易往往带有很大的盲目性，很难给当事人带来最佳效益，同时办理手续及拟定交易协议等专业性较强的工作对当事人来讲带有难度，往往大费周折而最后效果不佳。因此，需要有中介机构协助当事人解决上述问题。

(2) 中介机构的产生是保障国家税收的需要。没有中介机构的介入不但给房地产交易双方当事人带来交易困难，也使房地产交易中明码暗价、瞒价偷税的现象普遍存在。房地产中介机构依法成立，依法运作，对防止上述现象的发生起到了积极作用。

(3) 中介机构的产生是房地产市场良性发展的需要。中介机构为交易当事人提供服务，在一定程度上避免了价格失控等房地产扭曲发展的现象，并且中介机构地位受到法律认可后，合法中介机构大量出现扼制了不法掮客的活动，促进了交易活动健康发展。

(4) 中介机构是房地产交易安全的需要。一段时间来，消费者对买房质量、"一房多卖"或"办证难"等问题颇为关注，房地产开发企业、中介机构不规范经营行为的现象比较突出，购房消费者往往因为对房屋质量、产权交易等专业性较强的问题缺乏了解而上当受骗或合法权益受到损害。因此，广东等地还出现"律师陪购"或"购楼律师团"等现象。总的来说，我国的房地产中介机构还处在发展的阶段，有待于进一步规范以便更好地保护房地产交易的安全。

二、房地产中介机构设立条件与程序

1. 房地产中介机构的设立条件

根据《城市房地产管理法》第 58 条第 1 款规定，设立房地产中介服务机构应当具备下列要件：(1) 有自己的名称和组织机构；(2) 有固定的服务场所；(3) 有必要的财产和经费；(4) 有足够数量的专业人员；(5) 法律、行政法规规定的其他条件。

2. 房地产中介机构成立的程序

根据《城市房地产管理法》第 58 条第 2 款的规定："设立房地产中介服务机构，应当向工商行政管理部门申请设立登记，领取营业执照后，方可开业。"这说明我国房地产中介机构成立，同样采用的是"准则主义"，即指被审查主体只要达到准则所规定的资格，登记机关即应予以登记，而不对被审查主体进行资质审查。立法采取准则主义，符合市场经济情况下微观放开的要求。

三、房地产评估机构及其相关制度

房地产评估，是指房地产专业估价人员，根据估价目的，遵循估价原则，按照估价程序，采取科学的估价方法，结合估价经验，通过对影响房地产价格因素的分析，对房地产价格所作出的推测与判断。《城市房地产管理法》第 34 条对我国房地产评估制度作出了框架性规定："国家实行房地产价格评估制度。房地产价格评估，应当遵循公正、公平、公开的原则，按照国家规定的技术标准和评估程序,以基准地价、标定地价和各类房屋的重置价格为基础,参照当地的市场价格进行评估。”从《城市房地产管理法》的相关规定来看,对房地产交易采取强制评估制度,但根据《物权法》第 13 条规定,不动产登记机关不得要求对不动产进行评估。如何做好《城市房地产管理法》和《物权法》的相互衔接是很值得研究的重要课题。下文还是主要以《城市房地产管理法》及其配套规定对现行的房地产评估制度进行介绍。

(一)房地产评估的原则

《城市房地产管理法》第 34 条第 2 款规定:“房地产价格评估,应当遵循公正、公平、公开的原则……”

1. 公正原则。公正原则是指房地产价格评估机构在进行房地产评估时,要公正地对待每一个委托人,不偏不倚,秉公办理,不得为牟取私利徇私枉法,否则将受到法律制裁。如果遇到估价人员与委托人有利害关系的情况,估价人员应当回避。公正原则不但是评估人员应遵守的原则,也是房地产管理与执法领域必须遵守的原则。《城市房地产管理法》第 71 条规定了对违反公正原则的处罚措施。

2. 公平原则。所谓公平,是指房地产评估的结果必须反映房地产当事人之间合理的利益平衡。在评估过程中,应当使评估各方当事人享有平等权利,承担平等义务,不允许评估人员弄虚作假,故意抬高或压低标的物的价格。房地产评估机构与评估人员必须严格遵守估价的程序与评估标准。

3. 公开原则。公开原则,是指房地产价格评估必须具有公开性、透明度。具体而言,房地产评估中当事人有权了解评估的程序、标准、方法、结果、评估机构及评估人员的情况、房屋的自然状况等方面情况;房地产评估的价格等情况还应当向社会公开,令公众知晓。

公正、公开、公平三原则互相联系,能合理地确定房地产评估价格。公正原则侧重于要求房地产评估机构与评估人员不受主观因素影响,客观合理地评估出房地产应具有的价值;公平原则侧重于对待房地产评估中利益彼此矛盾的当事人,追求的是达到当事人之间的利益合理的平衡。一般而言,公正的评估结果应当是公平地体现了当事人的利益分配关系。而公开原则,则是对公正、公平原则能否实现的督促手续。只有遵循以上三原则,才能使房地产评估制度为我国房地产的发展提供良好促进作用。

(二)房地产评估的价格确定

依据《城市房地产管理法》第 34 条规定,房地产价格评估应当遵循公正、公平、公开的原则,按照国家规定的技术标准和评估程序,以基准地价、标定地价和各类房屋的重置价格为基础,参照当地的市场价格进行评估。这说明,房地产评估制度中价格分两步形成:一是确定价格基础,即由基准地价、标定地价及各类房屋的重置价格构成的评估基础;二是在基础价格确定之后,参考当地市场价格最终确定房地产评估价格。

1. 房地产评估的价格基础的构成

(1)基准地价。基准地价是指城市国有土地使用权的基本标准价格,是按照土地的不同级别与区域分别评估与测算出商业、工业、住宅等各类不同用途土地的使用权的平均价格。基准地价由三个因素构成:①一定期限,如一年内的平均地价;②一定区域,如一个大城市内的级别平均地价;③不同用途分别测算的平均地价,如工业区、商业区等不同用途的土地有不同地价。因此,基准地价是一定时间内的、平均的、针对不同用途而有不同价格的、区域性的地价。基础地价是由政府部门组织的专家委员会在土地定级的基础上，根据土地的收益、市场交易资料等情况综合评定的，它反映了一定区域一定用途的土地地价总体的变化趋势，是国家对土地价格乃至整个房地产市场进行宏观调控的根据。

(2)标定地价。标定地价是将要出让、转让、抵押的具体的地块土地使用权进行评估而提出的价格。标定地价要依据基准地价，考虑市场行情、地块大小、形状、容积率等各种因素来测算。标定地价相对于基准地价的区域性而言，是某一地块在某一时点上的价格。标定地价接近了市场价格。

(3)房屋重置价格。房屋重置价格是按照评估时的建筑水平、工艺水平、建筑材料价、人工和运费等，重新建造同类结构、式样、质量标准、设备、装修条件的新房所需要的费用。重置价格是同一类房屋的重置价格，而不是个别房屋的重置价格。重置价格的计算要参考房屋的成本价格。以住宅商品房为例，其成本价格主要包括：①征地费及拆迁安置补偿费，按国家有关规定执行；②勘察设计及前期工程费，依据批准的设计概算计算；③住宅建筑、安装费，依据施工图预算计算；④住宅小区基础建设费和住宅小区非营业性配套公共建筑的建设费，依据批准的详细规划和施工图预算计算，住宅小区的基础设施和配套建设项目按照国家和省、自治区、直辖市人民政府颁发的城市规划定额指标执行；⑤管理费，以①～④项之和为基数的1%～3%计算；⑥贷款利息，计入成本的贷款的利息，根据当地银行提供的本地区商品住宅建设占用贷款的平均周期、平均比例、平均利率和开发项目具体情况而定。

上述三种价格，应当由房地产管理机关定期确定并公布。

2. 房地产评估价格的最终构成

基准地价、标定地价及重置房价构成了房地产价格评估的基础价格，但房地产评估价格的最终形成，还要参考市场价格来确定。市场价格主要由市场供求关系来确定，市场价格一般会高于房地产开发的成本（含各种成本和税费）。

一般而言，市场价格的构成因素包括如下各项：(1)征地补偿费，包括土地补偿费、青苗补偿费、菜田基金、劳动力安置补助费等；(2)拆迁安置补偿费，包括房屋及其他地上物补偿费、搬家费、拆房费、周转房费、单位拆迁费等；(3)其他土地开发费，包括“七通一平”费、勘察设计费等；(4)住宅建筑安装工程费；(5)附属工程费，包括煤气站费、热力点费、变电室费等；(6)室外工程费，包括上下水、电力、电信、庭院、围墙等建设费用；(7)公共建筑配套工程费，包括建设幼儿园、文化站、中小学、卫生所、副食店、居委会、派出所等费用；(8)环卫绿化工程费；(9)“四源”费，即煤气、热力、自来水、污水等建设费用；(10)大市政费；(11)“两税一费”，包括营业税、城市建设维护税、教育费附加；(12)管理费；(13)利润。以上各项收费，有些应属政府开支，比如治安、教育、卫生等项目费用，但都包括在房地产费用里。

（三）房地产评估机构和房地产评估人员

1. 房地产评估工作的管理机关

(1)国务院建设行政主管部门负责全国房地产市场估价管理。

(2)县级以上人民政府房地产行政主管部门负责本行政区域内房地产市场估价管理工作。

2. 房地产评估机构的设立

目前的房地产评估机构可分为两类：(1)城市房地产行政主管部门设立的房地产估价机构；(2)非房地产市场估价职能机构性质的房地产估价事务所。

城市人民政府房地产行政主管部门设立的房地产估价机构,是房地产市场估价的职能机构,是房地产市场管理机构的组成部分,承办本行政区域内涉及政府税费收入及由政府给予当事人补偿或赔偿费用的房地产估价业务以及受当事人委托的其他房地产估价业务。

其他要求从事房地产市场估价业务的单位,应向当地城市人民政府房地产行政主管部门提出申请,经资质审查同意,并经工商行政管理部门核发营业执照,方可营业。

房地产估价事务所的资质审查条件和批准办法,由省、自治区、直辖市人民政府房地产行政主管部门规定并报国务院建设行政主管部门备案。

3. 房地产评估人员的法律要求

目前关于评估人员的法律规定仍是原则性规定,亟待丰富与完善。

评估人员的主要任务是:根据计价原则、标准和市场供求情况,合理评估房地产的价值、价格,为房地产交易、抵押、仲裁、转让提供确定价值和价格的依据。从事房地产价格评估的人员,要经过专业培训,由房地产管理机关考核合格,持证上岗。要逐步建立等级评估员制度。

4. 房地产评估人员的资格要求

根据《注册房地产估价师管理办法》第3条的规定,注册房地产估价师,是指通过全国房地产估价师执业资格考试或者资格认定、资格互认,取得中华人民共和国房地产估价师执业资格,并依法注册,取得中华人民共和国房地产估价师注册证书,从事房地产估价活动的人员。注册房地产估价师的注册条件为:(1)取得执业资格;(2)达到继续教育合格标准;(3)受聘于具有资质的房地产估价机构;(4)无规定的不予注册的情形。根据《注册房地产估价师管理办法》第14条的规定,申请人有下列情形之一的,不予注册:(1)不具有完全民事行为能力的;(2)刑事处罚尚未执行完毕的;(3)因房地产估价及相关业务活动受刑事处罚,自刑事处罚执行完毕之日起至申请注册之日止不满5年的;(4)因前项规定以外原因受刑事处罚,自刑事处罚执行完毕之日起至申请注册之日止不满3年的;(5)被吊销注册证书,自被处罚之日起至申请注册之日止不满3年的;(6)以欺骗、贿赂等不正当手段获准的房地产估价师注册被撤销,自被撤销注册之日起至申请注册之日止不满3年的;(7)申请在2个或者2个以上房地产估价机构执业的;(8)为现职公务员的;(9)年龄超过65周岁的;(10)法律、行政法规规定不予注册的其他情形。

(四)房地产价格评估程序

房地产市场估价应当依照下列程序进行:

1. 申请估价。当事人应当依照规定向估价机构或估价事务所递交估价申请书。估价申请书应当载明下列内容:(1)当事人的姓名(法人代表)、职业、地址;(2)标的物的名称、面积、坐落;(3)申请估价的理由、项目和要求;(4)当事人认为其他需要说明的内容。估价申请书应当附有标的物的产权证书和有关的图纸、资料或影印件。

2. 估价受理。估价机构或估价事务所收到估价申请书后,应当对当事人的身份证件、标的物的产权证书及估价申请书进行审查。对符合条件者,交由估价人员承办,每个估价项目的承办,不得少于两名估价人员。

3. 现场勘估。承办人员应当制订估价方案,到标的物所在地进行实地勘丈测估,核对各项数据和有关资料,调查标的物所处环境状况,并做好详细记录。

4. 综合作业。承办人员应综合各种因素进行全面分析,提出估价结果。书面估价结果应包括如下内容:(1)估价的原因,标的物名称、面积、结构、地理位置、环境条件、使用情况,所处区域城市规划现状及发展前景，房地产市场行情；(2)标的物及附着物质量等级评定；(3)估价的原则、方法、分析过程和估价结果；(4)必要的附件，包括估价过程中作为估价依据的有关图纸、照片、背景材料、原始资料及实际勘测数据等；(5)其他需要说明的问题。估价结果书应由承办人员签名。现将深圳市物业估价所设计的物业估价流程表摘录如下，供参考：[7]

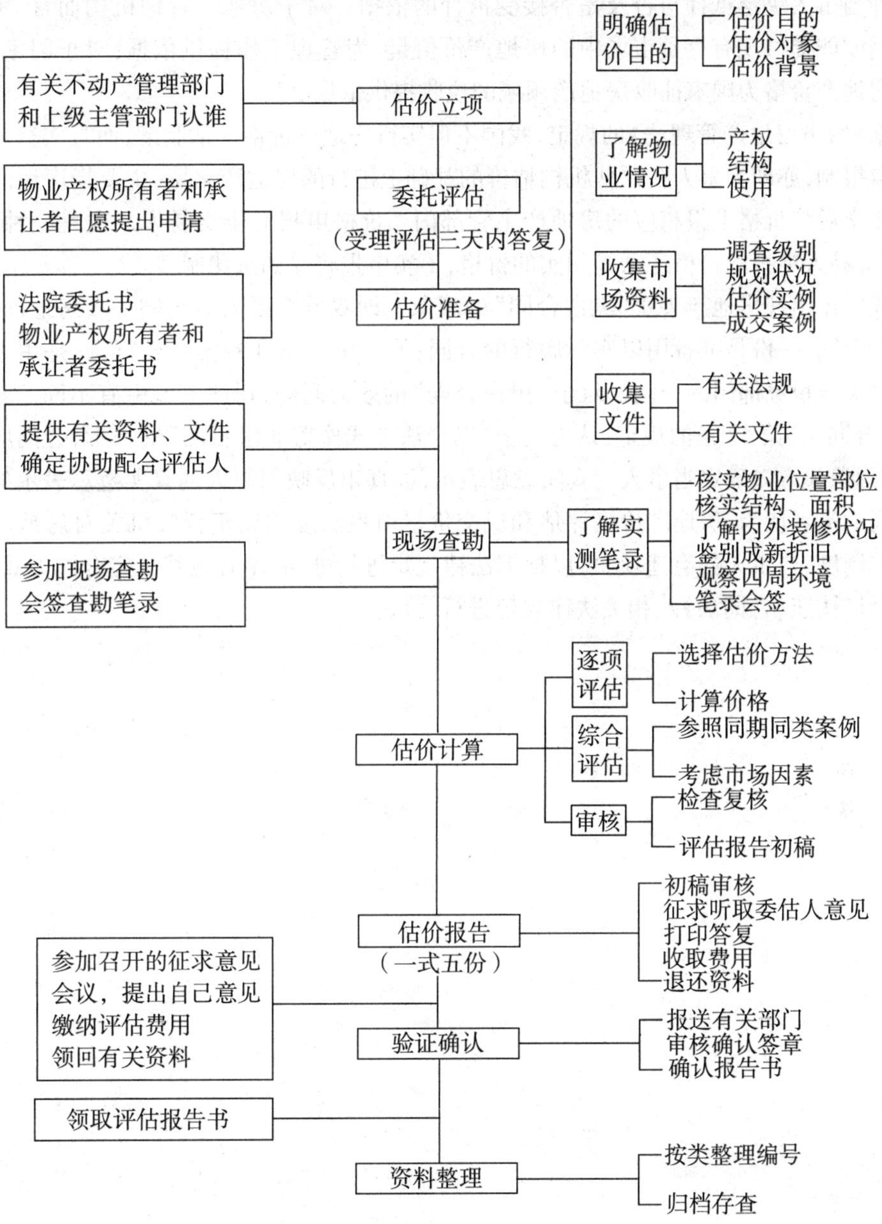

图 2

[7] 该流程示意表参见柴强：《房地产估价》，北京经济学院出版社 1993 年版，第 35 页。

(五)房地产估价和房地产成交价格申报制度

房地产价值较大,对于交易人及国家来说,房地产交易价格均有重要意义。对于房地产交易人来说,在一级市场中合理确定土地使用权价格,为出让人确定土地使用权拍卖与投标的标底提供基础价格;在二级市场中,合理的评估价格是房地产转让当事人重要的成交依据,是房地产抵押当事人决定抵押与否及是否接受抵押的依据。对于房地产管理机构而言,房地产价格评估制度能提供现有存量市场中的房地产价值量,为管理工作提供依据;对于国家来说,科学确定房地产价格为国家征收房地产领域的税收提供依据。

根据《城市房地产管理法》的规定,我国不但实行房地产价格评估制度,而且实行房地产成交价格申报制,亦即当事人在评估机构估价的基础上进行的房地产交易(主要指房地产转让),还须在成交后将价格上报相应的房地产主管部门。价格申报对于交易人来说是一种义务,不仅如此,交易人申报的价格还须是如实的价格,不实申报将受到法律制裁。

实践中还出现房地产买卖“黑白合同”的现象。即双方当事人对于同一项房地产交易,签订了两份合同,一份是准备用以实际履行的合同;另一份是不准备实际履行,而是用来对付有关管理机关或税务部门的合同。对于“黑白合同”的效力问题,司法实践中有不同的看法。有的引用《合同法》第52条的规定,认为属于“以合法形式掩盖非法目的”的情形,合同应归于无效;有的则认为应先确定当事人的真实意思表示,以真正反映当事人的真实意思表示的合同为有效合同。笔者认为,房地产价格评估和成交价格申报制度均属于行政机关对房地产市场进行管理的制度,当事人如有违反,可以根据法律规定进行处罚,不宜贸然认定合同无效,合同的效力应严格按照《合同法》及相关法律规定进行确认。

第九章　不动产登记法律制度

我国 2014 年以前对房产和地产分别登记，分别颁发不同的证件，分属不同部门管理，2014 年国务院颁布《不动产登记暂行条例》之后，房产和地产的登记机关有所调整，房产和地产统一登记为不动产。因此，房产和地产的登记，依《不动产登记暂行条例》统一为不动产登记。

在我国，规范不动产登记的法律法规、规章制度主要包括:《宪法》《物权法》《城市房地产管理法》《土地管理法》《不动产登记暂行条例》《土地登记办法》《不动产登记暂行条例实施细则》等。

第一节　不动产登记制度

不动产登记，是指不动产登记机构依法将不动产权利归属和其他法定事项记载于不动产登记簿的行为。所谓不动产主要是土地、海域以及房屋、林木等定着物。不动产是需要登记才能表征其权利的一种财产，登记的作用主要在于公示财产权利归属状态和权利范围，以使之产生物权的对世效力。

不动产登记具有三项功能，即权利确认功能、权利公示功能和管理功能。(1)权利确认功能，指不动产登记确认不动产权利归属状态，经登记的不动产权利受国家强制力保护，可以对抗权利人以外的任何人。(2)权利公示功能，是指不动产权属登记公开不动产权利变动状况，昭示利益关系人与社会公众，保障不动产交易的安全。(3)管理功能，是指不动产权属登记实现国家的管理意图，一方面通过登记建立产籍资料，进行产籍管理;另一方面通过登记审查相关权利设立、变更、终止的合法性，进而取缔或处罚违法行为。

一、不动产权属登记模式

现代各国的房地产权属登记(民法上称不动产登记)制度主要有三种模式。

1. 契据登记制

法国先采用，故又称“法国主义”，为日本、意大利、比利时、西班牙等国采用。其特征为:(1)登记为对抗要件。房地产权利变更因当事人意思表示一致，即生效力。登记仅为对抗第三人的要件，而非生效要件。(2)登记采取形式审查。只审查契约及登记手续是否完备，不问契约所载内容真实与否。(3)登记无公信力。已登记事项在实体法上不能成立时可以推翻，不得对抗第三人。(4)登记簿采取人的编成主义，以权利人登记顺序编成。

2. 权利登记制

德国先采用,故又称“德国主义”,为瑞士、奥地利、荷兰等国采用。其特征为:(1)登记为生效要件。房地产权利得失变更不经登记,不产生法律效力。(2)登记采取实质审查。登记机关除形式审查申请手续之外,还审查权利变动原因是否真实,有无瑕疵。(3)登记具有公信力,登记事项即使在实体法上不成立,也可对抗第三人,有绝对效力。(4)登记簿采取物的编成主义,以地号为顺序编成。

3. 托伦斯登记制

由澳大利亚托伦斯爵士1958年所创,为英国及英联邦地区采用。托伦斯制具有权利登记制上述四个特点。此外,主要特点在于:(1)登记机关设置赔偿基金。登记如有错误、虚伪或遗漏而致真正权利人受损害时,登记机关负损害赔偿之责。在权利登记制下,权利受害人得请求国家赔偿,登记机关本身不予赔偿。(2)任意登记制。不强制一切土地所有权、他项权利申请登记,但一经登记,如土地权利有变更或设定,则非经登记不发生效力。

二、不动产统一登记制度

不动产权属登记包括土地权属登记和房屋权属登记,《城市房地产管理法》第61条规定:“以出让或者划拨方式取得土地使用权,应当向县级以上地方人民政府土地管理部门申请登记,经县级以上地方人民政府土地管理部门核实,由同级人民政府颁发土地使用权证书。在依法取得的房地产开发用地上建成房屋的,应当凭土地使用权证书向县级以上地方人民政府房产管理部门申请登记,由县级以上地方人民政府房产管理部门核实并颁发房屋所有权证书。房地产转让或者变更时,应当向县级以上地方人民政府房产管理部门申请房产变更登记,并凭变更后的房屋所有权证书向同级人民政府土地管理部门申请土地使用权变更登记,经同级人民政府土地管理部门核实,由同级人民政府更换或者更改土地使用权证书。法律另有规定的,依照有关法律的规定办理。”《城市房地产管理法》确立的是土地权属登记由县级以上的土地管理部门办理、房屋权属登记由县级以上的房产管理部门办理的体制,即实行“土地产权登记发证和房屋产权登记发证”、“两制分开,两证分开”的登记管理体制。《城市房地产管理法》第63条又规定:“经省、自治区、直辖市人民政府确定,县级以上地方人民政府由一个部门统一负责房产管理和土地管理工作的,可以制作、颁发统一的房地产权证书,依照本法第六十一条的规定,将房屋所有权和该房屋占用范围内的土地使用权的确认和变更,分别载入房地产权证书。”《城市房地产管理法》第63条的规定是对第61条规定的变通,在分开登记体制之外,允许各地经省级政府确定实行统一登记体制。实践证明,不动产权属统一登记管理是比较科学、有效合理的体制,因此,2007年通过的《物权法》第10条规定:“不动产登记,由不动产所在地的登记机构办理。国家对不动产实行统一登记制度。统一登记的范围、登记机构和登记办法,由法律、行政法规规定。”《物权法》确立了不动产统一登记制度,即由一个登记机关统一负责有关不动产的登记事务,并在登记范围、登记规则和登记程序等方面实现统一。2014年颁布的《不动产登记暂行条例》,对“不动产统一登记制度”的具体实施提供了法律依据。

不动产权属登记实行“两制分开、两证分开”存在极大的不合理性,不利于科学行政。从政府行政上看,不动产权属登记是一种行政行为,必须由政府职能部门来办理,政府行政应本着高效原则、服务原则,简化办事程序,公开办事制度,并给予当事人以最大便利,而房地产分别登记容易造成两套机构互相扯皮、互相牵制,导致办事效率低下和重复收费,对当事人极为不利;从物质形态上看,房与地紧密联系,密不可分,无地即无房,有房即有地,二者往往难以分割;从经济运行具体过程上看,房地在生产、流通、消费等各个环节亦密不可分,房地产三级市场中的权属运动状态是土地所有权—土地使用权—房屋所有权,土地使用权与房屋所有权乃是紧密相连;从使用者的角度上看,我国法律亦是实行房屋所有权与房屋占用范围内的土地使用权权利人一致原则,房屋所有权人同时亦是土地使用权人,房屋所有权和土地使用权乃是同时移转、同时抵押;从便利当事人办理登记和查阅上看,分开登记造成登记机关分散,不利于有关交易当事人查阅登记,很难给交易当事人提供全面信息,当事人一一查询则造成不必要的交易成本;从维护交易安全的需要上看,分开登记容易造成房地分别抵押与重复抵押的问题,甚至房地分别转让的问题,为少数不法分子利用登记制度的弊端实现欺诈交易提供了便利,通过统一登记,建立全面的信息披露,有利于交易安全便捷进行。房地产是一个完整的商品,房地产业是一个完整的产业,因此房地产管理机构的设置和管理职责的划分上应是统一机构、统一登记,不应将房产和地产分开管理,而应由统一的行政主管部门管理,颁发统一的房地产权属证书。遍观世界各个地区的房地产登记机构,尚无将土地与房屋分成两套机构分别进行登记管理的先例,有的是由土地管理部门或者不动产管理部门办理,有的则是专门设立的土地登记或不动产登记机关办理,如香港的土地登记由专设的田土注册处负责,它隶属于注册总署,英国则设有政府土地登记局,负责管理英国城乡土地权属的登记机构。

不动产统一登记制度的首要任务是统一登记机构,并在此基础上建立统一的登记规则和登记程序。我国目前统一登记制度正在建立过程当中,这就要求在《物权法》和《不动产登记暂行条例》颁布之后,尽快将不动产统一登记制度落到实处。

三、不动产登记的原则

我国《物权法》和《不动产登记暂行条例》中没有明确规定我国不动产登记应该坚持的原则,但在《不动产登记暂行条例》第 15 条中间接规定,“当事人或者其代理人应当到不动产登记机构办公场所申请不动产登记。不动产登记机构将申请登记事项记载于不动产登记簿前,申请人可以撤回登记申请”。同时,在《不动产登记暂行条例实施细则》第 2 条第 1 款中直接规定,“不动产登记应当依照当事人的申请进行,但法律、行政法规以及本实施细则另有规定的除外”。这表明我国不动产登记坚持的是依申请登记的原则,许多国家和地区的不动产登记立法明确承认依申请登记原则,如《德国土地登记条例》第 13 条第 1 款、《日本不动产登记法》第 25 条第 1 款以及我国台湾地区的“土地登记规则”第 26 条等均有此规定。在《不动产登记暂行条例》颁布前,我国的一些法规规章也承认了依申请登记原则,如《土地登记办法》第 6 条规定:“土地登记应当依照申请进行,但法律、法规和本办法另有规定的除外。”《房屋登记办法》第 21 条规定:“房屋登记机构将申请登记事项记载于房屋登记簿之前,申请人可以撤回登记申请。”

依申请登记原则概括起来,主要包括以下几层含义:首先,依申请登记原则适用于各种类型的登记,无论是初始登记、转移登记还是注销登记,也无论是涉及权利或法律关系的登记还是纯粹事实部分的登记(如更正登记)。其次,除非法律、行政法规另有规定,登记机构只能依当事人的申请进行登记。当事人的登记申请也界定了登记机构的活动范围,登记机构不得超越登记申请范围从事活动。再次,如果当事人提出的登记申请存在不动产登记法规上的障碍,除非法律另有规定,否则登记机构不能主动协助当事人完成登记,只是给申请人一定期限排除障碍。如要求当事人当场更正错误或者补齐有关的材料等。最后,在登记完成即记载于不动产登记簿前,当事人可以向登记机构申请撤回登记申请,登记机构不得加以拒绝。

四、不动产登记机构

我国《物权法》和《不动产登记暂行条例》均明确规定,国家实行不动产统一登记制度。为建立不动产统一登记机构,2014 年 11 月,中央机构编制委员会办公室批复同意中国土地矿产法律事务中心(原国土资源部土地争议调处事务中心)更名为国土资源部不动产登记中心(国土资源部法律事务中心),承担不动产登记有关政策、业务、技术等的支撑工作以及国土资源法律事务工作。

作为从事不动产登记、不动产权属监测的国土资源部直属事业单位,不动产登记中心的主要任务是:(1)开展不动产登记理论、政策和技术标准研究;承担国土资源部交办的国务院确定的国有重点林区森林、林木和林地,国务院批准项目用海、用岛的海域使用权和无居民海岛使用权及中央国家机关使用的国有土地等不动产登记发证工作。(2)协助部开展不动产登记规范化工作,承担全国不动产权利证书的监制管理、使用监管等工作。(3)承担各类不动产登记资料的收集整理和数据分析工作;开展不动产登记资料公开查询制度研究;承担不动产登记成果应用与社会化服务等工作。(4)开展不动产权利制度及不动产确权和权属争议调处理论、政策研究;承担部交办的不动产权属争议案件的调查、取证与调处工作。(5)开展不动产市场分析和相关制度研究;承担部交办的土地市场动态监测分析和城乡建设用地监测监管的事务性工作;开展节约集约用地制度建设研究;负责中国土地市场指数编制。(6)开展不动产登记和国土资源政策法规等方面的国内外科技合作与学术交流;承担国土资源部法律评价工程重点实验室建设工作。(7)承担国土资源部交办的其他事项。

在不动产登记机构管辖范围上,国务院国土资源主管部门负责指导、监督全国不动产登记工作。县级以上地方人民政府应当确定一个部门为本行政区域的不动产登记机构,负责不动产登记工作,并接受上级人民政府不动产登记主管部门的指导、监督。

同时,不动产登记由不动产所在地的县级人民政府不动产登记机构办理;直辖市、设区的市人民政府可以确定本级不动产登记机构统一办理所属各区的不动产登记。跨县级行政区域的不动产登记,由所跨县级行政区域的不动产登记机构分别办理。不能分别办理的,由所跨县级行政区域的不动产登记机构协商办理;协商不成的,由共同的上一级人民政府不动产登记主管部门指定办理。

此外,国务院确定的重点国有林区的森林、林木和林地,由国土资源部受理并会同有关部门办理,依法向权利人核发不动产权属证书。国务院批准的项目用海、用岛的登记,由国土资源部受理,依法向权利人核发不动产权属证书。中央国家机关使用的国有土地等不动产登记,依照国土资源部《在京中央国家机关用地土地登记办法》等规定办理。

五、不动产登记簿

不动产以不动产单元为基本单位进行登记，不动产单元具有唯一编码。所谓不动产单元，是指权属界线封闭且具有独立使用价值的空间，其中没有房屋等建筑物、构筑物以及森林、林木定着物的，以土地、海域权属界线封闭的空间为不动产单元；有房屋等建筑物、构筑物以及森林、林木定着物的，以该房屋等建筑物、构筑物以及森林、林木定着物与土地、海域权属界线封闭的空间为不动产单元。所称房屋，包括独立成幢、权属界线封闭的空间，以及区分套、层、间等可以独立使用、权属界线封闭的空间。

不动产登记机构应当按照国务院国土资源主管部门的规定设立统一的不动产登记簿。不动产登记簿应当记载以下事项：(1)不动产的坐落、界址、空间界限、面积、用途等自然状况；(2)不动产权利的主体、类型、内容、来源、期限、权利变化等权属状况；(3)涉及不动产权利限制、提示的事项；(4)其他相关事项。

不动产登记簿的形式，应当采用电子介质，暂不具备条件的，可以采用纸质介质。不动产登记机构应当明确不动产登记簿唯一、合法的介质形式。不动产登记簿采用电子介质的，应当定期进行异地备份，并具有唯一、确定的纸质转化形式。不动产登记机构应当指定专人负责不动产登记簿的保管，并建立健全相应的安全责任制度。采用纸质介质不动产登记簿的，应当配备必要的防盗、防火、防渍、防有害生物等安全保护设施。采用电子介质不动产登记簿的，应当配备专门的存储设施，并采取信息网络安全防护措施。

不动产登记机构应当依法将各类登记事项准确、完整、清晰地记载于不动产登记簿，除依法予以更正外任何单位和个人不得擅自复制或者篡改不动产登记簿登记事项。不动产登记工作人员应当具备与不动产登记工作相适应的专业知识和业务能力。不动产登记簿由不动产登记机构永久保存，不动产登记簿损毁、灭失的，不动产登记机构应当依据原有登记资料予以重建。

第二节　不动产登记程序

一、不动产登记申请

依不动产登记申请原则，因买卖、设定抵押权等申请不动产登记的，应当由当事人双方共同申请，但属于下列情形之一的，可以由当事人单方申请：(1)尚未登记的不动产首次申请登记的；(2)继承、接受遗赠取得不动产权利的；(3)人民法院、仲裁委员会生效的法律文书或者人民政府生效的决定等设立、变更、转让、消灭不动产权利的；(4)权利人姓名、名称或者自然状况发生变化，申请变更登记的；(5)不动产灭失或者权利人放弃不动产权利，申请注销登记的；(6)申请更正登记或者异议登记的；(7)法律、行政法规规定可以由当事人单方申请的其他情形。当事人应当到不动产登记机构办公场所申请不动产登记，不动产登记机构将申请登记事项记载于不动产登记簿前，申请人可以撤回登记申请。

处分共有不动产申请登记的，应当经占份额2/3以上的按份共有人或者全体共同共有人共同申请，但共有人另有约定的除外；按份共有人转让其享有的不动产份额，应当与受让人共同申请转移登记。无民事行为能力人、限制民事行为能力人申请不动产登记的,应当由其监护人代为申请。监护人代为申请登记的,应当提供监护人与被监护人的身份证或者户口簿、有关监护关系等材料;因处分不动产而申请登记的,还应当提供为被监护人利益的书面保证。父母之外的监护人处分未成年人不动产的,有关监护关系材料可以是人民法院指定监护的法律文书、经过公证的对被监护人享有监护权的材料或者其他材料。当事人可以委托他人代为申请不动产登记。代理申请不动产登记的,代理人应当向不动产登记机构提供被代理人签字或者盖章的授权委托书。自然人处分不动产,委托代理人申请登记的,应当与代理人共同到不动产登记机构现场签订授权委托书,但授权委托书经公证的除外。境外申请人委托他人办理处分不动产登记的,其授权委托书应当按照国家有关规定办理认证或者公证。

申请人应当提交下列材料,并对申请材料的真实性负责:(1)登记申请书;(2)申请人、代理人身份证明材料、授权委托书;(3)相关的不动产权属来源证明材料、登记原因证明文件、不动产权属证书;(4)不动产界址、空间界限、面积等材料;(5)与他人利害关系的说明材料;(6)法律、行政法规规定的其他材料。申请材料应当提供原件,因特殊情况不能提供原件的,可以提供复印件,复印件应当与原件保持一致。

因继承、受遗赠取得不动产,当事人申请登记的,应当提交死亡证明材料、遗嘱或者全部法定继承人关于不动产分配的协议以及与被继承人的亲属关系材料等,也可以提交经公证的材料或者生效的法律文书。

二、不动产登记受理和审查

不动产登记机构收到不动产登记申请材料,应当分别按照下列情况办理:(1)属于登记职责范围,申请材料齐全、符合法定形式,或者申请人按照要求提交全部补正申请材料的,应当受理并书面告知申请人;(2)申请材料存在可以当场更正的错误的,应当告知申请人当场更正,申请人当场更正后,应当受理并书面告知申请人;(3)申请材料不齐全或者不符合法定形式的,应当当场书面告知申请人不予受理并一次性告知需要补正的全部内容;(4)申请登记的不动产不属于本机构登记范围的,应当当场书面告知申请人不予受理并告知申请人向有登记权的机构申请。不动产登记机构未当场书面告知申请人不予受理的,视为受理。

不动产登记机构受理不动产登记申请的,应当按照下列要求进行查验:(1)不动产界址、空间界限、面积等材料与申请登记的不动产状况是否一致;(2)有关证明材料、文件与申请登记的内容是否一致;(3)登记申请是否违反法律、行政法规规定;(4)申请人、委托代理人身份证明材料以及授权委托书与申请主体是否一致;(5)权属来源材料或者登记原因文件与申请登记的内容是否一致;(6)不动产界址、空间界限、面积等权籍调查成果是否完备,权属是否清楚、界址是否清晰、面积是否准确;(7)法律、行政法规规定的完税或者缴费凭证是否齐全。

属于下列情形之一的,不动产登记机构可以对申请登记的不动产进行实地查看:(1)房屋等建筑物、构筑物所有权首次登记;(2)在建建筑物抵押权登记;(3)因不动产灭失导致的注销登记;(4)不动产登记机构认为需要实地查看的其他情形。对可能存在权属争议,或者可能涉及他人利害关系的登记申请,不动产登记机构可以向申请人、利害关系人或者有关单位进行调查。不动产登记机构进行实地查看或者调查时,申请人、被调查人应当予以配合。不动产登记机构进行实地查看,重点查看下列情况:(1)房屋等建筑物、构筑物所有权首次登记,查看房屋坐落及其建造完成等情况;(2)在建建筑物抵押权登记,查看抵押的在建建筑物坐落及其建造等情况;(3)因不动产灭失导致的注销登记,查看不动产灭失等情况。

有下列情形之一的,不动产登记机构应当在登记事项记载于登记簿前进行公告,但涉及国家秘密的除外:(1)政府组织的集体土地所有权登记;(2)宅基地使用权及房屋所有权,集体建设用地使用权及建筑物、构筑物所有权,土地承包经营权等不动产权利的首次登记;(3)依职权更正登记;(4)依职权注销登记;(5)法律、行政法规规定的其他情形。公告应当在不动产登记机构门户网站以及不动产所在地等指定场所进行,公告期不少于15个工作日,公告所需时间不计算在登记办理期限内。公告期满无异议或者异议不成立的,应当及时记载于不动产登记簿。不动产登记公告的主要内容包括:(1)拟予登记的不动产权利人的姓名或者名称;(2)拟予登记的不动产坐落、面积、用途、权利类型等;(3)提出异议的期限、方式和受理机构;(4)需要公告的其他事项。

当事人可以持人民法院、仲裁委员会的生效法律文书或者人民政府的生效决定单方申请不动产登记。有下列情形之一的,不动产登记机构直接办理不动产登记:(1)人民法院持生效法律文书和协助执行通知书要求不动产登记机构办理登记的;(2)人民检察院、公安机关依据法律规定持协助查封通知书要求办理查封登记的;(3)人民政府依法做出征收或者收回不动产权利决定生效后,要求不动产登记机构办理注销登记的;(4)法律、行政法规规定的其他情形。不动产登记机构认为登记事项存在异议的,应当依法向有关机关提出审查建议。

三、不动产登记证书的发放和回收

不动产登记机构应当根据不动产登记簿,填写并核发不动产权属证书或者不动产登记证明,除办理抵押权登记、地役权登记和预告登记、异议登记向申请人核发不动产登记证明外,不动产登记机构应当依法向权利人核发不动产权属证书。申请共有不动产登记的,不动产登记机构向全体共有人合并发放一本不动产权属证书;共有人申请分别持证的,可以为共有人分别发放不动产权属证书。共有不动产权属证书应当注明共有情况,并列明全体共有人。不动产权属证书和不动产登记证明,应当加盖不动产登记机构登记专用章。

不动产权属证书或者不动产登记证明污损、破损的,当事人可以向不动产登记机构申请换发。符合换发条件的,不动产登记机构应当予以换发,并收回原不动产权属证书或者不动产登记证明。不动产权属证书或者不动产登记证明遗失、灭失,不动产权利人申请补发的,由不动产登记机构在其门户网站上刊发不动产权利人的遗失、灭失声明15个工作日后,予以补发。不动产登记机构补发不动产权属证书或者不动产登记证明的,应当将补发不动产权属证书或者不动产登记证明的事项记载于不动产登记簿,并在不动产权属证书或者不动产登记证明上注明“补发”字样。

因不动产权利灭失等情形,不动产登记机构需要收回不动产权属证书或者不动产登记证明的,应当在不动产登记簿上将收回不动产权属证书或者不动产登记证明的事项予以注明;确实无法收回的,应当在不动产登记机构门户网站或者当地公开发行的报刊上公告作废。

第三节 不动产权利登记

一、一般规定

(一)不动产首次登记

不动产首次登记,是指不动产第一次登记。未办理不动产首次登记的,不得办理不动产其他类型登记。市、县人民政府可以根据情况对本行政区域内未登记的不动产,组织开展集体土地所有权、宅基地使用权、集体建设用地使用权、土地承包经营权的首次登记。

(二)变更登记

不动产权利人可以向不动产登记机构申请变更登记:(1)权利人的姓名、名称、身份证明类型或者身份证明号码发生变更的;(2)不动产的坐落、界址、用途、面积等状况变更的;(3)不动产权利期限、来源等状况发生变化的;(4)同一权利人分割或者合并不动产的;(5)抵押担保的范围、主债权数额、债务履行期限、抵押权顺位发生变化的;(6)最高额抵押担保的债权范围、最高债权额、债权确定期间等发生变化的;(7)地役权的利用目的、方法等发生变化的;(8)共有性质发生变更的;(9)法律、行政法规规定的其他不涉及不动产权利转移的变更情形。

(三)转移登记

因法定情形导致不动产权利转移的,当事人可以向不动产登记机构申请转移登记:(1)买卖、互换、赠与不动产的;(2)以不动产作价出资(入股)的;(3)法人或者其他组织因合并、分立等原因致使不动产权利发生转移的;(4)不动产分割、合并导致权利发生转移的;(5)继承、受遗赠导致权利发生转移的;(6)共有人增加或者减少以及共有不动产份额变化的;(7)因人民法院、仲裁委员会的生效法律文书导致不动产权利发生转移的;(8)因主债权转移引起不动产抵押权转移的;(9)因需役地不动产权利转移引起地役权转移的;(10)法律、行政法规规定的其他不动产权利转移情形。

(四)注销登记

有下列情形之一的,当事人可以申请办理注销登记:(1)不动产灭失的;(2)权利人放弃不动产权利的;(3)不动产被依法没收、征收或者收回的;(4)人民法院、仲裁委员会的生效法律文书导致不动产权利消灭的;(5)法律、行政法规规定的其他情形。不动产上已经设立抵押权、地役权或者已经办理预告登记,所有权人、使用权人因放弃权利申请注销登记的,申请人应当提供抵押权人、地役权人、预告登记权利人同意的书面材料。

二、集体土地所有权登记

集体土地所有权是《宪法》和《物权法》规定的公民财产权利,是指农村集体经济组织对属于其所有的土地依法享有的占有、使用、收益和处分权利,是土地集体所有制在法律上的表现。集体土地所有权的主体只能是农民集体,依农民集体的所属不同,可以将集体土地所有权划分为村民小组集体土地所有权、村集体土地所有权、乡镇集体土地所有权三种。

集体土地所有权登记,依照下列规定提出申请:(1)土地属于村农民集体所有的,由村集体经济组织代为申请,没有集体经济组织的,由村民委员会代为申请;(2)土地分别属于村内两个以上农民集体所有的,由村内各集体经济组织代为申请,没有集体经济组织的,由村民小组代为申请;(3)土地属于乡(镇)农民集体所有的,由乡(镇)集体经济组织代为申请。

申请集体土地所有权首次登记的,应当提交下列材料:(1)土地权属来源材料;(2)权籍调查表、宗地图以及宗地界址点坐标;(3)其他必要材料。此外,农民集体因互换、土地调整等原因导致集体土地所有权转移,申请集体土地所有权转移登记的,应当提交下列材料:(1)不动产权属证书;(2)互换、调整协议等集体土地所有权转移的材料;(3)本集体经济组织2/3以上成员或者2/3以上村民代表同意的材料;(4)其他必要材料。申请集体土地所有权变更、注销登记的,应当提交下列材料:(1)不动产权属证书;(2)集体土地所有权变更、消灭的材料;(3)其他必要材料。

三、国有建设用地使用权和房屋所有权登记

国有建设用地使用权是指建设用地使用权人依法对国家所有的土地享有占有、使用和收益的权利,有权利用该土地建造建筑物、构筑物及其附属设施。通过出让或划拨途径依法取得国有建设用地使用权的相关权利人,可以单独申请国有建设用地使用权登记;国有建设用地使用权人依法利用国有建设用地建造房屋的,可以申请国有建设用地使用权及房屋所有权登记。

申请国有建设用地使用权首次登记,应当提交下列材料:(1)土地权属来源材料;(2)权籍调查表、宗地图以及宗地界址点坐标;(3)土地出让价款、土地租金、相关税费等缴纳凭证;(4)其他必要材料。前款规定的土地权属来源材料,根据权利取得方式的不同,包括国有建设用地划拨决定书、国有建设用地使用权出让合同、国有建设用地使用权租赁合同以及国有建设用地使用权作价出资(入股)、授权经营批准文件。申请在地上或者地下单独设立国有建设用地使用权登记的,按照《不动产登记暂行条例》规定办理。此外,申请国有建设用地使用权及房屋所有权首次登记的,应当提交下列材料:(1)不动产权属证书或者土地权属来源材料;(2)建设工程符合规划的材料;(3)房屋已经竣工的材料;(4)房地产调查或者测绘报告;(5)相关税费缴纳凭证;(6)其他必要材料。办理房屋所有权首次登记时,申请人应当将建筑区划内依法属于业主共有的道路、绿地、其他公共场所、公用设施和物业服务用房及其占用范围内的建设用地使用权一并申请登记为业主共有。业主转让房屋所有权的,其对共有部分享有的权利依法一并转让。

申请国有建设用地使用权及房屋所有权变更登记的,应当根据不同情况,提交下列材料:(1)不动产权属证书;(2)发生变更的材料;(3)有批准权的人民政府或者主管部门的批准文件;(4)国有建设用地使用权出让合同或者补充协议;(5)国有建设用地使用权出让价款、税费等缴纳凭证;(6)其他必要材料。

申请国有建设用地使用权及房屋所有权转移登记的,应当根据不同情况,提交下列材料:(1)不动产权属证书;(2)买卖、互换、赠与合同;(3)继承或者受遗赠的材料;(4)分割、合并协议;(5)人民法院或者仲裁委员会生效的法律文书;(6)有批准权的人民政府或者主管部门的批准文件;(7)相关税费缴纳凭证;(8)其他必要材料。不动产买卖合同依法应当备案的,申请人申请登记时须提交经备案的买卖合同。

四、宅基地使用权和房屋所有权登记

宅基地使用权,是指宅基地使用权人依法对集体所有的土地享有占有和使用的权利,有权依法利用该土地建造住宅及其附属设施。权利人依法取得宅基地使用权,可以单独申请宅基地使用权登记;依法利用宅基地建造住房及其附属设施的,可以申请宅基地使用权及房屋所有权登记。

申请宅基地使用权及房屋所有权首次登记的,应当根据不同情况,提交下列材料:(1)申请人身份证和户口簿;(2)不动产权属证书或者有批准权的人民政府批准用地的文件等权属来源材料;(3)房屋符合规划或者建设的相关材料;(4)权籍调查表、宗地图、房屋平面图以及宗地界址点坐标等有关不动产界址、面积等材料;(5)其他必要材料。

因依法继承、分家析产、集体经济组织内部互换房屋等导致宅基地使用权及房屋所有权发生转移申请登记的,申请人应当根据不同情况,提交下列材料:(1)不动产权属证书或者其他权属来源材料;(2)依法继承的材料;(3)分家析产的协议或者材料;(4)集体经济组织内部互换房屋的协议;(5)其他必要材料。

五、集体建设用地使用权及建筑物、构筑物所有权登记

集体土地建设用地使用权是指农民集体和个人进行非农业生产建设依法使用集体所有的土地的权利。依法取得集体建设用地使用权,可以单独申请集体建设用地使用权登记;依法利用集体建设用地兴办企业,建设公共设施,从事公益事业等的,可以申请集体建设用地使用权及地上建筑物、构筑物所有权登记。

申请集体建设用地使用权及建筑物、构筑物所有权首次登记的,申请人应当根据不同情况,提交下列材料:(1)有批准权的人民政府批准用地的文件等土地权属来源材料;(2)建设工程符合规划的材料;(3)权籍调查表、宗地图、房屋平面图以及宗地界址点坐标等有关不动产界址、面积等材料;(4)建设工程已竣工的材料;(5)其他必要材料。集体建设用地使用权首次登记完成后,申请人申请建筑物、构筑物所有权首次登记的,应当提交享有集体建设用地使用权的不动产权属证书。

申请集体建设用地使用权及建筑物、构筑物所有权变更登记、转移登记、注销登记的,申请人应当根据不同情况,提交下列材料:(1)不动产权属证书;(2)集体建设用地使用权及建筑物、构筑物所有权变更、转移、消灭的材料;(3)其他必要材料。因企业兼并、破产等原因致使集体建设用地使用权及建筑物、构筑物所有权发生转移的,申请人应当持相关协议及有关部门的批准文件等相关材料,申请不动产转移登记。

六、土地承包经营权登记

土地承包经营权就是土地承包经营权人为从事种植业、林业、畜牧业、渔业生产或者其他生产经营项目而承包使用、收益集体所有或者国家所有的土地或者森林、山岭、草原、荒地、滩涂、水面的权利。承包农民集体所有的耕地、林地、草地、水域、滩涂以及荒山、荒沟、荒丘、荒滩等农用地,或者国家所有依法由农民集体使用的农用地从事种植业、林业、畜牧业、渔业等农业生产的,可以申请土地承包经营权登记;地上有森林、林木的,应当在申请土地承包经营权登记时一并申请登记。依法以承包方式在土地上从事种植业或者养殖业生产活动的,可以申请土

地承包经营权的首次登记。以家庭承包方式取得的土地承包经营权的首次登记,由发包方持土地承包经营合同等材料申请。以招标、拍卖、公开协商等方式承包农村土地的,由承包方持土地承包经营合同申请土地承包经营权首次登记。

已经登记的土地承包经营权有下列情形之一的,承包方应当持原不动产权属证书以及其他证实发生变更事实的材料,申请土地承包经营权变更登记:(1)权利人的姓名或者名称等事项发生变化的;(2)承包土地的坐落、名称、面积发生变化的;(3)承包期限依法变更的;(4)承包期限届满,土地承包经营权人按照国家有关规定继续承包的;(5)退耕还林、退耕还湖、退耕还草导致土地用途改变的;(6)森林、林木的种类等发生变化的;(7)法律、行政法规规定的其他情形。

已经登记的土地承包经营权发生下列情形之一的,当事人双方应当持互换协议、转让合同等材料,申请土地承包经营权的转移登记:(1)互换;(2)转让;(3)因家庭关系、婚姻关系变化等原因导致土地承包经营权分割或者合并的;(4)依法导致土地承包经营权转移的其他情形。以家庭承包方式取得的土地承包经营权,采取转让方式流转的,还应当提供发包方同意的材料。

已经登记的土地承包经营权发生下列情形之一的,承包方应当持不动产权属证书、证实灭失的材料等,申请注销登记:(1)承包经营的土地灭失的;(2)承包经营的土地被依法转为建设用地的;(3)承包经营权人丧失承包经营资格或者放弃承包经营权的;(4)法律、行政法规规定的其他情形。

七、海域使用权登记

我国《海域使用管理法》第3条规定,“海域属于国家所有,国务院代表国家行使海域所有权。任何单位或者个人不得侵占、买卖或者以其他形式非法转让海域。单位和个人使用海域,必须依法取得海域使用权”。依法取得海域使用权的权利人,可以单独申请海域使用权登记;依法使用海域,在海域上建造建筑物、构筑物的,应当申请海域使用权及建筑物、构筑物所有权登记。

申请海域使用权首次登记的,应当提交下列材料:(1)项目用海批准文件或者海域使用权出让合同;(2)宗海图以及界址点坐标;(3)海域使用金缴纳或者减免凭证;(4)其他必要材料。

有下列情形之一的,申请人应当持不动产权属证书、海域使用权变更的文件等材料,申请海域使用权变更登记:(1)海域使用权人姓名或者名称改变的;(2)海域坐落、名称发生变化的;(3)改变海域使用位置、面积或者期限的;(4)海域使用权续期的;(5)共有性质变更的;(6)法律、行政法规规定的其他情形。

有下列情形之一的,申请人可以申请海域使用权转移登记:(1)因企业合并、分立或者与他人合资、合作经营、作价入股导致海域使用权转移的;(2)依法转让、赠与、继承、受遗赠海域使用权的;(3)因人民法院、仲裁委员会生效法律文书导致海域使用权转移的;(4)法律、行政法规规定的其他情形。申请海域使用权转移登记的,申请人应当提交下列材料:(1)不动产权属证书;(2)海域使用权转让合同、继承材料、生效法律文书等材料;(3)转让批准取得的海域使用权,应当提交原批准用海的海洋行政主管部门批准转让的文件;(4)依法需要补交海域使用金的,应当提交海域使用金缴纳的凭证;(5)其他必要材料。

申请海域使用权注销登记的,申请人应当提交下列材料:(1)原不动产权属证书;(2)海域使用权消灭的材料;(3)其他必要材料。因围填海造地等导致海域灭失的,申请人应当在围填海造地等工程竣工后,依照《不动产登记暂行条例实施细则》规定申请国有土地使用权登记,并办理海域使用权注销登记。

八、地役权登记

地役权,是指为使用自己不动产的便利或提高其效益而按照合同约定利用他人不动产的权利。按照约定设定地役权,当事人可以持需役地和供役地的不动产权属证书、地役权合同以及其他必要文件,申请地役权首次登记。

经依法登记的地役权发生下列情形之一的,当事人应当持地役权合同、不动产登记证明和证实变更的材料等必要材料,申请地役权变更登记:(1)地役权当事人的姓名或者名称等发生变化;(2)共有性质变更的;(3)需役地或者供役地自然状况发生变化;(4)地役权内容变更的;(5)法律、行政法规规定的其他情形。供役地分割转让办理登记,转让部分涉及地役权的,应当由受让人与地役权人一并申请地役权变更登记。

已经登记的地役权因土地承包经营权、建设用地使用权转让发生转移的,当事人应当持不动产登记证明、地役权转移合同等必要材料,申请地役权转移登记。申请需役地转移登记的,或者需役地分割转让,转让部分涉及已登记的地役权的,当事人应当一并申请地役权转移登记,但当事人另有约定的除外。当事人拒绝一并申请地役权转移登记的,应当出具书面材料。不动产登记机构办理转移登记时,应当同时办理地役权注销登记。

已经登记的地役权,有下列情形之一的,当事人可以持不动产登记证明、证实地役权发生消灭的材料等必要材料,申请地役权注销登记:(1)地役权期限届满;(2)供役地、需役地归于同一人;(3)供役地或者需役地灭失;(4)人民法院、仲裁委员会的生效法律文书导致地役权消灭;(5)依法解除地役权合同;(6)其他导致地役权消灭的事由。

地役权登记,不动产登记机构应当将登记事项分别记载于需役地和供役地登记簿。供役地、需役地分属不同不动产登记机构管辖的,当事人应当向供役地所在地的不动产登记机构申请地役权登记。供役地所在地不动产登记机构完成登记后,应当将相关事项通知需役地所在地不动产登记机构,并由其记载于需役地登记簿。地役权设立后,办理首次登记前发生变更、转移的,当事人应当提交相关材料,就已经变更或者转移的地役权,直接申请首次登记。

九、抵押权登记

抵押权是为担保债务的履行,债务人或者第三人不转移财产的占有,将该财产抵押给债权人,债务人不履行到期债务或者发生当事人约定的实现抵押权的情形,债权人有权就该财产优先受偿的权利。自然人、法人或者其他组织为保障其债权的实现,依法以不动产设定抵押的,可以由当事人持不动产权属证书、抵押合同与主债权合同等必要材料,共同申请办理抵押登记。抵押合同可以是单独订立的书面合同,也可以是主债权合同中的抵押条款。对下列财产进行抵押的,可以申请办理不动产抵押登记:(1)建设用地使用权;(2)建筑物和其他土地附着物;(3)海域使用权;(4)以招标、拍卖、公开协商等方式取得的荒地等土地承包经营权;(5)正在建造的建筑物;(6)法律、行政法规未禁止抵押的其他不动产。以建设用地使用权、海域使用权抵押的,该土地、海域上的建筑物、构筑物一并抵押;以建筑物、构筑物抵押的,该建筑物、构筑物占用范围内的建设用地使用权、海域使用权一并抵押。同一不动产上设立多个抵押权的,不动产登记机构应当按照受理时间的先后顺序依次办理登记,并记载于不动产登记簿。当事人对抵押权顺位另有约定的,从其规定办理登记。

有下列情形之一的,当事人应当持不动产权属证书、不动产登记证明、抵押权变更等必要材料,申请抵押权变更登记:(1)抵押人、抵押权人的姓名或者名称变更的;(2)被担保的主债权数额变更的;(3)债务履行期限变更的;(4)抵押权顺位变更的;(5)法律、行政法规规定的其他情形。因被担保债权主债权的种类及数额、担保范围、债务履行期限、抵押权顺位发生变更申请抵押权变更登记时,如果该抵押权的变更将对其他抵押权人产生不利影响,还应当提交其他抵押权人书面同意的材料与身份证或者户口簿等材料。

因主债权转让导致抵押权转让的,当事人可以持不动产权属证书、不动产登记证明、被担保主债权的转让协议、债权人已经通知债务人的材料等相关材料,申请抵押权的转移登记。

有下列情形之一的,当事人可以持不动产登记证明、抵押权消灭的材料等必要材料,申请抵押权注销登记:(1)主债权消灭;(2)抵押权已经实现;(3)抵押权人放弃抵押权;(4)法律、行政法规规定抵押权消灭的其他情形。

设立最高额抵押权的,当事人应当持不动产权属证书、最高额抵押合同与一定期间内将要连续发生的债权的合同或者其他登记原因材料等必要材料,申请最高额抵押权首次登记。当事人申请最高额抵押权首次登记时,同意将最高额抵押权设立前已经存在的债权转入最高额抵押担保的债权范围的,还应当提交已存在债权的合同以及当事人同意将该债权纳入最高额抵押权担保范围的书面材料。有下列情形之一的,当事人应当持不动产登记证明、最高额抵押权发生变更的材料等必要材料,申请最高额抵押权变更登记:(1)抵押人、抵押权人的姓名或者名称变更的;(2)债权范围变更的;(3)最高债权额变更的;(4)债权确定的期间变更的;(5)抵押权顺位变更的;(6)法律、行政法规规定的其他情形。因最高债权额、债权范围、债务履行期限、债权确定的期间发生变更申请最高额抵押权变更登记时,如果该变更将对其他抵押权人产生不利影响,当事人还应当提交其他抵押权人的书面同意文件与身份证或者户口簿等。当发生导致最高额抵押权担保的债权被确定的事由,从而使最高额抵押权转变为一般抵押权时,当事人应当持不动产登记证明、最高额抵押权担保的债权已确定的材料等必要材料,申请办理确定最高额抵押权的登记。最高额抵押权发生转移的,应当持不动产登记证明、部分债权转移的材料、当事人约定最高额抵押权随同部分债权的转让而转移的材料等必要材料,申请办理最高额抵押权转移登记。债权人转让部分债权,当事人约定最高额抵押权随同部分债权的转让而转移的,应当分别申请下列登记:(1)当事人约定原抵押权人与受让人共同享有最高额抵押权的,应当申请最高额抵押权的转移登记;(2)当事人约定受让人享有一般抵押权、原抵押权人就扣减已转移的债权数额后继续享有最高额抵押权的,应当申请一般抵押权的首次登记以及最高额抵押权的变更登记;(3)当事人约定原抵押权人不再享有最高额抵押权的,应当一并申请最高额抵押权确定登记以及一般抵押权转移登记。最高额抵押权担保的债权确定前,债权人转让部分债权的,除当事人另有约定外,不动产登记机构不得办理最高额抵押权转移登记。

以建设用地使用权以及全部或者部分在建建筑物设定抵押的,应当一并申请建设用地使用权以及在建建筑物抵押权的首次登记。当事人申请在建建筑物抵押权首次登记时,抵押财产不包括已经办理预告登记的预购商品房和已经办理预售备案的商品房。在建建筑物,是指正在建造、尚未办理所有权首次登记的房屋等建筑物。申请在建建筑物抵押权首次登记的,当事人应当提交下列材料:(1)抵押合同与主债权合同;(2)享有建设用地使用权的不动产权属证书;(3)建设工程规划许可证;(4)其他必要材料。在建建筑物抵押权变更、转移或者消灭的,当事人应当提交下列材料,申请变更登记、转移登记、注销登记:(1)不动产登记证明;(2)在建建筑物抵押权发生变更、转移或者消灭的材料;(3)其他必要材料。在建建筑物竣工,办理建筑物所有权首次登记时,当事人应当申请将在建建筑物抵押权登记转为建筑物抵押权登记。

申请预购商品房抵押登记,应当提交下列材料:(1)抵押合同与主债权合同;(2)预购商品房预告登记材料;(3)其他必要材料。预购商品房办理房屋所有权登记后,当事人应当申请将预购商品房抵押预告登记转为商品房抵押权首次登记。

十、其他登记类型

(一)更正登记

更正登记是指权利人和利害关系人认为登记簿中记载事项有错时,依照其申请及其提交的证明登记簿有错的证据,并取得登记簿记载权利人书面同意的,由登记机构对错误事项进行更正的登记,更正登记的后果是使登记簿记载与真实状况相一致。《物权法》第19条第1款规定:“权利人、利害关系人认为不动产登记簿记载的事项错误的,可以申请更正登记。不动产登记簿记载的权利人书面同意更正或者有证据证明登记确有错误的,登记机构应当予以更正。”更正登记的效力是彻底消除登记权利与真正权利不一致的状态,避免第三人依据不动产登记簿取得记载有误的物权。

权利人、利害关系人认为不动产登记簿记载的事项有错误,可以申请更正登记。权利人申请更正登记的,应当提交下列材料:(1)不动产权属证书;(2)证实登记确有错误的材料;(3)其他必要材料。利害关系人申请更正登记的,应当提交利害关系材料、证实不动产登记簿记载错误的材料以及其他必要材料。

不动产权利人或者利害关系人申请更正登记,不动产登记机构认为不动产登记簿记载确有错误的,应当予以更正;但在错误登记之后已经办理了涉及不动产权利处分的登记、预告登记和查封登记的除外。不动产权属证书或者不动产登记证明填制错误以及不动产登记机构在办理更正登记中,需要更正不动产权属证书或者不动产登记证明内容的,应当书面通知权利人换发,并把换发不动产权属证书或者不动产登记证明的事项记载于登记簿。不动产登记簿记载无误的,不动产登记机构不予更正,并书面通知申请人。

不动产登记机构发现不动产登记簿记载的事项错误,应当通知当事人在30个工作日内办理更正登记。当事人逾期不办理的,不动产登记机构应当在公告15个工作日后,依法予以更正;但在错误登记之后已经办理了涉及不动产权利处分的登记、预告登记和查封登记的除外。

(二)异议登记

异议登记是指利害关系人对不动产登记簿记载的物权归属等事项有异议的,将其异议记载于不动产登记簿。《物权法》第19条规定:“权利人、利害关系人认为不动产登记簿记载的事项错误的,可以申请更正登记。不动产登记簿记载的权利人书面同意更正或者有证据证明登记确有错误的,登记机构应当予以更正。不动产登记簿记载的权利人不同意更正的,利害关系人可以申请异议登记。登记机构予以异议登记的，申请人在异议登记之日起十五日内不起诉，异议登记失效。异议登记不当，造成权利人损害的，权利人可以向申请人请求损害赔偿。”异议登记的效力是使不动产登记簿上所记载的权利失去正确性推定的效力，第三人也不得主张依据登记的公信力而受到保护，但异议登记的效力是临时性的，申请人在异议登记之日起 15 日内不起诉，异议登记失效。

利害关系人认为不动产登记簿记载的事项错误，权利人不同意更正的，利害关系人可以申请异议登记。利害关系人申请异议登记的，应当提交下列材料：(1)证实对登记的不动产权利有利害关系的材料；(2)证实不动产登记簿记载的事项错误的材料；(3)其他必要材料。

不动产登记机构受理异议登记申请的，应当将异议事项记载于不动产登记簿，并向申请人出具异议登记证明。异议登记申请人应当在异议登记之日起 15 日内，提交人民法院受理通知书、仲裁委员会受理通知书等提起诉讼、申请仲裁的材料；逾期不提交的，异议登记失效。异议登记失效后，申请人就同一事项以同一理由再次申请异议登记的，不动产登记机构不予受理。

异议登记期间，不动产登记簿上记载的权利人以及第三人因处分权利申请登记的，不动产登记机构应当书面告知申请人该权利已经存在异议登记的有关事项。申请人申请继续办理的，应当予以办理，但申请人应当提供知悉异议登记存在并自担风险的书面承诺。

（三）预告登记

预告登记是指为保全一项请求权而进行的不动产登记，该项请求权所要达到的目的，是在将来发生的不动产物权的变动。《物权法》第 20 条规定：“当事人签订买卖房屋或者其他不动产物权的协议，为保障将来实现物权，按照约定可以向登记机构申请预告登记。预告登记后，未经预告登记的权利人同意，处分该不动产的，不发生物权效力。预告登记后，债权消灭或者自能够进行不动产登记之日起三个月内未申请登记的，预告登记失效。”预告登记的效力是限制不动产出卖人处分不动产物权，特别针对一房二卖的情形，如购房人购买预售的房屋，购房人依据预售合同只有合同法上的请求权，没有排他的效力，办理预告登记后，预告登记具有排他效力，开发商违背预告登记的内容进行的处分行为不能发生法律效力。

有下列情形之一的，当事人可以按照约定申请不动产预告登记：(1)商品房等不动产预售的；(2)不动产买卖、抵押的；(3)以预购商品房设定抵押权的；(4)法律、行政法规规定的其他情形。预告登记生效期间，未经预告登记的权利人书面同意，处分该不动产权利申请登记的，不动产登记机构应当不予办理。预告登记后，债权未消灭且自能够进行相应的不动产登记之日起 3 个月内，当事人申请不动产登记的，不动产登记机构应当按照预告登记事项办理相应的登记。

申请预购商品房的预告登记，应当提交下列材料：(1)已备案的商品房预售合同；(2)当事人关于预告登记的约定；(3)其他必要材料。预售人和预购人订立商品房买卖合同后，预售人未按照约定与预购人申请预告登记，预购人可以单方申请预告登记。预购人单方申请预购商品房预告登记，预售人与预购人在商品房预售合同中对预告登记附有条件和期限的，预购人应当提交相应材料。申请预告登记的商品房已经办理在建建筑物抵押权首次登记的，当事人应当一并申请在建建筑物抵押权注销登记，并提交不动产权属转移材料、不动产登记证明。不动产登记机构应当先办理在建建筑物抵押权注销登记，再办理预告登记。

申请不动产转移预告登记的，当事人应当提交下列材料：(1)不动产转让合同；(2)转让方的不动产权属证书;(3)当事人关于预告登记的约定;(4)其他必要材料。抵押不动产,申请预告登记的,当事人应当提交下列材料:(1)抵押合同与主债权合同;(2)不动产权属证书;(3)当事人关于预告登记的约定;(4)其他必要材料。

预告登记未到期,有下列情形之一的,当事人可以持不动产登记证明、债权消灭或者权利人放弃预告登记的材料,以及法律、行政法规规定的其他必要材料申请注销预告登记:(1)预告登记的权利人放弃预告登记的;(2)债权消灭的;(3)法律、行政法规规定的其他情形。

(四)查封登记

查封登记是作为被执行人的不动产权利人因继承、判决或者强制执行等原因,当事人尚未向权属登记机关办理登记手续,而由执行法院向登记机关提供被执行人取得财产所依据的继承证明、生效判决书或者执行裁定书及协助执行通知书,由登记机关对该房屋的权属直接进行登记,然后再予以查封。查封登记属于权利限制登记的一种类型。

人民法院要求不动产登记机构办理查封登记的,应当提交下列材料:(1)人民法院工作人员的工作证;(2)协助执行通知书;(3)其他必要材料。两个以上人民法院查封同一不动产的,不动产登记机构应当为先送达协助执行通知书的人民法院办理查封登记,对后送达协助执行通知书的人民法院办理轮候查封登记。轮候查封登记的顺序按照人民法院协助执行通知书送达不动产登记机构的时间先后进行排列。

查封期间,人民法院解除查封的,不动产登记机构应当及时根据人民法院协助执行通知书注销查封登记。不动产查封期限届满,人民法院未续封的,查封登记失效。

第四节 不动产登记资料的查询、保护和利用

不动产登记资料包括:(1)不动产登记簿等不动产登记结果;(2)不动产登记原始资料,包括不动产登记申请书、申请人身份材料、不动产权属来源、登记原因、不动产权籍调查成果等材料以及不动产登记机构审核材料。不动产登记资料由不动产登记机构管理。不动产登记机构应当建立不动产登记资料管理制度以及信息安全保密制度,建设符合不动产登记资料安全保护标准的不动产登记资料存放场所。

不动产登记机构应当加强不动产登记信息化建设,按照统一的不动产登记信息管理基础平台建设要求和技术标准,做好数据整合、系统建设和信息服务等工作,加强不动产登记信息产品开发和技术创新,提高不动产登记的社会综合效益。各级不动产登记机构应当采取措施保障不动产登记信息安全。任何单位和个人不得泄露不动产登记信息。

不动产登记机构、不动产交易机构建立不动产登记信息与交易信息互联共享机制,确保不动产登记与交易有序衔接。不动产交易机构应当将不动产交易信息及时提供给不动产登记机构。不动产登记机构完成登记后,应当将登记信息及时提供给不动产交易机构。

国家实行不动产登记资料依法查询制度。权利人、利害关系人按照《不动产登记暂行条例》第27条规定依法查询、复制不动产登记资料的,应当到具体办理不动产登记的不动产登记机构申请。权利人可以查询、复制其不动产登记资料。因不动产交易、继承、诉讼等涉及的利

害关系人可以查询、复制不动产自然状况、权利人及其不动产查封、抵押、预告登记、异议登记等状况。人民法院、人民检察院、国家安全机关、监察机关等可以依法查询、复制与调查和处理事项有关的不动产登记资料。其他有关国家机关执行公务依法查询、复制不动产登记资料的，依照本条规定办理。涉及国家秘密的不动产登记资料的查询，按照保守国家秘密法的有关规定执行。

权利人、利害关系人申请查询、复制不动产登记资料应当提交下列材料：(1)查询申请书；(2)查询目的的说明；(3)申请人的身份材料；(4)利害关系人查询的，提交证实存在利害关系的材料。权利人、利害关系人委托他人代为查询的，还应当提交代理人的身份证明材料、授权委托书。权利人查询其不动产登记资料无须提供查询目的的说明。有关国家机关查询的，应当提供本单位出具的协助查询材料、工作人员的工作证。

有下列情形之一的，不动产登记机构不予查询，并书面告知理由：(1)申请查询的不动产不属于不动产登记机构管辖范围的；(2)查询人提交的申请材料不符合规定的；(3)申请查询的主体或者查询事项不符合规定的；(4)申请查询的目的不合法的；(5)法律、行政法规规定的其他情形。

对符合规定的查询申请，不动产登记机构应当当场提供查询；因情况特殊，不能当场提供查询的，应当在5个工作日内提供查询。查询人查询不动产登记资料，应当在不动产登记机构设定的场所进行。不动产登记原始资料不得带离设定的场所。查询人在查询时应当保持不动产登记资料的完好，严禁遗失、拆散、调换、抽取、污损登记资料，也不得损坏查询设备。

查询人可以查阅、抄录不动产登记资料。查询人要求复制不动产登记资料的，不动产登记机构应当提供复制。查询人要求出具查询结果证明的，不动产登记机构应当出具查询结果证明。查询结果证明应注明查询目的及日期，并加盖不动产登记机构查询专用章。

第十章　房地产税费法律制度

第一节　房地产税费概述

房地产业涉及房产、地产的开发、经营、管理和服务，是经济发展的基础产业、先导产业，同时亦是国民经济的支柱产业之一。在市场经济条件下，房地产业又是一种高附加值产业，是市场经济主体良好的投资对象。房地产不仅是一种重要的生产要素，也是城市居民生活的必需品。房地产业的发展，不仅可以优化组合和合理配置生产要素，为城市经济建设提供物质基础，而且可以改善城市居民的居住条件，从而促进整个社会经济的蓬勃发展。为此，国家作为政权主体和产权主体，应当加强对房地产市场的监督和管理，以完善供应机制，规范交易行为，健全市场管理，防止国有土地收益的流失。建立和健全房地产税费制度，可以有效地防止国有土地收益的流失，为国家财政开辟重要来源，保障房地产市场健康有序地发展。

我国房地产税费制度是随着经济的发展而逐渐确立和完善的。1950 年 1 月，政务院颁布《全国税政实施要则》，统一全国税收，对房产税、地产税和印花税实行分开征收。1951 年 8 月，国务院颁布了《城市房地产税暂行条例》，将房产税和地产税合二为一在城市中合并征收，统称为城市房地产税。从 1950 年直至 1956 年，我国征收的有关房地产的不动产税只有两种，即房地产增值税和印花税。1956 年我国完成对生产资料的社会主义改造，按照“基本上在原有税负的基础上简化税制”的方针对工商业税收制度进行了改革，除统一征收城市房地产税外又设立了房地产契税。1973 年进一步变革工商税制度，把对国内企业征收的房地产税合并到工商税中统一征收，而城市房地产税只对管理部门和个人以及外侨征收。党的十一届三中全会后，国家对税制进行了全面改革，一方面改革工商税收制度和农业税收制度，另一方面着重抓国有企业利改税，以法治税，逐步建立一套具有中国特色的税收体系和税法制度，房地产税也逐步地予以完善。1984 年 10 月，国务院决定对国有企业实行第二步利改税，恢复征收房地产税，并正式将房地产税从城市房地产税中划分出来，更名为房产税和城镇土地使用税，确立单独的新税种，即把城市房地产税分为房产税和城镇土地使用税两种。1986 年 9 月，国务院颁布了《房产税暂行条例》，规定房产税征收范围为城市、县城、建制镇和工矿区，并规定了具体征收办法。国务院并于 1987 年颁布了《耕地占用税暂行条例》。为了贯彻产业政策，1991 年国务院颁布了《固定资产投资方向调节税暂行条例》(2000 年起停止执行)，废止了《建筑税暂行条例》，并改革城市维护建设税和调整城镇土地使用税，计划把城市维护建设扩大到城乡并更名为城乡维护建设税，同时计划适当提高土地使用税的税额。1990 年以后的税制改革中，房地产税收中又增设了土地增值税和土地使用权转让及建筑物出售营业税。至此，我国房地产税费制度逐成规模、渐成体系。

房地产税费制度的改革与完善在多个方面具有重要的意义:(1)优化组合和合理配置土地资源,充分发挥国有土地资源的效益,防止国有土地收益的流失,改善投资环境,抑制房地产投机炒卖。(2)增加国家财政收入,尤其是地方政府收入。房地产税是地方政府的主要收入来源,由地方政府统一管理和支配,满足了地方的财政需要。(3)完善税制结构。当前我国房地产领域存在税费多、税收重复的问题,房地产税费制度改革有助于厘清房地产领域各税种的作用,构建和完善我国税收体系,促进房地产市场的健康发展。

第二节　房地产费用法律制度

一、房地产费概述

房地产费是指在房地产市场活动中所产生的各种费用。房地产费与房地产税有着本质区别,主要表现在:

1. 征收依据不同。房地产税的征收依据是国家税收法律,而收取房地产费的依据有些是国家法律,有些是政策、地方性规章,甚至有些是收缴主体的自行规定。因此,征收房地产税的依据效力较高,而收取房地产费的依据效力一般较低。

2. 征收主体不同。房地产税只能由国家征收,包括中央政府和地方政府,具体由国家税务机关征收或国家税务机关委托的行政管理机关代收,而房地费由有关行政机关、事业单位等收取。

3. 征收目的不同。征收房地产税的直接目的是增加财政收入,同时房地产税作为经济杠杆,可以调节社会经济关系,而收取房地产费主要是为了填补行政事业单位的经费支出。

4. 征纳双方的地位不同。在房地产税中,国家始终是接受方,征纳方向是固定不变的,而在房地产费中,国家有时需作为交纳方向相对人交费,如安置补偿费等。

我国房地产市场结构分为三级:一级市场,即土地使用权的出让;二级市场,即土地使用权出让后的房地产开发经营;三级市场,即投入使用后的房地产交易。针对一级市场主要由土地所有者(国家)向土地使用者收取土地使用费;同时对于整个房地产市场,由有关行政机关、事业单位向房地产市场的当事人所收取的各种管理费用和服务费用,因此,目前我国的房地产费主要有三种:土地使用费、房地产行政性收费和房地产事业性收费。

二、土地使用费

土地使用费是指取得国有土地使用权的单位和个人,按照规定向国家交付的使用土地的费用。土地使用费的收费对象是一切使用国有土地的单位和个人。1990 年 5 月 19 日国务院发布施行《城镇国有土地使用权出让和转让暂行条例》,把收取土地使用费改为收取土地使用权出让金,即国家以土地所有者的身份将土地使用权在一定年限内让与土地使用者,由土地使用者向国家支付土地使用权出让金。

土地使用费的征收标准,因取得土地使用权方式的不同而有所不同。我国土地使用权的取得方式有两种:一是以出让方式取得土地使用权;二是以划拨方式取得土地使用权。

以出让方式取得土地使用权的,即通过协议、招标、拍卖方式有偿取得土地使用权的,土地使用者须向国家即土地所有者支付一定期限的土地收益,即一定时期内的地租。但在实践中,土地使用权出让金的价格构成除地租外,尚包括出让前国家对土地的开发成本以及有关的征地、拆迁、补偿、安置等费用:(1)地租。地租是土地所有权在经济上的表现,它包括因土地位置因素而形成的级差地租和垄断地租,也包括使用最差土地所需缴纳的绝对地租。土地使用费的实质是定期交纳地租。(2)国家对土地的开发成本。即国家进行基础设施、房屋建设所耗费的成本。(3)征收耕地的土地补偿费,为该耕地被征收前3年平均年产值的6~10倍。被征收土地上的附着物和青苗的补偿标准,由省、自治区、直辖市规定。(4)安置补助费。征收耕地的安置补助费,按照需要安置的农业人口数计算。需要安置的农业人口数,按照被征收的耕地数量除以征地前被征收单位平均每人占有耕地的数量计算。每一个需要安置的农业人口的安置补助费标准,为该耕地被征收前3年平均年产值的4~6倍。但是,每公顷被征收耕地的安置补助费,最高不得超过被征收前3年平均年产值的15倍。征收其他土地的土地补偿费和安置补助费标准,由省、自治区、直辖市参照征收耕地的土地补偿费和安置补助费的标准规定。如果按以上标准支付的土地补偿费和安置补助费尚不能使需要安置的农民保持原有生活水平,经省、自治区、直辖市人民政府批准,可以增加安置补助费。但是,土地补偿费和安置补助费的总和不得超过土地被征收前3年平均年产值的30倍。《物权法》实施后,根据该法第42条第1款、第2款的规定,只有为了公共利益的需要,才能征收集体所有的土地。征收集体所有的土地,应当依法足额支付土地补偿费、安置补助费、地上附着物和青苗的补偿费等费用,安排被征地农民的社会保障费用,保障被征地农民的生活,维护被征地农民的合法权益。

以划拨方式取得土地使用权的,其土地使用费按照《土地管理法》、《城市房地产管理法》和《城镇国有土地使用权出让和转让暂行条例》的相关规定执行。

土地使用费的缴纳人一般为使用土地的单位和个人,但以土地投资入股与地方兴办合资、合作、联营企业的,合资、合作或联营企业为缴纳人,但合同另有规定的按合同办理;土地权属没有转移,提供土地的一方为缴纳人;土地使用权转让的,受让方为缴纳人;租赁房屋的,房屋所有人为缴纳人;经营土地开发的,在土地使用权转让前,经营开发单位为缴纳人,土地使用权转让后,受让方为缴纳人;农村工商用地和宅基地,以工商企业、宅基地使用人为缴纳人;共有的土地,以"房地产证"或"土地使用证"登记的权利人为缴纳人。

三、房地产行政性收费

房地产行政性收费是指房地产行政管理机关或其授权机关,履行行政管理职能管理房地产业所收取的费用。房地产行政性收费是房地产行政管理机关在房地产市场中管理职能的体现,有利于加强对房地产市场的监督与管理,促进整个房地产市场健康有序地发展。

房地产行政性收费主要有以下几项:

1. 房地产权管理收费,主要包括登记费、勘丈费、权证费和手续费等。

(1)登记费。具体包括:①总登记费,按土地实际面积和房屋建筑面积计取,由权利人缴付;财政拨款的行政事业单位和商品住房减半计收;②转移登记费,凡持有原产权证办理换证登记,只收取换证手续费,由权利人缴付。

(2)勘丈费。按土地面积或建筑面积平方米计收。

(3)权证费。对于房地产权证件,按件计收权证费。

(4)手续费。对于办理房地产权属登记的,应向房地产管理部门交纳手续费,具体包括:①房地产买卖,按实际成交价向买卖双方各收1%的手续费;②白契,即没有登记纳税的契约,按实际成交价,向买契人收1%的手续费;③凡办理房地产继承、分析、分割、赠与等手续的,按房屋估价向承受人收取1%的手续费。

2. 房屋租赁管理收费。

房屋租赁管理制度,包括房屋租赁登记费和房屋租赁手续费。

(1)房屋租赁登记费是向房管部门办理租赁登记时收取的费用。

(2)房屋租赁手续费,又称房屋租赁监证费,一般按照年租金额的一定比例收取。

四、房地产事业性收费

房地产事业性收费是指房地产行政管理机关及其所属事业单位为社会或个人提供特定服务所收取的费用,主要包括:

1. 拆迁管理收费。即承办房屋拆迁的单位向建设单位收取的费用。由于没有统一规范,各地区的收费标准、收费方法有所不同,一般按照拆迁费总额的一定比例收取。

2. 房屋估价收费。即房屋管理部门对房屋进行估价,向产权人或委托人收取的费用。对于房屋估价收费,全国尚无统一标准,一般也是按照估价金额的一定比例收取费用。

我国的房地产行政或事业性收费目前种类繁多,标准不一,收费的法律依据不足,故亟须国家进行规范。

第三节 房地产税收法律制度

一、房地产税概述

税收是国家为了实现其职能,依照税法规定,凭借国家的政治权力参与国民收入的分配和再分配、取得财政收入的一种形式,具有强制性、无偿性和固定性的特征。房地产税是指以房产和地产为课税客体的税赋,具体而言,是指直接以房地产为计税依据或主要以房地产开发经营流转行为为计税依据的税赋。房地产税收是国家税务机关或其委托的机关向纳税人征收房地产税的行为。

房地产税作为国家的重要税源之一,对国民经济和社会发展发挥着举足轻重的作用。

1. 财政职能。这是包括房地产税在内的整个税收制度的首要职能。审视政府取得财政收入的诸多方式,税收以其强制性、无偿性和固定性的特点而成为其中最直接、最稳定和最有效的手段,是当前各国财政收入的支柱。而房地产税以不动产作为课税对象,无疑又成为重中之重。

2. 经济职能。作为国家在国民经济管理过程中进行宏观调控的一种经济杠杆,税收可以通过规定采取重税、轻税或适度征税等方式影响和改变各纳税人之间以及各纳税地区之间的收入分配的比例和格局。具体到房地产税收上,就是合理调节房地产法律关系各方主体的经济利益,加强国家对房地产市场的宏观调控,完善房地产开发与经营机制,引导资金流向,优化产业结构,发挥房地产业在国民经济中的龙头作用。

3. 监督职能。一方面,房地产税收要发挥以上功能,就必须掌握和了解相关情况,对社会经济生活进行广泛而有效的监督。而房地产税收的指数与变动情况能为国家宏观调控决策收集必要的信息,提供充分的依据。另一方面,国家通过房地产税收法制,督促纳税人依法及时足额地纳税,同时制裁惩戒各种违法行为。

二、我国现行房地产税收制度

依据我国现行税法法制,房地产开发企业在开发和经营中涉及的主要有十个税种,包括:增值税、城市维护建设税、土地增值税、企业所得税、个人所得税、城镇土地使用税、房产税、印花税、契税、耕地占用税。

以房地产开发企业为例,房地产企业在开发和经营中大致涉及四个环节:(1)公司设立环节,涉及的主要税种有:契税、土地增值税、印花税等;(2)房地产开发建设环节,涉及的主要税种有:耕地占用税、城镇土地使用税、增值税、城市维护建设税、印花税等;(3)房地产销售环节,涉及的主要税种有:城市维护建设税、印花税、土地增值税、企业所得税、个人所得税等;(4)房地产使用环节,涉及的主要税种有:城市维护建设税、印花税、房产税、城镇土地使用税、企业所得税、个人所得税等。

按照征税客体性质的不同,可将房地产税收划分为流转税(包括增值税、土地增值税和城市维护建设税)、所得税(包括企业所得税和个人所得税)、财产税(包括房产税、契税、城镇土地使用税、耕地占用税)和行为税(包括印花税)四类。

(一)房地产流转税

房地产流转税是以房地产流转额为征税对象课征的一种税赋,主要包括增值税、城市维护建设税和土地增值税三种。

1. 增值税

增值税是以商品(包括动产、不动产、无形资产)、劳务和服务为征税对象,以增值额为计税依据,多环节征收的一种流转税。

增值税是世界各国普遍征收的一种税。

我国于1979年引进增值税,1984年9月18日发布《增值税条例(草案)》确立这一税种,随后经过多次试点,于2016年5月1日起,全面实行营改增,营业税从此退出历史舞台,改征增值税。

(1)纳税主体。增值税的纳税人是指在我国境内销售货物、服务、无形资产、不动产或者提供加工、修理修配劳务以及进口货物的单位或个人。其中,单位是指企业、行政单位、事业单位、军事单位、社会团体及其单位。个人是指个体工商户或其他个人。纳税主体分为一般纳税人和小规模纳税人两种。

(2)征税范围。增值税的征税范围覆盖第一产业、第二产业和第三产业。具体范围包括:销售货物;提供加工和修理修配劳务;销售服务;销售无形资产;销售不动产;进口货物。

(3)增值税的税率。我国现行增值税法对一般纳税人和小规模纳税人适用不同的计税方法和税率(征收率)。对一般纳税人设置了三档税率。增值税税率最高为17%,销售不动产、转让土地使用权和不动产租赁服务等税率为11%。

(4)增值税纳税义务发生时间、纳税期限与纳税地点。①纳税义务发生时间。纳税人销售货物的,纳税义务发生时间为收讫销售款项或者取得索取销售款项凭证的当天;先开具发票的,为开具发票的当天。纳税人销售服务、无形资产、不动产的,纳税义务发生时间为纳税人发生应税行为并收讫销售款项或者取得索取销售款项凭据的当天;先开具发票的,为开具发票的当天。纳税人提供建筑服务、租赁服务采取预收款方式的,其纳税义务发生时间为收到预收款的当天。②纳税地点。固定业户应当向其机构所在地的主管税务机关申报纳税。总机构和分支机构不在同一县(市)的,应当分别向各自所在地的主管税务机关申报纳税;经国务院财政、税务主管部门或者其授权的财政、税务机关批准,可以由总机构汇总向总机构所在地的主管税务机关申报纳税。固定业户到外县(市)销售货物或者提供应税劳务,应当向其机构所在地的主管税务机关申请开具外出经营活动税收管理证明,并向其机构所在地的主管税务机关申报纳税;未开具证明的,应当向销售地或者劳务发生地的主管税务机关申报纳税;未向销售地或者劳务发生地的主管税务机关申报纳税的,由其机构所在地的主管税务机关补征税款。非固定业户销售货物或者提供应税行为,应当向销售地或应税行为发生地的主管税务机关申报纳税;未申报纳税的,由其机构所在地或者居住地主管税务机关补征税款。其他个人提供建筑服务,销售或者租赁不动产,转让自然资源使用权,应向建筑服务发生地、不动产所在地、自然资源所在地主管税务机关申报纳税。③纳税期限。增值税的纳税期限分别为1日、3日、5日、10日、15日、1个月或者1个季度。纳税人的具体纳税期限,由主管税务机关根据纳税人应纳税额的大小分别核定。以1个季度为纳税期限的规定适用于小规模纳税人、银行、财务公司、信托投资公司、信用社,以及财政部和国家税务总局规定的其他纳税人。不能按照固定期限纳税的,可以按次纳税。纳税人以1个月或者1个季度为1个纳税期的,自期满之日起15日内申报纳税;以1日、3日、5日、10日或者15日为1个纳税期的,自期满之日起5日内预缴税款,于次月1日起15日内申报纳税并结清上月应纳税款。

2. 城市维护建设税

城市维护建设税是对缴纳消费税、增值税、营业税的单位和个人,就其实缴的消费税、增值税、营业税税额为计税依据而征收的一种税赋。征收城市维护建设税的法律依据是国务院于1985年1月1日颁布并实施、2011年1月8日修订的《城市维护建设税暂行条例》。城市维护建设税的主要内容是:

(1)纳税主体。凡是缴纳消费税、增值税和营业税的单位和个人,都是城市维护建设税的纳税人。城市维护建设税是缴纳消费税、增值税、营业税的单位和个人,按其实际缴纳的税额的一定比例所征收的一种附加税。

(2)计税依据。城市维护建设税,以纳税人实缴的增值税、消费税税额为计税依据,分别与增值税、消费税同时缴纳。

(3)税率。城市维护建设税的税率是比例税率,共有三档:①纳税人所在地在市区的,税率为7%;②纳税人所在地在县城、镇的,税率为5%;③纳税人所在地不在市区、县城或镇的,税率为1%。

(4)纳税期限和纳税地点。城市维护建设税与增值税、消费税同时征收,其具体纳税环节、征收管理,比照增值税、消费税的有关规定办理。

(5)减免税与退税。城市维护建设税以实缴的增值税、消费税同时同地计征,本不应予以减税、免税,但对个别纳税确有困难的,可由省、自治区、直辖区人民政府酌情予以减税、免税照顾。对出口产品退还消费税、增值税的,不退还已缴纳的城市维护建设税;对由于减免增值税、消费税而发生的退税,同时退还已缴纳的城市维护建设税。城市维护建设税应专款专用,由当地人民政府统一安排用于城市的公用事业和公共设施的维护和建设。

3. 土地增值税

土地增值税是指对转让国有土地使用权、地上建筑物及其附着物并取得收入的单位和个人,就其所得的增值额计征的一种税赋。征收此税的法律依据是国务院 1993 年 12 月 13 日颁布、2011 年 1 月 8 日修订的《土地增值税暂行条例》和 1995 年 1 月 27 日财政部颁布的《土地增值税暂行条例实施细则》。土地增值税的主要纳税要素有:

(1)纳税主体。凡转让国有土地使用权及其地上建筑物和附着物并取得收入的单位和个人,都是土地增值税的纳税义务人,但是通过继承、赠与等方式没有取得营利收入的转让行为不在征税之列。

(2)计税依据。土地增值税的计税依据是纳税人转让房地产所得的增值额。所谓"增值额"是指纳税人转让房地产的收入(包括货币收入、实物收入和其他收入)减除税法所规定扣除项目后的余额。计算增值额的扣除项目有:①取得土地使用权所支付的金额,即纳税人为取得土地使用权所支付的地价款和按国家统一规定交纳的有关费用。②开发土地和新建房屋及配套设施的成本和费用,或者旧房及建筑物的评估价格。其中"成本"是指纳税人房地产开发项目实际发生的成本,包括土地征收及拆迁补偿费、前期工程费、建筑安装工程费、基础设施费、公共配套设施费和开发间接费用。"费用"是指与房地产开发项目有关的销售费用、管理费用和财务费用。旧房及建筑物的评估价格是指在转让已经使用的房屋及建筑物时,由政府批准设立的房地产评估机构评定的重置成本价乘以成新度折扣率后的价格。此价格须经当地税务机关确定。③与转让房地产有关的税金。其是指在转让房地产时缴纳的营业税(已取消)、城市维护建设税和印花税。④财政部规定的其他扣除项目。根据此条规定,对从事房地产开发的纳税人可按取得土地使用权支付的金额和开发土地、新建房屋及配套设施的成本之和,加计 20% 的扣除。

此外,对纳税人有下列情形之一的,由税务机关按照房地产评估价格计征:①隐瞒、虚报房地产成交价格的;②提供扣除项目金额不实的;③转让房地产成交价格低于房地产评估价格又无正当理由的。

(3)税率。土地增值税实行四级超率累进税率:①增值额未超过扣除项目金额 50% 的部分,税率为 30%;②增值额超过扣除项目金额 50%、未超过扣除项目金额 100% 的部分,税率为 40%;③增值额超过扣除项目金额 100%、未超过扣除项目金额 200% 的部分,税率为 50%;④增值额超过扣除项目金额 200% 的部分,税率为 60%。

(4)纳税期限和纳税地点。纳税人应当自转让房地产合同签订之日起 7 日内向房地产所在地主管税务机关办理纳税申报,并在税务机关核定的期限内缴纳土地增值税。土地增值税由税务机关征收,土地管理部门、房产管理部门应当向税务机关提供有关资料,并协助税务机关依法征收土地增值税。纳税人未按规定缴纳土地增值税的,土地管理部门、房产管理部门不得办理有关的权属变更手续。纳税人因经常发生房地产转让而难以在每次转让后申报的,经税务机关审核同意后，可以定期进行纳税申报，具体期限由税务机关依情况确定。

（5）减税免税。下列情况免征土地增值税：①纳税人建造普通标准住宅出售，增值额未超过扣除项目20%的；②因国家建设需要，依法征收、收回的房地产的；③因城市实施规划、国家建设的需要而搬迁，由纳税人自行转让房地产的；④个人因工作调动或改善居住条件而转让原自用住房，经向税务机关申报核准，凡居住满5年的，免予征收土地增值税，居住满3年未满5年的，减半征收土地增值税。居住未满3年的，按规定计征土地增值税；⑤对居民个人拥有的普通住宅［根据《财政部、国家税务总局关于土地增值税若干问题的通知》（财税〔2006〕21号），“普通住宅”或“普通标准住宅”是按各省、自治区、直辖市人民政府根据《国务院办公厅转发建设部等部门关于稳定住房价格工作意见的通知》（国发〔2005〕26号）制定并对社会公布的“中小套型、中低价位普通住房”的标准来认定］，其转让时暂免征收土地增值税；[1] ⑥1994年1月1日以前已签订房地产开发合同或已立项，并已按规定投入资金进行开发的，其在2000年年底前首次转让所应缴纳的土地增值税暂予免交。1994年1月1日前签订的房地产转让合同，不论何时转让均免征土地增值税。[2]（根据《财政部、国家税务总局关于土地增值税若干问题的通知》，要求全国各地税务机关自2006年3月2日起进一步完善土地增值税预征办法，根据本地区房地产业增值水平和市场发展情况，区别普通住房、非普通住房和商用房等不同类型，科学合理地确定预征率，并适时调整。工程项目竣工结算后，应及时进行清算，多退少补。对未按预征规定期限预缴税款的，应根据《税收征管法》及其实施细则的有关规定，从限定的缴纳税款期限届满的次日起，加收滞纳金。对已竣工验收的房地产项目，凡转让的房地产的建筑面积占整个项目可售建筑面积的比例在85%以上的，税务机关可以要求纳税人按照转让房地产的收入与扣除项目金额配比的原则，对已转让的房地产进行土地增值税的清算。）

（二）房地产所得税

房地产所得税是指对纳税人就转让、出租土地使用权和其他不动产的收入所得征收的一种税赋。根据纳税主体的不同，可分为企业所得税和个人所得税。

1. 企业所得税

根据2007年3月16日的《企业所得税法》的规定，房地产企业所得税法主要涉及以下几个方面：

（1）纳税主体。在中华人民共和国境内，企业和其他取得收入的组织为企业所得税的纳税人，但个人独资企业、合伙企业不缴纳企业所得税。纳税企业分为居民企业和非居民企业；居民企业，是指依法在中国境内成立，或者依照外国（地区）法律成立但实际管理机构在中国境内的企业；非居民企业，是指依照外国（地区）法律成立且实际管理机构不在中国境内，但在中国境内设立机构、场所的，或者在中国境内未设立机构、场所，但有来源于中国境内所得的企业。

（2）征税对象和计税依据。①租赁所得。其计税依据为纳税人出租土地使用权的其他不动产取得的租金收入。②转让所得。其计税依据为纳税人有偿转让各类房地产取得的收入。

---

〔1〕《财政部、国家税务总局关于调整房地产市场若干税收政策的通知》（1999年7月29日）。

〔2〕《财政部、国家税务总局关于对1994年1月1日前签订开发及转让合同的房地产征免土地增值税的通知》（1995年1月27日）和《关于土地增值税优惠政策延期的通知》（1999年12月24日）。

(3)税率。企业所得税的税率为25%,适用于:居民企业应当就其来源于中国境内、境外的所得缴纳企业所得税,或非居民企业在中国境内设立机构、场所的,应当就其所设机构、场所取得的来源于中国境内的所得,以及发生在中国境外但与其所设机构、场所有实际联系的所得缴纳企业所得税。如果非居民企业在中国境内未设立机构、场所的,或者虽设立机构、场所但取得的所得与其所设机构、场所没有实际联系的,应当就其来源于中国境内的所得缴纳企业所得税,适用税率为20%。

(4)纳税期限和纳税地点。房地产所得税按年计算,分月或分季向所在地主管税务机关预缴,预缴期限为月份或季度终了后15日内。

2. 个人所得税

依据《个人所得税法》及其实施条例,房地产个人所得税法主要涉及以下几个方面:

(1)纳税主体。即取得收入所得的个人。与企业所得税一样,个人所得税的纳税主体也可以分为居民纳税义务人和非居民纳税义务人。居民纳税义务人指在中国境内有住所或者无住所而在境内居住满一年的个人,其承担无限纳税义务,就其从境内和境外取得的有关房地产的所得收入征收个人所得税。非居民纳税义务人是指在中国境内无住所又不居住或者无住所而在境内居住不满一年的个人,其承担有限纳税义务,仅就其从中国境内取得的有关房地产的所得收入征收个人所得税。

(2)征税对象和计税依据。①租赁所得。指个人出租建筑物、土地使用权的租金收入。每次收入不超过4000元的,其计税依据为每次所得收入减去800元后的余额;每次收入超过4000元的,其计税依据为每次所得收入扣除20%的余额。②转让所得。指个人转让建筑物及土地使用权的所得收入。其中个人出售自有住房的应纳税所得额,按下列原则确定:a. 个人出售除已购公有住房以外的其他自有住房,其应纳税所得额按个人所得税法的原则确定;b. 个人出售已购公有住房,其应纳税所得额为个人出售公房的销售价减除住房面积标准的经济适用房价款、原支付超过住房面积标准的房价款、向财政或原产权单位交纳的所得收益以及税法规定的合理费用后的余额;c. 职工以成本价或标准价出资的集资合作住房、安居工程住房、经济适用房、拆迁安置房,比照已购公有住房确定应纳税所得额。[3]

(3)税率。租赁所得和转让所得的个人所得税税率均为20%。

(4)纳税期限和纳税地点。有关房地产的个人所得税应于每次取得应税所得的7日内向所得取得地的税务机关申报交纳。在中国境内有两处或两处以上取得所得地的,可以由纳税人选择其中一处作为纳税地点。从中国境外取得所得的,其中报纳税地点由纳税人选定。

(5)减免税。对个人转让自用5年以上,并且是家庭唯一生活用房取得的所得,继续免征个人所得税。[4]

(三)房地产财产税

房地产财产税是以法定财产(指房地产)为征税对象,根据财产占有或者财产转移的事实

---

〔3〕 1999年12月2日发布的《财政部、国家税务总局、建设部关于个人出售住房所得征收个人所得税有关问题的通知》。

〔4〕 1999年12月2日发布的《财政部、国家税务总局、建设部关于个人出售住房所得征收个人所得税有关问题的通知》。

加以征收的一种税赋，主要包括房产税、契税、城镇土地使用税和耕地占用税。

1. 房产税

房产税是以房屋为征税对象，按照房屋的评估价值向产权所有人或使用人征收的一种税赋。征收房产税的法律依据是国务院颁布的自1986年10月1日起施行的《房产税暂行条例》(2011年1月8日修订)。目前，我国房产税的征收范围仅限于城乡的生产经营性用房，而对广大城市居民用于自己居住的房屋不予征税。房产税的主要内容有：

(1)纳税主体。房产税的纳税人是房屋的产权所有人，其中产权属于全民所有的，纳税人为产权的经营管理者；产权出典的，纳税人为承典人；产权所有人、承典人不在房产所在地，或者产权未确定及租典纠纷未解决的，由房产的代管人或者使用人缴纳。房产税的征收范围限定在城市、县城、建制镇和工矿区。

(2)征税对象和计税依据。房产税以在我国境内用于生产经营的房屋为征税对象，按照房屋的计税余值(房产原值一次减除10% ~30%的扣除比例后的余值)或者租金收入为计税依据。

(3)税率。从价计征：税率为1.2%；从租计征：税率为12%；对个人按市场价格出租的居民住房，用于居住的，暂减按4%税率征收房产税。

(4)纳税期限和纳税地点。房产税实行按年计征，分期缴纳，具体纳税期限由省、自治区和直辖市人民政府规定。纳税人应如实向税务机关申报纳税，并根据规定在房产所在地纳税，如纳税人拥有多处房产的，应分别在房产所在地纳税。

(5)减税免税。依据税法规定，以下房产可免征房产税：①国家机关、人民团体、军队自用的房产；②由国家财政部门拨付事业经费的单位自用的房产；③宗教寺庙、公园、名胜古迹自用的房产；④个人所有非营业用的房产；⑤经财政部批准免税的其他房产，包括各类学校、医院、托儿所自用的房产，作营业用的地下人防设施，毁损不堪的房屋和危险房屋，大修停用期间的房屋，微利企业和亏损企业的房屋。除此以外，纳税人确有困难的，可由省、自治区和直辖市人民政府确定给予定期减征和免征房产税。

(6)我国房产税试点。从2011年1月28日开始，我国在上海和重庆两地开始了房产税的试点。两市房产税征收对象均主要面向个人新购住房，其中，上海人均住房面积60平方米以下(包括新购房及存量房面积)免征，按应纳税住房市场交易价格的70%缴纳，税率最高为0.6%；重庆征收对象为交易价格超过当地均价2倍的新房，只对独栋住宅核实存量，税率最高为1.2%。

上海和重庆房产税试点情况对比表

基本要素	上海侧重点	重庆侧重点
实施范围	实施范围比较大，是上海市所管辖的行政区域，基本覆盖全市	由于发展不平衡，试点实施范围相对来说比较小，仅集中在重庆主城区九区
征收对象	注重人均，不对存量房征税。仅把新购住房作为主要征税对象	看中档次；对存量房、增量房都征税。主要以高档住房为征税对象，而放过了新购普通住房

续表

基本要素	上海侧重点	重庆侧重点
税率	分为0.4%和0.6%两档,基本税率暂定0.6%,比较低	分为0.5%、1%、1.2%三个档次,比较高
计算均价	参考的是上一年度全市新建商品住宅成交均价	参照的是上两年度主城区新建商品房建筑面积成交均价的算术平均,即取前两年的均价相加再除以2
计税依据	按应缴房产税的70%缴纳,相当于对应税房产打7折后计税	采取全额缴纳的方式,不存在相应折扣比率
减免标准	按人均面积来算,人均平均60平方米为起征点	按户口面积来算,考虑的是一个家庭的住房面积来扣除免税面积,分为每户100平方米和180平方米两种起征点

上海和重庆的房产税试点工作并没有取得预期的效果,主要表现在:(1)房产税税收占所有的税收比例很小,对政府财政收入贡献不大;(2)没有证据证明征收房地产税以后起到调控房价的明显作用;(3)房产税的收入去向很值得公众关注。

中共中央十八届三中全会《关于全面深化改革若干重大问题的决定》提出加快房地产税立法并适时推进改革,这里所指的房地产税并不等同于房产税,房地产税包括房产税、土地增值税、土地使用税、耕地使用税等。

我们可以探讨一下这个问题:房产税和土地出让金、房地产其他环节的税收是什么关系?厘清这个问题有助于我们思考是否支持房产税的开征。有学者认为房产税和土地出让金能够相互转化,因为二者具有同样的性质,即土地出让金和房产税都是为了维持国家政权运行。在当前地方财政严重依靠“土地财政”的现状下,以房产税代替土地出让金会缓解地方政府的财政危机。多数观点认为房产税的征收会造成重复征税。还有房地产流转环节中的土地增值税,已经对房地产流转环节的增值税课税,再征收房产税实质形成了重复征税。

其实,房产税属于房地产保有环节所征收的税种,其好处是国家可以增加财政收入和缩小贫富差距,但也存在弊端:这些税都属于“劫富济贫”的税种,一旦开征将导致富人(包括企业家)移民、财富和资本流出,对整个国民经济发展不利,对于当前我国经济下行压力加大的状况无异于雪上加霜。笔者认为,土地出让金和房地产开发、流转环节的各种税收已经转嫁到房价之中,一味主张征收房产税会加重房产所有人的不合理负担,所以即使要开征房产税,也应该在开征之前厘清房产税与土地出让金、房地产其他环节的税收的关系。

2. 契税

契税是指由于土地使用权出让、转让,房屋买卖、赠与或交换发生房地产权属转移时向产权承受人征收的一种税赋。1950年4月,政务院公布了《契税暂行条例》,对契税征收作了规范。1997年7月7日,国务院通过了新的《契税暂行条例》。新《契税暂行条例》自1997年10月1日起施行,原《契税暂行条例》同时废止。契税的主要内容是:

(1)纳税主体。契税的纳税人是房地产权转移的承受人,包括土地使用权受让人、房屋的买方、受赠人和交换人。

(2)计税依据。契税的计税依据依房地产权属转移的方式不同而不同:①国有土地使用权出让、土地使用权出售、房屋买卖,为成交价格;②土地使用权赠与、房屋赠与,由征收机关参照土地使用权出售、房屋买卖的市场价格核定;③土地使用权交换、房屋交换,为交换的土地使用权、房屋的价格的差额。成交价格明显低于市场价格并且无正当理由的,或者所交换土地使用权、房屋的价格的差额明显不合理并且无正当理由的,由征收机关参照市场价格核定。

(3)税率。契税的税率是比例税率,为3%~5%,其适用税率由省、自治区、直辖市人民政府在该幅度内按照本地区的实际情况确定,并报财政部和国家税务总局备案。

(4)纳税期限与纳税地点。契税的纳税义务发生时间,为纳税人签订土地、房屋权属转移合同的当天,或者纳税人取得其他具有土地、房屋权属转移合同性质凭证的当天。纳税人应当自纳税义务发生之日起10日内,向土地、房屋所在地的契税征收机关办理纳税申报,并在契税征收机关核定的期限内缴纳税款。

(5)减税免税。①国家机关、事业单位、社会团体、军事单位承受土地、房屋用于办学、教学、医疗、科研和军事设施的,免征;②城镇职工按规定第一次购买公有住房的,免征;③因不可抗力灭失住房而重新购买住房的,酌情准予减征或者免征;④个人购买自用普通住宅,且该住房属于家庭(成员范围包括购房人、配偶以及未成年子女,下同)唯一住房的,减半征收契税,对个人购买90平方米及以下普通住房,且该住房属于家庭唯一住房的,减按1%税率征收契税;⑤1998年6月30日以前建成尚未售出的积压商品房销售时应缴纳的契税在2000年年底前予以免税优惠。[5]

3. 城镇土地使用税

土地不仅是一种自然资源,也是公有财产,因而对土地开征的城镇土地使用税和耕地占用税应属于资源税,隶属于财产税系。西方学者也一直把土地税归为不动产税或个别财产税中。

城镇土地使用税是对在城市、县城、建制镇和工矿区范围内使用土地的单位和个人所征收的一种税赋。征收城镇土地使用税的法律依据是国务院于1988年9月27日颁布并于同年11月1日起施行再经2006年12月31日、2013年12月7日两次修订施行的《城镇土地使用税暂行条例》。城镇土地使用税的主要内容是:

(1)纳税主体。城镇土地使用税的纳税义务人是在城市、县城、建制镇、工矿区范围内使用土地的单位和个人。拥有土地使用权的纳税人不在土地所在地的由代管人或实际使用人纳税;土地使用权未确定或者权属纠纷未解决的,由实际使用人纳税;土地使用权共有的由共有各方按其实际使用的土地面积占总面积的比例分别纳税。

(2)计税依据。城镇土地使用税的计税依据是纳税人实际占用的土地面积,按照规定的税额计征。

(3)税率。城镇土地使用税实行从量定额税率,以每平方米年税额为单位,按大、中、小城市和县城、建制镇、工矿区分别确定税额,由省级人民政府根据市政建设情况、经济繁荣等条件,确定所辖地区适用税额的幅度,市、县人民政府制定相应的适用税额标准,报省级人民政府批准执行。土地使用税每平方米年税额为:①大城市1.5~30元;②中等城市1.2~24元;③小

---

〔5〕 1999年12月2日发布的《财政部、国家税务总局、建设部关于个人出售住房所得征收个人所得税有关问题的通知》。

城市 0.9 ~ 18 元;④县城、建制镇、工矿区 0.6 ~ 12 元;⑤经济不发达地区的税额标准可以适当降低,但降低额不得超过规定的最低税额的 30%,经济发达地区的税额标准可以适当提高,但须报经财政部批准。

(4)纳税期限和纳税地点。城镇土地使用税实行按年计算、分期缴纳,纳税期限由省级人民政府决定,纳税地点是土地所在地的税务机关。使用土地不属于同一省、自治区、直辖市管辖范围的,由纳税人分别向土地所在地税务机关缴纳,在同一省、自治区、直辖市管辖范围内纳税人跨地区使用的土地,纳税地点由省级税务局确定。纳税人新征收的土地,属于耕地的,自批准征收之日起满 1 年时开始纳税;属于非耕地的,自批准征收的次月起纳税。

(5)减税免税。使用下列土地免纳城镇土地使用税:①国家机关、人民团体、军队自用的土地;②由国家拨付事业经费的单位自用的土地;③宗教寺庙、公园、名胜古迹自用的土地;④市政街道、广场、绿化地带等公共用地;⑤直接用于农林牧渔业的生产用地;⑥开山填海整治的土地和改造的废弃土地,从使用的月份起免缴土地使用税 5 年至 10 年;⑦财政部门规定免税的能源、交通、水利设施用地和其他用地。对于以下情况加收土地使用税:①逾期不使用所征土地的,加倍征税;②用地超过批准限额的,对超过限额部分的土地,在规定限额部分内的 3 ~ 5 倍范围内加收。

4. 耕地占用税

耕地占用税是指对占用耕地建房或从事其他非农业建设的单位和个人,按其占用耕地面积征收的一种税赋。征收耕地占用税的法律依据是国务院 1987 年 4 月 1 日发布、2007 年 12 月 1 日修订的《耕地占用税暂行条例》。耕地占用税的主要内容是:

(1)纳税主体。耕地占用税的纳税人是占用耕地建房或从事其他非农业建设的单位和个人。

(2)耕地的范围。此处所讲之耕地是指种植农作物的土地。被占用前 3 年内曾用于种植农作物的土地,亦视为耕地,另外还包括:①种植粮食作物、经济作物的土地。②菜地,包括城市郊区种植蔬菜的土地。国家建设征收城市郊区菜地的,用地单位除按照当地政府的规定缴纳新菜地开发建设基金外,还要按照《耕地占用税暂行条例》的规定,缴纳耕地占用税。③园地,包括苗圃、花园、果园、茶园和其他种植经济林木的土地。④鱼塘。⑤其他农用土地。

(3)计税依据。耕地占用税的计税依据是纳税人占用的耕地面积。

(4)税率。耕地占用税实行定额税率,按人均占用耕地的多少分别规定不同的税额,具体规定是以县为单位,人均耕地在 1 亩以下(含 1 亩)的地区,每平方米 10 ~ 50 元;人均耕地在 1 亩至 2 亩(含 2 亩)的地区,每平方米 8 ~ 40 元;人均耕地在 2 亩至 3 亩(含 3 亩)的地区,每平方米 6 ~ 30 元;人均耕地在 3 亩以上的地区,每平方米 5 ~ 25 元。

(5)纳税期限和纳税地点。耕地占用税由被占用耕地所在地乡财政机关负责征收,纳税人在被县级以上土地管理部门批准占用耕地后,应在批准之日起 30 日内持批准文件向财政机关申报纳税并缴纳税款,土地管理部门凭纳税收据和批准文件划拨用地。

5. 遗产税立法前瞻[6]

遗产税是对被继承人或财产所有人死亡时所遗留的财产课征的一种税。从遗产税的实质

---

[6] 刘剑文主编:《财税法教程》,法律出版社 1997 年版,第 337 ~ 339 页。

来看，其课征客体是死亡人所遗留的财产，也就是继承人所继承的财产，因而对遗产征税本质上就是对财产征税，遗产税应属于财产税的一种。

遗产税起源较早，其历史可追溯到古埃及和古罗马时代，当时对死亡人的遗产征收10%的税作为支付老弱士兵的养老金。近代遗产税于1598年诞生于荷兰，此后英国于1694年、法国于1703年、意大利于1865年、德国于1900年、美国于1916年也先后建立了各自的遗产税制度。

目前，遗产税已风靡全球，据不完全统计，世界上有100多个国家和地区开征了遗产税，西方发达国家几乎全部开征了此税。我国的遗产税始于北洋政府时期，1915年北洋政府拟订了《遗产税征收条例》，但未实施。1929年国民政府也曾制定了《遗产税条例》及实施细则，最终也未施行。直到1940年国民政府才正式征收遗产税，但施行情况未尽如人意。中华人民共和国成立后，政务院于1950年1月发布的《全国税政实施要则》中规定了遗产税，后因各种原因未予开征。党的十一届三中全会以后，改革开放以来，社会经济飞速发展，人民生活水平稳步提高，随着个人财富的积累，两极分化和地区差异日益明显，同时对这种分化和差异的调节也渐渐提上议事日程，而开征遗产税无疑是其中重要的调控手段之一。1994年税制改革时，国务院已明确要开征遗产税，并将其划归地税体系。2013年《关于深化收入分配制度改革的若干意见》称"研究在适当时期开征遗产税问题"。自此以来，关于"征收遗产税"的消息一直炒得沸沸扬扬，争议的焦点主要集中在遗产税该不该征以及如何寻找切合实际的起征点。由于房地产是遗产的主要组成部分，所以遗产税的开征与房地产税收制度息息相关。

现阶段开征遗产税对我国国民经济的健康发展有着重大的意义。首先，开征遗产税能开辟新税源，增加财政收入，促进社会经济的发展。其次，开征遗产税有利于减缓资本和财富集中的趋势和速度，有利于缩小贫富差距，防止两极分化和地区差异的进一步扩大。最后，开征遗产税有利于减少浪费，在全社会树立一种劳动所得光荣的观念，反对不劳而获。鉴于我国目前的经济水平和社会发展程度，现阶段开征遗产税应遵循以下几条原则：[7]

(1)坚持社会效应第一，不以增加财政收入为目的，税负要公平合理。我国遗产税立法，应从调节社会收入分配、构建公平社会的角度出发，将征收遗产税社会意义和作用置于第一位，避免把遗产税变成全民税。

(2)实行总遗产税制。总遗产税制是指以遗嘱执行人或遗产管理人为纳税义务人，就死亡人所遗留的全部遗产净额课征，一般不考虑继承人与被继承人之间的亲疏关系和继承人的具体情况。采取总遗产税制既可以保证税源集中，易于控制，同时又可避免因财产分割问题发生纠纷而拖欠税的缴纳，而且征收管理也比较方便，征收成本低，比较符合我国的实际情况。

(3)征收对象可放宽。遗产税的征税对象应为被继承人死亡时遗留的一切合法财产，包括动产、不动产和其他具有财产价值的财产权利。

(4)宜采用超额累进税率。超额累进税率能体现对于数量不等的征税对象采取的区别税收负担政策，由于遗产税的纳税义务人之间收入差距大，所以适用超额累进税率有利于实现税收的纵向公平，缓解社会分配不公的矛盾。

---

〔7〕 吴家骏：《开征遗产税应遵循的原则》，载《上海财税研究参考》1999年第5期。

(四)房地产行为税

房地产行为税是就特定行为的发生,依据法定计税依据和标准,对行为人征收的税赋。

我国目前的房地产行为税主要指房地产印花税。房地产印花税是指对在经济活动中或经济交往中书立的或领受的房地产凭证征收的一种税赋。征收房地产印花税的法律依据是国务院于1988年8月6日颁布并于同年10月1日起施行的《印花税暂行条例》(2011年1月8日修订)。房地产印花税的主要内容是:

(1)纳税主体。房地产印花税的纳税人是在我国境内书立、领受应税房地产凭证的单位和个人,以及在国外书立、受我国法律保护、在我国境内适用的应税房地产凭证的单位和个人。具体而言,产权移转书据的纳税义务人是立据人,即书立产权移转书据的单位和个人,如果该项凭证是有两方或两方以上单位或个人共同书立的,各方都是纳税义务人;权益许可证照的纳税义务人是领受人,即领取并持有该项凭证的单位和个人;房屋租赁合同的纳税义务人是立合同人,房产购销合同的纳税义务人是合同订立人。

(2)计税依据。房地产印花税的征税对象是特定行为,而其计税依据则是该种行为的所负载的资金量或实物量,其中房地产权转移书据印花税的计税依据是书据所载金额;房地产权利证书(包括房屋产权证和土地使用证)印花税的计税依据则是按件计收;房屋租赁合同印花税的计税依据是租赁金额;房产购销合同的计税依据是购销金额。

(3)税率。房地产印花税的税率有两种:①比例税率,适用于房地产产权转移书据,税率为0.5‰,同时适用于房屋租赁合同,税率为1‰,房产购销合同,税率为0.3‰;②定额税率,适用于房地产权利证书,包括房屋产权证和土地使用权证,税率为每件5元。

(4)纳税期限和纳税地点。房地产印花税纳税人根据税法规定自行计算应纳税额,购买并一次贴足印花税票(贴花),即纳税人在书据的立据时和证照的领受时,纳税义务即发生,即应贴花,而不是指凭证的生效日期。印花税实行"三自"缴纳办法,即纳税人按照应税凭证的类别和适用的税目税率自行计算应纳税额、自行购花(自行纳税,一般在当地税务机关或其他出售印花税票的处所购花)自行贴花;对有些凭证一次贴花数额较大和贴花次数频繁的,经税务机关批准,可采用汇贴、汇缴办法纳税,汇缴期限由税务机关根据应纳税额的大小予以指定,但最长不超过1个月。

(5)减税免税。下列凭证免纳房地产印花税:①已缴纳印花税的凭证的副本或者抄本,但以副本或者抄本视同正本使用的,应另贴印花;②财产所有人将财产赠给政府、社会福利单位、学校所立的书据。

第十一章　住房保障法律制度

第一节　住房保障概论

一、住房保障的概念

“住房保障”是在住房领域实行的社会保障制度，是指由政府作为责任主体，以实现中低收入阶层居民的基本居住权为目的，具有经济福利性的国民居住保障系统。其实质是政府利用国家和社会的力量，通过国民收入再分配，为中低收入家庭提供适当住房，保障居民的基本居住水平。“保障型住房”是指由政府直接出资建造或收购，或者由政府以一定方式对建房机构提供补助、由建房机构建设，并以较低价格或租金向中低收入家庭进行出售或出租的住房。它涵盖经济适用房、廉租房以及用于社会保障的各种可出售、出租的住宅。在美国，通常把用于可出售的低成本住宅称为可支付产权住宅。在我国现阶段主要指经济适用房和廉租房。

住房问题的核心是居民住房消费支付能力的不足。由于住房所具有的特性及住房市场存在的缺陷，大量中低收入家庭的支付能力与具有适宜标准的住房价格之间存在差距，以中低收入者为主体的特殊阶层难以仅仅只依赖市场机制来解决自身的住房问题。世界各国几乎无一例外地都在不同程度上为中低收入阶层解决住房问题提供帮助，并承担起重要的社会与经济责任。住房保障制度是一项重要的社会政策，政府担负着促进社会全面发展和保障全体居民基本权利实现的职责，理应成为构建住房保障制度的主体。世界大多数国家制订了针对中低收入阶层的专门的住房发展计划，通过对住房供应和住房需求的补贴及住房生产的直接干预，来满足中低收入阶层不断增长的住房需要。

二、住房保障的特征

住房保障具有以下五个方面的特征：

1. 政府的干预性。在市场经济条件下，政府干预市场理论依据在于弥补市场失效。住房具有投资品和消费品的双重属性，政府从社会保障的角度，以政府投资为主，由政府或其委托的机构兴建公共住房，向中低收入家庭出租或出售，或者对中低收入家庭租房、购房给予补贴、贷款担保等优惠，是政府以实物或货币形式进行社会再分配的一种方式。在我国现阶段，政府对住房市场进行适度的干预尤为必要。干预的重点在于抑制高收入者通过垄断稀缺性的土地资源获取超额投资收益，防止高收入者超额无偿占有公共投资的外部收益，同时保障低收入者的基本住房需求。

2. 价格的低廉性。在住房保障中,政府所提供的公共住房主要面对中低收入家庭,是低于市场价格租售的住房,其差价主要源于政府在土地供应、房租和税收等方面的政策性补贴。

3. 需求对象的有限性。住房保障的目的是解决低收入家庭的居住问题,从住房需求者的角度看,主要是政府给中低收入阶层供应住房。与其他社会保障制度相类似,按照"效率优先、兼顾公平"的基本原则,对中低收入阶层的住房保障只能是低标准的,往往是确定中低收入者的衡量标准后,向符合标准的中低收入者出租已有的低标准住房,或向低收入者提供低标准住房补贴。

4. 保障对象的动态性。随着经济社会的发展,居民收入水平也会发生相应的变动。当居民收入超过一定水平,不再属于住房保障对象时,必须退出住房保障领域,进入商品住房市场,通过"卖小买大,卖旧买新"的住房市场,实现住房梯度消费。

5. 保障水平的层次性。由于保障对象的住房支付能力千差万别,因此住房保障的水平要区分层次,既有完全产权的商品住宅的保障,更应该重视不完全产权(如我国的经济适用住房),而租赁住宅则是住房保障的最重要的措施。我国作为一个发展中国家,要建立严格的收入划分标准和资格审查制度,坚持有步骤、分层次地解决中、低收入家庭的住房问题。

三、住房保障的产生背景

住房是人类赖以生存和发展的必不可少的物质条件之一,住房问题,对世界任何一个国家而言都是一个重大的社会经济问题。住宅权是人类的一项基本人权,1981 年 4 月在伦敦召开的"城市住宅问题国际研讨会"上通过的《住宅人权宣言》指出,一个环境良好、适宜于人的住所是所有居民的基本人权。而 1996 年 6 月召开的联合国第二次人类住区大会通过的伊斯坦布尔宣言更是承诺:"人人享有适当的住宅"。由于工业和人口的高度集中,产生了城市土地和住房供给的巨大需求,这种需求推动了土地价格和房屋价格的不断上涨,最终超越了中低收入和最低收入家庭的住房支付能力,以低收入者为主体的特殊阶层难以仅仅只依赖市场机制来解决自身的住房问题。

为了提高人民福利,缓解住房矛盾和社会矛盾,维护社会安定,各国政府都对住房问题进行了积极的干预。特别是在"二战"以后,住房保障法律制度得到了空前的发展和完善。许多国家认为,通过立法的手段,解决中低收入家庭的住房问题,实现"居者有其屋"的社会目标,既是维护社会安定的重要手段,也是社会收入再分配的重要方式。有关住房保障的法律既包括在宪法、行政法、民法、经济法等有诸多有关住房保障的法律条文,而且绝大多数国家都颁行了有关住房保障的专门性法律,如英国 1919 年出台的《住宅法》、美国 1949 年的《住房法》以及加拿大的《加拿大联邦住宅法》等。这些法律虽然各有不同,但大都从立法上确立了住房保障的目标、适用对象以及住房保障的融资手段,使住房保障法律制度逐步成为各国社会法律体系和社会保障制度的重要组成部分。作为住房保障制度主要内容的公共住房在许多国家有不同提法,如英国的合作住房,美国联邦政府的公共住房,日本的公营住房和公团住房,新加坡住房发展局建造的公共组屋,以及香港的公屋(包括廉租屋)等,而我国则称为经济适用房、限价房和廉租房。

我国自从 1998 年停止了住房的实物分配,住房分配体制发生了根本性的转变,由过去社会福利性分房转变为由市场决定的货币购房,这就使得获取住房的使用价值必须付出相应的住房市场价格。同时由于我国城市化进程加速，土地价格和住房价格迅速上涨，使得部分居民的住房支付能力严重不足，这就要求有一种制度即住房保障制度来保障这一部分人的住房，体现社会的公平性原则。目前我国各地已逐步建立起以经济适用住房制度、限价房制度、廉租房制度和住房公积金制度为主要内容的住房保障政策基本框架。然而事实证明，保障体系并没有达到理想效果。长期以来，中国房地产本应该由政府承担的保障角色却推给了市场，从而造成了今天普通民众对高房价的怨气冲天，也造成市场供求更加失衡，保障性需求与完全市场化的矛盾造成今天房地产矛盾重重的局面。

与住房市场化改革速度相比，我国的住房保障制度的建设进展相对滞后，面临着一系列的问题，这与我国住房保障法律制度的缺位不无关系。目前与住房保障相关的规范性法律文件只有较少的行政法规和部门规章，从经济适用房政策到新出台的廉租房政策，中国当前的住房保障制度之所以显得模糊不定，关键是没有将建立住房保障提高到国家立法的高度。《经济适用住房管理办法》《廉租住房保障办法》《住房公积金管理条例》等相关规定比较模糊且缺乏可操作性，虽给地方立法留下较大空间，但各地方有关住房保障方面的规范性文件虽多但也不完善，且不统一，给我国住房保障法律制度的健康发展带来较大的障碍。

第二节　经济适用房

一、经济适用房概述

经济适用房是由政府扶持的，具有经济性、适用性和社会保障性的微利商品房。“经济”是指相对市场价格，经济适用房价格适中，与中低收入阶层的承受能力相适应；“适用”是指房屋的设计建造标准要符合居民需要，不仅面积适当、功能实用，而且交通便利、公用配套设施齐全，即在住房建筑标准上强调住房的适用效果，而不是降低建筑标准。

经济适用房是我国住房供应新体系的重要组成部分，主要是通过政府政策倾斜来扩大住房供给，以中低收入家庭为供应对象，按照国家住宅建设标准，与别墅、高级公寓、普通商品住宅相区分。具体而言，经济适用房原则上以行政划拨方式供应建设用地，享受政府的扶持政策，实行政府指导价，其价格由经济适用房建设主管部门会同同级物价管理部门依建设成本确定，报当地人民政府审批后执行，面向广大中低收入家庭出售。经济适用房政策是政府同时利用市场机制和宏观调控手段，解决中低收入阶层住房难问题的措施，兼有调控住房市场和调节收入分配的功能。

二、我国经济适用住房制度的发展历程

1994 年 7 月 18 日，国务院颁发《关于深化城镇住房制度改革的决定》（国发〔1994〕43 号），强调加快住房建设和推进城镇住房制度改革是各级人民政府的重要职责，第一次提出建立以中低收入家庭为对象、具有社会保障性质的经济适用住房供应体系和以高收入家庭为对象的商品房供应体系，明确提出应加强经济适用住房的开发建设，加快解决中低收入家庭的住房问题，同时要求在建房、售房方面对离退休职工、教师和住房困难户应予以优先安排。

1998年7月3日颁发《国务院关于进一步深化城镇住房制度改革加快住房建设的通知》(国发〔1998〕23号),要求进一步深化城镇住房制度改革,加快住房建设,并要求1998年下半年开始停止住房实物分配,逐步实行住房分配货币化,提出要建立和完善以经济适用住房为主的多层次城镇住房供应体系,明确了经济适用房的保障对象是中低收入家庭,经济适用房的来源有安居工程、集资建房和合作建房,作为房地产开发商已经不用承担必须开发经济适用房的责任。

2004年5月13日,建设部、发展改革委、国土资源部、中国人民银行发布《经济适用住房管理办法》(建住房〔2004〕77号)中明确了经济适用住房的定义,指出经济适用房是指政府提供政策优惠,限定建设标准、供应对象和销售价格,具有保障性质的政策性商品住房。其适用对象为:(1)有当地城镇户口(含符合当地安置条件的军队人员)或市、县人民政府确定的供应对象;(2)无房或现住房面积低于市、县人民政府规定标准的住房困难家庭;(3)家庭收入符合市、县人民政府划定的收入线标准;(4)市、县人民政府规定的其他条件。

2007年11月19日,建设部会同有关部门修订了《经济适用住房管理办法》(建住房〔2007〕258号),其中,修订了经济适用住房的定义:政府提供政策优惠,限定套型面积和销售价格,按照合理标准建设,面向城市低收入住房困难家庭供应,具有保障性质的政策性住房。经济适用住房是解决城市低收入家庭住房困难政策体系的组成部分,其供应对象要与廉租住房保障对象相衔接;该类房屋单套的建筑面积控制在60平方米左右,购买人拥有有限产权。经修订后的《经济适用住房管理办法》将经济适用房回归到住房保障功能上,但是其保障范围已经明确缩小为低收入家庭。该政策保障目标定位的偏差最终产生了大量"夹心层"家庭,该政策已经不能满足住房保障的需要,促使政府必须出台新的住房保障政策来弥补经济适用房政策的不足。

2008年1月18日,中国人民银行、中国银行业监督管理委员会修订了中国人民银行1999年颁布的《经济适用住房开发贷款管理暂行规定》,并更名为《经济适用住房开发贷款管理办法》,该办法扩大了贷款人范围,放宽了贷款申请条件,明确了利率优惠政策,放宽了贷款期限等,为我国经济适用房建设提供了政策支持。该办法的颁布体现了国家对廉租住房和经济适用住房建设的金融支持,引导金融机构支持政府主导的经济适用住房的开发建设,进一步发挥金融机构在解决低收入家庭住房问题中的作用。

三、我国现行经济适用房制度存在的问题

经济适用房制度自实施以来,在扩大住房供给、平抑房价、完善住房供应体系和启动市场有效需求等方面作用显著,并因此受到中低收入家庭的普遍欢迎,但是,经济适用房制度由于外部性效应和立法本身的缺陷,在实践中存在不少问题,主要体现在市场不公平竞争和市场配置资源效率低下等。

1. 供应不足

国家在颁布经济适用住房政策时提出目标对象是中低收入家庭,但并未对其具体数量和面积作出规定,各地方政府有权根据当地实际需求和财政能力决定每年经济适用住房的建设量和销售量。在北京,经济适用住房的供应量基本控制在商品住宅总量的10%左右。政府对经济适用房的有限供应赶不上目标供应对象的无限需求。

2. 价格偏高

对于经济适用住房的价格，国家早在1998年7月颁布的《关于大力发展经济适用住房的若干意见》中就明确规定，经济适用住房执行政府指导价，其价格构成包括以下八项因素：(1)建设用地的征地和拆迁补偿、安置费；(2)勘察设计和前期工程费；(3)建安工程费；(4)住宅小区基础设施建设费(含小区非营业性配套公建费)；(5)以上4项之和为基数的1%～3%的管理费；(6)贷款利息；(7)税金；(8)3%以下的利润。经济适用住房每平方米单价明显低于周边商品住房价格，然而，如果从住房支付能力角度出发考察住宅总价，会发现经济适用住房价格仍偏高。造成其总价过高的主要原因是户型偏大，住宅总价取决于每平方米单价和户型面积，面积偏大违背了经济适用住房用于解决中低收入家庭住房困难的初衷。

3. 对象失控

根据《国务院关于深化城镇住房制度改革的决定》和《经济适用住房建设管理办法》的规定，经济适用房的供应对象为中低收入家庭。按照北京2016年的政策标准，经济适用房申请条件为：3人户家庭申请经济适用房，家庭年收入须不超45,300元，同时人均住房面积在10平方米以下、家庭总资产净值在36万元以下。申请人须取得本市城镇户籍时间满3年，且年满18周岁。单身家庭提出申请的，申请人须年满30周岁。

按照户头人数，详细分为：

(1)人户家庭年收入须在22,700元及以下，家庭总资产净值须在24万元及以下；

(2)人户家庭年收入须在36,300元及以下，家庭总资产净值须在27万元及以下；

(3)人户家庭年收入须在45,300元及以下，家庭总资产净值须在36万元及以下；

(4)人户家庭年收入须在52,900元及以下，家庭总资产净值须在45万元及以下；

(5)人户家庭年收入须在60,000元及以下，家庭总资产净值须在48万元及以下。

4. 效率不足

根据国际经验，政府对住房建设和分配的补贴可分为对供给方补贴和对需求方补贴两类，对供给方提供补贴的住房政策效率明显低于对需求方进行补贴的住房政策，即"补砖头"和"补人头"，其中，"补砖头"政策能够在短期内解决住房短缺和低收入家庭住房困难问题，但政府将付出巨大的财政和行政成本，且补贴的经济效率较低；而"补人头"政策不仅能够增强家庭住房支付能力，从而促进住房市场发展，同时可以明确政府补贴的针对性，具有较高的政治和经济效率，是各国住房政策发展的方向。经济适用住房政策属于"补砖头"政策，政府试图通过降低开发商利润、政府土地和建设收益等方式降低住房成本，从而为中低收入家庭提供低价格的住房，但从政策本质来看，这类通过对供给方提供补贴的住房政策效率明显不足。

四、经济适用房的建设和价格管理

1. 经济适用房的建设管理

发展经济适用住房应当在国家统一政策指导下，各地区因地制宜，政府主导，社会参与。市、县人民政府要根据当地经济社会发展水平、居民住房状况和收入水平等因素，合理确定经济适用住房的政策目标、建设标准、供应范围和供应对象等，并组织实施。省、自治区、直辖市人民政府对本行政区域经济适用住房工作负总责，对所辖市、县人民政府实行目标责任制管理。

经济适用房的优惠政策:(1)土地划拨。经济适用住房建设用地以划拨方式供应。经济适用住房建设用地应纳入当地年度土地供应计划,在申报年度用地指标时单独列出,确保优先供应。(2)费用免收。经济适用住房建设项目免收城市基础设施配套费等各种行政事业性收费和政府性基金。经济适用住房项目外基础设施建设费用,由政府负担。(3)利率优惠。购买经济适用住房可提取个人住房公积金和优先办理住房公积金贷款。中国人民银行规定了经济适用住房的贷款利率优惠政策。(4)税收优惠。经济适用住房的建设和供应要严格执行国家规定的各项税费优惠政策。

经济适用住房要统筹规划、合理布局、配套建设,充分考虑城市低收入住房困难家庭对交通等基础设施条件的要求,合理安排区位布局。在商品住房小区中配套建设经济适用住房的,应当在项目出让条件中,明确配套建设的经济适用住房的建设总面积、单套建筑面积、套数、套型比例、建设标准以及建成后移交或者回购等事项,并以合同方式约定。

经济适用住房单套的建筑面积控制在60平方米左右。市、县人民政府应当根据当地经济发展水平、群众生活水平、住房状况、家庭结构和人口等因素,合理确定经济适用住房建设规模和各种套型的比例,并进行严格管理。

2. 价格管理

确定经济适用住房的价格应当以保本微利为原则。其销售基准价格及浮动幅度,由有定价权的价格主管部门会同经济适用住房主管部门,依据经济适用住房价格管理的有关规定,在综合考虑建设、管理成本和利润的基础上确定并向社会公布。房地产开发企业实施的经济适用住房项目利润率按不高于3%核定;市、县人民政府直接组织建设的经济适用住房只能按成本价销售,不得有利润。

经济适用住房销售应当实行明码标价,销售价格不得高于基准价格及上浮幅度,不得在标价之外收取任何未予标明的费用。经济适用住房价格确定后应当向社会公布。价格主管部门应依法进行监督管理。

经济适用住房实行收费卡制度,各有关部门收取费用时,必须填写价格主管部门核发的交费登记卡。任何单位不得以押金、保证金等名义,变相向经济适用住房建设单位收取费用。

五、经济适用房的准入和退出管理

经济适用房的准入和退出管理是协调住房静态交易和家庭动态收入的关键所在,通过完善经济适用房购买对象的甄别选择机制,促成“高收入者退出,低收入者进入”的动态循环,推动经济适用房保障功能的全面发挥。经济适用住房管理建立严格的准入和退出机制。经济适用住房由市、县人民政府按限定的价格,统一组织向符合购房条件的低收入家庭出售。经济适用住房供应实行申请、审核、公示和轮候制度。市、县人民政府应当制定经济适用住房申请、审核、公示和轮候的具体办法,并向社会公布。

1. 准入标准。城市低收入家庭申请购买经济适用住房应同时符合下列条件:(1)具有当地城镇户口;(2)家庭收入符合市、县人民政府划定的低收入家庭收入标准;(3)无房或现住房面积低于市、县人民政府规定的住房困难标准。经济适用住房供应对象的家庭收入标准和住房困难标准,由市、县人民政府根据当地商品住房价格、居民家庭可支配收入、居住水平和家庭人口结构等因素确定,实行动态管理。

2. 审核标准。经济适用住房资格申请采取街道办事处(镇人民政府)、市(区)、县人民政府逐级审核并公示的方式认定。审核单位应当通过入户调查、邻里访问以及信函索证等方式对申请人的家庭收入和住房状况等情况进行核实。申请人及有关单位、组织或者个人应当予以配合,如实提供有关情况。

3. 轮候管理。经审核公示通过的家庭,由市、县人民政府经济适用住房主管部门发放准予购买经济适用住房的核准通知,注明可以购买的面积标准,然后按照收入水平、住房困难程度和申请顺序等因素进行轮候。

4. 价格管理。符合条件的家庭,可以持核准通知购买一套与核准面积相对应的经济适用住房。购买面积原则上不得超过核准面积。购买面积在核准面积以内的,按核准的价格购买;超过核准面积的部分,不得享受政府优惠,由购房人按照同地段同类普通商品住房的价格补交差价。

5. 产权管理。居民个人购买经济适用住房后,应当按照规定办理权属登记。房屋、土地登记部门在办理权属登记时,应当分别注明经济适用住房、划拨土地。经济适用住房购房人拥有有限产权。购买经济适用住房不满5年,不得直接上市交易,购房人因特殊原因确需转让经济适用住房的,由政府按照原价格并考虑折旧和物价水平等因素进行回购。购买经济适用住房满5年,购房人上市转让经济适用住房的,应按照届时同地段普通商品住房与经济适用住房差价的一定比例向政府交纳土地收益等相关价款,具体交纳比例由市、县人民政府确定,政府可优先回购;购房人也可以按照政府所定的标准向政府交纳土地收益等相关价款后,取得完全产权。

6. 退出管理。已经购买经济适用住房的家庭又购买其他住房的,原经济适用住房由政府按规定及合同约定回购。政府回购的经济适用住房,仍应用于解决低收入家庭的住房困难。已参加福利分房的家庭在退回所分房屋前不得购买经济适用住房,已购买经济适用住房的家庭不得再购买经济适用住房。个人购买的经济适用住房在取得完全产权以前不得用于出租经营。

第三节　廉租住房法律制度

一、廉租房概述

1. 廉租房的概念

廉租房,从字面上理解,是"房租低廉"的住房。导致"房租低廉"的原因主要有:一是劣质房屋,或位置偏僻,或面积狭小、结构不合理,或年久失修、质量较差,只能低价出租;二是租赁市场供大于求,出租人被迫降价出租;三是由于政府进行房租管制,将房租限定在较低的水平上;四是在住房商品化的前提下,政府采用直接供给或给予租金补贴等方式减轻特定居民家庭的房租压力,使其获得保障性住房。本书采用狭义说,认为廉租房是政府干预下供特定收入群体租赁消费的具有保障性质的住房,包括政府直接构建并低价出租的公有住房、被保障家庭接受政府租金补贴自行承租的住房、享受租金减免的公有住房等。[1]

---

〔1〕 刘颖:《中国廉租住房制度创新的经济学分析》,上海人民出版社、格致出版社2007年版,第92~93页。

2. 廉租住房制度的特征

廉租房制度是为了解决部分居民对住房支付能力的不足,由政府承担住房市场费用与居民支付能力之间差异的一种法律制度,具有以下特征:

(1)福利性。廉租房是社会成员由于各种原因陷入住房困难或无法享受其权益时,由政府按法定的程序和标准向其提供货币补贴、实物配租等援助。

(2)保障性。廉租住房制度是住房保障制度的核心内容之一,是政府行使社会保障职能的具体体现。

(3)公益性。廉租住房可以让城镇最低收入家庭获得生存空间,有家可归,提高城镇居民整体居住水平,提升城市形象,具有较强的公益性。

3. 廉租房与经济适用房的区别

第一,两者的保障对象不同。按照政策规定,廉租住房的保障对象是城市最低收入家庭,经济适用房的保障对象为城市低收入住房困难家庭。

第二,两者的消费方式不同。廉租住房只出租,不出售;经济适用房主要用来出售,或者在租赁满一定期限的前提下出售。

第三,两者的保障方式不同。廉租住房保障方式实行货币补贴和实物配租等相结合。经济适用住房保障方式是政府提供政策优惠,如土地划拨。

货币补贴是指县级以上地方人民政府向申请廉租住房保障的城市低收入住房困难家庭发放租赁住房补贴,由其自行承租住房。实物配租是指县级以上地方人民政府向申请廉租住房保障的城市低收入住房困难家庭提供住房,并按照规定标准收取租金。

二、我国廉租住房制度的发展历程

1994 年和 1998 年,国务院发布了《关于深化城镇住房制度改革的决定》和《关于进一步深化城镇住房制度改革加快住房建设的通知》,标志着我国城镇住房改革的开始和住房保障制度的建立。

自 1998 年起全国停止了住房的实物分配,住房分配体制发生了根本性的转变,即由过去社会福利性分房转变为由市场决定的货币购房,这就使得获取住房的使用价值必须付出相应的住房市场价格。同时由于改革开放后我国城市化进程加速,土地价格和住房价格迅速上涨,使得部分居民的住房支付能力不足,这就要求有一种制度即住房保障制度来保障这一部分人的住房,体现社会的公平性原则。但与住房市场化改革速度相比,我国的住房保障制度的建设进展相对滞后,面临着一系列的问题,这与我国住房保障法律制度的缺位不无关系。

建设部 1999 年 4 月 22 日发布的《城镇廉租住房管理办法》(已废止),初步确立了廉租住房的基本框架。

2003 年,《国务院关于促进房地产市场持续健康发展的通知》中,提出要强化政府住房保障职能,形成以财政预算为主,稳定规范的住房保障资金来源。同年 12 月 31 日,建设部会同有关部门联合发布了《城镇最低收入家庭廉租住房管理办法》(已废止)。

2005 年,《国务院办公厅转发关于建设部等部门关于做好稳定住房价格工作意见的通知》,提出城镇廉租住房制度建设情况要纳入对地方政府工作的目标责任制管理,初步建立了廉租住房推进机制。此后,建设部又完善了城镇廉租住房租金管理制度,并颁布了城镇最低收入家庭廉租住房申请、审核及退出管理规定。

建设部、发展改革委、监察部、民政部、财政部、国土资源部、人民银行、税务总局、统计局联合签署,于2007年11月8日发布了《廉租住房保障办法》,从2007年12月1日起施行。与此同时,北京、上海、天津等各城市人民政府也相应地颁布了廉租住房“管理规定”和“保障办法”等。

为贯彻落实中央关于扩大内需促进经济平稳较快增长的重大举措和《国务院关于解决城市低收入家庭住房困难的若干意见》,财政部、国家税务总局于2008年先后颁布了《关于廉租住房、经济适用住房和住房租赁有关税收政策的通知》,人民银行、银监会也于同年发布《廉租住房建设贷款管理办法》,分别从税收领域和资金贷款方面对我国廉租住房的开发建设给予支持。前者规定了廉租房经营管理单位和经济适用住房经营管理单位享受的各种税收优惠政策,后者则规定了申请廉租住房建设应具备的贷款条件,明确了商业银行应做好支持廉租住房开发建设的金融服务工作,这些都为我国在2008年加快廉租住房建设提供了政策支持。

在起步阶段廉租住房建设存在的主要问题有:一是低覆盖。这一时期各级政府解决低收入家庭住房支持能力有限,只能覆盖到住房困难的城镇居民。而城市化过程中大量涌入的农民工基本没有纳入住房保障范围。二是低标准。由于住房保障资金不足,廉租住房的建立与低收入家庭的住房需求相比,尚不能满足其基本需要。三是欠均衡。从总体上看,东部地区廉租住房制度建立和实施情况普遍好于西部地区;大中城市廉租住房制度建设和实施情况好于中小城市。

三、廉租住房保障方式

廉租住房保障方式实行货币补贴和实物配租等相结合。货币补贴,是指县级以上地方人民政府向申请廉租住房保障的城市低收入住房困难家庭发放租赁住房补贴,由其自行承租住房。实物配租,是指县级以上地方人民政府向申请廉租住房保障的城市低收入住房困难家庭提供住房,并按照规定标准收取租金。

实施廉租住房保障制度,我国目前采取租金补贴为主、实物配租为辅的原则,主要通过发放租赁补贴,增强城市低收入住房困难家庭承租住房的能力。廉租住房紧缺的城市,应当通过新建和收购等方式,增加廉租住房实物配租的房源。

1. 实物配租

实物配租是指市、县人民政府向符合条件的申请对象直接提供住房,并按照廉租住房租金标准收取租金。

实物配租的廉租住房来源主要包括:政府新建、收购的住房;腾退的公有住房;社会捐赠的住房;其他渠道筹集的住房。其中,政府新建和收购住房是实物配租的廉租住房的主要来源。政府出资购买住房,能够较好地发挥市场机制的作用,但是在房价高涨时难以适用。政府出资购建廉租住房,在住房紧缺时能够迅速平抑市场租金的高涨,但可能会减少民间房地产经营机构和其他组织的投资机会,产生“挤出效应”。廉租住房建设用地,采取划拨方式,保证供应;建设用地的规划布局,应当考虑城市低收入住房困难家庭居住和就业的便利。廉租住房建设应当坚持经济、适用原则,提高规划设计水平,满足基本使用功能,应当按照发展节能省地环保型住宅的要求,推广新材料、新技术、新工艺。廉租住房应当符合国家质量安全标准。

实物配租的面积标准。采取实物配租方式的,配租面积为城市低收入住房困难家庭现住房面积与保障面积标准的差额。新建廉租住房,应当将单套的建筑面积控制在50平方米以内,并根据城市低收入住房困难家庭的居住需要,合理确定套型结构。

实物配租的住房租金标准。租金标准实行政府定价。实物配租住房的租金,按照配租面积和市、县人民政府规定的租金标准确定。有条件的地区,对城市居民最低生活保障家庭,可以免收实物配租住房中住房保障面积标准内的租金。

实物配租的效应:(1)实物配租方式的积极作用。能直接增加廉租住房总量,明显提高低收入家庭的住房福利,直接改善低收入家庭的住房状况;政府集中购建房源,便于政府集中管理,在信息追踪和租金收取方面进行监控。(2)实物配租的消极作用:由政府直接投资建房,须大量投资,建成后,政府还要承担庞大的管理成本,资金来源压力大;易形成"贫民窟",出现阶层歧视、地区治安等问题。例如,20世纪50年代,很多发达国家在"二战"后集中兴建的公共住房由于规划、设计及管理方面的原因,大部分变成了贫民窟,各国政府不得不大规模清除,造成了极大的浪费。为了防止新的"贫民窟"的发生,我国规定,新建廉租住房,应当采取配套建设与相对集中建设相结合的方式,主要在经济适用住房、普通商品住房项目中配套建设。

2. 租金补贴

租金补贴是指市县人民政府向符合条件的申请对象发放补贴,住户自行在市场上租赁房屋。市、县人民政府应当根据当地家庭平均住房水平、财政承受能力以及城市低收入住房困难家庭的人口数量、结构等因素,以户为单位确定廉租住房保障面积标准。

租金补贴的补贴额度和标准。采取货币补贴方式的,补贴额度按照城市低收入住房困难家庭现住房面积与保障面积标准的差额、每平方米租赁住房补贴标准确定。每平方米租赁住房补贴标准由市、县人民政府根据当地经济发展水平、市场平均租金、城市低收入住房困难家庭的经济承受能力等因素确定,其中对城市居民最低生活保障家庭,可以按照当地市场平均租金确定租赁住房补贴标准;对其他城市低收入住房困难家庭,可以根据收入情况等分类确定租赁住房补贴标准。

租金补贴的效应。(1)租金补贴方式的积极作用:提高资金利用率和廉租住房制度的覆盖面;在较大程度上充分满足最低收入家庭各自不同的居住需求,有利于政府节约管理成本,提高管理效率。(2)租金补贴方式的消极作用:刺激市场提高房租,在低价房源不足的情况下,租金补贴导致住房需求之间竞争加剧,租金大幅上升可能降低租金补贴的有效性,抵消其预期效应。

四、廉租住房的资金保障

1. 多渠道筹措资金

按照国家规定筹集并用于廉租住房保障的专项资金是廉租住房保障资金。廉租住房保障资金采取多种渠道筹措。廉租住房保障资金来源包括:(1)年度财政预算安排的廉租住房保障资金;(2)提取贷款风险准备金和管理费用后的住房公积金增值收益余额;(3)土地出让净收益中安排的廉租住房保障资金;(4)政府的廉租住房租金收入;(5)社会捐赠及其他方式筹集的资金。

年度财政预算安排的廉租住房保障资金主要包括:市县财政预算安排用于廉租住房保障的资金;省级财政预算安排的廉租住房保障补助资金;中央预算内投资中安排的补助资金;中央财政安排的廉租住房保障专项补助资金。

提取贷款风险准备金和管理费用后的住房公积金增值收益余额,应当全部用于廉租住房建设。

土地出让净收益用于廉租住房保障资金的比例,不得低于10%。土地出让净收益为当年实际收取的土地出让总价款扣除实际支付的征地补偿费(含土地补偿费、安置补助费、地上附着物和青苗补偿费)、拆迁补偿费、土地开发费、计提用于农业土地开发的资金以及土地出让业务费等费用后的余额。

政府的廉租住房租金收入应当按照国家财政预算支出和财务制度的有关规定,实行收支两条线管理,专项用于廉租住房的维护和管理。对中西部财政困难地区,按照中央预算内投资补助和中央财政廉租住房保障专项补助资金的有关规定给予支持。

2. 资金使用与监督

廉租住房保障资金实行专项管理、分账核算、专款专用,专项用于廉租住房保障开支,包括收购、改建和新建廉租住房开支以及向符合廉租住房保障条件的低收入家庭发放租赁补贴开支,不得用于其他开支。收购廉租住房开支,是指利用廉租住房保障资金收购房屋用于廉租住房保障的支出,包括支付的房屋价款等开支。改建廉租住房开支,是指对已收购的旧有住房和腾空的公有住房进行维修改造后用于廉租住房保障的支出。新建廉租住房开支,是指利用廉租住房保障资金新建廉租住房的开支,包括新建廉租住房需要依法支付的土地补偿费、拆迁补偿费以及支付廉租住房建设成本支出。发放租赁补贴开支,是指利用廉租住房保障资金向符合廉租住房保障条件的低收入家庭发放的租赁补贴支出。

廉租住房保障资金原则上实行国库集中支付。申请租赁补贴的符合廉租住房保障条件的低收入家庭,由市县财政部门根据市县廉租住房行政主管部门、民政部门的审核意见和年度预算安排,将租赁补贴资金直接支付给符合廉租住房保障条件的低收入家庭或向廉租住房保障对象出租住房的租赁方。收购、改建和新建廉租住房,经审核后,由同级财政部门将资金直接支付给廉租住房建设单位或销售廉租住房的单位和个人。

五、廉租住房的准入和退出管理

1. 准入标准。申请廉租住房保障,应当提供下列材料:(1)家庭收入情况的证明材料;(2)家庭住房状况的证明材料;(3)家庭成员身份证和户口簿;(4)市、县人民政府规定的其他证明材料。建设(住房保障)主管部门、民政等有关部门以及街道办事处、镇人民政府,可以通过入户调查、邻里访问以及信函索证等方式对申请人的家庭收入和住房状况等进行核实。申请人及有关单位和个人应当予以配合,如实提供有关情况。

2. 申请程序。申请廉租住房保障,按照下列程序办理:(1)申请廉租住房保障的家庭,应当由户主向户口所在地街道办事处或者镇人民政府提出书面申请;(2)街道办事处或者镇人民政府应当自受理申请之日起30日内进行审核,提出初审意见并张榜公布,并报送市(区)、县人民政府建设住房保障主管部门;(3)住房保障主管部门应当自收到申请材料之日起15日内提出审核意见,并将材料转同级民政部门;(4)民政部门应当自收到申请材料之日起15日内提出审核意见,并反馈同级住房保障主管部门;(5)经审核,家庭收入、家庭住房状况符合规定条件的,由住房保障主管部门予以公示,公示期限为15日,对经公示无异议或者异议不成立的,作为廉租住房保障对象予以登记,书面通知申请人,并向社会公开登记结果。

3. 轮候管理。建设(住房保障)主管部门应当综合考虑登记的城市低收入住房困难家庭的收入水平、住房困难程度和申请顺序以及个人申请的保障方式等,确定相应的保障方式及轮候顺序,并向社会公开。对已经登记为廉租住房保障对象的城市居民最低生活保障家庭,凡申请租赁住房货币补贴的,要优先安排发放补贴,基本做到应保尽保。实物配租应当优先面向已经登记为廉租住房保障对象的孤、老、病、残等特殊困难家庭,城市居民最低生活保障家庭以及其他急需救助的家庭。对轮候到位的城市低收入住房困难家庭,建设(住房保障)主管部门或者具体实施机构应当按照已确定的保障方式,与其签订租赁住房补贴协议或者廉租住房租赁合同,予以发放租赁住房补贴或者配租廉租住房。

4. 租赁住房补贴协议应当明确租赁住房补贴额度、停止发放租赁住房补贴的情形等内容。廉租住房租赁合同应当明确下列内容:(1)房屋的位置、朝向、面积、结构、附属设施和设备状况;(2)租金及其支付方式;(3)房屋用途和使用要求;(4)租赁期限;(5)房屋维修责任;(6)停止实物配租的情形,包括承租人已不符合规定条件的,将所承租的廉租住房转借、转租或者改变用途,无正当理由连续6个月以上未在所承租的廉租住房居住或者未交纳廉租住房租金等;(7)违约责任及争议解决办法,包括退回廉租住房、调整租金、依照有关法律法规规定处理等;(8)其他约定。

5. 退出管理。市、县财政部门应当配合同级廉租住房行政主管部门会同民政部门建立廉租住房保障对象的动态监管机制,对于年度享受廉租住房保障的低收入家庭的收入状况进行跟踪复核,确认其是否可以继续享受廉租住房保障福利。对于不符合廉租住房保障条件的,应当停止发放租赁补贴、按照市场租金收取廉租住房租金或收回配租的廉租住房。市、县人民政府应当定期向社会公布城市低收入住房困难家庭廉租住房保障情况。市(区)、县人民政府建设(住房保障)主管部门应当按户建立廉租住房档案,并采取定期走访、抽查等方式,及时掌握城市低收入住房困难家庭的人口、收入及住房变动等有关情况。已领取租赁住房补贴或者配租廉租住房的城市低收入住房困难家庭,应当按年度向所在地街道办事处或者镇人民政府如实申报家庭人口、收入及住房等变动情况。街道办事处或者镇人民政府可以对申报情况进行核实、张榜公布,并将申报情况及核实结果报建设(住房保障)主管部门。建设(住房保障)主管部门应当根据城市低收入住房困难家庭人口、收入、住房等变化情况,调整租赁住房补贴额度或实物配租面积、租金等;对不再符合规定条件的,应当停止发放租赁住房补贴,或者由承租人按照合同约定退回廉租住房。

按照合同约定退回廉租住房的情形:(1)城市低收入住房困难家庭将所承租的廉租住房转借、转租或者改变用途;(2)无正当理由连续6个月以上未在所承租的廉租住房居住的;(3)无正当理由累计6个月以上未交纳廉租住房租金的。城市低收入住房困难家庭未按照合同约定退回廉租住房的,建设(住房保障)主管部门应当责令其限期退回;逾期未退回的,可以按照合同约定,采取调整租金等方式处理。

第四节　住房公积金法律制度

一、住房公积金概述

（一）住房公积金的概念

住房公积金是指国家机关、国有企业、城镇集体企业、外商投资企业、城镇私营企业及其他城镇企业、事业单位、民办非企业单位、社会团体及其在职职工缴存的长期住房基金。

从以上定义来看，住房公积金一共分为两部分：一部分是用人单位按一定比例缴存的住房公积金；另一部分是在职职工个人缴存的部分。根据《住房公积金管理条例》第3条的规定，职工个人缴存的住房公积金和职工所在单位为职工缴存的住房公积金，属于职工个人所有。所以，存在银行专户当中的住房公积金的所有权是属于职工个人的，但这种资金所有权又受到一定条件的限制。

住房公积金制度是我国改革开放的产物，是经济体制改革的重要实践创举，也是我国住房制度改革的重要内容。从1991年上海借鉴新加坡的经验实施试点工作以来，我国住房公积金制度经历了几个重要的发展阶段，在推广实施过程中，住房公积金制度改变了住房分配格局，实现了实物分配向货币化的转化，住房公积金的缴存形成了住房消费的积累增长机制，促进了住房保障体系的形成，在经济建设、社会发展、住房消费中发挥了重要的作用。住房公积金制度在拉动我国房地产市场发展、促进国民经济持续增长方面功不可没。

（二）住房公积金制度的法律特征

1. 社会保障性。住房公积金制度属于住房保障制度的一个组成部分，通过城镇用人单位及其在职职工每月缴存一定数量的住房公积金，积少成多，建立起解决和改善职工住房问题的建设基金，使得每一个职工都有机会购买或租赁到自己满意的住房。此外，其社会保障性还体现在用人单位为其职工的住房提供了福利补贴，因为除了职工个人缴纳一定比例的金额，用人单位也要缴纳相应比例的金额，两者都归职工个人所有。

2. 普遍适用性。1994年《国务院关于深化城镇住房制度改革的决定》中，要求所有行政和事业单位及其职工均应按照“个人存储、单位资助、统一管理、专项使用”的原则缴纳住房公积金，建立住房公积金制度。《住房公积金管理条例》已将住房公积金的适用对象扩大到私营企业、外商投资企业、民办非企业单位、社会团体及其职工，基本上涵盖了城镇所有的单位及其职工。所以，住房公积金具有广泛的适用性。

3. 互助互利性。住房公积金制度的互助互利性体现在不管是有房户还是无房户（包括已经解决职工住房问题的单位和尚未解决职工住房问题的单位），都得按照规定比例缴纳住房公积金。住房公积金重点解决无房户的住房问题，也可以为有房户将来改善居住条件提供资金支持。

4. 强制缴纳性。住房公积金的缴纳根据法律的明确规定，它是城镇用人单位和在职职工个人必须履行的法定义务，没有商量的余地。所有用人单位及其个人不得逾期缴存或者少缴，单位不办理住房公积金缴存登记或者不为本单位职工办理住房公积金账户设立、逾期缴存或者少缴住房公积金的,都将受到相应的处罚,承担一定的法律责任。

5. 住房融资性。住房融资性是指住房公积金只能用在与职工个人住房相关的项目,并且缴存了住房公积金的职工可以申请住房公积金贷款。住房融资性不同于社会保障性,社会保障性主要针对住房困难户,而住房融资性既包括为低收入者解决住房问题提供资金支持,还包括为其他收入人群提供住房改善的资金支持。例如,可以利用住房公积金来购买普通的商品房,而不仅限于经济适用房或房改房等保障性住房。

(三)住房公积金制度的历史沿革

1991 年上海借鉴新加坡的经验开始了住房公积金制度的试点工作。1994 年《国务院关于深化城镇住房制度改革的决定》中明确提出建立我国的住房公积金制度,1996 年 7 月成立《住房公积金管理条例》起草领导小组和起草办公室,开始了住房公积金立法工作。1998 年建设部形成《住房公积金管理条例(送审稿)》。国务院于 1999 年 3 月 17 日通过了《住房公积金管理条例》,1999 年 4 月 3 日起实施,2002 年 3 月 24 日国务院对《住房公积金管理条例》进行了修订。

二、住房公积金的管理和监督

(一)住房公积金的管理体系

住房公积金的管理体系包括其管理机构、管理原则和运行机制等,其中,管理机构主要是指决策机关、决策执行机关等。

住房公积金的决策机关主要是指住房公积金管理委员会。《住房公积金管理条例》第 8 条、第 9 条规定,直辖市和省、自治区人民政府所在地的市以及其他设区的市(地、州、盟)应当设立住房公积金管理委员会,作为住房公积金管理的决策机构。住房公积金管理委员会的成员中,人民政府负责人和建设、财政、人民银行等有关部门负责人与有关专家占 1/3,工会代表和职工代表占 1/3,单位代表占 1/3。住房公积金管理委员会主任应当由具有社会公信力的人士担任。

住房公积金管理委员会在住房公积金管理方面履行下列职责:(1)依据有关法律、法规和政策,制定和调整住房公积金的具体管理措施,并监督实施;(2)根据本条例第 18 条的规定,拟订住房公积金的具体缴存比例;(3)确定住房公积金的最高贷款额度;(4)审批住房公积金归集、使用计划;(5)审议住房公积金增值收益分配方案;(6)审批住房公积金归集、使用计划执行情况的报告。

住房公积金的执行机构包括住房公积金管理中心和受托银行两个单位。根据《住房公积金管理条例》第 10 条的规定,直辖市和省、自治区人民政府所在地的市以及其他设区的市(地、州、盟)应当按照精简、效能的原则,设立一个住房公积金管理中心,负责住房公积金的管理运作。县(市)不设立住房公积金管理中心。

前款规定的住房公积金管理中心可以在有条件的县(市)设立分支机构。住房公积金管理中心与其分支机构应当实行统一的规章制度,进行统一核算。

住房公积金管理中心是直属城市人民政府的不以营利为目的的独立的事业单位。

《住房公积金管理条例》第 11 条规定,住房公积金管理中心履行下列职责:(1)编制、执行住房公积金的归集、使用计划;(2)负责记载职工住房公积金的缴存、提取、使用等情况;(3)负责住房公积金的核算;(4)审批住房公积金的提取、使用;(5)负责住房公积金的保值和归还;(6)编制住房公积金归集、使用计划执行情况的报告;(7)承办住房公积金管理委员会决定的其他事项。

受托银行应该是具有办理住房公积金金融业务的商业银行,受托银行接受住房公积金管理中心的委托,办理住房公积金贷款、结算等金融业务和住房公积金专门账户的管理,住房公积金缴存、归还等手续。住房公积金管理中心应当与受委托银行签订委托合同。

(二)住房公积金的监督

我国的住房公积金监督呈现出多头监督的状况:一是行政监督。即建设(住房保障)主管部门、中国人民银行等金融监督管理部门有权对住房公积金的管理法规、政策执行情况进行总体上的监督。二是财政监督。住房公积金管理中心编制住房公积金当年归集使用计划,住房公积金管理委员会审批住房公积金归集使用计划和执行情况报告等,必须有当地财政部门参与。财政部门还负责审批住房公积金管理中心的管理费用,住房公积金管理中心应当定期向财政部门报送财务报表等。三是银行监督。银行主要通过住房公积金专用账户的管理,住房公积金存贷款和结算活动,对住房公积金运用活动进行监督。四是审计监督。《住房公积金管理条例》第33条规定,住房公积金管理中心应当依法接受审计部门的审计监督。对住房公积金管理中心的审计应该是政府审计,并且属于法定的强制审计。五是社会监督。即住房公积金的缴存、归集、使用、保值、增值等都应该接受单位、职工和社会各界的最广泛监督,以保证住房公积金的安全和正确使用。

三、住房公积金的缴存和使用

(一)住房公积金专户

《住房公积金管理条例》第13条规定,住房公积金管理中心应当在委托银行设立住房公积金专户。所以,设立住房公积金专户是住房公积金管理中心的法定义务,也是住房公积金接受银行监督、维护职工住房公积金安全的有效途径。

(二)住房公积金缴存登记

单位应当到住房公积金管理中心办理住房公积金缴存登记,经住房公积金管理中心审核后,到受委托银行为单位职工办理住房公积金账户设立手续。每个职工只能有一个住房公积金账户。新设立的单位应当自设立之日起30日内到住房公积金管理中心办理住房公积金缴存登记,并自登记之日起20日持住房公积金管理中心的审核文件,到受委托银行为本单位职工办理住房公积金账户设立手续。

(三)住房公积金的转移和封存

单位合并、分立、撤销、解散或者破产的,应当自发生上述情况之日起30日内由原单位或者清算组织到住房公积金管理中心办理变更登记或者注销登记,并自办妥变更登记或者注销登记之日起20日内持住房公积金管理中心的审核文件,到受委托银行为本单位职工办理住房公积金账户转移或者封存手续。

单位录用职工的,应当自录用之日起30日内到住房公积金管理中心办理缴存登记,并持住房公积金管理中心的审核文件,到受委托银行办理职工住房公积金账户的设立或者转移手续。单位与职工终止劳动关系的,单位应当自劳动关系终止之日起 30 日内到住房公积金管理中心办理变更登记,并持住房公积金管理中心的审核文件,到受委托银行办理职工住房公积金账户转移或者封存手续。

(四)住房公积金的代扣、代缴和缓缴

职工个人缴存的住房公积金,由所在单位每月从其工资中代扣代缴。单位应当于每月发放职工工资之日起 5 日内将单位缴存的和为职工代缴的住房公积金汇缴到住房公积金专户内,由受委托银行计入职工住房公积金账户。单位应当按时、足额缴存住房公积金,不得逾期缴存或者少缴。

对缴存住房公积金确有困难的单位,经本单位职工代表大会或者工会讨论通过,并经住房公积金管理中心审核,报住房公积金管理委员会批准后,可以降低缴存比例或者缓缴;待单位经济效益好转后,再提高缴存比例或者补缴。

(五)住房公积金的提取及其程序

《住房公积金管理条例》第 24 条规定,职工有下列情形之一的,可以提取职工住房公积金账户内的存储余额:(1)购买、建造、翻建、大修自住住房的;(2)离休、退休的;(3)完全丧失劳动能力,并与单位终止劳动关系的;(4)出境定居的;(5)偿还购房贷款本息的;(6)房租超出家庭工资收入的规定比例的。

依照前款第(2)、(3)、(4)项规定,提取职工住房公积金的,应当同时注销职工住房公积金账户。职工死亡或者被宣告死亡的,职工的继承人、受遗赠人可以提取职工住房公积金账户内的存储余额;无继承人也无受遗赠人的,职工住房公积金账户内的存储余额纳入住房公积金的增值收益。

《住房公积金管理条例》第 25 条规定,职工提取住房公积金账户内的存储余额的,所在单位应当予以核实,并出具提取证明。

职工应当持提取证明向住房公积金管理中心申请提取住房公积金。住房公积金管理中心应当自受理申请之日起 3 日内作出准予提取或者不准提取的决定,并通知申请人;准予提取的,由受委托银行办理支付手续。

四、住房公积金贷款制度

(一)住房公积金贷款的概念

根据《住房公积金管理条例》的规定,已按时足额缴存住房公积金的借款人,在购买自有住房时,可以申请以住房公积金为资金来源的住房贷款。

与一般的个人住房贷款相比,住房公积金贷款有如下的特点:

1. 申请住房公积金贷款的借款人必须是按照《住房公积金管理条例》规定正常缴存住房公积金的职工。例如,根据《上海市住房公积金个人购房贷款管理办法》的规定,借款人申请贷款前连续缴存住房公积金的时间不少于 6 个月、累计缴存住房公积金的时间不少于 2 年。不实行住房公积金制度的离退休人员、无工作的城镇居民及不正常缴存住房公积金的职工均不能申请个人住房公积金贷款。

2. 住房公积金贷款的用途只能是用于职工个人购买自用普通住宅。自用普通住宅包括商品住房、经济适用房、房改房和二手房等,但不包括豪华住宅。

3. 住房公积金贷款的资金来源只能是职工个人和所在单位为其缴存的住房公积金。

4. 住房公积金贷款属于委托贷款形式。即由借款人申请，住房公积金管理中心对借款人的申请进行审核，批准之后再委托商业银行和申请人办理住房公积金贷款手续。

（二）住房公积金贷款的申请

《住房公积金管理条例》第26条规定，缴存住房公积金的职工，在购买、建造、翻建、大修自住住房时，可以向住房公积金管理中心申请住房公积金贷款。该条规定是职工申请住房公积金贷款的法律根据，根据该条规定，申请住房公积金贷款应满足以下几个条件：

1. 贷款人必须是已经缴存了住房公积金的职工，并且属于正式职工，而非临时工。

2. 贷款的用途只能用于购买、建造、翻建、大修自住住房，即住房公积金贷款属于解决职工住房消费的专项贷款，不能挤占、挪用。

3. 贷款的来源只能是由住房公积金管理中心暂管、由职工缴存的住房公积金，而不是商业银行的自用资金。

（三）住房公积金贷款的程序

贷款的一般程序是：职工向住房公积金管理中心提出贷款申请，住房公积金管理中心受理申请后进行审核，并且应当自受理申请之日起15日内作出准予贷款或者不准贷款的决定，并通知申请人；准予贷款的，由受委托银行办理贷款手续。

《住房公积金管理条例》第10条第3款规定，住房公积金管理中心是直属城市人民政府的不以营利为目的的独立的事业单位。根据《商业银行法》《贷款通则》等金融法律法规的规定，作为事业单位的住房公积金管理中心不能直接向职工发放住房公积金贷款，因此，住房公积金管理中心应委托相关商业银行办理住房公积金贷款的手续，亦即住房公积金贷款是一种委托贷款。委托贷款由政府部门、企事业单位及个人等委托人提供资金，由贷款人（受托对象、商业银行）根据委托人确定的贷款对象、用途、金额、期限、利率等代为发放、监督使用并协助收回的贷款，贷款人（受托人）只收取手续费，不承担贷款风险（《贷款通则》第7条）。

第十二章 物业管理法律制度

第一节 物业管理概述

一、物业与物业管理

(一)物业

物业和物业管理均是改革开放以后兴起的新名词新事物。“物业”一词原是粤港地区对房地产的俗称,现已成为规范化的术语。《广东省物业管理条例》规定,物业指“已建成交付使用的住宅、工业厂房、商业用房等建筑物及其附属的设施、设备和相关场地”。《上海市居住物业管理条例》规定,居住物业指“住宅以及相关的公共设施”。《深圳经济特区住宅区物业管理条例》规定,物业指“住宅区内各类房屋及相配套的公共设施、设备及公共场地”。一般认为,“物业”指已经建成并竣工验收投入使用的各类房屋建筑及其所属配套设施与场地。[1]

物业由四部分构成:(1)供居住或非居住的建筑物本体,包括建筑物自用部位和共用部位。以居住物业为例,自用部位指一套住宅内部,由住宅的业主、使用人自用的卧室、客厅、厨房、卫生间、阳台、天井、庭园以及室内墙面等部位;共用部位指一幢住宅内部,由整幢住宅的业主、使用人共同使用的门厅、楼梯间、水泵间、电表间、电梯间、电话分线间、电梯机房、走廊通道、传达室、内天井、房屋承重结构、室外墙面、屋面等部位。(2)配套附属设备,同样包括自用设备和共用设备。自用设备指由建筑物内部业主、使用人自用的门窗、卫生洁具以及通向总管的供水、排水、燃气管道、电线等设备;共用设备指建筑物内部全体业主共同使用的供水、排水、落水管道、照明灯具、垃圾通道、电视天线、水箱、水泵、电梯、邮政信箱、避雷装置、消防器具等设备。(3)配套公共设施,指物业区域内业主、使用人共有共用的设施,如道路、绿地、草坪、停车场库、照明管道、排水管道等设施。(4)建筑地块,指物业所占用的场地。

物业范围可大可小,可以是单体建筑物,也可以是群体建筑物。物业管理一般以物业区域为单位进行。物业区域由一栋或多栋建筑物及附属设备设施组合而成,又称为物业管理区域、物业小区或物业辖区。物业区域是业主实现自治管理与委托专业管理的基本单位。一个物业区域成立一个业主委员会,委托一个物业服务企业负责管理。物业区域的划分应当考虑物业的共用设施设备、建筑物规模、社区建设等因素。物业区域按功能可分为居住型、非居住型、综合型三类。

“物业”“房地产”“不动产”是三个紧密联系的概念,“物业”作为习惯称呼,一般与“房地

---

[1] 黄安永、叶天泉:《物业管理辞典》,东南大学出版社2004年版,第89页。

产”“不动产”表达同一概念，但又有所区别：

1. 所指对象不同。房地产是抽象的整体集合概念，表示一个国家或地区所有的全部房产和地产，一般不作量的区分；物业则是具体的可分概念，表示某一项具体的房地产，物业可大可小，大物业可分为小物业。概言之，房地产是宏观概念，物业是微观概念。

2. 适用环节不同。房地产适用于房地产的投资、开发、建设、销售、售后管理整个流程；物业仅仅适用于房地产的交易和售后服务阶段，一般已经建成并竣工验收。未经开发的地产，不能称为物业。

3. 称谓领域不同。不动产是民法惯常使用的词汇；房地产是经济法、行政法及实务中常用的词汇，物业则专指单元性的房地产。

（二）物业管理

2003 年 6 月 8 日国务院公布了《物业管理条例》，2007 年 8 月 26 日对其进行了修订，2016 年 2 月 6 日国务院发布第 666 号令《国务院关于修改部分行政法规的决定》对其再次进行了修改。《物业管理条例》第 2 条对物业管理所作的定义是“业主通过选聘物业服务企业，由业主和物业管理企业按照物业服务合同约定，对房屋及配套的设施设备和相关场地进行维修、养护、管理，维护相关区域内的环境卫生和秩序的活动”。

《物业管理条例》所指的物业管理，仅指业主通过选聘物业服务企业对物业进行管理这种方式，其所规范的物业管理活动，也限于业主选聘物业服务企业所进行的物业管理服务活动。业主采用其他方式对建筑物管理服务的活动，《物业管理条例》不予规范，而且业主和物业服务企业必须通过订立物业服务合同的方式来明确双方的权利义务关系，物业服务合同是物业管理活动产生的基础。物业管理是房地产综合开发的派生物，它作为房地产市场的消费环节，实质上是房地产综合开发的延续和完善，是一种综合性经营服务方式。

现代物业管理具有以下几个特点：

1. 物业管理职能的社会化。物业管理将物业区域内分散的社会服务统一起来，在不同程度或不同方式上承担着某些社会职能，如环保卫生、保安、消防等。业主按约定缴纳物业管理服务费，即可享受相应服务；物业服务企业则通过竞争拓展接管物业范围，获得更多收益。在上述过程中各方受益，而且提高了城市管理社会化程度。

2. 物业管理组织的专业化。物业服务企业设置专门的管理机构、配备专业人员，运用专业设备技术，提供高水平的服务管理。

3. 物业管理过程的市场化。物业管理机构是市场主体，而非行政组织；业主与物业管理机构是平等的交易关系；物业管理实行有偿服务，收费标准除政府定价或指导外由市场定价。

4. 物业管理形式的规范化。物业服务企业的建立、选聘，必须依照相关政策法规；物业管理的运作也必须规范，如物业接管验收、委托合同与管理规约的签订均要遵守相关规定。

5. 物业管理关系的契约化。物业管理关系各方通过双方合同和公共契约方式，约定各方权利义务，明确物业管理服务事项。业主与物业服务企业依约形成平等主体间民事法律关系，不同于计划经济时代房屋管理的行政式的管理与被管理关系。

二、物业管理的起源与兴起

现代意义的物业管理作为一种不动产管理模式起源于 19 世纪 60 年代的英国。当时英国开始工业革命,伴随工业发展,大量农村人口涌入工业城市,城市原有房屋设施满足不了人口激增的需求,住房空前紧张。

由于房荒,一些开发商相继修建一批简易住宅以低廉租金租给工人家庭居住,但因住宅设施简陋,居住环境恶劣,如此不仅租金拖欠严重,而且人为破坏时有发生,严重影响业主的经济收益。英国1880年至1886年间有位叫奥克维亚·希尔(Octavia Hill)的女士为其名下出租的物业制定了规范租户行为的管理办法,要求租户严格遵守,从而改善居住环境,并使业主和使用人的关系变得友善。这一行之有效的办法首开物业管理的先河,造就了新型的不动产管理模式,并渐为人效仿,推广至世界各地。

物业管理兴起并流行于国际,成为现代化城市的朝阳产业,具有两方面的因素:

其一,城市化的发展,多层建筑与居住小区的出现使物业管理成为必要。城市人口骤增,土地资源短缺,适逢现代建筑技术日新月异,于是建筑物不断向高空方向发展,多层建筑成为各国解决住房紧张的对策。多层建筑产权归属众多区分所有权人,各区分所有权人习惯有异、要求不一,纠纷势必层出不穷,所以由业主组成管理团体进行自治管理与委托的专业管理机构从事专业管理对高层建筑维修养护、区分所有权人共同生活秩序维持极为重要。现代城市的另一特征是住宅小区的出现。现代城市划分为若干功能区并由各个功能区合理有机地结合而成。住宅小区是城市居民生活居住区域,被称为"城市社会的缩影",是集居住、社会、服务、经济功能于一体的"小社会"。住宅小区业主使用人众多,产权归属错综交错,结构功能繁杂,其管理更为困难。如此物业管理更应担当创造舒适安全的小区环境,保障人民群众安居乐业的重责。此外,物业管理也能使物业发挥最大价值和经济效益。

其二,社会分工,所有权与管理权的分离加速物业管理发展。物业业主作为物业所有人,其享有的所有权不仅仅是一单项权利,还是权利集合或权利束,拥有多项功能,即占有、使用、收益及处分等。各项权利可以不同形式组合,也可相互分离单独行使。例如,业主得自己占有使用,亦可租赁他人使用,甚或出售、抵押物业以获收益。同样业主拥有自己物业的管理权,但业主知识技能有限,自行从事物业管理难以胜任;而且时间珍贵,业主更不能事无巨细过问。所以业主并不直接行使管理权,而是通过委托合同将其授予物业服务企业。物业所有权与管理权"两权分离"为物业管理提供了法律的制度保障。

三、物业管理的类型

《物权法》第81条规定:"业主可以自行管理建筑物及其附属设施,也可以委托物业服务企业或其他管理人管理。"因此,物业管理根据是否委托专业物业服务企业,是否实现所有权与管理权两权分离分为委托服务型和自主经营型。

(一)委托服务型物业管理

委托服务型物业管理是指现代物业业主将自己物业委托专业机构进行管理,是典型的物业管理方式。双方通过物业管理合同约定管理服务事项,明确双方权利义务,实现物业所有权与管理权的分离。在实践中,物业开发商作为第一业主,常先行选聘物业服务企业并签订前期物业管理合同;期满后再由全体业主决定续聘或改聘物业服务企业,签订物业管理合同。

委托服务型物业管理按委托内容又可分为:其一,管理服务为主的委托管理。业主只将物业的日常管理服务事项委托物业服务企业,而不涉及物业的出租经营,主要适用于业主自有自用的物业,如住宅小区。其二,出租经营与管理服务并重的委托管理。在前述委托内容基础上,业主委托物业服务企业对物业出租经营,授予物业服务企业管理权与经营权,业主通过收取约定收益获得利润,主要适用于经营性物业,如商厦、写字楼等。

(二)自主经营型物业管理

自主经营型物业管理是指物业业主不委托专业机构而由自己直接实施管理,是传统的物业管理方式。自主经营型物业管理中的物业所有权与管理权未实现分离,两权合一,故物业业主即物业经营管理人。自主经营型物业管理体制一般适用于业主单一,物业规模较小的物业管理。

自主经营型物业管理根据使用和经营方式与样式可以分为:其一,自有自用型。业主自己占有使用并自行管理自己的物业,其物业所有权由自己开发建设或是购买取得。其二,自有出租型。业主将物业出租交由他人使用,但保留物业的管理权。

四、物业管理的内容

物业管理的内容广泛。首先,物业服务企业根据委托合同取得管理权进行对物的管理和对人的管理。物的管理,是指对物业区域内建筑物、附属设备、公共设施及场地的维修、养护、利用、经营;人的管理,是指对物业区域内全体业主和使用人日常行为予以约束及制止其不当行为。其次,物业服务企业作为"业主的管家",在行使业主授予的管理权同时,根据业主委托提供特约服务,以物为媒,以人为本,从而方便业主。再次,物业服务企业作为第三产业的服务经营者,在"统一管理,综合服务"的前提下主动开展多种经营业务,实现以业养业。如此物业管理集管理、服务、经营"三位一体",本着"以人为本"的宗旨,统一管理,综合服务,以业养业。

(一)常规管理

根据《物业管理条例》的规定及物业管理合同的具体约定,物业服务企业负责物业区域内下列管理事项:

(1)物业及配套设备设施的维修养护管理,确保其处于良好运行状态。

(2)物业区域的安全防范工作。通过值班、看守、巡逻,以防盗、防火、防事故。

(3)物业区域公共环境卫生工作。定时收集清运废弃物,清扫洁净公共部位。

(4)物业区域公用地绿化美化工作。对道路、公共地方、公共设施绿化进行养护。

(5)物业区域的车辆管理工作。统一车辆停放,保持道路畅通,确保用户车辆安全。

(6)物业区域有关档案资料保管工作。

(7)其他有关物业区域公共秩序的管理工作。

(二)特约服务

按照《物业管理条例》的规定,物业服务企业可以接受业主和使用人的特别委托,为其提供物业服务合同没有约定的服务项目。例如,室内清洁、家电维修、商品代购、代付公用事业费、代订报刊、代聘保姆、接送孩子、护送老人病人等;也可接受供水、供气、供热等公用事业等单位的委托,为其向业主代收有关费用。

(三)多种经营

物业服务企业可自行或联合其他机构在物业区域开展多种经营业务,既可方便业主,又可补物业管理服务收费之不足,实现以业养业。例如,设立超市、饮食点、维修点、洗衣点、理发美容点等商业网点;或建立图书馆、影院、健身房、运动场、舞厅等有偿服务设施。

五、物业管理的作用

(一)配合城镇住房制度改革

我国城镇住房制度改革的目标,是按照社会主义市场经济的要求,实现住房商品化,由此将形成产权多元化和管理社会化的新格局。这种新格局要求改革计划经济体制下住房管理体制,建立适应商品经济发展和经营的住房管理体制,以新型不动产管理模式取代传统行政性房屋管理模式,所以,市场化、专业化的现代化物业管理是住房制度改革的一项重要内容与配套工程。

(二)提高房地产经营活动效益

市场机制表明,消费市场最终决定流通市场和生产市场。房地产经营活动由开发、营销和消费使用三个环节组成。物业管理作为房地产开发经营的最终环节,对消费环节有强烈反弹和刺激作用。物业管理不仅使物业保值增值,更成为消费者购置物业的重要因素,具有提高房地产经营效益,繁荣和完善房地产市场的功能。

(三)促进城市管理工作

城市管理是现代政府的重要职责。物业小区是城市的缩影、城市的细胞,其容貌构成城市整体形象,物业管理构成城市管理工作大系统。物业管理实质是将物业区域内一部分分散的政府城市管理工作,如环保、卫生、治安、交通等由业主交由物业服务企业统一管理,是在物业产权私有化基础上实现私管化。物业管理作为城市管理组成系统有助提高城市管理的社会化、专有化。

(四)提升业主和使用人的生活质量

生活质量是经济和社会发展的重要关注指标。随着经济发展,人们对住宅面积数量的关注逐渐向对居住环境质量强调。物业管理不仅充分发挥物业功能,更以物业为媒,以人为本,使物业管理与各项建设相得益彰,为业主及使用人创造安全、舒适、文明、和谐的生活工作环境。如此,群众安居乐业、社区安定团结,生活质量自然提高。

(五)有利于劳动就业和第三产业发展

物业管理作为服务行业,可吸纳各类型劳动力,提供广泛就业机遇。同时物业管理业的发展能带动装饰维修业、家政服务业、园林绿化业等相关服务行业的发展。由此物业管理推动第三产业以及国民经济的发展。

六、物业管理的原则

(一)市场竞争原则

从本质上来看,物业管理是一种民事法律行为,其管理的含义区别于行政法意义上的管理,更多的体现为物业服务企业向业主提供的一种服务。在我国市场经济的体制下,业主自主选择物业服务企业,物业服务企业通过提供优质的服务从而在竞争中胜出以便获取客户应该成为常态。因此,《物业管理条例》第3条规定:"国家提倡业主通过公开、公平、公正的市场竞争机制选择物业服务企业。"

（二）采用新技术、新方法，依靠科技进步提高管理和服务水平原则

物业管理具有专业化和复杂化的特点，物业服务企业作为物业管理活动的实践者，在服务提供过程中，应当尽可能的采用新技术、新方法提高自身的物业服务管理水平，进而更好地服务于业主，因此，《物业管理条例》第4条规定：“国家鼓励采用新技术、新方法，依靠科技进步提高物业管理和服务水平。”

（三）行政监督原则

尽管物业管理是物业服务企业和业主平等主体之间的民事法律关系，但客观上业主处于相对弱势的地位，同时物业管理涉及千家万户普通业主的安居乐业，因此不能任由物业管理活动在市场经济环境下任意发展，有必要由有关行政机关制定相对统一的标准和规范以促进物业管理活动健康发展。依照《物业管理条例》第5条的规定，国务院建设行政主管部门负责全国物业管理活动的监督管理工作，县级以上地方人民政府房地产行政主管部门负责本行政区域内物业管理活动的监督管理工作。

第二节 物业管理法律关系

一、物业管理法律关系概述

法律关系是法律规范调整一定社会关系过程中所形成的人们之间的权利义务关系。物业管理关系是法律关系的一种，是法律规范调整人们在物业管理过程中形成的权利与义务关系。物业管理关系是随着房地产业及物业管理的发展而出现的新型法律关系。物业管理法律关系由主体、客体、内容三要素构成。

现代物业管理是复杂的系统工程，涉及的法律关系错综交错。在物业管理领域中，主要存在民事法律关系和行政法律关系。

1. 物业管理民事法律关系，是指物业管理活动中业主、使用人、开发商、物业服务企业、其他专业服务机构由一系列合同规约而发生的民事法律关系。主要包括：(1)物业区域全体业主、非业主使用人之间物业共有及相邻关系；(2)业主与非业主使用人关于物业的租赁及其他关系；(3)业主与开发商间因销售合同而产生的物业保修等民事关系；(4)开发商与物业服务企业因前期物业管理而产生的委托关系；(5)业主与物业服务企业因物业管理合同而产生的委托关系；(6)物业服务企业与其他服务机构就物业区域相关服务订立合同而产生的承包关系。

2. 物业管理行政法律关系，是指物业管理活动中相关政府机构与有关当事人发生的服从与被服从、管理与被管理、监督与被监督的法律关系。主要包括：(1)行政机关对开发商及物业服务企业的管理关系；(2)行政机关对物业小区内业主、非业主使用人相关行为的管理关系。

二、物业管理法律关系主体

（一）业主、非业主使用人、开发商

1. 业主

《物业管理条例》规定业主为房屋的所有权人，《物权法》继续沿用业主这一称谓，明确了业

主的建筑物区分所有权。统言之,业主是物业所有权人,按其拥有的物业所有权状况,又可分为独立所有权人和区分所有权人。独立所有权是典型的传统不动产所有权形态,严格遵循“地上物属于土地所用人”的原则,土地上的建筑物专属于某一业主。区分所有权是 19 世纪后因城市多层建筑兴起始出现的新型权利,指数人区分一幅土地上同一建筑物而各有其专有部分所有权,并拥有成员权的复合型权利。现代物业区域各业主的权利形态一般是区分所有权。如此,各业主间共同之关系复杂已超出传统民法相邻关系,于是全体业主通过召开业主大会,选举业主委员会实施自治管理。

在房地产的实践活动中,还常常出现所谓“小业主”的说法,在进行业主概念的分析时,有必要明确一下“小业主”的含义。在房地产二级市场中,房地产开发商和建筑单位先进行房屋的开发兴建工作,基于其对房地产开发的投资,在房产建成后由他们先取得房产的所有权,成为第一业主。开发商在房产建成后将其出售(预售或者现房出售)给各购买人,或者是各购买者再在三级市场上对房地产进行再转让等,这些购买人及受转让人在取得房地产产权证时,成为了小业主。简言之,物业的购买人,即物业的所有权人为各小业主。由于第一业主与小业主各有所指,身份并不相同,所以有不同的权利和义务。

2. 非业主使用人

非业主使用人,是指物业的承租人和其他实际使用物业的人。非业主使用人未与开发商、物业服务企业有直接关系,不是物业销售合同的当事人,也不是物业管理合同的委托方;非业主使用人不是物业管理区域的区分所有权人,不具成员权,一般不参加业主大会与业主委员会。但非业主使用人却是现代物业管理区域的重要成员,无论是居住或非居住型物业,业主常将物业出租以获收益;另外,还有其他多种合法占有使用物业但不拥有所有权的情形。为了能约束非业主使用人的行为,保障非业主使用人的权益,物业管理立法中均明确肯定非业主使用人独立存在的地位。所以非业主使用人的权利义务不仅源自其与业主间租赁等合同的约定,而且也出自法律法规以及管理规约的规定。《物业管理条例》第 47 条规定,物业使用人在物业管理活动中的权利义务由业主和物业使用人约定,但不得违反法律、法规和管理规约的有关规定;物业使用人违反本条例和管理规约的规定,有关业主应当承担连带责任。

3. 开发商

开发商,又称发展商,即房地产开发企业。依据《城市房地产管理法》的规定,房地产开发企业是以营利为目的,从事房地产开发和经营的企业。开发商作为物业的投资建设单位,原始取得物业的所有权;在物业销售前,是物业唯一所有权人,因此被称为第一业主。

根据《商品住宅实行住宅质量保证书和住宅使用说明书制度的规定》,开发商须在法定及约定的期限内对其销售的商品住宅及其他住宅和非住宅的商品房屋承担保修责任,在保修范围内涉及物业管理的责任最终由开发商承担。开发商作为第一业主,物业开始出售后的一段时期内仍持有较多所有权比例,因此有第一次选择物业服务企业的优先权与便利。开发商常直接以自己作为委托方,签订前期物业管理合同,并作为住宅等物业出售合同的附件。

(二)物业服务企业

物业服务企业根据合同接受业主或者业主委员会的委托,依照法律或合同约定,对物业进行专业化管理,是物业管理法律关系的重要主体。

《物业管理条例》第 32 条第 1 款规定“从事物业管理活动的企业应当具有独立的法人资

格”。在实践中，从事物业管理活动的企业，有的具有独立法人资格，如按照公司法组建的物业管理公司；有的不具备法人资格，如房地产开发企业内设的物业管理部门、物业管理分支机构；有的名义上具有法人资格，实质上不能独立行使权力和承担责任，如一些房地产开发商设立的子公司。而物业管理企业属于从事经营活动的市场主体，作为市场主体，应当享有完全的民事权利能力和行为能力，能够独立承担民事责任，否则，与其进行交易的相对人的合法权益难以得到有效保障。

目前，在物业建设和管理的衔接上出现的众多问题，很大一部分原因就在于房地产开发企业和物业服务企业属于“一家人”“父子兵”，这种“建”“管”不分的体制决定了物业管理从属于、依附于房地产开发。当开发项目出现问题时，处于不平等地位的物业管理公司和开发公司不可能进行正常的承接验收。很多应由开发公司解决的矛盾和问题，推给下属的物业管理公司；物业管理公司解决不了，必然导致对业主的投诉相互推诿，矛盾和问题得不到及时解决。鉴于此，《物业管理条例》明确规定，从事物业管理活动的企业，必须是独立的法人。

物业服务企业是物业管理合同的一方当事人，与业主是平等的民事主体，双方存在服务与被服务、委托与被委托的关系。物业服务企业在向业主提供服务的同时，也承担了部分政府对城市管理的职能，例如，物业区域内的环保、卫生、治安、交通等。物业服务企业一般须经工商行政管理部门的核准登记以及颁发营业执照，而且物业服务企业还由房地产管理部门进行资质管理。物业服务企业的资质管理是行业归口管理，以便对全行业各个不同规模、不同经营能力、不同性质、不同所有权形式的物业服务企业的监控引导，从而促进物业管理行业有序发展，提高物业管理的整体水平。

根据建设部 2007 年 11 月 26 日颁布实施的《物业管理企业资质管理试行办法》，物业服务企业划分为一级、二级、三级三个资质等级和临时资质，不同级别的企业从事相应的物业管理项目。资质管理实行分级审批制度，一级由省、自治区建委（建设厅）、直辖市房地局初审，初审合格后报住房与城乡建设部审批；二级、三级由省、自治区建委（建设厅）、直辖市房地局审批；三级经省、自治区建委（建设厅）同意，可由地级以上城市的物业管理主管部门审批，报省、自治区建委（建设厅）备案。物业管理企业资质等级实行动态管理，每两年核定一次。各企业等级可升可降。

《物业管理企业资质管理办法》规定各资质等级物业服务企业的条件如下：

一级资质：

1. 注册资本人民币 500 万元以上；

2. 物业管理专业人员以及工程、管理、经济等相关专业类的专职管理和技术人员不少于 30 人。其中，具有中级以上职称的人员不少于 20 人，工程、财务等业务负责人具有相应专业中级以上职称；

3. 物业管理专业人员按照国家有关规定取得职业资格证书；

4. 管理两种类型以上物业，并且管理各类物业的房屋建筑面积分别占下列相应计算基数的百分比之和不低于 100%：

（1）多层住宅 200 万平方米；

（2）高层住宅 100 万平方米；

（3）独立式住宅（别墅）15 万平方米；

(4)办公楼、工业厂房及其他物业 50 万平方米。

5. 建立并严格执行服务质量、服务收费等企业管理制度和标准,建立企业信用档案系统,有优良的经营管理业绩。

二级资质:

1. 注册资本人民币 300 万元以上;

2. 物业管理专业人员以及工程、管理、经济等相关专业类的专职管理和技术人员不少于 20 人。其中,具有中级以上职称的人员不少于 10 人,工程、财务等业务负责人具有相应专业中级以上职称;

3. 物业管理专业人员按照国家有关规定取得职业资格证书;

4. 管理两种类型以上物业,且管理各类物业的房屋建筑面积分别占下列相应计算基数的百分比之和不低于 100%:

(1)多层住宅 100 万平方米;

(2)高层住宅 50 万平方米;

(3)独立式住宅(别墅)8 万平方米;

(4)办公楼、工业厂房及其他物业 20 万平方米。

5. 建立并严格执行服务质量、服务收费等企业管理制度和标准,建立企业信用档案系统,有良好的经营管理业绩。

三级资质:

1. 注册资本人民币 50 万元以上;

2. 物业管理专业人员以及工程、管理、经济等相关专业类的专职管理和技术人员不少于 10 人。其中,具有中级以上职称的人员不少于 5 人,工程、财务等业务负责人具有相应专业中级以上职称;

3. 物业管理专业人员按照国家有关规定取得职业资格证书;

4. 有委托的物业管理项目;

5. 建立并严格执行服务质量、服务收费等企业管理制度和标准,并建立企业信用档案系统。

一级资质物业服务企业可以承接各种物业管理项目。二级资质物业服务企业可以承接 30 万平方米以下的住宅项目和 8 万平方米以下的非住宅项目的物业管理业务。三级资质物业服务企业可以承接 20 万平方米以下住宅项目和 5 万平方米以下的非住宅项目的物业管理业务。

此外,《物业管理条例》还规定:“从事物业管理的人员应当按照国家有关规定,取得职业资格证书”。“从事物业管理的人员”,主要是指物业管理经营管理人员和技术工种人员。

(三)行政管理部门

市场经济中的物业管理活动一般通过业主、物业服务企业平等主体间的合同约定开展。但物业管理涉及百姓日常生活、城市正常秩序,政府行政机关如公安、消防、环保机关等基于行政权均介入物业管理活动,对各方的行为进行指导监督。在我国,房地产主管部门还直接负责对公房的物业管理。《物业管理条例》第 5 条对物业管理中相关行政机构规定:“国务院建设行政主管部门负责全国物业管理活动的监督管理工作。县级以上地方人民政府房地产行政主管部门负责本行政区域内物业管理活动的监督管理工作。”

三、物业管理法律关系客体

（一）法律关系客体概述

法律关系客体，是指法律关系主体权利义务共同指向的对象，包括物、行为和非物质财富。物业管理法律关系客体，是指物业管理法律关系主体权利义务指向的对象，同样分为物、行为和非物质财富。“物”指物业，即建筑物本体、附属设备、公共设施及相关场地；物业是业主所有权、物业服务企业管理权指向的对象。“行为”指物业管理中各方主体，即业主、开发商、物业服务企业以及政府主管部门的活动；物业管理合同规约如管理规约、业主委员会章程、前期及正式物业管理合同均以各方主体的一定行为作为客体。“非物质财富”即智力活动成果，包括精神文化财富，如物业小区的荣誉称号、规划设计、营销方式等均可成为物业管理各方主体权利义务的客体。

（二）物业的专有部分和共有部分

物业由建筑物本体、附属设备、配套设施、相关场地四部分构成。但作为业主所有权及物业管理权指向的对象，依据其所有权归属一般划分为专有部分和共有部分。

1. 专有部分是指物业中具有构造和使用上独立性的部分，专有部分与其他专有部分或共有部分以墙壁、天花板、地板相间隔。例如，《上海市居住物业管理条例》第 62 条规定，居住物业的专有部分指“一套住宅内部，由住宅的业主或使用人自用的卧室、客厅、卫生间、阳台、天井、庭院以及室内墙面等部位”。

业主对专有部分所有权的性质是单独所有权，对专有部分可以自由占有、使用、收益、处分。由于物业管理合同中业主委员会对物业服务企业的委托授权一般不涉及专有部分，所以就专有部分的有关物业管理事项，业主须与物业服务企业另行约定。

2. 共有部分是指物业中除去专有部分由全体或多数业主共同拥有和使用的部分。共有部分由物业的共用部位、共用设备、公共设施组成。

业主对共有部分依享有专有部分的比例享有所有权，但业主对共有部分的使用，不得妨碍其他业主的权益，而且共有部分的重大事项须经业主大会或业主委员会决议批准。共有部分的维修管理是物业管理合同的主要内容，也是物业服务企业管理权指向的主要对象。

（三）物业管理关系主体的行为

1. 业主及非业主使用人的行为

对人的管理是物业管理重要的一方面，业主及非业主使用人的行为因此是物业管理法律关系的客体。不仅管理规约、物业服务合同等民事契约中可对物业业主的行为有所约束，而且物业管理行政机关也可依职权对业主的行为进行管理。《物业管理条例》规定“物业管理区域内按照规划建设的公共建筑和共用设施，不得改变用途”，“业主依法确需改变公共建筑和共用设施用途的，应当在依法办理有关手续后告知物业服务企业”，“业主、物业服务企业不得擅自占用、挖掘物业管理区域内的道路、场地，损害业主的共同利益”，“因维修物业或者公共利益，业主确需临时占用、挖掘道路、场地的，应当征得业主委员会和物业服务企业的同意”，“业主、物业服务企业应当将临时占用、挖掘的道路、场地，在约定期限内恢复原状”，“业主需要装饰装修房屋的，应当事先告知物业服务企业”。

2. 物业服务企业的行为

物业服务企业的行为在物业管理中占主导地位，而且涉及业主权益，因此是物业管理合同以及立法着重调整的对象。

《物业管理条例》规定“物业服务企业确需改变公共建筑和共用设施用途的，应当提请业主大会讨论决定同意后，由业主依法办理有关手续”；同时，《物业管理条例》对物业服务企业聘用未取得物业管理职业资格证书的人员从事物业管理活动的行为、物业服务企业将一个物业管理区域内的全部物业管理一并委托给他人的行为、物业服务企业挪用专项维修资金的行为、未经业主大会同意，物业服务企业擅自改变物业管理用房的用途的行为都给予了相应的规制，对于其中情节严重的行为，构成犯罪的，依法追究责任人的刑事责任。

四、物业管理法律关系内容

法律关系的内容即主体享有的权利和承担的义务，法律关系的实质即主体的权利和义务关系。物业管理法律关系的内容主要包括业主及物业服务企业的权利义务。

(一)业主权利义务

1. 业主的权利

业主无论作为单独所有权人或建筑物区分所有权人，都拥有物业的所有权。业主的其他权利来源于他对物业的所有权。

《物业管理条例》规定，业主在物业管理活动中，享有下列权利：(1)按照物业服务合同的约定，接受物业服务企业提供的服务；(2)提议召开业主大会会议，并就物业管理的有关事项提出建议；(3)提出制定和修改管理规约、业主大会议事规则的建议；(4)参加业主大会会议，行使投票权；(5)选举业主委员会成员，并享有被选举权；(6)监督业主委员会的工作；(7)监督物业服务企业履行物业服务合同；(8)对物业共用部位、共用设施设备和相关场地使用情况享有知情权和监督权；(9)监督物业共用部位、共用设施设备专项维修资金的管理和使用；(10)法律、法规规定的其他权利。

2. 业主的义务

业主共同生活于物业区域，为全体业主生活之共同利益，业主权利的行使受民法相邻关系制度的限制，受管理规约、物业管理合同的进一步约束。

《物业管理条例》规定，业主在物业管理活动中，履行下列义务：(1)遵守管理规约、业主大会议事规则；(2)遵守物业管理区域内物业共用部位和共用设施设备的使用、公共秩序和环境卫生的维护等方面的规章制度；(3)执行业主大会的决定和业主大会授权业主委员会作出的决定；(4)按照国家有关规定交纳专项维修资金；(5)按时缴纳物业服务费用；(6)法律、法规规定的其他义务。

(二)物业服务企业的权利义务

1. 物业服务企业的权利

物业服务企业是物业管理合同的受托方，物业服务企业享有的权利主要是由业主在合同授予以及法律明确规定的物业管理权。

《物业管理条例》规定物业服务企业的权利包括：依照物业管理合同和有关规定收取物业管理费，可以将物业管理区域内的一部分专项服务业务委托给专业性服务企业，可以根据业主的委托提供物业服务合同约定以外的服务项目,并收取服务报酬等。

物业服务企业的权利具体包括:(1)根据有关规定,结合实际情况,制定小区管理办法,并报房地产行政主管部门备案;(2)依照物业管理办法和物业管理合同对住宅小区实施管理;(3)依照物业管理合同和有关规定收取管理费;(4)制止违反规章制度的行为;(5)有权选聘专业机构,承担专业管理业务;(6)有权要求业主委员会协助管理;(7)可以实行多种经营,以其收益补充小区管理经费。

2. 物业服务企业的义务

物业服务企业的管理权经合同授予由业主所有权分离而取得,故其首要义务即接受委托方的监督。

《物业管理条例》规定“物业服务企业应当按照物业服务合同的约定,提供相应的服务”;“对管理区域内违反有关治安、环保、物业装饰装修和使用等方面法律、法规规定的行为,物业管理企业应当制止,并及时向有关行政管理部门报告”;“物业服务企业应当协助做好物业管理区域内的安全防范工作。发生安全事故时,物业服务企业在采取应急措施的同时,应当及时向有关行政管理部门报告,协助做好救助工作”。

物业服务企业的义务可以具体分为:(1)履行物业管理合同,依法经营;(2)接受业主委员会和住宅小区居民的监督;(3)重大管理措施应当提交业主委员会审议批准;(4)接受房地产行政主管部门、有关行政主管部门及住宅小区所在地人民政府的监督指导。

第三节　物业管理业务

一、物业接管验收

(一)接管验收的概念、意义及标准

物业接管验收,是指物业服务企业在承接物业时,进行以物业的主体结构安全和满足使用功能为主要内容的再检验,同时接受图纸、说明文件等物业资料,从而着手实施物业管理的过程。物业接管验收是开展物业管理必不可少的重要环节,是物业管理的基础工作和前提条件,也是物业管理工作真正开始开展的首要环节。《物业管理条例》规定,“物业服务企业承接物业时,应当对物业共用部位、共用设施进行查验”。

目前,我国大约有1/3的物业服务企业是从建设单位派生出来的“父子关系”企业,这种“建”“管”不分的体制决定了物业管理从属于、依附于、受制于房地产开发,当开发项目存在问题时,处于不平等位置的物业服务企业和建设单位不可能进行正常的承接验收,有的甚至连合同都不签,很多应由建设单位解决的矛盾和问题,诸如质量缺陷、配套设施不完善、基础资料不齐、产权纠纷、不切实际的承诺等,都推给下属的物业服务企业,物业服务企业解决不了,造成物业服务企业和建设单位对业主的投诉相互推诿,矛盾和问题得不到及时解决。对此,通过接管验收程序,既可以尽量避免物业质量问题对以后管理的不良影响,又维护了业主的利益。接管验收的意义具体体现在:第一,明确建设单位、业主、物业服务企业的责、权、利,维护各自的合法权益。第二,促使建设单位提高建设质量,加强物业建设与管理的衔接,提供开展物业管

理的必备条件,确保物业的使用安全和功能,保障物业买受人享受物业管理消费的权益。第三,着力解决日趋增多的物业管理矛盾和纠纷,规范物业管理行业有序发展,提高人民群众居住水平和生活质量,维护社会安定。[2]

具体的接管验收程序与标准应当按照建设部 1997 年 7 月 1 日发布的《房屋接管验收标准》执行。从该标准看,物业服务企业对物业承接验收的对象为房屋的主体结构、外墙、屋面、楼地面、装修、电气、水、卫、消防、采暖、电梯、附属工程等物业的共用部位、共用设施设备。

(二)物业资料的移交

物业资料是物业服务企业对物业实施管理的重要基础,物业服务企业只有接收了相关的物业资料才能掌握有关物业的基本情况并进行现场查验。《物业管理条例》规定,物业承接验收时,建设单位向物业服务企业移交下列物业资料:(1)竣工验收资料,包括竣工总平面图,单体建筑、结构、设备竣工图,配套设施、地下管网工程竣工图等资料。(2)技术资料,包括设备设施的安装、使用和维护保养等资料。(3)物业质量保修文件和物业使用说明文件。(4)物业管理所必需的其他资料,如物业的规划、建设的有关资料;有关房屋产权权属的资料;工程验收的各种签证、记录、证明等。

同时,《物业管理条例》还规定,当业主成立业主大会以后,若业主委员会与新选聘的物业服务企业签订的物业服务合同生效,前期物业管理合同终止,原物业服务企业应当在前期物业服务合同终止时将上述资料移交给业主委员会,由业主委员会将物业资料移交给新选聘的物业管理企业。

(三)接管验收应注意的若干问题

1. 注意检查一些影响物业使用的各种细节问题,重点检查使用功能。物业虽然是经过竣工验收为合格的工程,但这并不意味着工程不存在问题。实际上,竣工验收是从大的方面把握质量关,许多将会在以后严重影响物业使用的问题一般并不在竣工验收质量范围内,如坐便器漏水、浴箱安装位置不当、开关插座不在一个水平线上、墙线不直、墙面不平、门窗损坏、玻璃破裂、卫生间地漏排水不畅等。物业公司应该站在业主的立场上,对物业进行严格验收,认真仔细检查每个房间的每项设备和各个关键部位,以维护业主利益,这同时有利于物业公司对物业的管理,避免和减少关于物业质量问题的纠纷。对房屋使用功能的检查验收要有一套合理的程序和科学的方法,有专业人员参加。

2. 验收中的问题应逐一列明,督促开发商整改。要有检查的记录和解决处理问题的意见,明确甲(开发)、乙(施工)、丙(物业)各方的责任和交用的标准。

3. 房屋的接管验收资料要完整,技术档案资料管理要严谨科学。房屋接管验收资料是房产管理的基础和依据,除要检查验收房屋的使用功能外,还要检查房屋的技术资料和其他有关现场条件是否齐备。在房屋接管过程中,随着技术档案资料的不断到位,要切实加强技术档案管理,建立严格科学的档案管理制度,专人负责收集整理、分类建档。有条件的要输入计算机进行科学管理。建立完整的档案资料,既有利于管理查询,方便维修,也有利于为业主提供必要的产权资料。

---

〔2〕 国务院法制办农业资源环境法制司编:《物业管理条例释义》,知识产权出版社 2008 年版,第 78 页。

二、前期物业管理

（一）前期物业管理时间的界定

1. 关于开始的时间

前期物业管理，是指物业出售后至业主入住前的物业管理。《物业管理条例》规定“在业主、业主大会选聘物业服务企业之前，建设单位选聘物业服务企业的，应当签订书面的前期物业服务合同”。通常情况下，物业服务合同是在物业服务企业与业主大会之间签订的，但在物业建成之后，业主大会成立之前，就需要进行物业管理活动，因此，只能由建设单位选聘物业管理企业对物业实施管理服务。这种要求符合实际需要，因为业主不能在没有物业管理的情况下入住，而必须有前期物业管理为其准备必要的入住条件。如果前期物业管理和业主入住同时开始或者晚于业主入住，无疑将给业主正常使用物业带来极大不便。

2. 关于终止的时间

《物业管理条例》规定“前期物业服务合同可以约定期限；但是，期限未满，业主委员会与物业管理企业签订的物业服务合同生效的，前期物业服务合同终止”。为了便于物业服务企业统筹安排工作，降低交易成本费用，防范经营风险，维护物业管理的秩序，前期物业服务合同可以约定期限。同时，前期物业服务合同是一种附终止条件的合同，即虽然期限未满，一旦业主组成了代表和维护自己利益的业主大会，选聘了物业服务企业，进入了正常的物业管理阶段，则前期物业管理就不再有存在的必要，自动终止。终止的时间以业主委员会与物业管理企业签订的物业服务合同生效时为准。

（二）前期物业管理的招标投标

《物业管理条例》规定“国家提倡建设单位按照房地产开发与物业管理相分离的原则，通过招投标的方式选聘具有相应资质的物业服务企业”。在物业管理发展初期，我国许多城市对物业管理项目实行“谁开发，谁管理”的模式，在此模式下，由于“建”“管”之间界限模糊，缺乏明确的交接验收手续，建设单位前期开发过程中遗留的大量问题往往被掩盖下来，这些问题在特定管理的阶段暴露出来，从而加大了物业管理的难度，容易引发纠纷。招投标制度的推行，打破了旧有的管理模式，增加了前期物业管理的透明性，为物业服务企业创造了公平、公正、公开的市场竞争环境。

应当注意的是，针对我国目前物业管理的实际情况，《物业管理条例》并未作出“一刀切”的规定，而是要求住宅物业的建设单位，应当以招投标的方式选聘物业服务企业，而非住宅物业是否以招投标的方式选聘物业服务企业，目前不作强制性要求。同时，《物业管理条例》又作了例外的规定，对于投标人少于三个或规模较小的住宅物业，建设单位可以采用协议的方式选聘物业管理企业，但应当经过物业所在地的区、县房地产行政主管部门的批准。

（三）前期物业管理的内容

前期物业管理的内容和正常时期的物业管理内容基本一致，包括了房屋共用部位的维护和管理、房屋共用设施设备及其运行的维护和管理、环境卫生、保安、交通秩序与车辆停放、房屋装饰装修管理等。

但是，前期物业管理毕竟是在一个过渡时期进行的，因此具有其特殊内容：(1)设立管理机构和配备管理人员。(2)物业服务企业对房屋进行接管验收。(3)制定和公布管理制度。

(4)对业主入住进行管理,又称为“进户管理”。“进户”是指业主或使用人收到书面通知书并在规定期限内办理完结相应手续并实际入住。从物业管理公司的角度讲,就是将物业正式交付业主或使用人使用。(5)建立健全物业管理档案资料。档案资料包括业主(或使用人)的资料和物业的资料。(6)装修搬迁管理。向业主宣传装修的有关法律法规;加强对业主装修的监督管理。(7)在前期物业管理协议终止时,如果原管理企业不再进行管理,必须与业主委员会选聘的物业服务企业办理物业管理移交手续,物业管理移交手续须经业主委员会确认。

(四)前期物业管理物业的保修责任

前期物业管理一般处于建设单位的物业保修期内,1998年《城市房地产开发经营管理条例》规定“房地产开发企业应当对其开发建设的房地产开发项目的质量承担责任”。为了区别物业管理企业和建设单位对物业的维修的不同责任,《物业管理条例》明确规定“建设单位应当按照国家规定的保修期限和保修范围,承担物业的保修责任”。保修期限与范围以外的物业维修、保养由物业服务企业按照物业服务合同的约定承担。

自1998年9月1日起,根据建设部《商品住宅实行住宅质量保证书和住宅使用说明书制度的规定》,房地产开发企业在向用户交付销售的新建商品住宅时,必须提供《住宅质量保证书》和《住宅使用说明书》。

房地产开发企业应当按《住宅质量保证书》的约定,承担保修责任。商品住宅出售后,委托物业管理公司等单位维修的,应在《住宅质量保证书》明示所委托的单位。

(五)前期物业管理的费用分担

前期物业管理的期限从物业出售至业主委员会选聘物业管理机构之时。在此之前,开发商自行从事相关管理或委托物业管理机构进行前期介入工作,这期间发生的费用均由开发商承担。在物业交付业主使用后,相关费用则应由开发商与入住业主共同承担。对此,《物业管理条例》规定“已竣工但尚未出售或者尚未交给物业买受人的物业,物业服务费用由建设单位交纳”。

三、物业管理服务

(一)物业管理区域统一管理原则

在物业管理实践中,存在多家物业管理公司共同管理一个物业管理区域的现象。比如,建设单位选出的物业服务企业和业主委员会选聘的物业服务企业同时为同一物业管理区域内的业主提供物业管理服务;同一物业管理区域内,成立了两个或者两个以上的业主委员会,这些业主委员会分别选聘物业服务企业进行管理。实践证明,多家管理往往存在严重的利益冲突,从而很难保证业主的正当利益,而且多家管理也造成资源浪费,将增加业主的负担。针对于此,《物业管理条例》规定“一个物业管理区域由一个物业服务企业实施物业管理”。

物业管理涉及事项多,专业性强,一个物业服务企业很难全面配备各种专业人员,也不可能自身承担物业管理区域内的全部服务业务。对此,《物业管理条例》作了灵活规定,即“物业管理企业可以将物业管理区域内的专项服务业务委托给专业性服务企业,但不得将该区域内的全部物业管理一并委托给他人”。所谓专项服务业务,是指保安、保洁、绿化、电梯等共用设施设备的维护等服务业务。

值得注意的是,在专项服务业务委托之后,物业服务企业和业主之间仍然是物业服务合同关系，物业服务企业和专业服务企业之间属于委托服务合同关系。专业服务企业在履行委托服务合同时，应当遵守物业管理区域内的规章制度，不得侵害业主的合法权益。物业管理企业就专业服务企业提供的服务向业主负责。又因为物业服务合同带有一定的人合性色彩，业主是根据物业服务企业的条件认定物业服务企业能够为之提供其所需要的服务来选择某一个物业服务企业的，因此，《物业管理条例》规定，物业服务企业不得将全部物业管理一并委托给他人。

（二）物业服务合同的内容

《物业管理条例》规定"业主委员会应当与业主大会选聘的物业服务企业订立书面的物业服务合同"。物业服务合同是确立业主和物业服务企业在物业管理活动中的权利义务的法律依据。物业服务合同的当事人中，物业服务企业与业主之间是平等的民事主体关系，不存在领导与被领导、管理与被管理的关系。双方的权利义务关系，体现在物业服务合同的具体内容中。

《物业管理条例》规定，物业服务合同应当具备以下主要内容：

1. 物业管理事项，主要包括：(1)物业共用部位的维护与管理；(2)物业共用设备设施及其运行的维护和管理，主要包括电梯、水泵、电视监控系统、有线对讲系统、电视接收系统、避雷、消防、污水处理系统等设备设施及其运行的维护和管理；(3)环境卫生、绿化管理服务，也称为保洁服务，一般包括楼道、走道、门厅、屋顶、天台等部位的定时清扫，内墙壁的除尘，公共门窗的擦洗，绿化，园地、路面的清扫，生活垃圾和建筑垃圾的管理，灭害洒药等服务；(4)物业管理区域内公共秩序、消防、交通等协助管理事项的服务；(5)物业装饰装修管理服务，包括房屋装修的安全、垃圾处理等各项管理工作；(6)专项维修基金的代管服务；(7)物业档案资料的管理。

2. 服务质量。在实践中，许多物业服务合同的纠纷均因服务质量问题而产生，而一旦产生了纠纷，服务质量是很难定量衡量的。为了避免不必要的纷争，物业服务合同当事人应当就物业服务质量作全面、具体的约定。

3. 服务费用。当事人需在合同中明确约定物业服务费用的收费项目、收费标准、收费办法等内容。物业服务费用的支付人，可以是业主，也可以是使用人。

4. 双方的权利义务。

5. 专项维修资金的管理和使用。专项维修资金主要用于物业共用部位和共用设施设备的维修养护。从产权上讲，专项维修资金属于物业管理区域内的业主所有，而在实践中，大都由物业服务企业代管。为了发挥维修资金的作用，需要当事人在国家规定的基础上，对专项维修资金的管理和使用规则、程序等作出具体约定。

6. 物业管理用房。

7. 合同期限。物业服务合同的期限条款应当尽量明确、具体，或者明确规定计算期限的方法。

8. 违约责任。

此外，《物业管理条例》还对特约服务作出了规定，即"物业服务企业可以根据业主的委托提供物业服务合同约定以外的服务项目，服务报酬由双方约定"。特约服务属于派生服务的范畴，并不是物业服务企业的法定义务，物业服务企业与业主可以按照契约自由的原则，就特约服务的事项进行约定，并由业主支付相应的报酬。

对于公用事业单位收费,《物业管理条例》也作出了明确的规定,“物业管理区域内,供水、供电、供气、供热、通信、有线电视等单位应当向最终用户收取有关费用”;“物业服务企业接受委托代收前款费用的,不得向业主收取手续费等额外费用”。业主与以上各公用事业单位之间,是一种合同关系,作为合同当事人,业主和各公用事业单位应当按照法律规定和合同约定来行使权利并履行义务。物业服务企业并不是合同的当事人,没有义务向公用事业单位支付这些费用,如果物业服务企业接受公用事业单位的委托,代其向业主收取相关费用时,没有任何法律依据可以手续费、管理费、劳务费等名目向业主收取额外的费用。

(三)物业服务企业的义务和责任

1.履行物业服务合同的义务。《物业管理条例》规定“物业服务企业应当按照物业服务合同的约定,提供相应的服务”;“物业服务企业未能履行物业服务合同的约定,导致业主人身、财产安全受到损害的,应当依法承担相应的法律责任”。

在实践中,在实施了物业管理的区域内,业主的人身和财产受到损害的情况也时有发生。比如,业主存放在车库中的车辆被盗;小偷进入业主家中盗窃甚至伤人、杀人等。在界定各方责任时,不能简单地认为:既然实施了物业管理,物业服务企业就应当保障业主的财产和人身安全;对业主在物业管理区域内受到的人身和财产的损害,物业服务企业就应当承担完全的法律责任(主要是民事赔偿责任)。按照《物业管理条例》的规定,物业服务企业就业主受到的人身和财产损害承担责任有一个前提条件,就是物业服务企业未能履行物业服务合同的约定,存在违约行为,包括根本不履行合同义务和不完全履行合同义务。也就是说,如果物业管理企业完全遵守了法律法规的规定和物业服务合同的约定,即使业主人身、财产在物业管理区域内受到损害,物业服务企业也不一定因此而承担法律责任。[3]

2.物业服务合同终止时的义务。《物业管理条例》规定“物业服务合同终止时,物业服务企业应当将物业管理用房和资料交给业主委员会”;“物业服务合同终止时,业主大会选聘了新的物业管理企业的,物业服务企业之间应当做好交接工作”。

3.对违法行为的制止和报告义务。《物业管理条例》规定“对物业管理区域内违反有关治安、环保、物业装饰装修和使用等方面法律、法规规定的行为,物业服务企业应当制止,并及时向有关行政管理部门报告”。

从《物业管理条例》的规定来看,对于物业管理区域内发生的违法行为,物业服务企业有制止和报告的义务,但并不意味着物业服务企业因此而获得了行政执法权。对于“制止”的理解,更多的是一种义务而不是权利,同时,物业服务企业的制止义务是有限度的,对于一些轻微的违法违规行为,如入室盗窃行为,物业服务企业可能能够制止,对于一些严重的违法违规行为,物业服务企业可能无法制止,因为没有相应的手段。这时,物业服务企业就应当及时向有关主管部门报告。

4.安全防范义务。《物业管理条例》规定:“物业服务企业应当协助做好物业管理区域内的安全防范工作。发生安全事故时,物业服务企业在采取应急措施的同时,应当及时向有关行政管理部门报告,协助做好救助工作。”

物业服务企业的安全防范义务直接出自《物业管理条例》的规定而不是物业服务合同的约

〔3〕 国务院法制办农业资源环境法制司:《物业管理条例释义》,知识产权出版社2008年版,第99~100页。

定，是因为物业服务企业所从事的物业服务活动，属于提供公共产品的活动。物业服务的这一特性决定了物业服务企业还需承担一定的社会责任；在发生安全事故时，物业服务企业负有采取紧急措施、报告和协助救助义务。例如，小区内发生火灾时，在消防人员赶到前，物业服务企业应当尽快疏散人群，尽可能地救人、灭火，同时将火灾情况及时报告消防部门，并协助消防人员开展灭火和救助工作。

物业管理公司在对物业小区进行管理时，往往要雇请保安人员。在实践中，物业保安方面出现的问题较多，各方面反应比较强烈。有物业保安人员不履行或者不按照合同约定履行保安职责，导致业主的人身、财产受到不必要的损失的；也有物业保安人员乱用“职权”，殴打业主的。为了解决物业保安中出现的种种问题，《物业管理条例》从物业服务企业、保安人员角度对物业保安进行了规定：“物业服务企业雇请保安人员的，应当遵守国家有关规定。保安人员在维护物业管理区域内的公共秩序时，应当履行职责，不得侵害公民的合法权益。”

5. 告知义务。《物业管理条例》规定：“业主需要装饰装修房屋的，应当事先告知物业服务企业”；“物业服务企业应当将房屋装饰装修中的禁止行为和注意事项告知业主”。

装饰装修房屋是业主的权利，但这一权利的行使应以不损害他人利益和社会公共利益为前提。在一个存在多业主的物业管理区域内，业主装饰装修房屋的行为有可能会对其他业主造成影响。考虑到业主对相关法律法规并不一定很了解，对房屋装饰装修中的禁止行为和注意事项并不一定都很清楚，《物业管理条例》规定物业服务企业在知道业主装修后应当将相关禁止行为和注意事项告知业主，以便于帮助业主更好地装饰装修房屋，并可以起到预防作用，避免出现违法装修或者装修扰民的情况。

第四节　物业管理合同规约

一、物业管理契约网络

计划经济时代，一切经济活动的开展依赖行政指令，各经济实体作为全国一盘棋的棋子、国家大工厂的车间，无任何独立自主性可言，所谓意思自治与合同自由更无存在的空间。市场经济时代，市场成为经济运作的平台，各经济实体独立自主、平等竞争、优胜劣汰，传统私法的意思自治与契约自由原则成为市场经济的制度基石。如此，合同连接各个市场主体，明确各方权利义务，是市场经济运作的重要媒介；一系列合同组成的契约网络更是现代经济开展的根本渠道。

市场经济下的物业管理改变了旧有的行政管理模式，遵循意思自治与契约自由两大原则，建立在一系列契约网络之上。各物业区域业主实施自治管理，召开业主大会，制定管理规约，并选举业主委员会；业主委员会选聘并与物业服务企业订立委托性质的物业管理合同；物业管理企业受托后又可进一步与其他专业服务机构签订承包合同。上述一系列合同规约组成了契约网络，明确各方权利义务，规定物业管理事项，从而实现专业化、市场化、社会化的现代物业管理。

总之，物业管理合同规约等一系列契约既是物业管理开展的媒介，更是引起物业管理法律关系产生、变更的原因。

二、管理规约

(一)临时管理规约

通常情况下,管理规约由业主大会筹备组草拟,经首次业主大会会议审议通过,但在实践中,物业建成后,业主的入住是一个逐渐的过程,业主大会并不能立即成立,而这时却有制定业主共同遵守准则的需要,否则,物业的使用、维护、管理可能处于混乱无序的状态。因此,《物业管理条例》规定:"建设单位应当在销售物业之前,制定临时管理规约,对有关物业的使用、维护、管理,业主的共同利益,业主应当履行的义务,违反临时管理规约应当承担的责任等事项依法作出约定。"由此可见,临时管理规约的制定主体是建设单位,这是因为建设单位在物业销售之前是物业的唯一业主,即第一业主,但它并不一定能够完全体现全体业主的意志,因此具有过渡性质,称为"临时管理规约"。

临时管理规约的内容与正式的管理规约的内容基本相同,即对有关物业的使用、维护、管理,业主的共同利益,业主应当履行的义务,违反规约应当承担的责任等事项依法作出约定。

同时,为了避免建设单位出于对自己有利的动机,利用制定临时管理规约的机会在规约中加入不公正的条款,从而损害物业买受人的利益,《物业管理条例》对临时管理规约的内容进行了原则上的限制,规定建设单位制定的临时管理规约,不得侵害物业买受人的合法权益,并且要求建设单位制定的临时管理规约,应当在物业销售之前向物业买受人明示,对临时管理规约的主要内容,向物业买受人陈述,并就容易导致购房人混淆的地方进行解释说明,以使物业买受人准确理解未来自己的权利义务。

为了进一步强化和保护物业买受人的合法权益,《物业管理条例》还规定"物业买受人在与建设单位签订物业买卖合同时,应当对遵守临时管理规约予以书面承诺"。实践中的做法是建设单位将临时管理规约作为物业买卖合同的附件,或者在物业买卖合同中明确规定要求物业买受人遵守临时管理规约的条款,让物业买受人在物业买卖合同上签字确认。

(二)管理规约

管理规约,是指业主承诺的,对全体业主具有约束力的有关使用、维护物业及其管理等方面权利义务的自治性行为守则。

业主成立业主大会以后,业主通过业主大会会议表达自己的意志,决定制定新的管理规约,或者修改临时管理规约,也可以继续保持临时管理规约,但此时的临时管理规约经过业主大会的审议通过后,已经转化成为正式的管理规约了。

1. 特征

管理规约的性质是全体业主的最高自治规则,是业主实现自治管理的重要协议,如"国家之宪法""公司之章程"。管理规约与一般合同有所区别:一般合同的订立是双方意思表示对立统一相互结合的双方行为,管理规约的订立则是全体业主追求目的方向一致、意思表示平行融合的共同行为。管理规约具有如下特征:

第一,自治性。管理规约是业主约定彼此相互关系的民事协定,根据私法自治规则,只要不违反强制禁止规定,不背离公序良俗,不侵犯业主固有权益,规约可以自由设定业主享有的权利义务,规定物业的使用方法原则,明示予以禁止限制的行为,还可就物业区域内的道德问题作出规定。

第二,设定性。物业区域内业主间相邻关系具有社会公共性,故自治原则受到一定程度限制。物业管理立法对管理规约的地位、内容、修改、效力有较多强制规定，业主订立规约时不得违反，而且管理规约是必备文件，不订立管理规约的，政府主管部门有权予以纠正。业主规约订立后还须到政府主管部门备案。

另外，房地产交易关系亦由一系列合同——土地使用权合同和商品房销售合同——联结而成，各方权利义务在合同中设定，并按序承接，同时转移，尤其土地出让合同的权利义务随土地使用权一并转移。所以业主相关权利自开发商取得，同时也承受开发商的相关义务责任，即管理规约应当符合土地使用权出让合同的规定。

第三，管理规约作为自治规则，与一般民事契约的关键区别在于：首先，管理规约的订立无须各位业主的一致同意，实行少数服从多数的原则；其次，管理规约的效力约束订立规约的各位业主，而且约束待定的物业继受人，如承租人、使用人等。

2. 内容和法律效力

《物业管理条例》规定管理规约的主要内容是：(1)有关物业的使用、维护、管理。如业主使用其自有物业和物业管理区域内共用部分、共用设备设施以及相关场地的约定；业主对物业管理区域内公共建筑和共用设施使用的有关规程；业主对自有物业进行装饰装修时应当遵守的规则等。(2)业主的共同利益。如对物业共用部位、共用设施设备使用和保护，利用物业共用部位获得收益的分配；对公共秩序、环境卫生的维护等。(3)业主应当履行的义务。如遵守物业管理区域内物业共用部位和共用设施设备的使用、公共秩序和环境卫生的维护等方面的规章制度；按照国家有关规定交纳专项维修资金；按时交纳物业服务费用；不得擅自改变建筑物及其设施设备的结构、外貌、设计用途，不得违反规定存放易燃、易爆、剧毒、放射性等物品；不得违反规定饲养家禽、宠物；不得随意停放车辆等。(4)违反规约应当承担的责任。业主不履行管理规约义务要承担民事责任，其以支付违约金和赔偿损失为主要的承担责任方式。管理规约的效力范围当然涉及全体业主，同时对物业使用人和物业继受人也发生法律效力。

三、业主大会

(一)业主大会的组成与宗旨

《物业管理条例》规定“物业管理区域内全体业主组成业主大会”，“业主大会应当代表和维护物业管理区域内全体业主在物业管理活动中的合法权益”。业主大会是基于物业管理区域内物业在构成、权利归属及使用上不可分离的共同关系而产生的，物业管理区域内的合法的物业所有人均享有参加业主大会，对物业共同事项进行管理的权利，因此，业主大会应由物业管理区域内的全体业主组成。业主大会成立以后入住的业主将自动成为业主大会的成员。业主大会成立的宗旨不仅在于通过开会对有关的共同事项作出决定，更重要的是使业主通过它来维护自己在物业管理活动中的合法权益。

(二)物业管理区域的划分

鉴于一个物业管理区域内的物业共用部位、共用设施设备和相关场地在构造和权利归属上的整体性，《物业管理条例》规定“一个物业管理区域内只能成立一个业主大会”。对于物业管理区域的划分，《物业管理条例》规定“应当考虑物业的共用设施设备、建筑物规模、社区建设等因素。具体办法由省、自治区、直辖市制定”。在实践中，物业管理区域有的按照一个自然的街坊，有的按照一个封闭的小区，有的按照建筑物的规模大小等来划定，包括居住区、大厦区、工业区等。由于我国不同地区物业管理发展水平差异性很大,《物业管理条例》未对物业管理区域作出统一并具体的规定,只规定物业管理区域划分的具体办法由省、自治区、直辖市根据各个地方的实际情况制定,但在划分物业管理区域时应当考虑物业的设施设备、建筑物规模、社区建设等因素,以便于在物业管理区域内实施统一的物业管理。[4]

(三)业主大会的成立

业主大会成立的主体应当是业主。《物业管理条例》规定"同一个物业管理区域内的业主,应当在物业所在地的区、县人民政府房地产行政主管部门或者街道办事处、乡镇人民政府的指导下成立业主大会并选举业主委员会"。《物业管理条例》的这一规定未采用我国有些地方对于业主大会的成立都规定在物业销售面积(或入住率)达到一定比例或者物业销售满一定年限的条件下,由建设单位或者物业服务企业或者政府房地产行政主管部门组织召开的做法。之所以这样规定,意在避免建设单位和政府部门对业主大会的不正当干预,因此,将成立业主大会的权利交由业主来行使。区、县人民政府房地产行政主管部门只负责业主大会成立的指导工作。这种指导主要体现在业主向政府房地产行政主管部门咨询召开业主大会的法规政策,报告业主大会的筹备情况,邀请政府房地产行政主管部门参加首次业主大会会议等方面。同时,对于只有一个业主,或者业主人数较少的情况,《物业管理条例》允许业主根据自身的实际情况,可自行或通过全体协商一致同意的方式对共同事项作出决定,没有必要成立业主大会。

(四)业主大会投票权数的确定

《物权法》出台前,对于业主在业主大会会议上的投票权,各个地方在实践中已形成自己的做法。有些地方按住宅套数确定,有的地方按住宅面积确定,有的地方针对不同的物业类型分别采取这两种方式。如《重庆市物业管理条例》规定"业主决定共同事务的表决权,属于住宅类物业的,一户为一票";《海南省住宅管理条例》规定"业主所持票数按其拥有的房屋建筑面积计算。建筑面积每10平方米为1票,5平方米以上不足10平方米的计算为1票,不足5平方米的不计票";《广东省物业管理条例》规定"业主投票权,住宅按每户计算表决权;工业厂房、商业用房按物业建筑面积计算表决权"。由于各种方法各有利弊,2003年公布的《物业管理条例》对业主的投票权只作了原则性的规定,即"根据业主拥有物业的建筑面积、住宅套数等因素确定。具体办法由省、自治区、直辖市制定"。

《物权法》结合建筑物面积与业主人数对业主投票权作出了规定。2007年8月26日国务院依据《物权法》的规定对《物业管理条例》进行了修订,规定除决定筹集和使用专项维修基金以及改建、重建建筑物及其附属设施,应当经专有部分占建筑物总面积2/3以上的业主且占总人数2/3以上的业主同意外,其他事项应当经专有部分占建筑物总面积过半数的业主且占总人数过半数的业主同意。

(五)业主大会例会及临时大会的召开

《物业管理条例》规定"业主大会会议分为定期会议和临时会议"。"业主大会定期会议应当按照业主大会议事规则的规定召开。经20%以上的业主提议,业主委员会应当组织召开业主大会临时会议"。

---

[4] 国务院法制办农业资源环境法制司:《物业管理条例释义》,知识产权出版社2008年版,第44~45页。

对于业主大会临时会议的召开,《物业管理条例》规定的条件为经 20% 以上的业主提议应当及时召开,这种情况一般发生在有重大事故或紧急事件需要处理时,或者管理规约中规定的召开业主大会临时会议情况发生。

(六)业主大会决议的通过

根据《物业管理条例的规定,"业主大会会议可以采用集体讨论的形式,也可以采用书面征求意见的形式;但是,应当有物业管理区域内专有部分占建筑物总面积过半数的业主且占总人数过半数的业主参加"。因故不能参加的业主"可以委托代理人参加业主大会会议"。应当注意的是,物业管理区域内有过半数的业主出席大会并非有效,因为业主过半数并不等于其专有部分占建筑物总面积一定超过半数,尤其是对于商业大厦,不同业主拥有面积差距很大。由于物业管理费是以业主拥有物业的建筑面积计算,不是以业主的人数计算的,大业主拥有物业面积大,所交的管理费多,因而其投票权数大,因此,必须是有超过 50% 以上投票权数(业主总人数过半数且其专有部分占建筑物总面积过半数)的业主参加的业主大会才符合法律规定的要求。

为保障业主大会有关决定能够真正地代表全体业主的整体利益,避免少数业主滥用权利侵犯多数业主利益的情况发生,《物业管理条例》规定业主大会作出决定,必须经专有部分占建筑物总面积过半数的业主且占总人数过半数的业主同意。业主大会作出筹集和使用专项维修资金、改建、重建建筑物及其附属设施的决定,必须经专有部分占建筑物总面积 2/3 以上的业主且占总人数 2/3 以上的业主同意。

(七)业主大会的职责

《物业管理条例》规定,业主大会履行下列职责:(1)制定和修改业主大会议事规则;(2)制定和修改管理规约;(3)选举业主委员会或者更换业主委员会成员;(4)选聘和解聘物业服务企业;(5)筹集和使用专项维修资金;(6)改建、重建建筑物及其附属设施;(7)有关共有和共同管理权利的其他重大事项。

四、业主委员会

业主委员会是物业管理区域内全体业主对物业实施自治管理的组织,在现代物业管理中占有重要地位,发挥关键作用。业主委员会由业主大会选举产生,是业主大会的常设执行机构,对业主大会负责。

(一)业主委员会的产生

《物权法》第 75 条规定"地方人民政府有关部门应当对设立业主大会和选举业主委员会给予指导和协助"。《物业管理条例》规定"同一个物业管理区域内的业主,应当在物业所在地的区、县人民政府房地产行政主管部门或者街道办事处、乡镇人民政府的指导下成立业主大会,并选举产生业主委员会"。

业主委员会的委员应当由业主担任,非业主的使用人和其他人员没有被选举为业主委员会委员的资格。房地产行政主管部门、街道办事处及乡镇人民政府、房屋的开发经营单位、前期的物业管理公司应协助业主做好首届业主委员会候选人的酝酿、推选工作,征求各业主小组(如果已设立的)的意见,把遵纪守法、具有一定的物业管理法律知识、热心公益事业、责任心强、具有一定组织能力的业主作为业主委员会的候选人,提请第一次业主大会选举。业主委员会的人数应根据物业管理区域规模决定,通常应为5~15人。

业主委员会的成员不得兼任本物业区内物业管理公司的工作;物业管理公司的成员同为物业管理区域内的业主的,也不得担任业主委员会的委员;业主委员会主任、副主任在业主委员会委员中推选产生。

(二)业主委员会的核准

《物业管理条例》规定"业主委员会应当自选举产生之日起30日内,向物业所在地的区、县人民政府房地产行政主管部门和街道办事处、乡镇人民政府备案",备案一般包括业主委员会成员的基本情况、管理规约、业主大会议事规则等主要内容。

需要说明的是,目前在我国一些地方的物业管理法规中,规定业主委员会实行登记制度,即业主委员会成立后要到房地产行政主管部门进行登记审核。这样做的目的是强化对业主委员会的管理,但却容易造成政府对业主委员会的成立与运作进行一些不正当的干预,而且业主委员会是业主自律的一种形式,政府不宜干预过多,介入太深。政府的作用应该体现在指导、帮助、协调、监督业主委员会的成立及运作上。因此,《物业管理条例》明确对业主委员会的成立实行备案制度区别于审批制度。

(三)业主委员会的职责

《物业管理条例》规定,业主委员会是业主大会的执行机构,履行以下职责:(1)召集业主大会会议,报告物业管理的实施情况;(2)代表业主与业主大会选聘的物业服务企业签订物业服务合同;(3)及时了解业主、物业使用人的意见和建议,监督和协助物业服务企业履行物业服务合同;(4)监督管理规约的实施;(5)业主大会赋予的其他职责。

(四)业主委员会的义务

1. 应当依法履行职责。依法履行职责是对业主委员会最根本的要求。《物业管理条例》规定"业主大会、业主委员会应当依法履行职责,不得作出与物业管理无关的决定,不得从事与物业管理无关的活动";同时规定了房地产行政主管部门及街道办事处、乡镇人民政府对业主大会、业主委员会的活动的监督管理职责。

2. 支持并配合相关部门的工作。《物业管理条例》规定,业主大会、业主委员会应当配合公安机关,与居民委员会相互协作,应当积极配合相关居民委员会依法履行自治管理职责,支持居民委员会开展工作,并接受其指导和监督。

3. 做好物业区域内业主的宣传、协调工作。业主委员会应向业主公布、宣传各项管理规约,督促业主自觉遵守管理规约及规章,促使业主理解有关的管理收费,并使其按规定缴纳管理费及其他应分摊的费用。

五、前期物业服务合同

(一)前期物业的概念

前期物业服务,是指物业出售后至业主委员会成立并选聘物业服务企业这一段期间内的物业服务。前期物业服务阶段,开发商或业主与物业服务企业间的物业服务合同即前期物业服务合同。

前期物业服务合同有两种模式:

1. 物业开发商作为唯一委托方签订前期物业服务合同。开发商作为第一业主,签订前期物业服务合同的委托行为既是对未出售的自己尚存物业所有权的行使,也是对新住业主区分所有权的代理行使,因此开发商须在其他文件,如房屋销售合同或物业管理规约中得到新住业主订立前期物业服务合同的委托授权。

2. 各位业主即每个购房者均以直接作为委托方分别签订前期物业服务合同。该合同一般在业主与开发商签订购买合同时一并签署生效。由于业主刚入住,不具备相应的能力条件,该模式中的物业管理企业一般亦先由开发商提供指定。

（二）前期物业的特征

1. 前期物业服务合同具有过渡性。前期物业服务合同的期限存在于业主、业主大会选聘物业管理企业之前的过渡时间内,一旦业主大会成立或者全体业主选聘了物业服务企业、业主委员会代表业主与物业服务企业签订的合同发生效力,就意味着前期物业管理阶段结束,进入了通常情况下的物业管理阶段。

2. 前期物业服务合同由建设单位与物业服务企业签订。这是因为首次业主大会尚未召开,业主还不能形成统一意志来决定选聘物业服务企业,而此时已有实施物业管理的现实需要;而且,建设单位是物业的第一业主,享有第一次选聘物业服务企业的优先权,能够签订前期物业服务合同。这就存在一个买受人在购买物业时如何知道和决定是否接受前期物业服务合同的问题。在实践中,发生的一些业主不满物业服务企业提供服务的纠纷,究其原因,并不一定全是由于物业服务企业不按照合同提供服务,而是由于业主缺乏对物业服务合同内容的了解,双方对提供服务的内容理解不一致导致的。鉴于此,《物业管理条例》规定"建设单位与物业买受人签订的买卖合同应该包含前期物业服务合同约定的内容",以保障物业买受人的合法权益。

3. 前期物业合同是要式合同。由于前期物业管理涉及广大业主的公共利益,《物业管理条例》要求前期物业服务合同以书面的形式签订。

（三）前期物业管理的费用责任分担

前期物业管理的期限从物业出售至业主委员会选聘物业管理机构之时。在此之前,开发商自行从事相关管理或委托物业管理机构进行前期介入工作,这期间发生的费用均由开发商承担。在物业交付业主使用后,相关费用则应由开发商与入住业主共同承担。对此,《物业管理条例》规定"已竣工但尚未出售或者尚未交给物业买受人的物业,物业服务费用由建设单位交纳"。

前期物业管理一般尚处于开发商的保修期间内,保修范围内的有关物业管理事项由开发商承担责任及费用支出。根据建设部《商品住宅实行住宅质量保证书和住宅使用说明书制度的规定》,开发商应按《住宅质量保证书》约定,承担保修责任;商品住宅出售后,委托物业管理企业维修的,应在《住宅质量保证书》明示所委托的单位。

住宅保修期从开发商将竣工验收的住宅交付用户使用之日起计算,最低法定期限为:屋面防水3年;墙面、厨房和卫生间地面、地下室、管道渗漏1年;墙面、顶棚抹灰层脱落1年;地面空鼓开裂、大面积起砂1年;门窗翘裂、五金件损坏1年;管道堵塞2个月;供热供冷系统和设备1个采暖期或供冷期;卫生洁具1年;灯具、电器开关6个月。其他部位、部件的保修期限,由房地产开发企业与用户自行约定。房地产开发企业可以延长上述保修期限。

但是,用户验收后自行添置、改动的设施设备,由用户自行承担维修责任。用户违反《住宅使用说明书》的合理使用提示,使用不当或擅自改动结构、设备位置和不当装修等造成的质量问题,开发企业不承担保修责任。由上述原因引起的房屋质量受损和其他用户损失,由责任人承担相应责任。

六、物业服务合同

(一)物业服务合同的概念

物业服务合同,是指业主委员会成立后由其代表全体业主与业主大会选聘的物业企业所签订的合同。

物业服务合同作为业主委员会与物业服务企业双方意思表示一致的协议,是市场经济中物业管理开展的协议基础。物业服务企业与物业业主是平等民事主体,物业服务企业的物业管理权来自业主的委托授权,这种授权便通过物业管理合同进行,因此物业服务合同是现代物业管理开展的前提。

物业服务合同一般应采取书面形式,物业服务合同如采取格式合同形式,应遵守合同法中有关格式条款的规定。物业服务合同是非典型合同,我国现行合同法中未单设该类型合同,其性质应属提供服务中的委托合同,业主委员会与物业服务企业形成委托与受委托的关系。

(二)物业服务合同的特征

1. 物业服务合同实现所有权与管理权分离。现代城市的发展与社会分工的深化使得专业化物业管理成为必要。物业服务合同促成实现了物业所有权与管理权的分离,是现代物业管理得以进行的重要前提。根据物业服务合同的委托授权,物业服务企业成为业主的“管家”,不仅负责对物的管理,即物业的维修、养护、利用、处分;而且负责对人的管理,即业主和使用人日常行为的约束或不当行为的制止。

2. 物业服务合同受到较多国家干预。物业服务合同遵循合同自由、双方平等的原则,但因其关系百姓生活、城市管理,所以物业服务合同的签订、履行受国家较多干预。其一,合同主体资格方面,委托方是业主委员会,受托方是物业服务企业。前者经法定程序选举产生;后者实施资质管理。其二,合同的具体内容方面,有关物业管理服务事项、收费以及业主与物业服务企业的权利义务,立法均有明确规定,物业服务合同的订立不得违背。

(三)物业服务合同的内容

《物业管理条例》规定,物业服务合同应当具备以下主要内容:

1. 物业管理事项。物业服务合同双方当事人一般约定下列物业管理服务事项:(1)物业共用部位的维护与管理;(2)物业共用设备设施及其运行的维护和管理;(3)环境卫生、绿化管理服务;(4)物业管理区域内公共秩序、消防、交通等协助管理事项的服务;(5)物业装饰装修管理服务;(6)专项维修资金的代管服务;(7)物业档案资料的管理。

2. 服务质量。现在国家正在推行物业管理服务标准,当事人可以参照服务标准来约定服务质量,根据服务质量来约定相应的服务费用。

3. 服务费用。物业服务收费应当遵循合理、公开以及费用与服务水平相适应的原则,区别不同物业的性质和特点,由业主和物业服务企业按照国务院价格主管部门会同国务院建设行政主管部门制定的物业服务收费办法执行。目前收费标准主要有两种计算方式:一是按照每平方米多少元来计算；二是按照每户多少元来计算。物业服务费用的支付人是业主，业主与物业使用人约定由物业使用人交纳物业服务费用的，从其约定，业主负连带交纳责任。

4. 合同双方权利义务。业主和物业服务企业需要将双方在物业管理活动中的权利义务约定清楚。物业服务合同属于双务合同的范畴，一方的权利就是另一方的义务。例如，享受物业服务是业主的权利，而提供物业服务则是物业服务企业的义务；收取物业服务费用是物业管理企业的权利，而支付物业服务费用则是业主的义务。双方当事人的权利义务界定越明晰，合同的履行就越简单，发生纠纷的概率也就越小。

5. 专项维修资金的管理和使用。专项维修资金主要是针对于住宅物业而言的。专项维修资金大都由物业服务企业代管，为了发挥维修资金的作用，需要当事人在国家规定的基础上，对专项维修资金的管理和使用规则、程序等作出具体的约定。

6. 物业管理用房。《物权法》明确了物业服务用房作为共有部分属于业主共有；《物业管理条例》也规定"物业管理用房的所有权依法属于业主"。物业管理用房包括物业办公用房、物业清洁用房、物业储藏用房、业主委员会活动用房等，其所有权依法属于业主，物业服务企业实施物业管理的，可以使用物业管理用房，但无权改变物业管理用房的用途。

实践中，有些物业服务企业认为本物业管理区域内的物业管理用房面积有余，于是自行决定改作商铺经营，以经营收入补贴物业服务费用的不足。实际上，这是一种严重的侵权行为，因为业主是物业管理用房的所有权人，只有业主才能行使对物业管理用房的处分权。鉴于此，《物业管理条例》规定"未经业主大会同意，物业服务企业不得改变物业管理用房的用途"。

7. 合同期限。物业服务合同一般属于在较长期限内履行的合同，因此当事人应当对合同的期限进行约定。

8. 违约责任。物业服务合同一旦生效将对当事人产生法律约束力，当事人应当按照合同全面、严格履行合同义务，任何一方当事人不履行合同义务的，均应向对方承担违约责任。

第五节　物业的使用与维护及物业管理服务收费

一、物业的使用与维护

（一）公共建筑和共用设施的使用

绿地变成了停车场，沙盘上看到的应该是幼儿园的地方却变成了对外出租的"办公用房"，小区的主干道上有人在摆摊设点，公用道路、场地、建筑随意改变用途等侵犯全体业主合法权益的事情屡见不鲜。不仅仅是物业公司，一些业主也容易出现这方面的问题，尤其是在个人房屋装修的时候。《物业管理条例》关于"物业的使用和维护"明确规定："物业管理区域内按照规划建设的公共建筑和共用设施，不得改变用途。业主依法确需改变公共建筑和共用设施用途的，应当在依法办理有关手续后告知物业服务企业；物业服务企业确需改变公共建筑和共用设施用途的，应当提请业主大会讨论决定同意后，由业主依法办理有关手续。"

（二）道路、场地设施的使用和维护

《物权法》规定"建筑区划内的道路，属于业主共有，但属于城镇公共道路的除外。建筑区

划内的绿地,属于业主共有,但属于城镇公共绿地或者明示属于个人的除外。建筑区划内的其他公共场所、公用设施和物业服务用房,属于业主共有”。实践中由于个别业主、物业服务企业私自占用、挖掘道路、场地,影响到小区的交通秩序,污染了小区的环境卫生,侵犯了小区内大多数业主的合法权益,针对于此,《物业管理条例》规定“业主、物业服务企业不得擅自占用、挖掘物业管理区域内的道路、场地,损害业主的共同利益”。但由于物业管理区域内物业维修、管线检修、道路修整等客观需要或公共利益需要,可以占用、挖掘道路、场地,但业主或物业管理企业进行这些行为,“业主应当征得业主委员会和物业服务企业的同意”,“物业管理企业应当征得业主委员会的同意”;为了防止业主、物业服务企业借维修物业之机或者以公共利益之名,出于私利长期占用、挖掘道路、场地或者在使用完毕后草草处理影响广大业主的正常使用,《物业管理条例》规定“业主、物业服务企业应当将临时占用、挖掘的道路、场地,在约定期限内恢复原状”。

(三)相关管线和设施设备的维修养护

在物业管理实践中,物业管理区域内供水、供电、供气、供热、通信、有线电视管线和相关设施设备的维修养护责任的承担是一个存有争议的问题,为此《物业管理条例》明确规定“供水、供电、供气、供热、通信、有线电视等单位,应当依法承担物业管理区域内相关管线和设施设备维修、养护责任”;“这些单位因维修、养护等需要,临时占用、挖掘道路、场地的,应当及时恢复原状”。

(四)房屋的装饰和装修

装饰装修房屋是业主的权利,但这一权利的行使应以不损害他人利益和社会公共利益为前提。在住宅小区中,住宅单体间存在共用部位,如主体结构承重部位,包括内外承重墙体、柱、梁、楼板等;单幢楼或小区内有共用设施设备,如电梯、水、暖、照明、煤气、消防等。在一个存在多业主的物业管理区域内,不当的房屋装饰装修活动会导致共用部位、共用设施设备的损坏,影响相邻业主的生命财产安全。物业服务企业对物业及其共用部位、共用设施设备的结构、功能、使用等情况是了解的,因此《物业管理条例》规定“业主需要装饰装修房屋的,应当事先告知物业服务企业;物业服务企业应当将房屋装饰装修中的禁止行为和注意事项告知业主”。如果业主在装修过程中出现违规的情况,物业公司可报房屋行政主管部门对其进行处罚。

(五)物业共用部位、共用设施设备的经营

在屋顶上、电梯内、绿地上做广告,把公共建筑出租给他人,其收益物业公司有权独吞吗?提出这个问题并非空穴来风。实践中,不少小区的物业公司与业主在协议中约定:“屋顶、公共墙体的使用权归物业。”物业公司就把经营后的所得理所当然地装进了自己的腰包。

而事实上,屋顶等公共建筑的产权归全体业主享有,物业公司凭什么用全体业主的财产赚自己的钱呢?针对此侵权行为,《物业管理条例》明确规定“利用物业共用部位、共用设施设备进行经营的,应当在征得相关业主、业主大会、物业服务企业的同意后,按照规定办理有关手续”。对于经营所得收益的使用,《物业管理条例》规定“应当主要用于补充专项维修资金”,同时,为尊重全体业主的意愿和特殊使用需要,还规定“业主所得收益也可以按照业主大会的决定使用”。

(六)物业存在安全隐患时的维修养护

物业在使用过程中由于人为、自然或突发事件等因素作用会出现潜在的结构、使用等方面的危险,物业的安全隐患往往会影响到公共利益和他人的合法权益,因此《物业管理条例》明确规定“物业存在安全隐患,危及公共利益及他人合法权益时,责任人应当及时维修养护,有关业主应当给予配合”;“责任人不履行维修养护义务的,经业主大会同意,可以由物业服务企业维修养护，费用由责任人承担”。

需要说明的是，这里所说的责任人主要是指房屋的产权人或者是按照合同约定承担相关部位维修责任的单位和个人，还包括由于历史特殊原因形成的房屋的实际使用者或维修责任的承担者。

（七）物业管理维修资金

1. 维修资金的概念与缴交范围

物业管理维修资金，是指专项用于物业共用部位、共用设施、设备保修期满后的维修和更新、改造的资金。共用部位指根据法律、法规和房屋买卖合同，由单幢住宅内业主或者单幢住宅内业主及与之结构相连的非住宅业主共有的部位，一般包括住宅的基础、承重墙体、柱、梁、楼板、屋顶以及户外的墙面、门厅、楼梯间、走廊通道等。共用设施设备指根据法律、法规和房屋买卖合同，由住宅业主或者住宅业主及有关非住宅业主共有的附属设施设备，一般包括电梯、天线、照明、消防设施、绿地、道路、路灯、沟渠、池、井、非经营性车场车库、公益性文体设施和共用设施设备使用的房屋等。

《物业管理条例》规定“住宅物业、住宅小区内的非住宅物业或者与单幢住宅楼结构相连的非住宅物业的业主，应当按照国家有关规定交纳专项维修资金”。根据建设部的《住宅专项维修资金管理办法》规定，商品住宅的业主、非住宅的业主按照所拥有物业的建筑面积交存住宅专项维修资金，每平方米建筑面积交存首期住宅专项维修资金的数额为当地住宅建筑安装工程每平方米造价的5%至8%；公有住房售后的维修资金来源有两部分，业主按照所拥有物业的建筑面积交存住宅专项维修资金，每平方米建筑面积交存首期住宅专项维修资金的数额为当地房改成本价的2%，售房单位按照多层住宅不低于售房款的20%、高层住宅不低于售房款的30%，从售房款中一次性提取住宅专项维修资金。

2. 维修资金的权属与用途及法律责任

《物权法》规定“建筑物及其附属设施的维修资金，属于业主共有。经业主共同决定，可以用于电梯、水箱等共有部分的维修。维修资金的筹集、使用情况应当公布”。《物业管理条例》规定“专项维修资金属业主所有，专项用于物业保修期满后物业共用部位、共用设施设备的维修和更新、改造，不得挪作他用”。

对于违反《物业管理条例》规定，挪用专项维修资金的，《物业管理条例》规定了相应的行政处罚措施，即“由县级以上地方人民政府房地产行政主管部门追回挪用的专项维修资金，给予警告，没收违法所得，可以并处挪用数额2倍以下的罚款”；对于物业服务企业挪用专项维修资金的行为，《物业管理条例》专门规定了一项处罚，即“情节严重的，由颁发资质证书的部门吊销资质证书；构成犯罪的，依法追究直接负责的主管人员和其他直接责任人员的刑事责任”。

3. 维修资金的收取、使用和管理

对于物业维修资金的收取、使用和管理办法，《物业管理条例》未作出具体规定，而是授权国务院建设行政主管部门会同国务院财政部门制定。

在实践中，有些地方的做法是在业主办理房屋权属证书时，商品住房销售单位应当将代收的维修基金移交给当地房地产行政主管部门代管。业主委员会成立后，经业主委员会同意，房地产行政主管部门将维修资金移交给物业服务企业代管。物业服务企业代管的维修资金，应当定期接受业主委员会的检查与监督。

业主委员会成立前,维修资金的使用由售房单位或售房单位委托的管理单位提出使用计划,经当地房地产行政主管部门审核后划拨。业主委员会成立后,维修资金的使用由物业管理企业提出年度使用计划,经业主委员会审定后实施。维修资金应在银行专户存储,专款专用。为了保证维修资金的安全,维修资金闲置时,除可以用于购买国债或者法律法规规定的其他范围外,严禁挪作他用。

二、物业管理服务收费

目前物业管理市场发展还不完善,完全由市场形成价格的机制还没有形成,需要国家对普通住宅的物业费给予必要的指导和规范,《物业管理条例》对此作出了原则性规定。《物业管理条例》规定"物业服务收费应当遵循合理、公开以及费用与服务水平相适应的原则,区别不同物业的性质和特点,由业主和物业服务企业按照国务院价格主管部门会同国务院建设行政主管部门制定的物业服务收费办法,在物业服务合同中约定"。

(一)物业管理服务收费的概念

物业管理服务收费,是指物业服务企业接受业主委托对物业管理区域内的房屋建筑及附属设备、公共设施、绿化、卫生、交通、治安和环境容貌等项目开展日常维护、修缮、整治服务及提供其他与居民生活相关的服务所收取的费用。物业管理服务收费中有以下三类特殊费用:

1. 公共性服务费,是指为房屋所有人、使用人提供的公共卫生、清洁、公用设施、公用部位的维修保养和保安、绿化等费用。

2. 特约服务费用。业主个人自用部位、自用设备或毗邻部位的维修养护及其他特约服务一般不属物业管理合同涉及的范围,须由业主与物业服务企业另行约定。物业管理服务收费一般按建筑面积收取,但业主个人费用则按实际发生费用单独向物业服务企业交纳。

3. 代收代缴费用。业主的水电费、煤气费、有线电视费、电话费可约定由物业服务企业代收代缴。这部分费用亦不包含在统一的服务收费中,由业主按实际发生费用委托物业管理企业交纳。物业服务企业接受委托代收这些费用的,不得向业主收取手续费等额外费用。

(二)物业管理服务收费的定价

《物业服务收费管理办法》规定,物业管理服务收费应当根据所提供服务的性质、特点等不同情况,分别实行政府定价、政府指导价和市场调节价。

1. 政府定价或指导价

政府定价,是指政府即价格主管部门或者其他有关部门,按照定价权限和范围制定的价格。政府指导价,是指政府价格主管部门或者其他有关部门,按照定价权限和范围规定基准价及其浮动幅度,指导经营者制定的价格。政府定价或者政府指导价一般运用于关系群众切身利益的公用事业、公益性价格、自然垄断经营的商品的制定。从目前国家和地方的有关规定来看,对涉及老百姓日常生活的普通住宅的物业服务费用,实行政府定价或政府指导价。物业服务收费实行政府指导价的,有定价权限的人民政府价格主管部门应当会同房地产行政主管部门根据物业管理服务等级标准等因素,制定相应的基准价及其浮动幅度,并定期公布。具体收费标准由业主与物业管理企业根据规定的基准价和浮动幅度在物业服务合同中约定。

为物业业主、使用人提供的公共卫生清洁、公用设施的维修保养和保安、绿化等具有公共性的服务收费实行政府定价或指导价。政府定价或指导价的物业管理服务收费标准,由物业管理单位根据实际提供的服务项目和各项费用开支情况，向物价部门申报，由物价部门征求物业管理行政主管部门意见后，以独立小区为单位核定。实行政府指导价的物业管理服务收费，物业管理单位可在政府指导价格规定幅度内确定具体收费标准。物价部门在核定收费标准时，应充分听取物业管理单位、业主委员会或业主、使用人的意见，既要有利于物业管理服务的价值补偿，也要考虑物业业主、使用人的经济承受能力，以物业管理服务所发生的费用为基础，结合物业管理单位的服务内容、服务质量、服务深度核定。物价部门对核定的物业管理收费标准，应根据物业管理费用的变化适时进行调整。

2. 市场调节价

市场调节价，是指由经营者自主制定或由业主与物业管理企业在物业服务合同中约定，通过市场竞争形成的价格。市场调节价一般适用于特约服务收费，是指为满足房屋所有人和使用人专门需要提供的个别服务而收取的费用，包括房屋自用部分的维修、看护儿童、代购商品、家电维修、住户室内卫生打扫等。

经营者实行的收费标准由物业管理单位与业主委员会或业主与使用人代表协商议定，并在物业服务合同中约定。

（三）物业管理服务收费的形式

业主与物业管理企业可以采取包干制或者酬金制等形式约定物业服务费用。包干制，是指由业主向物业管理企业支付固定物业服务费用，盈余或者亏损均由物业管理企业享有或者承担的物业服务计费方式。酬金制，是指在预收的物业服务资金中按约定比例或者约定数额提取酬金支付给物业管理企业，其余全部用于物业服务合同约定的支出，结余或者不足均由业主享有或者承担的物业服务计费方式。

实行物业服务费用包干制的，物业服务费用的构成包括物业服务成本、法定税费和物业管理企业的利润。实行物业服务费用酬金制的，预收的物业服务资金包括物业服务支出和物业管理企业的酬金。

（四）物业管理服务收费公开与监督

经物价部门核定的或由物业管理单位与业主委员会或业主、使用人代表协商议定的收费项目、收费标准和收费办法应在物业管理合同中明文约定。

物业管理服务收费实行明码标价，收费项目和标准及收费办法应在经营场所或收费地点公布。物业管理单位应当定期（一般为6个月），向住户公布收费的收入和支出账目；公布物业管理年度计划和小区管理的重大措施，接受业主委员会或业主、使用人的监督。

物业管理单位应当向住户提供质价相称的服务，不得只收费不服务或多收费少服务。当业主已向物业管理单位缴纳服务费用后，其他部门和单位不得再行重复征收性质和内容相同的费用。县级以上人民政府主管部门会同同级以上房地产行政主管部门进行物业服务收费的监督检查。

政府物价部门负责处理物业管理服务收费纠纷并有权处罚物业服务企业下列违规行为：（1）越权定价、擅自提高收费标准；（2）擅自设立收费项目、乱收费用；（3）不按规定实行明码标价；（4）提供服务质价不符的；（5）只收费不服务或多收费少服务的；（6）其他违规行为。

对于业主违反物业服务合同的约定，逾期不交纳物业服务费用，《物业管理条例》明确规定“业主委员会应当督促其限期交纳；逾期仍不交纳的，物业服务企业可以向人民法院起诉”。

第六节 法律责任

一、物业管理法律责任的概念和特征

物业管理法律责任,是指物业管理法律关系的主体对自己违反物业管理法规的行为所应承担的具有国家强制性的不利的法律上的后果。

物业管理法律责任具有如下特征:

1. 行政责任、民事责任并存。物业管理在本质上是一类特殊的民事关系,其中的一方主体是广大业主,存在单个业主利益和全体业主共同利益的冲突。同时,物业服务企业的违法行为往往损害的是多数业主的利益,已经具有了公共利益的性质。因此,物业管理中的违法行为多数都构成民事违法和行政违法两方面。以规定民事责任的方式来实现国家行政管理的目的,是《条例》中法律责任设计的一个特点,体现了市场经济条件下国家行政机关由直接的干预变成宏观的管理。

2. 为了处理好行政处罚与承担民事责任之间的关系,《物业管理条例》在设定法律责任时遵循了以下原则:凡是能够通过承担民事责任解决的不再设定行政处罚的原则;确实涉及违反行政管理规定,损害公共利益需要给予行政处罚的,则优先保证民事责任的承担,以充分体现优先保护全体业主利益的原则。

3. 体现了业主自我管理、自我监督的原则。由于物业管理中涉及单个业主和全体业主共同利益的矛盾,当业主的某些违法行为损害全体业主共同利益时,由业主先进行自我管理、自我约束,然后再承担法律责任。[5]

二、物业管理法律关系主体的法律责任

(一)建设单位的法律责任

1. 违法选聘物业服务企业

违法行为表现:第一,住宅物业的建设单位未通过招投标的方式选聘物业服务企业;第二,特殊的住宅物业建设单位,未经批准,擅自采用协议方式选聘物业服务企业。特殊的住宅物业是指投标人少于3个或者住宅规模较小的物业。

《物业管理条例》规定,发生了以上违法行为之后,由县级以上地方人民政府房地产行政主管部门责令限期改正,给予警告,可以并处10万元以下的罚款。

2. 擅自处分物业管理区域内共用部位共用设施设备的所有权和使用权

违法行为表现,即建设单位擅自处分业主对物业共用部位、共用设施设备的所有权或使用权。所谓擅自处分,是指建设单位在没有征得权利人同意的前提下,行使本应当由权利人行使的权力,包括转让、出租、抵押、赠与等各种情况,其共同特点是对财产权利的侵犯。

《物业管理条例》对此违法行为规定了两种法律责任:第一,行政法律责任,即由县以上地

[5] 国务院法制办农业资源环境法制司:《物业管理条例释义》,知识产权出版社2008年版,第140~141页。

方人民政府房地产行政主管部门处 5 万元以上 20 万元以下的罚款；第二，民事法律责任，如果该违法行为给业主造成损失的，依法承担赔偿责任。

3. 不按照法律规定移交有关物业资料

《物业管理条例》规定在办理物业承接验收手续时，建设单位应当向物业管理企业移交有关物业的资料。因此，建设单位不向前期物业服务企业移交有关资料便构成违法。

对建设单位的该违法行为，《物业管理条例》规定由县级以上地方人民政府房地产行政主管部门责令限期改正；逾期仍不移交有关资料的，对建设单位给予通报，处 1 万元以上 10 万元以下的罚款。

4. 不按规定配备必要的物业管理用房

《物业管理条例》规定建设单位应当按照规定在物业管理区域内配置必要的物业管理用房，否则就构成违法。

对于违法行为，由县级以上地方人民政府房地产主管部门责令限期改正，给予警告，没收违法所得，并处 10 万元以上 50 万元以下的罚款。

（二）物业服务企业的法律责任

1. 不按照法律规定移交有关物业资料

《物业管理条例》规定，物业服务企业应当在前期物业服务合同、物业服务合同终止时将这些资料移交给业主委员会，因此，物业服务企业不向业主委员会移交有关资料便构成违法。

对于违法行为，由县级以上地方人民政府房地产行政主管部门责令限期改正；逾期仍不移交有关资料的，对物业服务企业给予通报，处 1 万元以上 10 万元以下的罚款。

2. 未取得资质证书从事物业管理

第一，未取得资质证书从事物业管理，也包括未取得一定等级的资质证书而从事只有该等级才能从事的物业管理；第二，以欺骗手段取得资质证书。

《物业管理条例》对该违法行为规定了两种法律责任。第一，行政法律责任。未取得资质证书从事物业管理的，由县级以上地方人民政府房地产行政主管部门没收违法所得，并处 5 万元以上 20 万元以下的罚款，对于以欺骗手段取得资质证书的，除以上规定的处罚，并由颁发资质证书的部门吊销资质证书。第二，民事法律责任。因未取得资质证书和以欺骗手段取得资质证书从事物业管理的企业，给业主造成损失的，依法承担赔偿责任。

3. 聘用未取得物业管理职业资格证书的人员从事物业管理活动

物业服务企业聘用未取得物业管理职业资格证书的人员从事物业管理活动。

对此违法行为《物业管理条例》规定了两种法律责任：第一，行政法律责任。由县级以上地方人民政府房地产行政主管部门责令停止违法行为，处 5 万元以上 20 万元以下的罚款。第二，民事法律责任。如果该违法行为给业主造成损失的，依法承担赔偿责任。

4. 将一个物业管理区域内的全部物业管理一并委托给他人

《物业管理条例》规定，物业服务企业可以将物业管理区域内的专项服务业务委托给专业性服务企业，但物业服务企业不得将一个物业管理区域内的全部物业管理一并委托给他人。因为物业服务关系的确立是基于一定的信任关系，有较强的身份性，同时，只有符合一定资质条件的企业，才能承担一定范围内的物业管理业务。因此，如果物业服务企业将一个物业管理区域内的全部物业管理一并委托给他人便构成违法。

《物业管理条例》规定了两种法律责任:第一,行政法律责任。由县级以上地方人民政府房地产行政主管部门责令限期改正,处委托合同价款30%以上50%以下的罚款;情节严重的,由颁发资质证书的部门吊销资质证书。委托所得收益,用于物业管理区域内物业共用部位、共用设施设备的维修、养护,剩余部分按照业主大会的决定使用。第二,民事法律责任。因该违法行为给业主造成损失的,依法承担赔偿责任。

5. 挪用专项维修资金

《物业管理条例》规定,专项维修资金属业主所有,用于物业保修期满后物业共用部位、共用设施设备的维修和更新、改造,不得挪作他用。物业服务企业具体负责物业管理区域内的维修和养护,实际使用专项维修资金的,也是物业服务企业,因此,物业管理企业挪用专项维修资金便构成违法。

对于违法行为由县级以上地方人民政府房地产行政主管部门追回挪用的专项维修资金,给予警告,没收违法所得,可以并处挪用数额2倍以下的罚款;物业服务企业挪用专项维修资金,情节严重的,并由颁发资质证书的部门吊销资质证书;构成犯罪的,依法追究直接负责的主管人员和其他直接责任人员的刑事责任。

6. 擅自改变物业管理用房

《物业管理条例》规定,物业管理用房的所有权依法属于业主,未经业主大会同意,物业服务企业不得改变物业管理用房的用途。因此,物业服务企业未经业主大会的同意,擅自改变物业管理用房的用途便构成违法。这里所说的改变物业管理用房的用途,应当指将物业管理用房用作与物业管理无关的用途,和一般的房屋用途的改变并不一样,物业管理企业仍然将物业管理用房用作物业管理之用,而对房屋的具体用途加以改变的,并不构成违法行为。

对于违法行为由县级以上地方人民政府房地产行政主管部门责令限期改正,给予警告,并处1万元以上10万元以下的罚款;有收益的,所得收益用于物业管理区域内物业共用部位、共用设施设备的维修、养护,剩余部分按照业主大会的决定使用。

7. 物业使用与维护中的违法行为

第一,擅自改变物业管理区域内按照规划建设的公共建筑和共用设施用途;第二,擅自占用、挖掘物业管理区域内道路、场地,损害业主共同利益;第三,擅自利用物业共用部位、共用设施设备进行经营。

物业服务企业有以上违法行为之一的,处5万元以上20万元以下的罚款;所得收益,用于物业管理区域内物业共用部位、共用设施设备的维修、养护,剩余部分按照业主大会的决定使用。

(三)业主的法律责任

1. 挪用专项维修资金

维修资金属于业主共同所有,但在实践中总是由具体的业主负责管理维修资金,因此,个别业主可能成为挪用专项维修资金的主体。

对于违法行为由县级以上地方人民政府房地产行政主管部门追回挪用的专项维修资金,给予警告,没收违法所得,可以并处挪用数额2倍以上的罚款。

2. 物业使用与维护中的违法行为

第一,擅自改变物业管理区域内按照规划建设的公共建筑和共用设施用途;第二,擅自占用、挖掘物业管理区域内道路、场地，损害业主共同利益；第三，擅自利用物业共用部位、共用设施设备进行经营。

对于业主有以上规定违法行为之一的，处1000元以上1万元以下的罚款；所得收益，用于物业管理区域内物业共用部位、共用设施设备的维修、养护，剩余部分按照业主大会的决定使用。

3. 逾期不交物业服务费

业主逾期不交纳物业服务费，这一违法行为既是一种违约行为，同时，对于物业管理区域内的其他业主而言，是一种“搭便车”的行为，是对业主共同利益的侵犯。

业主逾期不交纳物业服务费用的，由业主委员会代表全体业主督促其限期交纳，对于仍不交纳的，按照《民事诉讼法》的有关规定，物业服务企业可以向法院提起诉讼，追究其违约责任，强制其交纳。

4. 以业主大会或业主委员会的名义从事违法活动

实践中业主利用业主大会或业主委员会的名义，从事与物业管理无关的活动，甚至从事违反法律、法规的活动，如聚众闹事、斗殴，从事封建迷信活动等。

业主以业主大会或业主委员的名义，从事违反法律、法规的活动，构成犯罪的，依法追究刑事责任；尚不构成犯罪的，依法给予治安管理处罚。

5. 高空抛物致人损害

高楼抛掷物致人损害，是指高层建筑的所有人或者其他居住人从其住所抛出物件致受害人损害，但是不能确定真正的行为人的一种侵权行为。《侵权责任法》第87条规定：“从建筑物中抛掷物品或者从建筑物上坠落的物品造成他人损害，难以确定具体侵权人的，除能够证明自己不是侵权人的外，由可能加害的建筑物使用人给予补偿。”可见，并非所有业主均需要承担高空抛物致人损害的侵权责任，责任承担的业主范围需要在依据受害人的方位、抛掷物的类型、建筑物的状况、损害事实的发生等具体情况的基础上进行确定，如果确定的业主能够有明确的证据证明自己不是侵权人的则可以免责。在责任的承担方式上，可能实施侵权行为的业主之间应该承担均等的按份责任，而非比照共同侵权或共同危险行为承担连带责任。